U0516119

刘勇 著

都市
生活解放
研究

RESEARCH ON
THE LIFE LIBERATION
OF URBAN

社会科学文献出版社
SOCIAL SCIENCES ACADEMIC PRESS (CHINA)

基金项目：

主持 2022 年度教育部人文社会科学研究青年基金项目"列斐伏尔的都市性思想研究"（22YJC710041）

目　录

导　论

　　"城市，让生活更美好"（Better City，Better Life）是中国2010年上海世界博览会的主题，人们自然而然地将城市与美好生活联系起来。在传统的农业社会，男耕女织、辛勤劳作，中国人民造就了辉煌的农业文明。进入近现代社会后，中国部分人口融入城市化进程，从"乡下人"变成了"城里人"，从小城镇进入大都市。西方主要资本主义国家在开启工业革命之后城市化进程加速推进，西方的都市文明从此走在了世界前列，因此也成为中国等东方国家城市学习和借鉴的榜样。当部分人以"乡下人"或小城镇的心态仰视、崇拜西方"城里人"或大都市的都市文明，高唱西方都市文明赞歌时，我们更应该看到西方社会都市性带给人们的物质生活、精神生活以及社会生活上的压迫。这种压迫让我们感受到，西方资本主义社会的都市文明并非如肉眼所见那般更美好，西方资本主义社会的都市生活也并没有真正让大多数人的生活更美好。Better City，Better Life 直译为"更好的城市，更好的生活"。这句主题口号实际上朴实地表达了中国人民追求超越资本主义都市文明道路的愿望与决心。

　　马克思、恩格斯在《德意志意识形态》中系统阐述了历史唯物主义基本原理，他们自称为改造世界的"实践的唯物主义者"。实践是两位革命导师划破德意志漫漫长夜的一道闪电和戳穿英法资本主义社会表面繁荣的一把利刃。列宁进一步将辩证法引入实践观之中。毛泽东结合中国传统优秀文化中的知行合一思想，专门撰写《实践论》来讨论实践问题，并划分了三种基本类型。但是今日国内马克思主义学术界似乎已经遗忘"实践"，沉迷于"存在"或"意识"或"现象"之中。本书沿着马克思主义开辟的道路来研究社会政治实践，具体来说是二战后关于西方社会都市生活解放的社会政治实践。从欧美工人阶级运动历史来看，都市是工人阶级运动的策源地，也是工人阶级政权的摇篮。而马克思主义是关于无产阶级解放以及全人类解放的学说。都市与马克思主义的形成、发展具有十分紧密的关系。

马克思本人回顾一生志业研究政治经济学的重要阶段时曾说，"人们在自己生活的社会生产中发生一定的、必然的、不以他们的意志为转移的关系，即同他们的物质生产力的一定发展阶段相适合的生产关系。这些生产关系的总和构成社会的经济结构，即有法律的和政治的上层建筑竖立其上并有一定的社会意识形式与之相适应的现实基础。物质生活的生产方式制约着整个社会生活、政治生活和精神生活的过程"①。马克思也关注着工业社会阶段的物质生活、社会生活、政治生活和精神生活。正是因为他关注生活，包括莱茵省里到森林里捡枯枝的穷苦农民的生活，还特别包括漂泊于欧洲各大城市的工人的生活，他反过来找到了从根本上制约生活的生产方式。

安迪·麦利菲尔德②在《都市马克思主义：马克思主义的城市叙事》一书中较早地正式提出"都市马克思主义"③的概念。麦利菲尔德认为，马克思直接谈论城市的书籍较少，不过恩格斯的《英国工人阶级状况》《论住宅问题》都是都市马克思主义的经典作品。"尽管恩格斯的都市马克思主义思想淡化了对都市辩证法以及城市的文化和政治的等方面的研究，但是他还是指出了城市化在历史中以及在变革资本主义生产方式中所起到的重要性与基础性的作用，并将城市视作阶级斗争的首要背景。因此，恩格斯是第一位都市马克思主义思想家。"④麦利菲尔德在书中不仅对本雅明给予极高的评价，而且还解读了列斐伏尔、德波、曼纽尔·卡斯特、大卫·哈维、马歇尔·伯曼（Marshall Berman）等人的都市思想。马克思主义重视都市问题，而都市理论需要引入马克思主义的视角，两者相互"需要"、相互"补充"。麦利菲尔德旨在将马克思主义与都市主义相结合，并发展出一套所谓的都市辩证法，使得都市马克思主义看上去既是"革命的"又是"彬彬有礼的"和"温文尔雅的"。马克思主义不反对都市、都市知识分子、都市布尔乔亚式的生活方式、都市文明的理论。麦利菲尔德对都市马克思主义的

---

① 《马克思恩格斯选集》（第 2 卷）（第 3 版），人民出版社，2012，第 2 页。
② 安迪·麦利菲尔德（Andy Merrifield）于 1960 年出生于英国的利物浦，是一名新马克思主义的城市理论家。在大卫·哈维的指导下于 1993 年在牛津大学获得地理学博士学位。2015 年他成为剑桥大学默里·爱德华兹学院（Murray Edwards）人文地理学高级研究员。现在他是一名独立学者，也是英美学界研究列斐伏尔的专家之一。他建有自己的个人网站，详见 https：//andymerrifield.org/。
③ 都市马克思主义的英文有两种表达方式，"一种是 Metromarxism，另一种是 Urban marxism"，具体参见 Andy Merrifield, *Metromarxism: A Marxist Tale of the City* (Routledge, 2002), pp. 5 – 7。
④ Andy Merrifield, *Metromarxism: A Marxist Tale of the City* (Routledge, 2002), p. 48.

研究更偏向于文化研究思路，即文化都市。不过，麦利菲尔德并不是把焦点放在都市生活上面。

城市生活或都市生活与马克思主义具有天然的接近性。有学者较早在国内概要式地提出都市生活解放面临的问题，即资本主义生产方式占据统治地位以后，由其所决定的城市生活方式全面工业化、商品化和资本化。[①]如何改造资本主义城市或解决资本主义城市面临的生活问题，都市生活主义的马克思主义（简称都市生活解放）应运而生。都市生活解放本身并没有一个流派，而是一批学者将马克思主义与都市或城市问题相结合，旨在通过都市斗争解决都市生活问题，是具有左翼倾向的社会思潮与行动。都市生活解放也并不意味着马克思主义的城市理论现成存在，而是意味着敞开了研究城市问题的马克思主义理论空间。都市生活解放成为发展马克思主义的"主体"。[②]我们可以发现，从组织形式上他们并不是一个学术团体，研究方法也存在较大的差异性，但是他们在内容上有一个共同前提，即认为马克思不注重空间、地理分析以及城市化在改变资本主义生产方式中的地位。这种观点缘于《资本论》的六册计划尚未完成，也缘于都市马克思主义者的"有意误解"。于是，他们要做的工作是通过拓展马克思主义的空间、地理维度发展都市马克思主义理论，并将其应用到都市生活问题的研究中来。他们是具有敏锐的"空间意识"或"空间感"的地理学家、规划学家以及城市社会学家，围绕着空间、地理、城市与阶级的关系，借助马克思主义的早期或成熟时期的思想资源，将"空间意识"、历史地理唯物主义、城市化与具体的阶级斗争结合起来，以生成一种反抗资本主义都市生活压迫，以及从资本主义向社会主义转变的空间政治经济学方案。这种结合一方面为我们了解发达资本主义国家的都市生活解放问题提供了"发展中的马克思主义"的视角，另一方面也存在偏离马克思主义的倾向。

一　为什么是都市生活解放？

生活是一件值得被认真对待的事，而不是蜻蜓点水。为什么关注西方社会的都市生活解放？这缘于理论和现实的需要。在自由竞争资本主义阶段，存在着工人阶级在工厂空间的生存斗争；在垄断资本主义阶段，存在

---

① 胡大平：《都市马克思主义导论》，《东南大学学报》（哲学社会科学版）2016 年第 3 期，第 12 页。

② 刘怀玉：《历史唯物主义的空间化问题》，江苏人民出版社，2022，第 366 页。

着列宁所言的"国家与革命"。但是 20 世纪 60 年代以来为何生活解放斗争会转移到城市空间？城市空间是空间的一种重要类型。关于空间理论的研究吸引了德谟克利特、柏拉图、亚里士多德、牛顿、康德、恩格斯、列宁、海德格尔等哲学家、科学家的目光。空间理论问题一直是古希腊哲学、近代哲学研究的重难点。柏拉图视空间为将万物包容其中的容器和生成一切的载体。亚里士多德在《物理学》中集中探讨了空间与形式－质料、虚空－原子、运动（包括时间）等之间的复杂关系，特别是亚里士多德基于运动的立场，彻底否定了德谟克利特等原子论者认为虚空是均匀性、无差异性的规定的观点。亚里士多德的空间观具有一定的系统性、科学性，初步构建出有限性的宇宙空间理论，代表了古希腊空间研究的最高水平。但是他在讨论空间问题的时候，也存在一些局限性。比如说，亚里士多德认为物体处于一定处所之中，而处所是物体的界限，准确地说是包围着的界限。此观点最终导致他认为宇宙是一个静止不动的有限空间。他为了论证空间是非形式与非质料，而认为空间可以与物体分离，也存在模糊性，即物体可以与相对空间（亚里士多德称为特有空间）相分离，但是不能与绝对空间（亚里士多德称之为共有空间）相分离，物体一旦脱离于绝对空间或共有空间，就会变为后来被他描述为不动的推动者——神。这对牛顿绝对空间观产生了比较大的影响。"绝对的空间，它自己的本性与任何外在的东西无关，总保持相似且不动，相对空间是这个绝对空间的度量或者任意可动的尺度（dimensio）……"① 牛顿的空间是绝对均质性的、独立的、无限的时空。空间为实有的物。康德在《纯粹理性批判》的"先验感性论"部分认为空间并不是我们经验到的现象（包括事或物），而是使人类经验得以可能的先天直观形式。在康德看来，空间并非经验性的事或物，也不是概念性的感性直观的纯粹形式，而是人类的先天认识形式。恩格斯在《反杜林论》中反对康德的主观的空间观，主张空间是运动着的物质的客观存在形式之一以及关于空间观的认识具有主观相对性。而列宁在《唯物主义和经验批判主义》中进一步强调了辩证唯物主义空间观的客观性与可知论。

进入现代哲学阶段，柏格森特别是海德格尔，将对时间的研究推向了高潮。不过，海德格尔晚期考虑到此在与空间的栖居关系，认为空间对此在的生存而言具有神圣性，"纠正了"早期给予时间在本体论上的优先性的

---

① 牛顿：《自然哲学的数学原理》，赵振江译，商务印书馆，2006，第 7 页。

观点。"空间（Raum）即 Rum，意味着为定居和宿营而空出的场地……空间本质上乃是被设置起来的东西，被释放到其边界中的东西。"① 海德格尔进而将空间分为"这个"空间与诸空间和场地（die Räume und Plätze），其中划分的依据在于位置。在海德格尔看来，希腊人的空间经验是非均质性的，与周遭环境处在关涉性的关系之中，并没有抽象的空间概念。此在的处所由于被计算、被统治，渐渐丧失了其出离性（而非原初性）。伽利略和牛顿的实验科学方法使得处所丧失了它的存在论意义，而被锚定为位置，比如说人工制图能够较为准确地通过刻画位置来反映空间关系。位置为人提供了一个场所，场所由建筑物的建造而生产出来。建筑物占据着一个位置，而位置为四重整体提供了场所。场所设置出空间，空间中包含着位置与空间的联系，也包含着位置与人的关系。位置通过地点、距离来创设特有的空间，人与处所之间的距离只是单纯的近与远的间隔，如距离、尺寸、方向可供人辨别与认知。同时间隔可以提取出长宽高等维度，经过人的表象思维所设置的空间已然丧失了它的丰富性与多维性，成为广延的空间。海德格尔认为经过数学 - 自然科学的计量，被设置的空间称为"这个"空间。"这个"空间中找不到位置或场所，它普遍性地适用一切延展之物。因此，这个"数学上被设置的空间"，导致常人丧失了思考此在与空间关系的能力。

　　人与空间的关系并非人与空间二元对立的关系，人本身就是一种在天、地、神、人中的逗留，而空间也不再是与人相对的外在对象和内在体验了。人，作为终有一死者思考物及位置，并通过位置而达至人与诸空间的关联，人与空间的关系转变为思考的栖居，当我们沉思人与空间的关系的时候，由思考的栖居转化为筑造了。海德格尔写得较为神秘，"对人与空间的关系作出沉思，这当儿，就有一道光线落在作为位置而存在、并且被我们称为建筑物的那些物的本质上了"②。栖居与筑造实质上是一体的，并无二分。建筑物的筑造是物的生产，它契合于天、地、神、人的统一性，与之共为一体，并且契合于诸空间。与此同时，它也接受对诸空间的测度，但是是以保护的形式来进行的。所以海德格尔称"保护四重整体——拯救大地，接受天空，期待诸神，护送终有一死者——这四重保护乃是栖居的素朴本质"③。海德格尔进而认为上面所说的筑造实质上是让栖居（Wohnenlassen）。

① 海德格尔：《演讲与论文集》，孙周兴译，生活·读书·新知三联书店，2005，第 162 页。
② 海德格尔：《演讲与论文集》，孙周兴译，生活·读书·新知三联书店，2005，第 166 页。
③ 海德格尔：《演讲与论文集》，孙周兴译，生活·读书·新知三联书店，2005，第 167～168 页。

位置并非天然适应于人的栖居，而是依靠筑造将诸空间结合起来以成为栖居之所。但是与此相对的是，海德格尔说："惟当我们能够栖居，我们才能筑造。"① 可见，海德格尔将筑造的本质提高到生存论的高度了。他列举了一些例子，如两百年前由农民筑造的位居于黑森林里的一座农家院落，这个建筑物实现了天、地、神、人的纯一性。最后，海德格尔由现实住房短缺导致的人的栖居困境，引出思考栖居的存在论意义远比思考即使有家但感到无家可归的意义要古老、要有价值。

海德格尔对空间或日常生活空间的重视，也引起了后世学者的具体研究。列斐伏尔吸取了海德格尔的"栖居"思想，以"诗意的"方式批判了工业时代的居住机器体验，但同时列斐伏尔也从取用性的"栖居"视角对海德格尔浪漫主义的"栖居"展开批判。② 列斐伏尔对空间的本体论和实践论的研究，直接影响到了 20 世纪下半叶在人文社科领域兴起的"空间转向"社会思潮。③ 该思潮的代表人物有列斐伏尔、卡斯特、爱德华·索亚④、哈维等，其中索亚与哈维是"空间转向"社会思潮的主要旗手。国外学者结集出版了有关"空间转向"的代表性论文。该论文集基于跨学科研究的视角"集中探讨了空间是如何被使用、被表征、被赋予意义以及空间是如

---

① 海德格尔：《演讲与论文集》，孙周兴译，生活·读书·新知三联书店，2005，第 169 页。
② 列斐伏尔：《都市革命》，刘怀玉等译，首都师范大学出版社，2018，第 90 ~ 92 页。
③ 国外学界聚焦该问题的著名期刊有《对跖》（Antipode）、《空间与社会》（Space and Society）、《环境与规划》（Environment and Planning）、《国际城市与区域研究杂志》（International al Journal of Urban and Regional Research）等。
④ 爱德华·索亚，又译为爱德华·苏贾，是加州大学洛杉矶分校城市规划荣誉教授。他于 1940 年出生在纽约的一个波兰移民的家庭，在与疾病做多年斗争后卒于 2015 年。他在美国雪城大学获取地理学博士学位。索亚对肯尼亚从传统社会向社会、经济和政治组织的更现代形式转变饶有兴趣，在 20 世纪 60 年代初期，索亚去肯尼亚研究该国的城市规划。后来在此基础上，于 1967 年发表了《肯尼亚的现代化地理：社会、经济和政治变革的空间分析》。1972 年，他才去了加州大学洛杉矶分校，直至退休。他的"空间三部曲"有《后现代地理学——重申批判社会理论中的空间》、《第三空间——去往洛杉矶和其他真实和想象地方的旅程》和《后大都市——城市和区域的批判性研究》。索亚是"空间转向""空间正义"思潮的关键推动者，也是借鉴并发展列斐伏尔思想的重要学者，并和哈维一起成为后现代地理学的重要人物。2013 年，美国地理学家协会授予他终身成就荣誉奖。两年之后，他被授予 Vautrin - Lud 奖，该奖被誉为"地理学的诺贝尔奖"。此外，他曾在上海、北京、苏州等地做过数次学术报告。总的来说，从最开始的肯尼亚现代化城市规划研究到后来的美国洛杉矶后现代性研究，他对空间、地方、位置、景观、城市和地区的批判性探索，都给后人留下了很大一笔宝贵的学术财富。

何进入不同学科的知识当中的"①。不过，目前国内外学界已经将对"空间转向"的研究具体推进到城市空间、建筑空间、区位空间、空间规划、文学空间等领域。本书将集中探讨城市空间及其生活解放。

为"空间转向"打下坚实基础的有结构主义思潮和地理学。结构主义开创者之一列维–斯特劳斯在《野性的思维》中指出了空间对历史（时间）的胜利。阿尔都塞的结构主义的马克思主义解构了经济决定论，历史发展不是以虚构的主体为推动力量，相反，政治、经济、文化等各种客观因素共同推动了历史发展进程。结构主义强调的结构而非个体、共时性而非历时性、既定的而非生成的这些核心观点都与重视空间而非时间相契合。地理学似乎与空间先天存在亲缘关系，但是传统地理学将空间理解为"僵死的、刻板的、非辩证的、一成不变的地域——一个被动和可以丈量的世界，而不是具有行动和意义的世界"②。对传统地理学改造的任务落到了激进地理学家的身上。激进地理学家给传统地理学注入空间生产的因素，凸显空间的政治经济与意识形态的双重特性。"空间转向"一词反过来就变成"转向空间"，"转向空间"也能明确地彰显这一思潮的理论和实践旨趣，即将时间逻辑转向空间逻辑。我们将目标聚焦在空间，似乎只是一种认识论的转向，即重新"看"现在的空间，但是"空间转向"背后的旨趣为历史的空间化与空间化的共时性结构。

"空间转向"的第一条路径的最初倡导者是列斐伏尔。从历史科学的"两个划分"与"两个归结"来看，马克思的历史唯物主义的核心概念之一是社会关系。社会关系本身是如何存在的呢？"社会关系的存在方式究竟是什么？它们是本质的、中性的、还是抽象形式的？这项空间研究为我们提供了一个答案，这个答案源于生产的社会关系是一个社会存在，在某种程度上说也是空间存在；它们将自己投射到空间中，并在那里刻画印记，在这个过程中它们生产空间本身。"③ 社会关系投射到空间，空间映射出社会关系，两者构成了同构的关系。社会关系自身无法在空间中表现自身，而

① Barney Warf, Santa Aris (eds.), *The Spatial Turn: Interdisciplinary Perspectives* (Routledge, 2009), pp. 1–10.

② 爱德华·苏贾：《后现代地理学——重申批判社会理论中的空间》，王文斌译，商务印书馆，2004，第 57 页。

③ Henri Lefebvre, *The Production of Space*, trans. by Donald Nicholson–Smith (Blackwell Publishing, 1991), p. 129.

需要通过空间关系来表现。社会关系具体化于空间之中，为空间所承载。不过，列斐伏尔不同意将空间关系解释为上层建筑的内容的观点，而认为空间关系与经济基础（或生产关系）结合起来具有"辩证的交互作用"。社会关系可以形成空间，但是也受制于空间，社会关系的生产即为空间生产。空间生产包含空间的实践、空间的再现与再现的空间三块构成或三个环节。"尽管列斐伏尔的空间理论有含混和矛盾的地方，但是他在社会理论中重新定位了和激进化了空间的角色。"① 列斐伏尔对空间生产的共时性的结构阐释，试图寻找一种找到一条超越资本主义空间生产以及苏联式社会主义空间生产道路的可能性，这激活了"空间转向"中对空间本身的政治解放的维度。

"空间转向"的第二条路径的倡导者有哈维、卡斯特等。"历史唯物主义因此成为联结空间形式与社会进程的首选方式，也因此成为将人文地理学与阶级分析方法，对地理结果的描述与马克思政治经济学所提供的解释结合在一起的首选路径。"② 这实际上是将马克思主义的政治经济学与人文地理学相结合的路径。哈维在 1973 年出版的《社会正义与城市》中将社会正义引入地理学研究，"社会正义的原则与城市和区域规划有关，这种相关性体现在空间应用和地理学的原理上"③。此书也被认为是他由青年时期的逻辑实证主义者转变为马克思主义理论者的标志。后来，他在《资本的限度》中将空间、城市整合进马克思主义理论当中，提出资本循环的三级理论，"为空间化了的马克思主义和空间化了的资本主义发展的批判，进行了强有力的辩护"④。哈维、马西、史密斯等人对空间化的历史唯物主义阐释，让社会学家感到了危机。他们也是"针对马克思主义地理学家的入侵，反应最为迅捷、最为直接的社会学家"⑤。在资本主义社会中，似乎不存在专门的城市问题研究，只存在社会问题研究。或者说，城市空间不是反映社会的一面镜子，它本身就是社会。这种将空间与社会视为一体的观点遭到

---

① Andrzej Zieleniec, *Space and Social Theory* (Sage Publications, 2007), p. 93.
② 爱德华·苏贾：《后现代地理学——重申批判社会理论中的空间》，王文斌译，商务印书馆，2004，第 81 页。
③ David Harvey, *Social Justice and the City* (Johns Hopkins University Press, 1973), p. 9.
④ 爱德华·苏贾：《后现代地理学——重申批判社会理论中的空间》，王文斌译，商务印书馆，2004，第 100 页。
⑤ 爱德华·苏贾：《后现代地理学——重申批判社会理论中的空间》，王文斌译，商务印书馆，2004，第 104 页。

了桑德斯和卡斯特的批判。桑德斯在《社会理论与城市问题》中提出了大胆的结论，即空间和社会必须分开，以重建城市社会学。桑德斯的理论动机和卡斯特区分作为现实对象的城市空间与理论对象的城市空间的想法不谋而合，即不能将空间作为城市研究的主要对象。

"空间转向"的第三条路径的倡导者包括弗雷德里克·詹姆逊（又译作詹明信）、福柯、索亚等。弗雷德里克·詹姆逊曾说："现代社会是关于时间的，而后现代社会是关于空间的。"① 后现代社会是一堆无甚关联的碎片拼凑而成的"超空间"。城市空间的碎片化从表面来说是指完整的城市空间被分解得支离破碎，更为深层的理解是各种异质、差异的空间竟然能够拼贴在一个超级空间中。在此"超空间"中，人的主体性似乎被淹没与消解了，各种日常生活空间都积聚在这里，充满随机性和离散性。詹姆逊以位于洛杉矶市中心的"鸿运大饭店"为"超空间"的隐喻，分析了现代人在"超空间"中出现的认知困境，即在"超空间"中找不到入口，迷失在空间景观中。因此，"我们需要一种认知图绘的美学，即在文化逻辑和后现代主义的诸种形式中体察权力和社会控制的一种工具性制图法的能力"②。詹姆逊的难以阅读、识别的"超空间"概念深受美国城市规划学家凯文·林奇的《城市意象》的影响。③ 凯文·林奇主张通过认知图绘来识别现代城市。福柯对全景敞视主义的批判蕴含着空间隐喻——身体是一个权力监督的透明空间，而空间作为权力的眼睛规训着身体。空间隐喻将空间、知识、权力勾连起来，为历史的空间化提供了微观生命政治学的视角。权力的眼睛遍布各个角落，以各种所谓科学的知识领域的方式呈现。由此，"福柯对空间斗争的这种刻画离詹姆逊的后现代主义抵抗仅一步之遥"④。索亚吸收列斐伏尔"空间三元辩证法"的思想，以及福柯地理学和其他学者的空间隐喻之后，提出了第三空间的概念。第三空间的背后战略是凭借"他者化的第三化"的批判路径，抛弃传统的非此即彼二元对立的思维来唤醒城市公众的空间对抗意识，依靠边缘到中心的联合斗争实现空间正义的目标。也

---

① 詹明信：《晚期资本主义的文化逻辑》，陈清侨等译，生活·读书·新知三联书店，1997，第299~300页。
② 爱德华·苏贾：《后现代地理学——重申批判社会理论中的空间》，王文斌译，商务印书馆，2004，第96页。
③ 冯雷：《理解空间：20世纪空间观念的激变》，中央编译出版社，2017，第169页。
④ 爱德华·苏贾：《后现代地理学——重申批判社会理论中的空间》，王文斌译，商务印书馆，2004，第97页。

就是说，索亚的后现代地理学凭借偏执于边缘立场和扮演出的激进姿态，用多元对抗关系取代无产阶级与资产阶级之间的阶级对立，其目的在于"看穿反动的后现代主义和后期现代历史决定论毫无存在必要的面纱，以建立一种政治化的空间意识和一种激进的空间实践"①。索亚在 2010 年又出版了《寻找空间正义》，旨在将"空间转向"聚焦在空间正义并为空间正义寻找一条现实路径。"空间转向"并非在时间溪流中的急转弯，也不是人类社会无意识的遗忘，而是对历史决定论框架的突破。索亚认为 19 世纪是时间（历史）决定论盛行的时代，而他所做的工作是在本体论、认识论与价值论中嵌入空间或地理的维度。

哈维与索亚对后现代主义的"空间转向"问题产生了争论。索亚提倡的"空间转向"确定了空间性在时间性和社会存在中的主导地位，他并没有像其他后现代主义者用空间性替代时间性那样激进，"但是哈维认为这容易导致理论本身的混乱性"②。哈维一方面认为传统的地理学忽视了空间的政治经济学和意识形态的维度，另一方面认为马克思主义缺少空间的维度。因此，哈维在综合两者的基础上提出了历史地理唯物主义。哈维在《后现代的状况——对文化变迁之缘起的探究》中对后现代主义文化进行了批判性研究，提出了"时空压缩"理论，但是哈维在中国与中国学者讨论时明确表示他不赞同后现代主义倾向的"空间转向"。"空间转向"在很大程度上与后现代主义试图摧毁各种宏观理论的尝试密切相关。"后现代主义者挪用空间性概念来攻击元理论，试图论证那些元理论的不切实际。我认为这是一个极大的错误。我们的任务就是要建立普遍性的理论，并且在一开始就要融合对空间性的考虑。"③ 哈维不赞同"空间转向"的第三条路径，即后现代主义的"空间转向"。现代主义是资本主义生产方式下的文化表征形式。哈维认为理解现代主义的关键在于理解资本主义的政治经济学逻辑。资本主义的积累模式从早期的原始积累过渡到福特主义，而后者的特征在于宏观的国家干预与微观的大规模生产流水线的结合。福特

---

① 爱德华·苏贾:《后现代地理学——重申批判社会理论中的空间》，王文斌译，商务印书馆，2004，第 115 页。
② 戴维·哈维、周宪、何成洲、尹晓煌:《空间转向、空间修复与全球化进程中的中国》，《学术研究》2016 年第 8 期，第 144~145 页。
③ 戴维·哈维、周宪、何成洲、尹晓煌:《空间转向、空间修复与全球化进程中的中国》，《学术研究》2016 年第 8 期，第 144~145 页。

主义的积累模式促进了"时空压缩"，而"时空压缩"反过来加剧了福特主义的危机。"时空压缩"已经对"政治经济实践、阶级力量的平衡以及文化和社会生活具有了一种使人迷惑的和破坏性的影响"①。

福特主义的积累模式致使工人生产与生活，甚至休闲娱乐的整齐划一。工人生产机械刻板、生活单调乏味、休闲娱乐被消费社会所控制。现代主义正是它的产物。现代主义以统一性、确定性、中心化为特征，在资本逻辑的推进下，福特主义积累模式在全球范围的扩张，致使现代主义的总体性表现出文化霸权主义的形式。换言之，现代主义的总体性使福特主义以能动的与创造性的力量来实现文化的领导权。它激起了世界各地工人阶级的反抗。福特主义和凯恩斯主义在刺激经济发展方面存在着难以根除的矛盾，资产阶级不得不调整福特主义的积累模式，而向后福特主义或灵活积累方式转变，从而导致现代主义向后现代主义的过渡。后现代主义以斗争性、不确定性、去中心化为特征，以反抗现代主义的文化领导权。后现代主义的产生原因并非直观的"为反对而反对""为反抗而反抗"，其背后的政治经济根源为资本主义的灵活积累方式。灵活积累方式利用小批量生产与转包经营的方法取代固定资本生产与大规模投资，用短期临时的劳动合同取代长期的劳动契约，用"短平快"的流行时尚和消费趣味来取代对商品使用价值的占用，主动搜集商业、政府信息与最新科技成果来对接政府扶持政策。

灵活积累造成的"时空压缩"也对人们的时空体验产生重要影响。与现代主义的"以时间消灭空间"不同，后现代的"时空压缩"加速了资本周转时间，压缩了空间范围，大大加快了资本、货币、商品在全球的流通速度，使得资金能够迅速回流。人们对时空的体验——当下呈现的瞬间就是全部，整个地球联系为一个地球村。资本主义积累方式的变化导致时空体验的变化，影响着审美体验和艺术创作等。短暂性、易变性成为美学反映的主题。"灵活积累在消费方面已经伴随着更加密切地关注快速变化着的时尚、调动一切引诱需求的技巧和它们所包含的文化转变。福特主义的现代主义相对稳定的美学已经让位于后现代主义美学的一切骚动、不稳定和

---

① 大卫·哈维：《后现代的状况——对文化变迁之缘起的探究》，阎嘉译，商务印书馆，2013，第355页。

短暂的特质，这种美学赞美差异、短暂、表演、时尚和各种文化形式的商品化。"① 后现代主义与现代主义与其说存在着对立，还不如说后现代主义为了得到现代主义的承认而以激进的姿态进行斗争。这表现为后现代主义对总体性的反抗，对元叙事、元语言、元理论的拆解，对差异性、多元性的追捧，对形形色色的新社会运动的期待。后现代主义以边缘文化来对抗文化霸权主义，但是它拒斥总体性文化，无法在不同文化群体中进行沟通并形成合力。也就是说，后现代主义隐藏着空间保护主义的倾向，试图以"地方"反抗"全球"，但是这种地方保护主义限制了各地的交流与融合，而且"空间转向"提倡从边缘到中心的空间斗争战略，"后现代主义的政治所强调的'他者'和'区域抵抗'可能在一个特定的场所繁荣兴旺。但是它们在协调普遍被分裂的空间时，在资本主义全球化的历史时代的前进中，都过于经常地服从于资本的力量"②。哈维的言下之意是后现代主义的策略本身就说明了资本对现代社会的压力，而后现代主义是资本主义的文化溢出。后现代主义既没有战胜现代主义，更没有触及现代主义的政治经济学基础，反而在"一切坚固的东西都烟消云散"的气氛中，无意识地拥抱了自己的敌人或对手，成了在现代主义后面摇尾的犬儒主义。因此，哈维说："在现代主义广泛的历史与被称为后现代主义的运动之间更多的是连续性，而不是差别。"③ 后现代主义是对现代主义的延续，两者都是资本主义生产关系不断调整的反映。因此后现代主义并不能成为解决现代主义问题的方案。正是基于此，哈维主张在历史地理唯物主义的前提下理解后现代的状况。

综上所述，"空间转向"，简单地说是将空间与空间性从时间和时间性的压制中解放出来，将话题焦点重新转到空间与空间性上面。在列斐伏尔看来，社会关系以社会空间的形式存在，社会空间实质上是社会关系。卡斯特认为空间是社会要素相结合的具体表征，并以多元的、非平衡的方式构建出来的具体的历史过程。索亚从空间性上来理解空间，即通过社会关

① 大卫·哈维：《后现代的状况——对文化变迁之缘起的探究》，阎嘉译，商务印书馆，2013，第 203 页。
② 大卫·哈维：《后现代的状况——对文化变迁之缘起的探究》，阎嘉译，商务印书馆，2013，第 299 页。
③ 大卫·哈维：《后现代的状况——对文化变迁之缘起的探究》，阎嘉译，商务印书馆，2013，第 155 页。

系和社会结构来认识空间。哈维则从资本积累与阶级斗争双重视角来研究资本主义的空间变迁。如果说古希腊哲学主要关注的是自然空间或永恒的物理性空间，近代哲学关注的是"我思"的精神空间，那么"空间转向"的推动者则是聚焦于资本主义的社会空间。社会空间突出了空间的社会性。不过，社会空间是物质空间之于精神空间在人类社会领域的具体化表征。社会空间是被一定社会中生产方式生产出来的关系或结构，而这些关系和结构反过来制约着社会发展的过程与秩序。资本主义城市承载着人类社会的物质、精神文明，其城市空间依托社会空间而存在，也是社会空间的主要表征形式。社会空间能够通过阶级关系与阶级结构来制约城市空间的扩张，城市空间也能通过空间分异、空间区隔来塑造社会空间。在都市马克思主义者看来，资本主义的工业化推动了社会空间内的生产与再生产，而资本主义的城市化制约了社会空间本身的生产与再生产、社会与空间的非正义和政治制度的设计。空间生产的结果是生产了社会空间，而社会空间成为下一次空间生产的原因。从这个意义上来说，一切空间生产均是社会空间生产，一切社会空间生产也是空间生产。社会空间生产具有多种产业形式，不过，制造业开始衰落，不得不进行产业转移，建筑业、房地产行业和金融业则发展迅猛。城市化是推动社会发展的主要动力，都市空间作为社会空间的主要载体，其生产成为社会空间生产的主要内容。因此，从内容上看，社会空间生产主要是指都市空间生产。资本主义社会从工业社会转变为都市社会，其关注点也需要进一步聚焦到城市空间问题上。

都市空间的生活解放成为资本主义都市社会阶段的焦点。资产阶级的剥削从微观领域的工厂与宏观领域的国家延伸到中观领域的城市，革命发展不平衡的问题凸显出了城市空间的独特解放潜能。城市是突破资本主义的切入口，也是新时期的斗争平台。经典马克思主义的主要研究对象是资本而非城市。"对于马克思与恩格斯来说，并不是城市产生了资本主义，而是资本主义带来了现代工业城市。"① 资本主义的制造业发展在客观上要求集中化的大生产，即大量的机械化生产要素以及工人的生产、生活聚集在工厂及其附近，从而渐渐形成了工业城市。这同时也直接地造成区域发展不平衡、区域之间的城乡对立以及工厂内部的阶级斗争等一系列后果。同

---

① 西蒙·帕克：《城市理论与城市经验：遇见城市》，何本国译，江苏凤凰教育出版社，2019，第 191 页。

时，城市作为资本逻辑链条下的一个环节，为资本主义发展提供了一个有利平台，也成为发动阶级斗争的最佳场域。资本主义城市并不独立于其生产，相反为资本主义生产关系体系提供了空间，而这种被形塑的空间又促进了资本主义的生产与再生产。马克思、恩格斯主要关注的是工业资本主义生产阶段的劳资对立，即工作场所的阶级斗争。但是进入发达资本主义阶段，城市开启了去工业化的进程，从生产领域转向消费、流通等领域，工厂的阶级斗争被制度化。也就是说，都市社会阶段的资本家并不像工业资本家在工厂通过绝对剩余价值生产和相对剩余价值生产的方式剥削工人那样直接，而是在城市空间生产、分配、交换与消费环节上面进行间接剥削。尽管城市居民生活情况各异，但是归根究底仍然有吃穿住行等共同性的方面。城市居民生活并不能自主自立，它本身就存在于或贯穿于城市空间生产、流通、分配、消费等城市资本化环节之中。间接剥削势必会对都市居民的生活造成压迫，并影响阶级关系。发达资本主义国家为了缓和阶级矛盾，纷纷实行了福利国家的政策，以集体谈判、最低工资立法、转移支付、特定的竞争形式，使得某个工厂的劳资斗争转变成先进企业与落后企业之间的竞争，这导致工厂数量以及其工人阶级人数大大减少，工人的阶级斗争被迫转向分散的城市社区。资本主义国家发展到新自由主义阶段后，城市也进入"城市化的新自由主义"①，即城市空间被资本主义市场私有化、商品化与抽象化。资产阶级政府交替运用新自由主义与新干预主义的经济政策：在经济运行平稳的时候，主张市场放任；在经济遇到危机的时候，主张对市场加强干预，但是干预不是没有前提的，即主要对涉及国家或政府利益的企业或个人进行救济或扶持。这两种政策的交互使用本身就是资产阶级旨在实现市场与社会的平衡一种反思性的调控手段，其根源于资本主义积累机制的变化。当资本主义生产力与分配关系、生产关系处于对立状态的时候，资本主义凭借技术变化与生产组织方面再生产维护统治的分配、生产关系，而分配、生产关系允许不同的生产部门在物质、金融和价值等方面的平衡积累。因此，工厂革命在都市社会阶段发生的可能性在下降。同样，对于国家革命也是如此。国家机器的暴力性为治理性的面具所掩盖，而国家治理性延伸到公民的生活领域，导致国家革命发生的难度增加。国家的本质是阶级统治的工具，是以暴力为后盾的强制力量。马克思和恩格

---

① 乌戈·罗西：《城市与全球资本主义》，国荣译，江苏凤凰教育出版社，2020，第 79～95 页。

斯一度认为暴力革命是无产阶级推翻资产阶级统治的唯一方式。但是随着垄断资本主义的出现，阶级矛盾相对以前有缓和的趋势，国家和社会的对抗关系并没有升温，国家的暴力性"似乎"退出了历史舞台，国家的阶级性进一步"淡化"。资产阶级把阶级之间的斗争转化成承认现有政权前提下的政治意识形态之间的斗争，并对与公民生活相关的物理（身体）空间、精神空间、社会空间展开治理。国家的暴力机关只针对那些具有极端政治倾向的政治个体或政治群体，国家的政治意识形态则展开对公众的教化，促使公众的政治心理由消极支持变为积极服从，并在思想上和行为上认可国家的政治意识形态，实现积极服从的意识形态的再生产。资产阶级利用法律制度规范国家和社会、社会和个人之间的利益边界，允许工人合法参与政治，也就是说工人可以通过制度化的政治参与实现自身利益。这些都增加了国家革命发生的难度。

都市生活解放者将斗争的平台放在城市空间，这一视角的转换直接源于城市资本化过程中城市空间遭受到最密集的剥削与控制，都市居民的反抗意愿也最为强烈。二战以后，资本主义经济经历过短暂的修复与繁荣，被称为资本主义发展史上的"黄金时代"。但是20世纪60年代严重的城市化危机出现，学者们纷纷将研究的焦点投向城市问题。发达资本主义经济体系出现"滞涨"问题，各大城市出现经济衰退现象，财政赤字增加、失业率上升、货币贬值；城市新移民的权利得不到维护，原有的社会秩序受到冲击；城市犯罪率居高不下，街头抗议运动此起彼伏。如1968年，法国巴黎发生了学生运动和工人罢工（"五月风暴"），美国出现了多起严重的贫民窟动乱和种族冲突事件①，等等。1968年5月之后，关于城市运动的社会学研究出现。② 基于不同的立场、城市体验、研究视角等，不同的城市研究者对都市生活解放的主体、对象、功能、目的有着较大的分歧，因而也产生了不同的都市生活解放理论。如果将阶级斗争的焦点继续放在工厂领域，那么无疑没有把握当代资本主义社会新的剥削方式，无疑没有认识到作为

---

① 为了解决住房上的种族歧视，帮助非洲裔美国人融入白人美国人日常生活，美国在1968年批准通过《公平住房法》，但是在该法的实施过程中，许多人遭受歧视而没有资源提起诉讼，也没有足够的时间应对诉讼。与此同时，该法的执行条款比较烦琐，被许多人认为不是一个获得住房的有效机制。具体参见戴维·古德菲尔德主编《美国城市史百科全书》，陈恒、李文硕、曹升生等译，上海三联书店，2018，第216~217页。

② George Ritzer (ed.), *The Blackwell Encyclopedia of Sociology* (Blackwell, 2007), pp. 5115–5119.

生产和消费的中心的城市成为剥削工人的重要场域。综上所述，都市成为革命的中心，为生活而解放的都市斗争成为社会运动的主要方式。

本书是在国内外学术界最早运用马克思主义基本原理系统阐述西方社会都市生活解放现象与本质的专著之一。[1] 20 世纪 60 年代以来，欧美资本主义的城市较为频繁地出现为生活而解放的都市斗争现象，给整个资本主义的城市体系以及全球城市网络造成了重要影响。但是国内外学者较少系统研究都市生活解放理论，仅仅将其视作后革命时代或后马克思主义的一种"补充"或"溢出"，更没有给出都市生活解放较为明确的定义或者做出进一步的研究。因此，本书尝试用"都市生活解放"加以命名，以更为准确地理解"五月风暴"后资本主义城市出现的社会现象。不过，我们也要历史地理解都市生活解放问题，自从城市或都市产生以来，生活解放一直是一个问题，只不过在不同社会阶段会有不同特征。

在马克思、恩格斯预言的社会主义革命尚未在西方发达资本主义国家发生的情况下，西方马克思主义者们对马克思主义的革命思想产生了怀疑，纷纷从无产阶级的阶级斗争实践走向了所谓的"去无产阶级化"的新社会运动。"五月风暴"之后，西方马克思主义也遭受重创，甚至被国内学者指认为"终结"。[2] 在东欧、苏联剧变后，"正统"马克思主义也宣告死亡。资本主义国家出现的国外马克思主义学者甚至一时因丧失了"理论对手"而悲喜交加。种种迹象表明，包括都市马克思主义学者在内的国外马克思

---

[1] 国外学界关于都市马克思主义的生活解放的研究，拓宽了马克思主义的城市理论与革命理论的视野，为我们了解西方发达资本主义国家的都市社会提供了理论视角。但是就目前笔者所做的文献梳理来看，国外学界比较热衷于探讨的议题主要包括难民危机引发的城市移民的城市权利、城市绅士化运动、城市土地或住房、城市非正义问题等，没有形成集中探讨都市马克思主义的生活解放路径的理论专著。更为关键的是囿于意识形态，较少有国外学者立足于马克思主义基本原理来评价该问题。国内也尚未出现都市马克思主义的生活解放的研究专著。国内有关列斐伏尔的论文主要涉及日常生活批判、城市消费、空间生产、空间理论、人学、文化革命、节奏分析等话题。有关哈维的论文涉及时空压缩、后现代主义、不平衡地理发展、希望的空间、时空修复、空间生产、历史地理唯物主义、剥夺性积累、城市空间、城市权利、经济危机、空间正义等诸多话题。有关卡斯特的论文则比较少，主要涉及新马克思主义城市观、城市问题、流动空间、城市社会运动等。有关索亚的论文并不少，主要涉及的话题有空间理论、社会空间辩证法、第三空间、空间正义、城市化等。当然，还有一些学位论文将都市马克思主义的思想运用到研究某一个具体问题，比如说文学空间。

[2] 张一兵、胡大平：《西方马克思主义哲学的历史逻辑》，南京大学出版社，2003，第 19 ~ 20 页。

主义学者难以区分谁是自己的朋友和敌人，或者进一步说都市马克思主义学者的都市生活解放对象到底是什么他们并没有弄清楚。以前的斗争对象有老牌的资本主义和苏联式的社会主义，现在的主要斗争对象集中于当代资本主义的生活方式、生活成本与生活权利等方面。我们在何种情况下说，这些斗争对象不是资本主义派生出的"木偶"，或者说不是皮影戏前的平面人偶而是操纵影人的整个机制？当都市马克思主义者认为社会主义革命或总体性革命难以发生时，只好将这些"木偶"当作后革命时代的"补充"，是否是为了彰显自己对资本主义抗争的激进姿态？

二　都市生活解放与马克思主义"联姻"

马克思主义具有发展性的特征，必须随着资本主义社会的发展而发展，而都市居民的都市生活解放也需要科学理论指导，否则可能会成为盲动的社会政治实践。这成为两者"联姻"的理论与实践基础。英国萨塞克斯大学荣誉教授彼得·桑德斯（Peter Saunders）的《社会理论与城市问题》首版于1981年，1986年第二版印发，对第一版做了部分修改和补充。该书指出，把握马克思、恩格斯对城市生活问题的理解，必须将其放在阶级关系以及生产方式之中来。该书对生态主义、文化主义以及韦伯主义的城市生活观进行了阐释，还重点对列斐伏尔、卡斯特、哈维的新马克思主义城市生活理论做了细致的分析和评价。准确来说，该书的旨趣不在于成为解读都市马克思主义生活解放的"二手文献"，而在于提出从城市社会学向消费社会学转变的理论。桑德斯认为吉登斯和上述学者的共同点是将城市或空间视作一个空间实体，而忽视了对社会组织的空间维度的具体关注。[①] 哥伦比亚大学的艾拉·卡茨纳尔逊是较早对城市生活解放问题与马克思主义进行结合研究的学者。《马克思主义与城市》出版于东欧剧变后不久，卡茨纳尔逊在前言中解释了写作该书的缘由，尽管马克思主义遭受重大挫折，但是马克思主义仍然是理解与质疑现代性关键方面的有用工具。此外，卡茨纳尔逊认为应该从《资本论》关于资本主义生产方式的政治经济学分析，过渡到从社会学分析，特别是从结构与能动性方面出发来迫使马克思主义介入城市工人阶级形成及城市空间生活方式问题，这也有益于发展马克思

---

① 彼得·桑德斯：《社会理论与城市问题》，郭秋来译，江苏凤凰教育出版社，2018，第262页。

主义的城市生活解放理论。卡茨纳尔逊批判了列斐伏尔基本上没有关注结构和能动性，而转向对现象学的"精神空间"的关注。同样，哈维和卡斯特也只是孤立地看待了结构和能动性的关系。虽然恩格斯将城市空间的结构分析与阶级意识联系起来，但是在早期著作中"对民族国家的历史、特征、活动未置一词"①。国家在工人阶级的生活区与工作区的分离中起到了关键作用，而这一空间隔离对经典马克思主义者的阶级意识产生了重要影响。卡茨纳尔逊最终仍然从能动性方面主张工人阶级必须重新图绘城市生活解放地图。

我们不难看出，和那些将马克思主义与存在主义、结构主义以及形形色色的社会思潮"嫁接"起来相比，都市生活解放与马克思主义的"结合"显得比较特别。在理论上，存在主义之所以和马克思主义结合是存在主义的马克思主义者宣称马克思主义缺少人的因素；结构主义之所以与马克思主义结合是因为结构主义的马克思主义者认为人道主义以及将马克思主义人道主义化的企图实际上丢弃了马克思主义的科学性与革命性，成为资产阶级意识形态的傀儡而不自知。但是马克思从未宣称自己不关注人而只关注社会结构，也未宣称只关注人而不关注社会结构。马克思认为关注人需要放在一定的社会关系及阶级关系当中，社会结构当中的经济结构起到根本的决定作用，其他社会结构对经济结构产生复杂的反作用。无论是青年时期马克思还是成熟时期马克思的研究，贯穿的一条清晰线索仍然是人的解放以及如何实现人的解放的问题，因此，他们对马克思主义的解读更大可能是他们的"有意误读"。不过，在时空问题上，马克思的确在《1857—1858年经济学手稿》（又称《大纲》）中多次提出"以时间消灭空间"的口号，在"资本的流通过程"这一章节中指出："资本按其本性来说，力求超越一切空间界限。因此，创造交换的物质条件——交通运输工具——对资本来说是极其必要的：用时间去消灭空间。"② 马克思在这一章节后面重提了资本"力求在空间上更加扩大市场，力求用时间去更多地消灭空间"③。这些观点后来被一些都市马克思主义者批评为缺乏空间思维，认为马克思

---

① 艾拉·卡茨纳尔逊：《马克思主义与城市》，王爱松译，江苏教育出版社，2013，第150页。
② 《马克思恩格斯全集》（第30卷）（第2版），人民出版社，1995，第521页。
③ 《马克思恩格斯全集》（第30卷）（第2版），人民出版社，1995，第538页。

持有历史主义或"历史决定论"的观点,① 并进而认为马克思不注重地理分析以及城市在资本主义发展中的作用。这些理由成为都市马克思主义者"补偿逻辑"的理论口实。西方马克思主义者均自称补充和发展了马克思主义理论,都市马克思主义者也不例外。"实际上,各种形式的'某某马克思主义'是对马克思事业的含蓄批评,虽然发明这些奇怪杂交理论的人其实是在做一些建设性的工作而不是破坏性的工作。"② 不过,不同的是都市马克思主义者还意图将他们理解的马克思主义理论应用到都市生活解放问题的研究中去,以解决都市居民的生活压迫问题。基于此,都市马克思主义者并不侧重将马克思主义与西方哲学等学科之间的关系进行交互的理论分析,而是侧重于指导都市生活解放。这也可以看作马克思《关于费尔巴哈的提纲》第十一条中的"解释世界"与"改造世界"在都市生活解放问题上面的体现。

随着城市危机在全球中的蔓延,出现了形形色色的都市生活解放的形式。它们向马克思主义提出了新的命题或者更为直接地说是一个挑战:作为人类历史上到目前为止最有影响力的理论之一,马克思主义在城市化过程中有着什么样的作用以及能否解释、指导并解决当前存在的都市生活解放问题?迄今为止确实没有人有权力宣称都市生活解放与马克思主义的"联姻"是否合法。都市马克思主义显然已经形成了"事实婚姻"。不过,是以马克思主义向都市"低头"的方式来实现的。这主要源于尽管马克思主义曾片段式、零散状地讨论资本主义的城市问题,但是并没有提出相对系统的都市生活解放理论。都市马克思主义丰富了都市生活解放问题的研究视角,批判了资产阶级主流城市理论的观点,但问题是,都市马克思主义是否需要重新审视马克思主义与新出现的城市危机的内在融合问题,抑或是是否需要重新考察两者联盟的缺陷?都市马克思主义是否既不能解决都市斗争关注的生活问题,也不能发展马克思主义的阶级斗争理论?我们可以认识到,目前这两者并没有深度融合,但是我们可以基于理论与实践

---

① 《大纲》涉及的重要问题现已成为国内外学术界探讨的热点,在爱德华·索亚看来,因为《资本论》有关资本主义的地理扩张以及世界市场后续卷计划未完成,因此《大纲》相比《资本论》具有更为明晰的地理学分析内容。参见爱德华·苏贾《后现代地理学——重申批判社会理论中的空间》,王文斌译,商务印书馆,2004,第130页。

② 达里尔·格雷泽、戴维·沃克尔主编《20世纪的马克思主义——全球导论》,王立胜译,江苏人民出版社,2010,第187页。

需要大胆设想，马克思主义关注都市生活解放问题，将城市放在整个资本主义逻辑体系之中，并以城市出现的新生活问题作为补充，这将有助于发展马克思主义都市生活解放理论，其意义分别体现在如下三个方面。

首先，列斐伏尔的《都市革命》① 与索亚的空间斗争理论批判了资产阶级主流的城市社会学，两人的思想构成了都市生活解放进行人道主义批判的主要线索。芝加哥学派代表了资产阶级主流的城市社会学。它宣称城市是人性的产物，城市空间的变迁源于不同群体的生存竞争，城市生活问题归根究底关涉的是城市的人口、组织与所处的外在环境的平衡过程，解决之道在于技术官僚、城市规划专家加强城市空间规划，这显然陷入了城市管理主义的意识形态陷阱当中，忽视了城市中生活解放的政治原因。作为一种特殊空间的城市空间，其本身也是充满着政治、意识形态的因素。"空间与利润、权力、权利紧密地联系在一起，已经不再是单纯的场所地点，由此也形成了对于空间的竞争和争夺。"② 城市空间成为资本主义进行社会控制的政治工具，它以中立的自然属性的物理空间的表象来掩盖它是资本与权力相结合的"温床"的社会空间的本质。都市居民的生活空间遭受到资本主义生产关系以及科层制的权力关系的双重规训。前者是使用价值和交换价值的矛盾，而后者是城市权力和城市权利的矛盾。资产阶级按照自身的意图或利益目标将空间作为一种控制工具或手段来改造社会关系。与此同时，被改造的社会关系会再生产新的空间关系。这个新的过程是社会关系的重构过程，由此也会形成政治的空间化的态势和结果。换言之，都市生活解放隐藏着与资本、权力之间的斗争。美国纽约州立大学布法罗分校的马克·戈特迪纳（Mark Gottdiener）也提出了要用新的城市科学范式来替代芝加哥学派的生态主义。他认为新的城市科学范式立足于去中心化、多核模型的晚期资本主义的生产关系，即"转到社会关系的变革上来，它必须再次回到为了一种和谐的社区生活而斗争，并在空间中展开有变革能力的社会关系"③。戈特迪纳希望以社会关系的变革来实现都市生活解放。

---

① 列斐伏尔的《都市革命》法语版首版于 1970 年，英语版问世于 2003 年，中文版在 2018 年正式出版。

② 大卫·哈维：《后现代的状况——对文化变迁之缘起的探究》，阎嘉译，商务印书馆，2013，第 299 页。

③ 马克·戈特迪纳：《城市空间的社会生产》（第二版），任晖译，江苏凤凰教育出版社，2014，第 300 页。

列斐伏尔主张以都市革命来反抗都市生活的异化，实现生活解放。不过，国外学者对列斐伏尔的都市革命有诸多不同看法。马克·波斯特认为列斐伏尔的都市革命将都市游击战和都市庆典、暴力与节日相结合，缺少了组织领导与行动战略。但是这个问题更为复杂的地方在于一旦都市革命具有组织性就难以避免地被吸纳到官僚主义体系当中，成为物化的产物。"如果斗争要指向物化和异化，在自我管理团体中，每一件事都必须服从欲望和行动的统一。"① 这表现出了理论和行动的两难。罗伯·希尔兹在1999年出版了历时14年写成的《列斐伏尔，爱与斗争：空间的辩证法》，他认为，"列斐伏尔在20世纪70年代的法国转向研究城市和空间，这其实是一个对共产主义和资本主义僵局的战略回应"②，以城市自治主义替代共产主义和资本主义的对抗。华威大学的斯图尔特·埃尔登（Stuart Elden）于2004年出版了《理解列斐伏尔：理论与可能》，他指出，之前的英语学界仅仅研究列斐伏尔的地理学、城市社会学、文化研究是不够的，"列斐伏尔的作品需要在他的马克思主义和哲学的语境才能得到更为一般性的概括"③。埃尔登的意图在于凸显列斐伏尔都市革命的政治与哲学意蕴。安迪·麦利菲尔德于2006年出版的《亨利·列斐伏尔：一个批判性导读》专辟一章阐释列斐伏尔的都市革命思想。"列斐伏尔的主要城市文本具有先见之明的潜台词：它指出了工业主义和国家管理主义在城市革命中发生结构性崩溃，城市革命象征着一场'后工业'革命，一个不再由规划者组织，一个我们知道是我们自己的社会却是由企业家投机的后工业化时代的革命。"④ 还有学者认为列斐伏尔的都市革命可以分成两类："一类是传统的前工业城市的创造性破坏的'内爆'，以及以墙为界、以广场为体验的古典中心形式，再加上它在脆弱、多中心的郊区大城市群中的大规模'外爆'，这些大城市群遍布购物中心，高速公路纵横交错。二类是指可能的城市，但它在晚期资本主义社会空间的革命转型中仍有待实现。"⑤ 还有学者对城市革命与工业革命做了简要对比分析，列斐伏尔的都市革命，正如工业

---

① 马克·波斯特：《战后法国的存在主义马克思主义：从萨特到阿尔都塞》，张金鹏、陈硕译，南京大学出版社，2015，第352页。笔者对译文略有改动。
② Rob Shields, *Lefebvre, Love and Struggle: Spatial Dialectics* (Routledge, 1999), p. 187.
③ Stuart Elden, *Understanding Henri Lefebvre: Theory and the Possible* (Continuum, 2004), p. 6.
④ Andy Merrifield, *Henri Lefebvre: A Critical Introduction* (Routledge, 2006), pp. 80–81.
⑤ George Ritze, George Ritzer, Jeffrey Stepnisky (eds.), *The Wiley-Blackwell Companion to Major Social* (Wiley-Blackwell, 2011), p. 56.

革命标志着世界范围内一种变革性的新形式（世界工业）的出现，"都市革命也标志着一个变革的新阶段的开始，即星球的城市主义（planetary urbanism）"①。

国内研究列斐伏尔的著名专家刘怀玉认为列斐伏尔总的政治立场是"后马克思"而非"反马克思"，"他的后马克思色彩体现在不太关注于人类漫长历史进程的群体解放，而热衷于当下的微观社区空间的日常生活解放与文化批判"②。他认为列斐伏尔的"总体性革命"是一种高于经济主义和政治主义的以文化平台为主导的革命。它包括身体革命、空间革命以及让日常生活节日化的文化革命。其中的空间革命即都市变革与革命，将重心从单一的生产主义的意识形态与国家官僚制和空间规划，转向对一种未来生活的诗性创造，"都市革命是以生命体验 – 时间为根本维度的现代大都市空间化想象"③。张笑夷则有不同看法。她认为列斐伏尔的都市革命实际上也是发动了一场总体性革命。"列斐伏尔的总体性革命具体阐释为文化革命与政治革命的有机结合。"④ 所谓的文化革命即恢复工人阶级的无产阶级的主体性、批判性、否定性，而政治革命是指工人阶级通过自我管理实现真正的民主。换言之，列斐伏尔的都市革命是无产阶级追求差异的权利与自我管理相结合的民主形式。陈学明等认为列斐伏尔从总体上是由马克思主义走向了存在主义。列斐伏尔在《资本主义的幸存》中将革命划分为两种类型，"一种是使社会关系协调的'最低限度上的革命'，还有一种是民族、国家、家庭、劳动、个性以及整个社会根本制度的'最高限度的革命'"⑤。尽管资本主义社会还存在无产阶级，但是无产阶级已经部分"中产阶级化"，他们对革命的态度是支持最低限度的革命，反对最高限度的革命。列斐伏尔还对现代资本主义社会中的革命前景进行了预测分析。现代资本主义的危机是生产关系再生产的危机，而这一危机发生在城市中心而非边缘地带，边缘地带受到城市中心的控制。列斐伏尔主张的革命路线恰好与马

① David J. Madden, "City Becoming World: Nancy, Lefebvre and the Global – Urban Imagination, "*Environment and Planning D: Society and Space* 30 (2012): 780.
② 张一兵主编《当代国外马克思主义哲学思潮》（上卷），江苏人民出版社，2012，第335页。
③ 刘怀玉：《现代性的平庸与神奇：列斐伏尔日常生活批判哲学的文本学解读》，北京师范大学出版社，2018，第423页。
④ 张笑夷：《列斐伏尔的空间批判理论研究》，社会科学文献出版社，2014，第160～165页。
⑤ 陈学明、张双利、马拥军、罗骞等：《二十世纪西方马克思主义哲学》，人民出版社，2012，第384～386页。

尔库塞的从边缘到中心的路线相反，他主张从中心发动都市革命。吴宁则从异化、日常生活领域、美学、国家、现代性、空间等视角出发研究了列斐伏尔的哲学思想。其中在空间理论部分，吴宁认为列斐伏尔对城市空间的政治学分析填补了马克思在空间政治学的理论空场，深化了马克思阶级斗争理论。这里的"深化"是指从马克思宏观的国家革命过渡到微观的日常生活领域批判，日常生活领域的阶级斗争是整个斗争的中心，阶级斗争聚焦于空间解放。同时吴宁也认为列斐伏尔存在空间拜物教的问题，即"夸大了空间的社会意义，将人们的社会关系当作地点或空间之间的关系，将社会空间作为衡量人类对自然界的占有规模以及人类社会联系和发展的尺度"①。

在城市社会学中与芝加哥学派相对的是洛杉矶学派。② 索亚是洛杉矶学派的集大成者。美国第二大城市洛杉矶的城市布局与芝加哥存在极大区别。芝加哥的城市空间形态是同心圆模型，以市中心商业区为核心，周边工业区和居住区呈规则分布。但是索亚认为洛杉矶的城市空间形态不能纳入芝加哥学派的学术视野中。洛杉矶代表了未来城市的可能性，即后大都市。后大都市是全球资本主义在洛杉矶发展的产物，它寓去工业化与再工业化于一体，具有整体分散，部分集中的空间特征。洛杉矶的城市空间形态是多中心与边缘城市共存的格局，是多中心、多语言、多文化的聚居区的混杂或拼贴，因此，也给都市生活解放的联合形式提出了新的挑战。也就是说，对于洛杉矶居民来说，无论是传统的劳资矛盾，还是新出现的关涉种族、民族、性别、生态等的新社会运动，都被全球资本主义嵌入不同的社区团体当中，"团结"本身都成为较难逾越的障碍，况且这些社区团体的利益存在差异甚至相互冲突。由此，索亚提倡一种区域主义的空间斗争。不同的阶级或阶层基于不同的立场会产生社会冲突，地方性的力量与整体相互对抗。它既是一种意识形态之间的斗争，也是一种激进的社会空间实践。索亚主张一种走向行动的区域政治学，依靠对地方性知识的认同和想象，

---

① 吴宁：《日常生活批判——列斐伏尔哲学思想研究》，人民出版社，2007，第410页。

② 20世纪80年代出现了一批活跃于南加州地区的城市社会学家。他们是迈克尔·迪尔、艾伦·斯科特（Allen J. Scott）、爱德华·索亚等。他们因为反对传统的芝加哥学派的城市观而组成了洛杉矶学派，并提出了与芝加哥同心圆模型相对立的"洛杉矶模式"——多中心、分散化、边缘的形式，这也是后大都市的典型特征。后大都市是多中心、多语言、多文化的聚居区的混杂或拼贴。艾伦·斯科特在其书中有介绍。具体参见艾伦·斯科特《浮现的世界：21世纪的城市与区域》，王周杨译，江苏凤凰教育出版社，2017，第128～135页。

联合地方性斗争重构大都市空间。总之，列斐伏尔的城市革命与城市权利的思想从总体性上排斥了阶级斗争，索亚从后现代激进地理学视角出发，认为城市空间斗争能够包容阶级斗争，前者必须是后者的核心形式。罗伯·希尔兹（Rob Shields）于 2012 年也提出了空间斗争的概念，但是他的概念与索亚不同。如果说索亚的空间斗争侧重于后现代地理文化，那么希尔兹的空间斗争就是现代地理文化。希尔兹将空间斗争分为认知映射、城市地带划分和空间划分、领域性三个方面。① 所谓认知映射是地理学家、规划学家和建筑学家利用他们的知识强加给人们霸权性的认知，以实现认知层面的稳定秩序。至于城市地带划分和空间划分，是指国家通过在行政和法律层面上的界限划分来保障和促进空间化的生产，"地段"这个术语是它的显著表现。领域性是人与人之间的关系和距离，但是这种关系和距离是大他者意图争取地位和优势而采取的差异化的手段。德雷克·格利高里在其代表作《地理学的想象》中也对索亚的理论进行了批判性分析，"索亚的贡献在于相对区分了空间性在现代主义和后现代主义中的不同含义"②。同时也指出了索亚与西方马克思主义问题域的矛盾关系。迪尔在 2000 年《后现代都市状况》一书中以索亚的《后现代地理学——重申批判社会理论中的空间》和哈维的《后现代的状况——对文化变迁之缘起的探究》为例，着重批判了索亚和哈维对后现代主义政治产生怀疑或敌视的观点。"索亚一方面提倡多元的、不确定的后现代主义激进地理学，但是另一方面被其思想中霸权的马克思主义原则遮蔽了它的光芒。这种对后现代主义的怀疑导致他拒绝谈论社会行动问题和政治问题，但同时呼吁政治化的空间意识和彻底的空间实践。"③ 在迪尔看来，"哈维的主要问题在于因运用历史唯物主义和新启蒙运动思想拒斥后现代主义政治而陷入到了唯我论的思想中——关注内心、注重个人、思古怀旧"④。迪尔最后比较认同格利高里的差异性、多元性、不确定性的都市生活解放思想。

---

① 罗伯·希尔兹：《空间问题：文化拓扑学和社会空间化》，谢文娟、张顺生译，江苏凤凰教育出版社，2017，第 125～130 页。
② Derek Gregory, *Geographical Imagination* (Blackwell Publishers, 1994), p. 262.
③ 迪尔：《后现代都市状况》，李小科等译，上海教育出版社，2004，第 106 页。
④ 迪尔：《后现代都市状况》，李小科等译，上海教育出版社，2004，第 113 页。

其次，哈维、卡斯特的空间政治经济学分析①有助于加强对都市生活解放科学性的研究，两人的思想构成了都市生活解放进行科学主义批判的主要线索。哈维的城市革命与卡斯特的城市社会运动理论对都市生活解放展开了空间政治经济学分析。哈维建构了资本积累的三级循环理论来解释城市的资本化进程。他从资本积累与阶级斗争出发，围绕资本主义塑造城市景观，同时城市空间的扩张与重组反过来加剧资本积累危机这一核心问题，指出城市的资本化进程是一个始终伴随矛盾、对抗的阶级斗争关系的过程。资本主义城市化可以通过时空修复，即从空间上看，在资本流通领域扩大对人造环境或建成环境的投资；从时间上看，也是在资本流通领域促进货币与金融体系的扩张。它通过时间推延和地理扩张、空间重组等空间生产的方式来缓解资本过度积累的问题。但是资本积累的时空是有界限的，这些策略只是暂时遮蔽了矛盾，它本身无法消除资本主义内在危机，反而制造着不平衡的地理发展，最终也必然衍生出全球性的周期性的积累危机。这对于解释马克思的"两个必然、两个决不会"理论，理解当代资本主义幸存的原因具有重要的意义。当然，资本主义出现内在危机并不意味着资本主义的马上灭亡。哈维主张阶级斗争应该以剩余价值的实现为核心，与资本主义不平衡的地理发展相结合，争取一切可以团结的力量，并随着新的斗争形势的变化而变化。

不过，国外学者对哈维的城市革命研究相对较少，集中反映哈维城市革命思想的专著首次出版于 2012 年。曼彻斯特大学的诺埃尔·卡斯特利（Noel Castree）与英属哥伦比亚大学的德雷克·格利高里（Derek Gregory）于 2006 年联合编辑出版了《大卫·哈维：一个批判性阅读》，该书汇集了 13 位当今著名学者从多个角度对哈维的思想进行研究的相关成果，是研究哈维的城市革命思想比较重要的同行评议著作。安杰伊·齐埃利涅茨（Andrzej Zieleniec）于 2008 年撰写的《空间与社会理论》通过对马克思、齐美尔、列斐伏尔、哈维、福柯等人的空间或空间性思想的研究，阐释了

---

① 从城市史来看，资本主义的萌芽最早出现在欧洲的威尼斯、佛罗伦萨等城市。资本主义从出现萌芽到迅速发展再到全球性的扩张，世界上的绝大部分国家和地区被纳入资本主义生产体系中。从资本主义发展史来看，其历经以工厂中的劳资关系为核心的自由资本主义阶段到以金融资本与国家权力相结合的关系为核心的垄断资本主义阶段。无论是工厂政治经济学（一般称为微观经济学）还是国家政治经济学（一般称为宏观经济学）都忽视了作为中介的中观领域的城市的作用。也就是说，资本主义在生产与流通过程中，忽视了城市空间政治经济学。都市马克思主义学者的空间政治经济学主要是指城市空间政治经济学。

空间的社会建构意义，即资本主义占主导地位的空间形式。齐埃利涅茨认为哈维在反抗资本主义城市时提出了新希望："在反抗不平等的差别与占主导地位的资本主义关于劳动空间和劳动地点、生活和休闲结构的普适性的斗争中，存在着发展新的社会和空间形式、新的空间和社会关系的巨大潜能。"① 埃阿坎·京多安（Ercan Gundogan）于 2009 年出版了《大卫·哈维：资本主义城市化理论》（*A Theory of Capitalist Urbanisation：David Harvey*），该书批评了部分学者运用自由主义来研究城市空间的方法，对哈维的从 20 世纪 70 年代早期到 90 年代中期之间发展起来的马克思主义城市空间理论给予了积极评价。

国内学者对哈维的城市革命思想的研究相对较多。浙江理工大学的钱厚诚从哈维对《共产党宣言》的解读入手，着重阐释了《希望的空间》中的辩证的乌托邦思想。《希望的空间》从政治经济学的视角来理解全球化及全球空间中的身体所蕴含的解放潜能，提出了反资本主义的联合斗争策略，"争取普遍权利和最低生活工资的斗争。最后以辩证的乌托邦的理想来呼吁世人来超越资本主义，并给出了三个替代方案的行动纲要"②。有学者从而认为哈维的辩证乌托邦思想仍然没有摆脱人本主义的问题式。③ 唐旭昌基于资本逻辑与权力逻辑的视角剖析了哈维的城市革命思想。唐旭昌认为，"哈维吸收、借鉴和发展了马克思的资本积累理论、危机理论和阶级斗争理论，对资本主义城市空间的解读建立在更加科学和合理的基础之上"④。张佳将哈维的历史地理唯物主义归纳为五个理论主题：对资本主义空间生产的批判、城市化批判、全球化批判、后现代文化批判和空间政治。张佳认为，"哈维将城市看作是资本积累和阶级冲突的场所，继承和发展了马克思主义的阶级斗争理论。但是后马克思主义的通过消解'阶级'来确立认同政治与身份政治……否定和放弃了马克思主义传统，是一种与资本主义妥协和共谋的政治立场"⑤。赫曦滢以理论基础 – 诞生阶段 – 逻辑架构为分析框架研究了哈维的城市革命理论。从政治、经济、社会三个维度展开了具体分析。

---

① 安杰伊·齐埃利涅茨：《空间和社会理论》，邢冬梅译，苏州大学出版社，2018，第 135 页。
② 钱厚诚：《辩证的乌托邦理想——大卫·哈维空间理论的文本解读》，中国社会科学出版社，2016，第 207 ~ 225 页。
③ 张一兵主编《当代国外马克思主义哲学思潮》（下卷），江苏人民出版社，2012，第 403 页。
④ 唐旭昌：《大卫·哈维城市空间思想研究》，人民出版社，2015，第 238 页。
⑤ 张佳：《大卫·哈维的历史—地理唯物主义理论研究》，人民出版社，2014，第 194 页。

在政治维度上，"哈维从地理学的视角切入城市革命的研究，不但考察了城市革命的阶级基础和革命过程，而且对当代城市革命研究的方法论进行了更新，形成了独具特色的分析方式"①。此外，还有学者初步涉及哈维的革命与地理、革命与城市等理论。②

卡斯特将作为主流城市社会学的芝加哥学派以及列斐伏尔人本主义的城市观批判为"前城市科学"或城市意识形态，而他所谓的城市科学则主张借鉴阿尔都塞结构主义的马克思主义来研究城市问题。城市科学的研究对象是作为理论对象的城市空间而非芝加哥学派所谓的客观的、现实的城市空间。前者并非自足自立的实体，而是必须立足于对整个城市结构以及社会结构的分析。城市结构是由经济体系、政治体系、意识形态体系相互接合而形成的。在这个"多元结构"的矩阵中，经济体系中的消费要素占据主导。发达资本主义国家为了解决利润率下降的危机，使资本积累顺利进行，必须通过国家干预使政府来承担集体消费或城市劳动力再生产的成本，但是最终却是私人资本获取了利润。这将导致国家与城市面临巨大的财政危机以及城市社会运动的兴起等后果。卡斯特对国家干预、集体消费、城市社会运动三者之间的关系的空间政治经济学分析，揭示了现代资本主义制度对城市劳动力的直接与间接的统治机制。反过来说，在资本主义生产过程中，资本家除了面临无产阶级在工作场所进行的生存斗争，而且在城市空间中还面临着生活成本的斗争。

国外学者主要从新马克思主义城市社会学视角来理解卡斯特的城市社会运动思想。皮克文斯（C. G. Pickvance）于 1976 年首次出版的《城市社会学：批判性文集》中收录了卡斯特撰写的质疑和批判传统城市社会学以及研究城市社会运动的论文，"其目的在于将历史唯物主义应用到城市社会学的研究中来"③。这是较早向英语国家推荐卡斯特思想的著作。斯图尔特·洛（Stuart Lowe）在 1986 年出版的《城市社会运动：卡斯特之后的城市》将理论梳理和案例研究相结合，着重研究了卡斯特的城市社会运动理论。同时该书也提出了质疑，即"卡斯特的解读的关键问题是他没有为城

---

① 赫曦滢：《马克思主义视阈中的城市批判与当代价值》，社会科学文献出版社，2017，第194 页。

② 刘丽：《大卫·哈维的思想原像——空间批判与地理学想象》，人民出版社，2018，第 2 ~ 20 页。

③ C. G. Pickvance (ed.)，*Urban Sociology: Critical Essays* (Tavistock Publications, 1976), pp. 1 - 32.

市社会运动是未来城市的胚胎提供任何证据而且他也没有给出自治城市运动将来在某一天策动城市社会变革的线索"①。也就是说，卡斯特没有清晰地描述出城市社会运动改造资本主义城市乃至社会结构的具体过程。卡斯特在后来与英国记者殷斯的对话中指出"社会运动不是一种好与坏的表达，而是一种关键的机制，通过这种机制，社会发生变化，朝着不同的目标，朝着不同的体制"②。从这段话中可以看出，作为社会运动中的一类，城市社会运动也只是对资本主义城市及其社会的体制和机制改变。基兰·麦孔恩1987年出版的《马克思主义政治经济学和马克思主义城市社会学：对最近动态的评论与阐述》将法国学者让·洛伊坎（Jean Lojkine）和卡斯特的马克思主义的城市社会学做了对比研究。在麦孔恩看来，前者分属于马克思主义内部的国家垄断资本主义，而后者分属于阿尔都塞结构主义。麦孔恩将卡斯特的理论工作分为三部分："一部分是对传统都市社会学的批判，另一部分是马克思主义城市社会学的框架，还有一部分是他对城市社会运动的经验研究。"③艾达·萨瑟（Ida Susser）编辑了《卡斯特城市与社会理论读本》，"该读本将卡斯特的城市社会学理论分为发达资本主义的城市理论、社会运动和城市文化、信息时代的城市三块内容"④。这本书涵盖了从城市空间到流动空间的内容，是了解卡斯特城市社会运动思想的比较好的参考工具。

国内学者牛俊伟对卡斯特的代表作《城市问题：马克思主义的视角》做了较为清晰的梳理和研究。该书认为卡斯特提出的集体消费供应危机导致城市社会运动这一理论框架，进一步继承和发展了马克思主义的政治经济学。不过，牛俊伟也指出"卡斯特集体消费理论的狭隘性与结构主义方法的僵化"⑤。可惜的是该著作没有将卡斯特的《城市社会学：批判性文集》《城市、阶级与权力》《城市与草根》纳入研究视野，缺失对卡斯特早期的城市社会运动理论的研究。王志弘借用了卡斯特城市社会运动理论的基本概念，

---

① Stuart Lowe, *Urban Social Movements: The City After Castells* (Macmillan, 1986), p. 193.

② 卡斯特、殷斯：《对话卡斯特》，徐培嘉译，社会科学文献出版社，2015，第94页。

③ Kieran McKeown, *Marxist Political Economy and Marxist Urban Sociology* (Palgrave Macmillan, 1987), pp. 139 – 140.

④ Ida Susser (ed.), *The Castells Reader on Cities and Social Theory* (Blackwell Publishers, 2002), pp. 1 – 12.

⑤ 牛俊伟：《城市中的问题与问题中的城市——卡斯特〈城市问题：马克思主义的视角〉研究》，社会科学文献出版社，2015，第249~258页。

分析了从 1990 年到 2010 年台北城市社会运动显性文化转变的原因及其特征，"对卡斯特的文化认同的显性作用做了解读，即城市社会运动公开标榜其目的在于史迹保存、特定历史意义和记忆的再界定与宣扬、特殊群体和社区的认同主张与塑造、边缘生活方式的正常化"①，即便是集体消费和政治区域自治主义的城市社会运动也要挪用文化的形式，这与之前的诉求与目标有很大不同。

最后，发展马克思主义的阶级斗争理论。马克思在工业社会阶段主张的通过无产阶级的阶级斗争实现人的解放在都市社会阶段需要发展为全球都市生活解放的科学道路。二战后，在新自由主义城市化过程中，城市化的城市意识是否消弭都市居民进行生活解放的阶级意识？都市社会的都市生活解放是否还需要坚持阶级斗争呢？当今一提到"阶级斗争"这个敏感词，世人便"谈虎色变"。鲜有人研究阶级斗争，并且即使有人研究，研究成果也极易遭到人们的误解。因为在一些人看来，阶级斗争只是革命家为实现个人利益或小团体利益而对政治对立的鼓吹，没有政治经济学的客观原因。这显然是一种对在特定的历史环境中产生的革命和斗争的偏见。阶级斗争是人类文明史上出现的社会现象，也是我们现在必须接受的既成事实。停留在没有阶级斗争的假设上是一种幼稚的空想和历史虚无主义的表现，将阶级斗争与马克思主义人为地割裂开来也肢解了马克思主义理论的整体。我们需要认识阶级斗争是如何形成的并把握随着现代时代形势的变化使其向前发展的方式。虽然阶级斗争一词本身并非马克思最先提出的范畴，却成为马克思以及后来的列宁、毛泽东等革命家的如"原子弹"一般的武器。阶级斗争是资产阶级或无产阶级夺取政权的武器，但是资产阶级在建立政权之后，似乎放弃了暴力的"阶级统治"，改用更为柔和的教化、治理方式。无产阶级建立政权之后，若为了巩固政权基础，在特定历史情境下，超出了一定范围后仍然坚持使用这一武器，便会造成国家、社会、个人的不可挽回的损失。对于无产阶级来说，阶级斗争是一把双刃剑。但是在资产阶级政权已经建立起来的既定事实下，工人阶级的阶级斗争到底应该要恪守马克思主义的要义还是需要发展它，这个问题就变得复杂起来了。麦利菲尔德认为西方马克思主义者仍然热爱资本主义都市，并非如苏联马克思主义

---

① 王志弘：《都市社会运动的显性文化转向？1990 年代迄今的台北经验》，《台湾大学建筑与城乡研究学报》2010 年第 16 期，第 39～64 页。

者那样对都市充满着怀疑与敌意，并意图凭借发动阶级斗争将原来的资本主义的都市改造为社会主义的都市。如何处理好革命性与都市性、阶级意识与都市意识之间的对立统一关系，以及是否应将马克思主义的阶级斗争随着时代的发展而发展为为生活而解放的都市斗争？对这些问题进一步的追问，有助于在新形势下研究并发展马克思主义的阶级斗争理论。

经典马克思主义的阶级斗争思想主要诞生在欧洲大陆，马克思主义欧洲化不是问题，似乎他们面临的问题主要是如何发展它。但是在发展的过程中，都市生活解放学者不太考虑继承马克思主义的普遍性，相反，对马克思主义的普遍性进行各种形式的重组或重构。"对于一个马克思主义者来说，理论的检验不是看它能否解释某些现象和事件，而是看它能否形成一种可行实践的基础，这种实践将产生把人民从统治下解放出来的变化。"① 但是20世纪60年代以来的实践表明，城市街头政治此起彼伏，但竟没有发生像巴黎公社、十月革命那样性质的革命，反而发生了东欧剧变和苏联解体。都市生活解放学者对经典马克思主义阶级斗争思想弃之如敝屣，反而吸收了学院派十足的西方马克思主义的理论上的阶级斗争思想，形成了都市社会阶段的都市生活解放的理论实践，陷入如西方马克思主义那样的困境，导致都市生活解放最终走向了一条歧路。"西方马克思主义致力于用西方某个流行思潮去发挥、解释、结合、补充马克思主义，但是它们遵循着'理论—理论—理论'的道路，都没有能够将马克思主义的社会主义革命理论应用到西方社会从而找到出路。"② 因此，我们运用马克思主义的基本立场、观点、方法完全有权利或资格对都市生活解放的理论和实践进行具体批判，对都市生活解放的理论与实践不进行类似于马克思对德意志古典哲学的彻底批判，我们不可能在都市生活问题上提出有真正创新的、经得起历史检验的观点。目前学界一味阐释、嫁接、挪用、"有意误解"都市生活解放理论，而不对其理论的依据或前提进行彻底批判，这样的成果可能看起来具有"新意"或赶时髦，但是也会转瞬即逝，而且它也不可能真正融入我们自己的思考中进而成为我们消化吸收过的观点。总之，笔者认为批判都市生活解放思想本身必要但不是最终目的，而西方"回到马克思"的阶级斗争暂时并无革命条件。在"一球两制"的今天，中西方马克思主义学者都面临着阶级

① 约翰斯顿：《哲学与人文地理学》，蔡运龙、江涛译，商务印书馆，2014，第217页。
② 徐崇温：《怎样认识"西方马克思主义"》，重庆出版社，2012，第585页。

斗争理论的守正创新难题。

诞生在西方土壤的都市生活解放欲通过都市斗争来解决资本主义的城市生活问题。它将经典马克思主义的阶级斗争理论、西方马克思主义的理论上的阶级斗争理论与城市生活问题结合起来。这可能会遭受诸如把马克思主义的宏大理论用来分析都市生活而丧失了历史的革命性，把西方马克思主义的过于学究气的理论套在光怪陆离的都市生活而丧失了现实感等的批评，但是这些批评本身并不能使都市生活解放真正走出困境。它欲走出困境必须坚持历史唯物主义的基本原理，批判西方马克思主义的理论上的阶级斗争，走向马克思主义的全球都市生活解放理论。可现实的复杂情况是，列斐伏尔等都市生活解放理论家的理论中混合了许多西方马克思主义或非马克思主义的成分，并没有明确区分马克思主义的阶级斗争与西方马克思主义的理论的阶级斗争的界限，因而没有形成经典马克思主义一以贯之而又与时俱进的都市生活解放理论。因此，批判式研究都市生活解放理论以及发展马克思主义的全球都市的生活解放理论，都成为我们进入都市社会阶段迫切需要探索的问题。

三　"联姻"之后的两条路线

按照历史阶段特征和历史任务来划分，本书认为资本主义国家的都市生活解放可以划分为四个阶段。第一个阶段主要以经典马克思主义人物（第一期学者）为代表，如恩格斯、马克思、列宁与斯大林。他们认为城市的生存与生活问题根源于资本主义的私有制，并主张通过在城市中发动阶级斗争消除资本主义私有制，从而解决城市剥削农村、城市居民的生活中普遍存在的阶级剥削和压迫等一系列问题。因此，把握马克思、恩格斯对城市生活问题的理解，必须将其放在阶级关系以及生产方式中来。

第二个阶段以西方马克思主义的人物（第二期学者）为代表，如列斐伏尔、本雅明、居伊·德波（Guy Debord）等。[①] 他们处在总体性革命没有发生的历史阶段，不得不求助于理论的阶级斗争来实现城市乌托邦，大多数学者对革命前景日益陷入悲观主义的境地。列斐伏尔认为这个阶段是"工人阶级正在焦急地等待即将来临的时刻，即随着政治革命的发生将要进入资本

---

① 国内外研究城市空间的批判理论经常把福柯的思想作为重要的学术资源。从他后期和地理学家、建筑学家的交谈中可以看出他对空间问题的关注。福柯对空间—知识—权力的分析，为都市生活解放提供了微观政治学的维度。

主义向社会主义的过渡阶段"①。历史证明，这个时刻一直未到来。

第三个阶段以都市生活主义的马克思主义或都市生活解放的人物（第三期学者）为代表，比如曼纽尔·卡斯特、大卫·哈维、艾拉·卡茨纳尔逊、安杰伊·齐埃利涅茨、彼得·桑德斯、爱德华·索亚等。他们大致处在二战后西方发达资本主义国家的都市化阶段，这个阶段从整体上大致历经凯恩斯主义的式微到新自由主义的崛起，但是新自由主义城市化对都市居民的生活形成了压迫。他们的共同特征在于认为经典马克思主义倡导的生产领域的阶级斗争②方式已经不适应都市社会发展的客观需要，西方马克思主义倡导的理论上的阶级斗争对"五月风暴"之后的新社会运动发生的政治经济学原因缺乏深入了解，而且其诉诸的总体性具有乌托邦的嫌疑。因此，为了实现都市生活解放，都市生活解放学者主张以非生产领域的都市斗争来替代生产领域的阶级斗争，以都市居民的不同身份、性别、种族、区域、爱好、价值观等城市社区意识来取代工人阶级的整齐划一的阶级意识，并主张对都市生活解放问题产生的原因展开"去生产、去阶级"的空间政治经济学的分析。总之，在他们看来，都市生活解放是无产阶级进入资本主义的都市社会阶段的新任务，也是未完成的任务。

第四个阶段为 20 世纪八九十年代以来的全球都市生活解放的阶段，主要以美国哥伦比亚大学社会学教授丝奇雅·萨森（Saskia Sassen）③，哈佛大学设计学院城市理论教授、城市理论实验室主任尼尔·布伦纳（Neil Brenner）④

---

① Henri Lefebvre, *The Survival of Capitalism: Reproduction of the Relations of Production*, trans. by Frank Bryant (Allison and Busby, 1976), p. 20.

② 生产领域的阶级斗争是本书研究的重要概念。这个概念是马克思在说明其阶级斗争学说与复辟时期历史学家的阶级斗争学说的重大区别的时候提出的，表明建立于历史唯物主义基础上的阶级斗争。因此，本书根据马克思的相关论述，指出历史唯物主义基础上的阶级斗争实质是生产领域的阶级斗争，后文将进一步论述。

③ 丝奇雅·萨森于 1949 年 1 月生于荷兰海牙，1950 年随父母迁往阿根廷，在 5 种语言环境中成长。她的学科背景较为丰富，先后主修过哲学、政治学、社会学、经济学、文学等，取得文学、哲学硕士和文学博士学位，主要从事城市社会学研究，具体领域包括全球化、全球城市、移民和新技术等。其代表作有《全球城市：纽约、伦敦、东京》《全球经济中的城市》等。

④ 尼尔·布伦纳于 1999 年获得芝加哥大学政治学博士学位。他是一位批判性城市理论家、社会学家和地理学家。布伦纳的最新著作有《新城市空间：城市理论与尺度问题》《城市化批判：论文集选集》《内爆/爆炸：面向星球城市化研究》。布伦纳之前的著作包括《新国家空间：城市治理和国家地位的缩放》和与他人合编的《城市为人而非为利：城市批判理论和城市权利》《新自由主义的空间：北美和西欧的城市重组》。布伦纳的作品被翻译成多种语言，包括中文、日语、葡萄牙语、西班牙语和土耳其语。

为代表。这些学者着重分析具有全球领导力和控制力的全球都市，指出空间生产具有突破地方城市的增殖动力，资本主义都市社会阶段的空间生产已经进入全球都市空间生产的阶段。在此推动下，少数发达国家的大都市成为对全球经济的运转具有支配与控制能力的顶级城市——全球都市。它们全部是资本主义的全球都市，或者也可以称为"都市帝国"。纽约、伦敦和东京组成的小圈子的"都市帝国"主导并控制着全球化进程，实现资本空间扩张和全球内在化。全球都市的物质生产方式制约了生活解放，并使全球都市生活解放变得更为复杂。

目前国内外学界的研究对象主要集中在第三个阶段的代表人物身上。列斐伏尔是都市生活解放理论的开创者之一，他对都市问题的研究具有预言性和方向性。不仅如此，列斐伏尔还初步提出了空间政治经济学批判思路，为卡斯特和哈维的科学主义的都市生活解放开辟了道路。索亚则直接受惠于列斐伏尔人道主义的马克思主义的批判路径，从关注社会关系跨越到诉诸改造社会关系的行动的序列中来。因此，列斐伏尔对后来新马克思主义城市问题研究的影响很是深远。列斐伏尔经常与第三期学者一起受到集中关注。第三期学者学科背景涉及城市社会学、人文地理学、城市史学、城市规划学、城市政治经济学等。因此，对他们进行整体研究并非易事。如果仅仅对其中个别人物进行研究又难以窥探全貌，难以深入都市生活解放问题的实质。如果仅仅从都市生活解放问题着手，这里面牵涉的人物过多、问题较为复杂，难以保证问题研究的深度。因此，本书在人物研究和问题研究中选取中间方案，即以列斐伏尔、哈维、索亚与卡斯特四个主要代表人物的都市生活解放理论为核心，兼顾其他人物的相关思想。

关于列斐伏尔、哈维、卡斯特在新马克思主义都市生活解放理论界中的重要地位和广泛影响，国内外学界已取得了普遍共识，本书在这里不再赘述。马克·戈特迪纳与雷·哈奇森联合撰写的《新城市社会学》第四章"当代城市社会学"中指出"列斐伏尔复兴了城市政治经济学，卡斯特是阶级冲突理论的代表，而哈维则发展了资本积累理论"[1]。高鉴国于2006年以专题研究的形式，介绍了列斐伏尔、卡斯特、哈维三人的都市生活解放理论，指出新马克思主义者的城市研究成果促使马克思主义逐渐进入现代西

---

[1]　马克·戈特迪纳、雷·哈奇森：《新城市社会学》（第三版），黄怡译，上海译文出版社，2011，第69~75页。

方城市社会学领域，城市研究者开始更多地通过生产方式的理论来理解都市生活解放问题。除此之外，高鉴国还指出三位学者研究方法的差异性，即"列斐伏尔是受到人本主义马克思主义的影响，卡斯特和哈维深受结构主义的马克思主义的影响"[①]。刘怀玉在一篇文章中提出了研究城市空间生活解放的三种方法，即"现象学的可能的潜在的存在论视野，结构主义的认识论空间，马克思主义的科学的批判的历史观、经济社会理论与政治社会实践"[②]。同样，还有学者对上述城市生活解放理论研究方法做了进一步研究。赫曦滢主要考察了人文主义与结构主义在城市生活解放理论研究中的不同取向，而两种取向本身代表了都市生活解放内部的对立与分歧。卡斯特受到了阿尔都塞结构主义马克思主义的影响，主张人的本质属性只有通过认识社会结构或社会关系来实现，社会结构是社会科学的研究客体，只有通过研究结构才能理解和解释观察到的现实。而列斐伏尔则是人文主义者的代表，强调人的主体和决定性的存在地位，这使他对日常生活的批判具有人道主义的底色。赫曦滢还指出这两种取向在解释学重构中的贡献与局限。贡献在于构建了马克思主义的城市话语权，局限是"列斐伏尔人文主义的城市理论创造了一种城市的偶像崇拜，卡斯特结构主义的城市理论存在着结构决定论的顽疾"[③]。综上所述，笔者认为研究都市生活解放理论可以采用亨利·列斐伏尔的日常生活批判现象学方法，曼纽尔·卡斯特的结构主义方法论，大卫·哈维所代表的或突出的地理学的政治经济学批判，或者简言之，都市生活解放的人本主义与科学主义的方法。

之所以将索亚加入研究行列，是因为他开创了都市生活解放研究的后现代地理学的范式。索亚作为洛杉矶学派的代表人物，他的"空间三部曲"研究了一种以洛杉矶为初始原型的后现代性的大都市，它与现代性城市具有很大区别。他继承了列斐伏尔的空间批判理论，为空间乃至城市空间的本体论研究做出了卓越贡献，为空间批判理论上升到空间哲学提供了一条路径。其与包括列斐伏尔在内的第二期学者正好组成一个都市生活解放的"结构矩阵"。此外更为重要的是，都市生活解放内部也蕴含着都市生活解

---

① 高鉴国：《新马克思主义城市理论》，商务印书馆，2006，第 283～288 页。

② 刘怀玉：《城市马克思主义的问题域、空间话语与中国实践》，《理论视野》2017 年第 2 期，第 8～11 页。

③ 赫曦滢：《马克思主义城市研究的"范式"与解释学重构——人文主义与结构主义城市理论的比较研究》，《海南大学学报》（人文社会科学版）2017 年第 2 期，第 51～57 页。

放的人道主义与科学主义两立的逻辑。因此，笔者按照阿尔都塞的科学与意识形态之分，以都市生活解放理论为中心，将这个"结构矩阵"划分为两种类型。列斐伏尔和索亚发展了都市生活解放的人道主义理论，而哈维和卡斯特发展了都市生活解放的科学理论。因为都市生活解放的科学包括卡斯特的城市社会学以及哈维的空间政治经济学，所以不能简单地进行结构主义与人本主义的划分。卡斯特确实深受阿尔都塞结构主义的马克思主义的影响，对作为理论对象的城市空间的分析具有明显的形式主义的特征。他反对芝加哥学派的右翼都市意识形态和列斐伏尔的左翼都市人本主义，认为由城市系统在整个社会系统中的结构性关系而决定的城市实践是一个无主体的过程。集体消费的主导结构决定了国家必须具有提供集体消费品以促进城市劳动力再生产的功能，否则将导致城市社会运动的兴起。这些对城市问题的形式、结构、功能的分析无疑都打下了结构主义的马克思主义的印记。但是哈维的思想历程比较复杂。哈维在写《地理学中的解释》时是一个逻辑实证主义的地理学家，反对人文地理学的传统方法。后来受到列斐伏尔的影响，其政治和学术倾向有明显转变。《社会正义与城市》标志着他开始成为新马克思主义地理学家。哈维在《资本的限度》《资本的城市化：资本主义城市化的历史与理论研究》《意识与城市经验》《资本的空间》《叛逆的城市——从城市权利到城市革命》等书中切合"成熟时期的马克思"的思想旨趣，从空间政治经济学出发，考察资本积累、城市革命与城市空间的关系。这集中体现在以下几方面：一是从引发城市革命的经济基础出发，而非停留于都市意识形态的批判上；二是坚持资本流通领域的阶级斗争的立场，而非滑向都市革命、空间斗争、城市社会运动；三是提出反对新自由主义的都市生活解放版本的"城市权利"，而非只批判而不建构社会主义的城市权利。显然，这已经超出了结构主义和人本主义理论框架。

当然，这样严格的划分是相对的。虽然列斐伏尔和索亚批判了芝加哥学派，但是他们从根本上又陷入唯意志论的行动哲学之中。哈维与卡斯特对城市生活解放的科学研究，让我们了解到发达资本主义阶段城市发生危机的必然性，以及摆脱这种危机的可能性出路。但是我们也要看到城市生活解放的科学主义理论的局限性。哈维在研究资本积累的三级循环时，过度注重对空间的形式分析，反而陷入空间拜物教的意识形态陷阱；哈维的城市权利是对资本增殖逻辑导致城市出现的现代性问题的被动回应，但是并没有在根本上触及生产城市权利话语的资本主义生产方式；最为重要的是哈维相对忽视了资本积累中剩余价值生产领域的阶级斗争。卡斯特的城市生活解放的理论在方法论上也具有"意识形态性"。在内容上，它关注城市的消费政治，进而发展马克思主义的都市理论，但是同时也背离了历史唯物主义的基本观点，具有改良主义的意识形态的倾向。四位代表人物还存有共同点，即都陷入了理论主义的陷阱中——"空间化的马克思主义"。他们观察到了资本主义都市社会的部分现实，即都市居民为了追求生活解放而展开都市斗争。但是他们并不像中国的马克思主义学者那样坚持运用马克思主义的基本立场、方法、观点来研究资本主义的都市生活解放问题，而是不惜以抛开或修改马克思主义的基本原理，即以马克思主义基本原理"空心化"作为代价。总之，国内学界对都市生活解放的定义和原因缺少细致研究，国外学界对都市生活解放的性质以及发展趋势等问题缺乏基本判断。因此，本书将运用马克思主义基本原理将这些内容统一起来，研究都市生活解放的问题。

第一章 西方社会都市生活解放路径的历史脉络

按照产业类型与社会转型的主要动力因素，本书将整个西方国家文明史的都市生活解放划分为农业社会、工业社会与都市社会占据主导的三个阶段。农业社会的城市生活解放包括古希腊罗马时期的城邦斗争及中世纪的城市自治权的争夺。工业社会的城市生活解放以近代城市的阶级斗争为主要表现形式，还包括居民反抗生活被规划的形式。都市社会的都市生活解放包括都市居民的生活斗争、全球都市的生活解放等。西方都市生活解放具有相当长的历史，前人对农业社会、工业社会都市生活解放的研究取得了一定成果。考虑到本书的研究对象是都市社会的都市生活解放。因此，本书的研究重点是20世纪60年代以来西方资本主义国家的都市居民追求生活解放的新社会运动的实践形式。

第一节 农业社会的城市生活解放路径

在日常生活中，我们可能会经常混用城市与都市的概念。不过，两者也有区别。"城市"一词中的"市"相对容易理解，而理解城市和都市的关键在于区分"城"与"都"。一般观点认为最早关于"市"的解释见于《周易正义·系辞下》，"日中为市，致天下之民，聚天下之货，交易而退，各得其所"①。"市"既可用作动词，意为"做交换买卖"，也可用作名词，意为"交易场所"。市最初并未出现在城内，而是设置于村外交通便利处或打井取水的地方，所以"市井"可以合用。这些地方也称"市集"。市集能够形成一定的人、财、物的聚集。当然，如果市集在整个经济活动中无足轻重或没有重要影响力，那么它也未必能够形成城市。

---

① 《周易正义》卷8《系辞下》，《十三经注疏》，上海古籍出版社，1997，第86页。

　　《说文解字》中云，"城，以盛民也"①。中国古人将"城"形象地理解为一种容纳百姓的"容器"。《辞海》对"城"的解释是"旧时在都邑四周用作防御的墙垣。一般有两重：里面的称城，外面的称郭"②。"城"也被称为"城邑"，即设防的城堡。如果城邑与国都重合，也可称都邑。都邑既具有军事功能，也具有政治、伦理的功能。此外，"城"还有修筑城墙，用作防御工事的动词性含义。可见，古代人将"城"直观地理解为具有围墙的外观以防御敌人并且能够容纳百姓的"容器"。"卫为狄所灭，东徙渡河，野处漕邑，齐桓公攘戎狄而封之。文公徙居楚丘，始建城市而营宫室，得其时制，百姓说之，国家殷富焉。"③ 简言之，在齐桓公的分封下，文公才得以营建城市。城市是由贵族按照宗法礼制建立起来的区域，说明地方诸侯政权对古代城市的形成与发展起到了重要的促进作用。《韩非子》中有"大臣之禄虽大，不得籍威城市"④ 的说法。《三国志》曾记载，"（马）腾少贫，无产业，常从彰山中斫材木，负贩诣城市，以自供给"⑤。北宋范纯仁曾使用"远城市之喧，筑室以居焉"⑥ 的句子。综合以上例子可以看出，中国古代的城市与政治、军事密切相关，它是政治城市或军事城市。由此，马克斯·韦伯也认为"在中国，同样也没有'市民'和'城市公社'的概念，中国的城市是帝国行政机构的堡垒和官员驻地"⑦。

　　城市的词源是拉丁语的"urbanus"，其原初含义是"大多数人的联合体"⑧。《简明不列颠百科全书》对城市的定义是："一个相对永久性的、高度组织起来的人口集中的地方，比城镇（town）和村庄（village）规模更大，也更为重要。"⑨ 该定义把握了城乡区别和城市的集聚性的主要特征。不过，我们似乎只有将城市与城镇、农村放在一起做对比研究，才能更好地理解城市。"城市（city）是一个有边界的空间，其居住密度极高，人口

① 许慎：《说文解字注》（第2版），段玉裁注，上海古籍出版社，1988，第688下页。
② 《辞海》，上海辞书出版社，1979，第1219页。
③ 陈子展：《诗经直解》，复旦大学出版社，2015，第112页。
④ 《韩非子集解》，王先慎撰，中华书局，2010，第25页。
⑤ 陈寿：《三国志》卷36《蜀书六》，上海古籍出版社，2002，第872页。
⑥ 范纯仁：《薛氏乐安庄园亭记》，曾枣庄、刘琳《全宋文》第71册卷1555，上海辞书出版社，2006，第300页。
⑦ 马克斯·韦伯：《城市：非正当性支配》，闫克文译，江苏凤凰教育出版社，2017，第20页。
⑧ 约翰·马修斯、文森特·帕里罗：《城市社会学：城市与城市生活》（第6版），姚伟、王佳等译，中国人民大学出版社，2016，第3页。
⑨ 《简明不列颠百科全书》（第2卷），中国大百科全书出版社，1985，第271页。

相对众多且具有文化方面的异质性。"① 上述对城市②的定义相对赋予了城市研究的独立性。不过，它同时增加了一个特征，即城市的边界性。城市的边界是什么呢？其物理性边界是农村、城镇。凯文·林奇认为，"由道路、边界、区域、节点和标志物五类要素构成城市意象"③，这些界限是区分城市和农村的显著标志。诗人华兹华斯刚入伦敦城时在感官上感受到了前所未有的强烈刺激，而后产生"茫然的困惑"和挫败感，这些都使得初来乍到者感到深深不安。这也表明城乡之间除了物理性边界，还存在着文化性边界。两者共同构成了城市的边界性。城市的边界性也是城市性（urbanity）的特征之一。总之，上述定义的共同特征在于所谓城市，即与城镇、农村相对。此种解释过于简单，没有指出更为深刻的内涵。但是我们通过梳理市、城以及城市的文献资料，可以得出城市是空间聚集与分散的产物。一方面，统治者派驻军队将城与郭联系起来以卫君守民，将城与市聚合起来以发展经济；另一方面，随着社会分工，城市与乡村逐渐产生分野。当然，要深刻理解城市，我们必须放在城市史的长河中来考察，否则就只能获得孤立、片面、浅层的认知。

农业社会的城市生活解放主要包括奴隶社会的城邦"平贵"斗争与封建社会的城市自主权争夺。尽管它们形式各异，但是实质上属于城市人民为争取生存与生活而进行的阶级斗争。

一　城邦"平贵"斗争

在公元前 8 世纪，古希腊建立起了十几个奴隶制城邦，其中比较有代表性的是雅典、斯巴达、米利都、科林斯等。"城邦在很大程度上限于希腊的中部和南部、爱琴海诸岛、意大利、西西里以及土耳其西岸的殖民地。在其他地区，政治与社会结构并非一直以城邦观念为基础，而且众多地区实际上并未城市化。"④ 在这段话中的"其他地区"主要是指古代城市国家。苏联学者安德烈耶夫等认为有必要区分古希腊罗马城邦和古代东方的城市

---

①　马克·戈特迪纳、莱斯利·巴德：《城市研究核心概念》，邵文实译，江苏教育出版社，2013，第 6 页。

②　我们可以看到英语国家使用的与城市有关的词有 urban 与 city，为了区分这两个单词，city 也常翻译成城区。

③　凯文·林奇：《城市意象》，方益萍、何晓军译，华夏出版社，2017，第 35～37 页。

④　莱斯莉·阿德金斯、罗伊·阿德金斯：《探寻古希腊文明》，张强译，商务印书馆，2010，第 365 页。

国家。其主要理由在于"古希腊罗马城邦制度的基础是公平平等原则和民众大会的立法权，而古代东方的城市国家的基础是具有明显社会等级划分的贵族共和国"①。也就是说，城邦可以说是古代城市政府而非古代城市国家。作为城邦的城市与乡村和其他类型的城市最大的区别在于"城邦真正的核心还是阿戈拉，也就是公共场所"②。城邦的公共场所为公民提供了集交易、交谈、闲逛、散步、纪念等功能于一体的公共空间。"极度的分离主义思想决定着城邦的政治演进过程，这种状态一直持续到亚历山大时代。古典时代希腊城邦最本质的特征是刻意追求独立自主。"③ 城邦鼓励所属公民自由发展个性，追求独立自主，但同时要求公民个体必须服从城邦的普遍性，遵守规范性的道德。城邦是城邦内公民的自由与服从的联合体。在城邦与城邦之间，并没有实现国家的统一，它看上去更像一个个散布于古希腊地区的城市政府。它们并没有实现统一，一旦遭受外敌入侵，城邦会团结起来共同御敌。然而，公元前338年北方的马其顿入侵古希腊地区，建立了一个横跨欧亚非的马其顿帝国。原先拥有政治、军事、经济管辖特权的自由城邦成为马其顿帝国下辖的行省，丧失了其独立自主性。总的来说，在古希腊时期，无论是苏格拉底还是柏拉图都提倡一种城邦生活。它既包括城市公民的市民生活，比如说诗歌比赛、音乐会、体育竞技比赛、演讲辩论等，也包括城市自由民以公民大会的形式参与的国家政治生活。也就是说，城邦实现了市民生活与国家政治生活的高度统一。但是进入城邦的资格是严格限定的，必须是与本邦有血缘关系的成年男性，其他如奴隶、女性以及外邦人不享有本邦公民权。从对待外邦人的做法也可以看出，城邦更像是一个区域性的城市，而非一个整体性的国家。各个城邦都有自身特色，雅典较长时间没有城墙和防御体系，城市空间格局灵活有机，而斯巴达正好相反，军事生活占据主导，城市空间格局整齐划一。

在古罗马，奴隶主依靠罗马军队在欧亚非等地进行军事征服与领土扩张。斯多葛学派是第一个反对城邦理念的学派，该学派不赞成小国寡民的城邦政治，而支持"世界城邦"与"世界公民"的理念。斯多葛哲学成了古罗马统治者对外扩张的思想武器。古罗马帝国改变了古希腊时期的相对

① 安德烈耶夫等：《古代世界的城邦》，张竹明等译，华东师范大学出版社，2011，第61～62页。

② 布克哈特：《希腊人和希腊文明》，王大庆译，上海人民出版社，2008，第102页。

③ 约翰内斯·哈斯布鲁克：《古希腊贸易与政治》，陈思伟译，商务印书馆，2019，第109页。

独立的城邦形式，以罗马法和罗马官吏统治各个征服来的城市。罗马皇帝派遣行省总督去管理帝国的各大城市，总督在忠诚于罗马皇帝并上交税赋之后具有管理城市的自主权，但是行省总督易陷入罗马政治斗争当中，"总督冀盼通过繁重税收或一场战争来掠取财富和地位，但这样的方式常给当地贵族带来许多麻烦，因为他们必须向当地人解释罗马的举措"①。因此，行省总督通常夹在当地贵族与罗马贵族以及所辖百姓与最高统治者之间的利益斗争中。罗马人不像希腊人那样对思辨哲学有浓厚兴趣，反而对城市的世俗生活格外情有独钟。城市供人沉思的庙宇圣地让位于俗世的公共浴池、斗兽场、剧场、小型剧院等娱乐享受消遣的生活场所。罗马统治者依靠军事化方式来管理城市。城市修建了大量坚固的"罗马营寨城"以及方便军队集结和物质运输的罗马道路。"城市中心还修建了广场、大型铜像、凯旋门和纪功柱（或凯旋柱）等宏伟建筑以向世代炫耀历史功绩，原先具备诸多功能的集会场所让位于纯粹的纪念性空间。"②古罗马统治者把从各地掠夺来的财物主要用于自己消费，许多古罗马百姓也厌倦生产工作。特别是古罗马后期，整个社会滋生享受奢靡的浮夸之风，古罗马城等城市成为感官堕落的天堂、享乐主义的酒窖。公元395年，古罗马帝国分裂为东西两部分。476年，西罗马的日耳曼人废黜最后一位罗马君主，西罗马帝国宣告灭亡，欧洲进入漫长的中世纪。东罗马帝国一直延续至1453年，为奥斯曼帝国所灭。

从梭伦立法、庇西特拉图僭主统治到克利斯提尼改革，雅典城邦制度确立下来。总体来说，古希腊罗马的城邦在政体上实行过僭主制、寡头制、民主制。亚里士多德在《政治学》中指出："僭主制是一个人的统治，是为了统治者的利益，寡头制是为了富人的利益，民主制是为了穷人的利益。"③政体之间的变化反映了不同阶级之间的利益斗争。政体反映国体，这三种政体的实质是由奴隶制的国体所决定的。在奴隶制城邦中，存在着自由民和奴隶、贵族和平民的斗争问题。自由民是奴隶社会中除奴隶以外的居民阶级，他们在经济上一般占有土地等生产资料，在政治上依据财产多少享有不同程度的权利及人身自由。正是基于此，自由民可以分为贵族和平民

---

① 杰弗斯：《古希腊-罗马文明：历史和背景》，谢芬芬译，华东师范大学出版社，2013，第118页。

② 张京祥编著《西方城市规划思想史纲》，东南大学出版社，2005，第21页。

③ 亚里士多德：《政治学》，颜一、秦典华译，中国人民大学出版社，2003，第85页。

阶层。贵族和平民阶层作为一个自由民阶级在压迫奴隶上有共同利益要求。这对阶级矛盾贯穿于奴隶制城邦始终。不过，自由民内部也存在着阶层矛盾向阶级矛盾转化的可能性。

贵族和平民阶层的矛盾主要体现在三个方面，土地问题、债务问题和政治权利，其中土地问题是根本问题。在农业社会，土地是人的命脉。不仅在农村，而且城市公民的经济收益全部或大部分依赖于土地。在梭伦改革之前，雅典所在大区（又称阿提卡大区）的氏族贵族垄断了大面积土地，遭到自由民的不满与反抗。为了应对社会危机，梭伦改革了土地制度，确立了有利于城市自由民的土地私有制。接着经过庇西特拉图和克利斯提尼的改革，中小土地所有制逐渐形成。在土地私有制的基础上，形成了土地所有权。土地所有权而非血缘决定了公民权利及其等级，从而建立了城邦制度。在斯巴达，成为公民的先决条件是拥有份地，而在雅典，梭伦的等级制度使得政治权利同土地财产直接关联起来。① 城邦是一个具有共同利益的城乡共同体，城乡并不是对立的而是通过土地所有权联系起来。它有公有土地和私有土地。公有土地主要是出租给私人耕种，所收租金归集体用来进行公共支出。不过，私有土地在整个城邦中占据大头。在私有土地占据主导的情况下，如果土地占有相对平均，雅典的民主制将最大程度上维持公平公正。然而，城市贵族使用大量奴隶以及利用比雷埃夫斯港口发展外贸，促进了手工业的发展，贵族的实力大增，他们可以拥有金钱购买更多土地。少数贵族侵占越来越多平民的土地，后者失去土地，成为给贵族交租金的租佃劳动者，这些租金占据收入的5/6，租佃劳动者被称为"被护民"或"六一农"或依附民。债务负担越来越大，最后完全破产，沦为奴隶，丧失政治权利。随着公有土地不断向私有土地转化，贵族占有的土地越来越多，这种民主制的天平将会被打破。因此，平民与贵族的斗争不仅仅只是围绕着意识形态、政治权利、法律身份等展开的等级斗争，而实质上是逐渐滑向了两个阶级之间的阶级斗争，即在社会生产关系中处于支配地位的贵族，凭借血缘关系占有土地等生产资料和奴隶，垄断城邦政权与奴役广大平民，而平民则受到政治上的压迫、经济上的剥削，最终因债务负担过重，被迫加入奴隶队伍中去。因此，古希腊罗马时期的城邦斗争实质上是城邦平民与贵族之间的阶级斗争。

---

① 黄洋：《古代希腊政治与社会初探》，北京大学出版社，2014，第24页。

二　城市自治权的争夺

欧洲的中世纪，是从公元5世纪后期到公元15世纪中期。在中世纪早期，西罗马将周遭部落和民族称为蛮族，蛮族入侵使得城市遭到严重破坏，满目疮痍，很多地方沦为一片废墟，城市人口锐减。大量农奴为了躲避主人的残酷迫害，不得不纷纷从农村逃往城市，在废墟中重建城市，开启并适应城市生活。"在中世纪，有一些城市不是从前期历史中现成地继承下来的，而是由获得自由的农奴重新建立起来的。"[①] 基督教教会神权在一定时期不仅控制着普通百姓的精神生活，而且还凌驾于欧洲各个封建王权之上。教堂成为整个城市的中心，教区成为西欧城市社区的最初动力和原形，教会成为城市生活与学习的最为重要的连接点。经过中世纪中期的经济复苏，农业发展取得了一定进步，产品开始出现剩余，手工业从农业中分离出来。手工业者在一些交通便利的城市落脚生根，并形成了中世纪重要的工商业城市，比如，佛罗伦萨、热那亚、威尼斯、尼斯、米兰等。虽然十字军东征打的是宗教旗号，但是客观上也为西欧城市在地中海的海外贸易开辟了道路。"后来，威尼斯人对帝国限制其活动的做法感到恼怒，因为这直接影响到他们的利益。因此他们决定自谋出路，于公元1000年左右建立了自己的独立的共和国。"[②] 这些新兴城市形成了中世纪的城市国家。著名的城市历史学家芒福德认为，"中古时代，政治利害关系常常集注在城市资产阶级同封建主、伯爵、主教、国王之间争夺权力的争斗"[③]。但是芒福德忽视了一个阶级。在争取城市自治运动过程中，实际上形成了三个阶级：封建领主阶级，经营商业的小封建主、商人、高利贷者、手工业主等市民阶级，城市中的贫民和离城市较近的农庄农奴。

为了废除苛捐杂税，保障人的自由，获取城市自治权，起初是后两个阶级联合起来反抗第一个阶级，并取得了城市斗争的胜利，建立了城市政权或城市国家，这为他们的城市生活解放奠定了政治基础。"那反映在以和平方式要求领主，不论是男爵、主教或住持，承认城市为一个自治社会；

---

① 《马克思恩格斯选集》（第1卷）（第3版），人民出版社，2012，第185页。
② 乔尔·科特金：《全球城市史》，王旭等译，社会科学文献出版社，2006，第104页。
③ 刘易斯·芒福德：《城市发展史：起源、演变与前景》，宋俊岭、宋一然译，上海三联书店，2018，第249页。

如果这项要求被拒绝，就以暴力方式来反抗封建权力并要求宪章的自由。"①中世纪的城市国家获得了国王或大封建主颁发给城市和市民的法律意义上的权利认可证书，即城市特许状，这标志着自治城市的产生。自治城市的统治者依靠城市财政建立起自己的武装，依靠军事斗争并运用赎买方式取得自治权。城市议会的成立是自治权的具体体现。城市议会作为主要行政机构，掌握着所辖区域的行政事务和军事事务。它向城市居民征收赋税，其中有一部分还用于城市建设。后来是第二个阶级内部发生分裂：手工业者与城市贵族争取城市统治权，即手工业者通过封建行会的形式反对城市贵族。最后是第三个阶级反对第二个阶级。封建行会的分化导致帮工学徒、破产小行东组成的城市平民与大行东、大商人的城市斗争，后来逐渐形成资本主义萌芽以及后来的市民阶级和雇佣工人。当然，这里面还存在着君权与城市市民阶级的复杂关系。国王为了限制大贵族、大领主、寺庙经济的膨胀，实行"重商主义"政策以联合市民阶级，市民阶级也需要王权庇佑以统一国内国际市场。但是待到市民阶级发展到一定阶段而成为独立政治力量之时，国王的封建统治也成为生产力发展的主要障碍。这里也存在教权与市民阶级的复杂关系。以营利为目的的商业让神圣事业世俗化、袪魅化，天主教会对商业充满不信任的心理，担忧市民阶级的自治运动使他们的教区权威性受损，因而，努力去捍卫专制主义和封建家长式的制度。"由此产生误解、摩擦，很快成为相互的敌对，从 11 世纪初期起，敌对终于成为不可避免的事情。"② 但是在共同对抗王权的时候，两股势力也会展开协作。"有些修士和神甫发动一场运动反对教士的恶习，攻击西蒙式以及教士结婚，谴责世俗当局干涉教会的管理，城市的人民热烈地站在这些修士和神甫一边。"③

在整个中世纪，新兴的工商业城市的市民阶级经过与领主斗争，获得了城市自治权。市民阶级的城市生活解放表现为市民具有一定的身份自由，享有土地自由使用权和所有权，享有免除市民各项封建赋税的权利与某些特定的经济特权。市民所属的城市享有独立的司法审判权、行政管理权，

① 汤普逊：《中世纪经济社会史》（下册），耿淡如译，商务印书馆，1997，第 424 ~ 425 页。
② 皮雷纳：《中世纪的城市（经济和社会史评论）》，陈国樑译，商务印书馆，2006，第 110 页。
③ 皮雷纳：《中世纪的城市（经济和社会史评论）》，陈国樑译，商务印书馆，2006，第 110 ~ 111 页。

这在一定程度上，确立了封建领主与城市市民之间的权利义务的平等关系，解除了两者的人身依附关系。市民阶级、公会行会等兴起、壮大，城市中的市民精神也得到了培育。新的社会关系以及生产关系的出现，使得劳动力得到一定程度释放，反过来推动了城市经济、政治、社会、文化等方面的发展。但是中世纪的城市自治受到以王权为代表的中央集权的干涉且存在着城市贵族、平民与底层人民之间的阶级矛盾。这两方面的因素都导致城市自治走向衰弱。不过，自治城市成为近代资本主义萌芽的平台与载体。

第二节　工业社会的城市生活解放路径

18 世纪 60 年代，资本主义的工业革命推动了农业社会向工业社会的转变。工业社会的城市生活解放以工厂为中心，工人阶级是斗争主体，斗争方式是阶级斗争，斗争矛头直接指向资产阶级。不过，建立了资本主义国家之后，在自由资本主义阶段和垄断资本主义阶段，市政当局分别运用分散主义城市规划和集中主义城市规划来主动调节、化解与掩盖阶级矛盾，居民反抗生活被规划，但是居民这一反抗方式使资本主义生产关系的再生产得以维持，从根本上维护了资本主义生产方式。

一　工人阶级的阶级斗争

中世纪自治城市的经济、政治、文化、社会等相对更为开放，形成了追求资产阶级意识形态审美的市民阶级。由此，文艺复兴最先诞生于此。文艺复兴激发了世人对城市的想象。"从 15 世纪中叶起的整个文艺复兴时期，本质上是城市的从而是市民阶级的产物。"[①] 城市是人的本质、人性、人的价值和尊严的体现。城市空间是世俗生活的聚居区和娱乐区，城市建筑成为资产阶级和新贵族炫耀财富的象征，城市规划体现了资产阶级追求唯理主义的美学观念，巴洛克式的城市设计模式成为时代潮流。但与此同时，绝对君权对新兴市民阶级的城市权利竭力压制，其中以法国最为典型。法国君主拿破仑三世任命巴黎地方行政长官豪斯曼实施巴黎改造计划，大量拆除巴黎传统城市建筑，修建林荫大道和大型公园。这既为军队集结、镇压革命提供了条件，也为与封建王权关系紧密的城市贵族进行基础设施

---

① 《马克思恩格斯选集》（第 4 卷）（第 3 版），人民出版社，2012，第 260 页。

建设与房地产投资提供了绝佳机会。但是它造成了国家财政负担过重，市民阶级的生活贫困，也造成了以牺牲巴黎周边地区区域发展不均衡为代价的后果。

经过 16 世纪的尼德兰革命、17 世纪英国的"光荣革命"以及 18 世纪的法国大革命，欧洲先后建立起资本主义性质的国家。城市市民阶级的冒险精神和创新精神，驱动着阿姆斯特丹、莱顿、鹿特丹、伦敦、巴黎等的城市经济迅速发展。18 世纪 60 年代的工业革命促使西欧诞生了一个个近代工业城市，像兰开夏、曼彻斯特等依靠产品加工贸易成了相异于政治和军事中心的经济中心。在机械化大生产的支持下，英国等地的城市化水平迅速提升，但也出现了两大阶级对立的情况。部分工人阶级生存困难，部分工人阶级的城市生活遭到资本家的压迫与剥削。工人阶级后来在做工过程中意识到自身只有形成整体力量，才有能力展开阶级斗争，在城市中生存与生活。马克思一家不靠恩格斯的接济和他的微薄稿酬，是很难在欧洲城市生存并生活下来的。即便如此，马克思的七个孩子中有四个夭折，一家人饥寒交迫，面临着死亡和疾病的威胁。其他工人阶级家庭也大抵如此，生活上面稍微好一些的工人阶级也经常面临着因失业而返贫等问题。整个工人阶级的阶级斗争既是为了生存，也是为了生活。他们的生存与生活唇齿相依，所谓的生活不过是离生存只有几步之遥。

当然可能有人会认为，工业革命促进了生产力的发展，工人应该生活得更好一些了，但是事实上工人的实际工资根本应付不了随之提升的生活成本。"工业革命期间名义工资以 1813 年左右为转折点，经历了持续上升到稍有下降的过程，但总体上呈上升势态。到工业革命尾声时，平均水平已大约是 18 世纪中期的两倍。"[1] 不过，名义工资并不能直接用于衡量工人的生活水平，必须在此基础上以扣除物价水平等因素得出的实际工资来衡量。物价水平等因素不仅涉及食品、衣服、燃料等生活必需品，而且还涉及住房。"如何满足住屋的需要，是可以当做一个尺度来衡量工人其余的一切需要是如何满足的。"[2] 大量农村人口涌入城市，农村经济衰退，而一些商人伺机推动地价、房价猛涨，城市无产者以及涌入城市的农民被迫居住在环境恶劣的贫民窟中，工人阶级的实际工资并没有增长多少，反而贫富

---

[1] 徐滨：《工业革命时期英国工人的实际工资》，《世界历史》2011 年第 6 期，第 20 页。
[2] 《马克思恩格斯全集》（第 2 卷），人民出版社，1957，第 348～349 页。

差距被拉大，工人阶级的生活水平越来越低。这背后的根本原因是当产业资本与土地所有权集中于一人之手时，就等于从地球上取消了工人的容身之所。因为拥有土地所有权就等于拥有了剥削地球、空气，乃至剥夺人之生存权的权利，可以向他人要求贡赋以作为允许其在地球上居住的代价。①换言之，工人阶级的住房或居住空间受到兼具产业资本与土地所有者的双重剥削，受到资本增殖逻辑的支配。而且恩格斯还指出，这不仅仅是无产阶级遭遇的住房危机，而且"在租赁住房的沉重的桎梏下，各中间阶级所受的痛苦同无产阶级一样厉害，也许还更厉害些"②。在工业社会阶段，工人阶级的生活方式发生了全面而深刻的变化。商品堆积、遍布在城市里的角角落落，商品交换成为生活的主导，商品拜物教随处可见，商品消费将人分为不同等级。城市里的工人大部分来自农村。农村的田园生活为城市中的机械生活所打破。日出而作、日落而息的生活方式变成了高度工作—低度生活—勉强休闲三者之间的机械对立与恶性循环。同时，城市的生态环境问题急剧恶化。工业污水造成河源污染，导致霍乱等传染性疾病肆虐。化石燃料的燃烧造成空气严重污染，严重伤害人的身体。总之，恩格斯在《英国工人阶级状况》中有过生动而翔实的陈述。同样，研究全球城市史的专家科特金也指出，"新型的工业社会可能创造了史无前例的财富，但是，这是以牺牲基本的人类价值为代价的"③。像蒲鲁东等小资产阶级理论家们把工人阶级等城市生活问题归咎于道德问题，幻想在不动摇资本主义私有制的前提下，实现所谓的"居者有其屋"的美好愿望。工人阶级的城市生活空间以实体"物的形态"呈现，但是背后反映的是人与人的依赖关系。工人阶级的城市生活空间是围绕工厂空间的生产而展开的。城市空间的基础设施本身是固定资本，并非以方便居民生活为目的而是以降低生产成本和推动资本增殖为目的。工人阶级的城市生活状况根本上是由资本主义社会的生产方式所造成的。因此，整个工人阶级的阶级斗争是实现城市生活解放的必然和唯一途径。

资本主义私有制及其社会分工从根源上造成了工人阶级的生存与生活危机。《德意志意识形态》作于 1845～1846 年。学界一般把重点放在马克思、恩格斯两人彻底地清算残余的德意志古典哲学和费尔巴哈人本学，提

---

① 《马克思恩格斯文集》（第 7 卷），人民出版社，2009，第 875 页。
② 《马克思恩格斯文集》（第 3 卷），人民出版社，2009，第 312 页。
③ 乔尔·科特金：《全球城市史》，王旭等译，社会科学文献出版社，2006，第 138 页。

出历史唯物主义的基本原理上。不过，第一次阐述历史唯物主义的基本理论与关注城乡空间对立的现实问题为何会出现在同一部书中，这两者之间的内在关联，值得我们深入研究。城乡问题是《德意志意识形态》中不可离分的重要组成部分。马克思、恩格斯从唯物史观的角度，系统分析了城乡关系历经"混沌一体"—分离—对立—融合的过程。

在前资本主义阶段，不同所有制下城乡关系呈现不同的样态，且城乡关系的每一个阶段的持续时间都较长。第一种所有制形式是部落所有制。生产力水平低，分工不明显，人与人之间的交往限于家庭和部落内部。城市和乡村基本上没有差别——"混沌一体"，这个阶段城市与阶级并没有出现。第二种所有制形式是古典古代的公社所有制和国家所有制。城市出现在这一时期。尽管说这是一种古典古代的公社所有制，但是它依旧保存着奴隶制。部落联盟不仅占有战败部落的奴隶，而且还争夺他们的动产与不动产。奴隶制渐渐转变成私有制。马克思、恩格斯称之为"共同私有制"①。通过阶级之间的联合，共同私有制逐渐发展成国家所有制。所有制的演变也意味着生产力和分工日益发展，城市既作为建筑在一定土地之上人口聚集区，又充当着组织军事力量、抵御外族部落的堡垒。城市以及城市之外的地区（乡村）之间的分化与对立日益明显，"一些代表城市利益的国家同另一些代表乡村利益的国家之间的对立出现了"②。第三种所有制形式是封建的或等级的所有制。欧洲中世纪遭受入侵，生产力遭到极大破坏，农田荒芜，商业停滞不前，城市人口大量减少。在日耳曼人军事制度中衍生了封建所有制。农村出现了与古典古代的公社所有制不同的生产条件的贵族及其农奴。在城市，出现了雇主与帮工学徒的同业公会。农村和城市出现的封建所有制是由"小规模的粗陋的土地耕作和手工业式的工业决定的"③。在这个时期，分工既不明显，也不发达，城乡处于分离状态。马克思在批判蒲鲁东的分工范畴时，认为他将城乡分离理解得过于简单。"德国为了实现城乡分离这第一次大分工，整整用了三个世纪。"④ 由于生产力的发展，社会分工产生，而分工导致城乡分离。因此，城乡分离反映了历史的进步性。尽管乡村自然朴素，但像卢梭那样热情歌颂乡村的自然风光与乡村人

---

① 《马克思恩格斯文集》（第1卷），人民出版社，2009，第521页。
② 《马克思恩格斯文集》（第1卷），人民出版社，2009，第521页。
③ 《马克思恩格斯文集》（第1卷），人民出版社，2009，第523页。
④ 《马克思恩格斯文集》（第1卷），人民出版社，2009，第618页。

的淳朴风情，而对城市的腐化堕落与城里人的矫揉造作产生不信任情绪，这本身就是一种浪漫主义的批判。乡村仍然处于落后愚昧的现实状态。城市开始从乡村中分离出来，并逐渐建立起自身的独立的城市文明。"城市和乡村的分离还可以看做是资本和地产的分离，看做是资本不依赖于地产而存在和发展的开始，也就是仅仅以劳动和交换为基础的所有制的开始。"① 乡村经济是建立在土地私有制基础上的自然经济，而城市经济则为以交换和消费为基础的商品经济以及商品经济的高级形态——市场经济。自然经济的主要特点是自给自足，而且还极易受到天灾人祸的制约，自然经济的产品的数量根本满足不了城市人口的需求。因此，城市需要建立起更为广阔的商品交换市场和消费市场。农村的自然经济不得不被城市的商品经济拉进市场体系中来，逐渐被商品经济所瓦解。原先城乡之间自然的分工被自发的分工所替代。资本主义生产方式替代封建主义的生产方式。

在前资本主义阶段，城市与乡村对立，城市依附于乡村经济，承担着或军事或政治或宗教的功能。但是进入资本主义阶段，城乡关系发生了根本变化，城市与乡村对立，乡村依附于城市。这一方面源于分工的扩大，城乡对立本身就是一种分工，一种社会性的城乡分工，社会劳动被划分和独立化为城乡两个部门，城乡分工源于生产力发展水平的提高。另一方面分工让生产与交往产生了分离，出现了新兴的商人阶级，而商人阶级恰好是沟通生产与交往的中介。商人的中介作用让不同城市之间建立起了新的联系并引发了城市之间的新的分工。"不同城市之间的分工的直接结果就是工场手工业的产生，即超出行会制度范围的生产部门的产生。"② 大城市工场手工业的出现解构了帮工和师傅之间的宗法关系，取而代之的是雇佣关系。没有建立起雇佣关系的都市居民则处于这种"流浪"状态：无家可归、无所事事；被政府强迫去工作，否则就会被绞杀。当然，这种宗法关系在偏远农村和小城市尚未完全消除。在工场手工业阶段，商人为了便于开展商贸交易，已经渐渐集聚起一定数量的金银货币资本。商业的繁荣反过来又促进了工场手工业的发展。商业利润驱动着商人积极开拓市场，使得新航路的开辟成为必然。它的出现大大加速了商业资本在全球范围内的流通。但是工场手工业的人工产量根本上满足不了世界市场的需求。因此，必须

---

① 《马克思恩格斯选集》（第 1 卷）（第 3 版），人民出版社，2012，第 185 页。
② 《马克思恩格斯文集》（第 1 卷），人民出版社，2009，第 560 页。

采用技术革新和机器化大生产才能满足世界市场的新需求。

商业资本与机器大工业的结合产生了工业资本。马克思、恩格斯在《德意志意识形态》中并没有对工业资本进行进一步阐释。但是他们描述了大工业给人类造成的历史影响：利用货币促使自然关系变成社会（资本）关系，运用交通工具促使封闭国家融入世界历史，利用工业资本促使城市化加速推进；同时，也促使人与人之间的竞争关系加剧，劳动者受到资本家及劳动过程的压迫和压抑。城市既是资本家压迫工人的"放大了"的场域，也是工人反抗的空间。大工业消除了社会关系的多元性，建立起以资本家与工人为主导的单一关系。按照是否拥有生产资料，城市阶级可被划分成资产阶级和工人阶级。资产阶级在各个民族还存有自身的特殊利益，但是工人阶级的利益却具有普遍性。大工业城市和交通为工人的联合提供了平台，无产者领导的共产主义运动，将一个国家和其他国家的各行各业群众包容进来，推动世界历史向前发展。

城乡之间的对立过程是人类经历的特定历史，但这只是历史发展的现象，并非历史发展的内在本质。换言之，马克思、恩格斯不仅仅关注现象层面，而是更为关注决定这一现象产生的本质——社会分工。马克思、恩格斯也在《德意志意识形态》中开始运用历史唯物主义的基本观点，以"扬弃异化"的社会分工概念来说明造成城乡对立的根源。城乡之间的对立是社会分工的直接产物。社会分工不仅意味着生产力的提高，而且伴随利益的分化。就前者来说，社会分工实质是早期资本主义主要的生产方式。资本主义为了生产就必须进行积累，如早期的原始积累，"圈地运动"、黑奴贸易、殖民扩张等，但是这种赤裸裸的原始积累势必会激起被压迫和被剥削人民的武力反抗，反而造成资产阶级统治秩序的不稳定。如何既能增加财富，又能维护统治秩序？社会分工这一形式恰好具有这种功能。第一，通过社会分工，城市手工业同业公会演变成城市工业资本家，并与农村的土地贵族、城市无产者形成利益的直接对立。城市工业资本家利用其在分工体系中占据的优势地位对地主以及城市工人阶级进行欺骗和压榨，造成了城乡之间及其城市内部的不平衡地理关系。城市资本家获得了大量财富，广大农村土地贵族破产，农民为图生计纷纷加入产业后备军。以蒸汽机的发明为标志的工业革命，更加细化了这种分工。倘若机器大工业不参与分工体系，资本家的生产成本无疑巨大。反之，其利润将会增加。在机器大生产与分工的结合下，城市化运动突飞猛进。英国的城市化水平独冠全球，工业革命之后，伦敦取代阿姆斯特丹成为全球金融中心。第二，就像自然的分工一样，城乡之间以及城市内部的分工本来就是再"自然不过"的现象了。因此，马克思、恩格斯对分工进行异化逻辑的批判，即认为分工导致人沦为城市动物和乡村动物，异化劳动造成人与其劳动产品之间、人与其劳动过程之间、人与自己的类本质之间、人与人之间关系的对立。但是马克思、恩格斯并没有止步于此，异化以及导致异化的分工，并不能在精神的知识史中找到根源，而是必须在其与生产、交往的关系的社会历史中找寻。在资本主义的条件下，这种生产方式以一种分工协作的形式出现，而分工协作体现在以性别、年龄、身体等自然因素的自然分工发展成按照生产劳动类型的社会分工。因此，人们认为社会分工在资本主义社会中是一种类似于自然规律的"自然现象"，并认同"自然分工"。第三，城乡分工服务于资本主义经济。"城市工业本身一旦和农业分离，它的产品一开始就是商品，因而它的产品的出售就需要有商业作为媒介，这是理所当然的。因此，商业依赖于城市的发展，而城市的发展也要以商业为条件，这是不言而喻的。"① 工业对农业，城市对乡村，交换价值对使用价值。资本主义生产方式决定了城市工业资本家所生产的商品是以交换价值为目的的。交换价值的驱使为城乡分工提供了源源不断的动力。当然，一切都为了追求交换价值将会使得人与人的社会关系为物与物的关系所代替。这种物与物的关系体现在商品、货币、资本上。作为生产者的城市工业资本家，不是任意而为地进行生产活动，而是必须在分工的条件下进行，否则不能顺利实现剩余价值。

马克思、恩格斯对城乡对立展开了历史的、辩证的分析，社会分工不仅是社会生产力发展到一定程度的标志，而且它本身能够促进生产力的发展。因此，马克思、恩格斯认为其有历史的必然性和进步性。但是马克思、恩格斯同时认为社会分工造成城乡对立，并指出造成城乡对立的制度因素——资本主义私有制。"城乡之间的对立只有在私有制的范围内才能存在"②，即资本主义私有制导致城乡分离与对立以及不同群体之间的利益分化。从社会群体到利益集团，最后发展成阶级，这是一个必然的过程。其结果是造成城市资本家剥削无产阶级、城市剥削农村、城市无产阶级极端

---

① 《马克思恩格斯全集》（第 25 卷），人民出版社，1974，第 371 页。
② 《马克思恩格斯选集》（第 1 卷）（第 3 版），人民出版社，2012，第 184 页。

贫困及乡村的贫穷和愚昧状态。此外，"分工和私有制是相等的表达方式，对同一件事情，一个是就活动而言，另一个是就活动的产品而言"①。分工促进了私有制的产生与发展，私有制是分工的产物。原始社会实行共同协作的生产方式，即便是存在分工，也是自然的分工，原始社会末期之前只有"公"的观念，没有"私"的观念。当产品出现剩余时，产品的分配越来越成为一个独立性的问题。由单独的部门来承担这个分配职责，这标志着生产和分配的分工开始出现。剩余产品日益被少数人占有，私有的观念成为主导思想，消费与享受成为少数人的生活方式，以制度的形式来确定私有的观念的私有制则成为现实。

自发的分工产生了异化劳动，异化劳动的产品最终被拥有生产资料的人占有，资本家利用这种占有的权力去剥削他人劳动成果，这些劳动成果成为资本家的私有财产，而没有占有生产资料并靠出卖自身劳动力的工人则成为无产阶级。资本主义私有制由此形成。资本主义私有制意味着私人占有的特殊利益与共同的普遍利益之间产生了对立，代表着特殊利益的资本与代表着普遍利益的劳动的对立，这都决定着两大阶级之间的利益对抗和冲突。农民阶级作为工人阶级的天然后备军。这也无异于资产阶级与工人阶级、农民阶级的对立。城市自身的区位吸引了工业资本等的集聚，它是资本家剥削工人阶级及其后备军的有利场所。城乡之间对立，乡村不得不从属于城市，其具体对立表现在劳动力、资本、技术等要素集中在城市，而乡村则出现要素分散的情况。城市形成了高端产业，而乡村形成了低端产业。城市形成了"文明的"城市动物，而乡村形成了"愚昧的"乡村动物。它也构成了剥削与被剥削、依附与被依附关系。因此，"城乡之间的对立只有在私有制的范围内才能存在"②。维护私有制的上层建筑的关键部门是掌握暴力机器的国家。国家作为统治阶级的阶级工具从地方的城乡关系的政治中分离出来，成为管理全国城乡的最高部门。

资本主义的私有制和分工的最终目的是满足资本增殖的需要。一方面，在资本主义机器大生产的阶段，工业资本的人格承担者工业资本家所从事的商品生产是以追求剩余价值为目的。对剩余价值的追逐为城乡对立提供了源源不断的动力，城市新兴的工业资本家成为推动城市主导乡村的主要

---

① 《马克思恩格斯选集》（第1卷）（第3版），人民出版社，2012，第163页。
② 《马克思恩格斯选集》（第1卷）（第3版），人民出版社，2012，第184页。

力量。城市工业资本家利用其在分工体系中占据的优势地位对地主以及城市工人进行欺骗和剥削，造成了城市工业资本家与工人的对立。城市工业资本家获得了大量财富，广大农村的地主破产，农民为图生计被迫进入城市之中，留守在农村的剩余人口则生存艰难。由此，城乡关系之间形成尖锐对立，城市主导乡村，工人阶级生存与生活出现危机。但是另一方面，资本流向哪里，斗争就走向哪里。工人运动从最初捣毁机器的"卢德运动"发展到反抗资产阶级统治的宪章运动，反映出城市里工人阶级在政治上逐渐成熟。资本从工厂到城市再到国家，再扩展到全球，无产阶级的斗争也跟随着其步伐前进，从工人阶级地方性的斗争到全国性的斗争再到全球性的斗争此起彼伏。马克思、恩格斯号召全世界无产者联合起来，通过无产阶级革命，推翻资产阶级统治。马克思、恩格斯将城市化的工业无产者放在整个全球化的视野中，从更宏观的视野来理解阶级斗争问题。

马克思、恩格斯认为阶级和阶级斗争不是自己的"发明"，梯叶里、基佐以及李嘉图早就论述过相关概念，但是马克思、恩格斯科学地重构了无产阶级的阶级和阶级斗争概念。1848 年 2 月，马克思、恩格斯在《共产党宣言》中指出："至今一切社会的历史都是阶级斗争的历史。"① 既然如此，阶级斗争是贯穿于有文字记载的全部社会，特别是资本主义社会中城市斗争的中心线索。马克思、恩格斯对城市中出现的斗争现象是从阶级以及阶级斗争的角度来理解的。1852 年 3 月，马克思在致魏德迈的信中进一步指出了唯物史观下的阶级斗争，"……至于讲到我，无论是发现现代社会中有阶级存在或发现各阶级间的斗争，都不是我的功劳。在我以前很久，资产阶级历史编纂学家就已经叙述过阶级斗争的历史发展，资产阶级经济学家也已经对各个阶级做过经济上的分析。我所加上的新内容就是证明了下列几点：（1）阶级的存在仅仅同生产发展的一定历史阶段相联系；（2）阶级斗争必然导致无产阶级专政；（3）这个专政不过是达到消灭一切阶级和进入无阶级社会的过渡……"② 马克思突出了他理解的阶级斗争与经济基础、上层建筑，生产力与生产关系的内在联系，这为我们理解历史唯物主义意义上的阶级斗争与唯心主义的阶级斗争划分了界限。马克思、恩格斯在《共产党宣言》中指出了由于生产资料私有制，形成了剥削与被剥削的关

---

① 恩格斯后来加了一个注，指出这是指有文字记载的全部历史。具体参见《马克思恩格斯选集》（第 1 卷）（第 3 版），人民出版社，2012，第 400 页。

② 《马克思恩格斯选集》（第 4 卷）（第 3 版），人民出版社，2012，第 425～426 页。

系，社会分裂为根本利益对立的阶级。无产阶级的阶级地位是从一个自在的阶级变成了自觉的阶级，而阶级斗争是实现这一转变的实践途径。整篇宣言在对社会的历史、现状以及未来趋势的分析时则运用了阶级分析方法。马克思在《路易·波拿巴的雾月十八日》中从以经济利益为基础的阶级斗争的角度出发对当时发生过的历史做了客观、全面的解读。马克思后来在《〈政治经济学批判〉序言》中指出资本主义与共产主义社会之间的更替直接源于资本主义生产方式中两大阶级之间的对抗。恩格斯也在后来的《反杜林论》《社会主义从空想到科学的发展》《家庭、私有制和国家的起源》等书中认为马克思科学得出了阶级斗争产生的经济根源，即剩余价值的出现。资本主义社会的基本矛盾导致两大阶级围绕着剩余价值的生产与实现展开了阶级斗争。

二　居民反抗生活被规划

城市空间的资本化促进了劳资相遇，当越来越多的人口集聚到城市，城市生活问题凸显并成为相对独立的问题领域，城市居民展开了集体行动，这对城市资本家的统治秩序造成严重威胁。因此，如何分离城市居民中工人阶级的力量，缓和阶级矛盾成为城市资本家考虑的问题。城市规划最初产生时并非为价值中立的纯粹的城市科学，也不是仅仅作为改善人居环境的手段，而是作为一项社会改革计划。城市规划是资本主义国家的战略工具，是工厂政治在城市管理的延伸，具有维持大资本家统治等的功能。城市规划是介于国家政治与工厂政治的中介平台。从整体上看，城市规划似乎使得工人阶级的阶级斗争仍在"掌控"的范围之内，没有逃出城市资本家的"五指山"。

工业革命后，英国等资本主义国家的城市化进程加速推进，出现了像城市公园、贫民窟、郊区等新的城市结构与城市形态。城市化导致的城市生活问题主要包括人口过度集中于大城市、城市结构混乱、居住条件差、公共设施缺乏、卫生情况不佳、道德状况较差。城市生活问题的出现直接源于斯密所言的"看不见的手"。城市发展的自由放任是"城市病"的致病因素。城市规划学家成为去帮助政府解决城市生活问题的一批学者，城市规划作为一门社会科学应运而生。城市规划不是"图纸的技术"，而是城市生活问题的治理术。19世纪后半叶，从表面看城市规划是为了解决公共交通、卫生住房等一系列城市问题。[①] 但从更深层次看，城市规划的产生根源于当时西方国家面临的严重的、复杂的阶级对立。正是由于严重的、复杂的阶级对立，这些国家才不得不将工人的生产、生活、福利救济纳入城市规划当中。恩格斯称资本主义城市规划是"伪善的建筑体系"[②]，这实属恰当。这一时期，也有很多对资本主义制度不满的社会良知，他们是空想社会主义思想家。空想社会主义者欧文与傅立叶分别提出的"新协和村"和"法郎吉"正反映了当时复杂的阶级矛盾。两个具有一定规模的城市社区成为城市实践的对象，它们共同的特征是在资本主义国家中建立一个独立自主的"社会主义"的城市社区或"政治飞地"。显然这只是一种"善良意志"，不能持续产生良好结果。空想社会主义的思潮影响到了城市规划学家埃比尼泽·霍华德（1850～1928 年）的"田园城市"或"花园城市"（garden city）的营建。田园城市着重解决第二次工业革命爆发以来的日益严重的都市危机。它包括大城市过于集中拥挤，农村因劳动力缺乏、萎缩，城市与农村分割等问题。霍华德以城乡一体、"兼具城市和乡村优点"、区域协调的适当化的分散思想来规划和改造城市，追求以社会公平与民主为核心并与资本主义城市统治相适应的新型理想的城市结构。阶级、工业、住宅的分散是拯救大城市弊病的重要途径。霍华德的"田园城市"围绕着"人们应该住在哪里？"的问题，提出了著名的"三磁铁"理论，利用城乡空间以及介于城乡空间之间的"田园城市"空间来分离工人阶级的力量。第一块磁铁是城市空间，它经济发达，就业发展机会多，吸引了众多劳动力的聚集，但是住宅密度大，生活环境差；第二块磁铁是乡村空间，它正好与城市空间相左；第三块磁铁就是集中了城市和乡村优势的"田园城市"空间，这里实行土地社区的公有制，城乡、工农、住宅与就业、阶级之间有机融合。霍华德把它比喻为一把解决城市与社会问题的"万能钥匙"。多个"田园城市"群组成一个"社会城市"。

1898 年，霍华德的《明日——真正改革的和平道路》出版，在第二版时改名为《明日的田园城市》。尽管霍华德提出"田园城市"的背后有一些社会改革的政治诉求，主张以土地社区的公有制来代替土地私有制，以建设"田园城市"的方法来改造整个资本主义制度，但是迫于压力他不得不

---

① 姚尚建：《城市政治：正义的供给与权利的捍卫》，北京大学出版社，2015，第 192 页。

② 《马克思恩格斯全集》（第 2 卷），人民出版社，1957，第 328 页。

曲笔将带有明显"解决城市问题乃至社会问题的'万能钥匙'"意涵的书名改成英国人更容易接受的《明日的田园城市》。当然，书名的改变只是一种遮掩住了其思想的激进性的表征，更为重要的是其思想本质。霍华德对城市财富公平问题的解决，既反对个人主义的生产方案，也反对社会主义的分配方案。在手段上，霍华德反对通过暴力革命来实现制度变革。在他看来，只需要通过良好的城市规划以及技术进步，即通过对土地使用、城市管理、设计、交通、住宅和财政等方面的改良，这种田园城市理想自然而然就会实现。"如何实现这种改变呢？我的回答是：靠榜样的力量，也就是靠建立一个较好的体制，在组织力量和对待理想方面用一点技巧。"① 先不说后来的机械理性主义城市思想对霍华德人本主义的城市思想的批判，仅就"田园城市"理论而言，霍华德的"田园城市"是否能真正解决资本主义的城市生活问题？或者说城市生活问题仅仅只是一个市政当局的规划问题吗？不过，霍华德将城市与乡村问题视为一个整体的思想值得肯定。至于霍华德所设想的"社会城市"生活，它强调城市的"自足"与"平衡"，即城市能够自动运转，不需要外界支持，城市与乡村、工业与农业能够实现平衡发展，由于忽视了城市生活解放问题的本质而只能代表规划学家的主观愿望罢了。

英国第一座"田园城市"莱奇沃斯，由于设计师丢掉了霍华德本就不彻底的社会政治改革意图，"田园城市"转变为资产阶级的"绅士化"的"花园郊区"。由此，资本主义形成了阶级生活格局。大部分工人阶级以谋生为依托，他们的生活路线围绕着城市市区的工厂及贫民窟；城市里的中间阶级，他们和工人阶级一样没有占有生产资料，但是生活方式、条件方面向资产阶级靠齐，他们搬到了离城市中心更近的市镇居住；资产阶级则居住在离市中心更远的"花园郊区"的乡间别墅里。后两者的居住空间成为很多住在贫民窟的工人阶级或住房条件有一定改善的工人阶级一生艰苦奋斗的目标——拥有一套属于自己的"花园住房"。中间阶级中还有绅士这一群体。绅士成为英国19世纪中后期维多利亚时代各个阶级与阶层，包括工人阶级男性或女性的道德与文化的"偶像"，他们看上去不仅具有一定的财富，而且在生活中表现得"文雅"、"礼貌"、有"风度"。资产阶级以及中间阶级的正式的宴会已成为一种注重社交礼仪的场合，显然工人阶级一般无法融入这个小圈子。法国在这一时期则成为时尚之都，资产阶级以及

---

① 埃比尼泽·霍华德：《明日的田园城市》，金经元译，商务印书馆，2000，第106页。

中间阶级时尚的生活方式也影响到了工人阶级及其家庭生活。周末一些工人阶级雷打不动地做"礼拜"。

19世纪末20世纪初，资本主义国家进入垄断资本主义阶段。垄断资本主义是生产集中与资本集中达到一定程度的必然结果。集中是垄断资本主义阶段的显著特征。人们进入城市中来，身份逐渐从农民、工人向居民转变，居民意识也逐渐凸显。城市居民似乎更能概括不同行业、职业等方面的共同特征。在城市规划领域，20世纪的现代建筑师与规划师柯布西耶（1887～1965年）是集中主义规划理念的倡导者与践行者，其具有集中主义特征的"光辉城市"正好与霍华德的"田园城市"相左。城市的集中性直接源于规划师将集中主义规划理念付诸实行，将空间折叠起来，充分利用地上地下每一寸空间，重组和改造后的城市空间将难以复原。柯布西耶认为城市空间扩张是经济、政治、社会等发展的必然的客观现象。但是城市发展的无秩序感让他颇为不满。与其像霍华德那样主张"出走逃离"并建设"田园城市"，还不如说对其直接改造，即基于理性主义、功能分区、技术支持，对宏观的城市规划、微观的建筑设计对城市及其建筑进行"手术刀式"的改造，以提升集中化的效率，同时这个过程也是对都市居民吃穿住行等城市生活圈进行集中设计规划，切割非主导阶级的城市生活共同体及其意识。因此，柯布西耶秉持着技术主义的理性立场，主张利用当时最先进的工业技术，对大城市的空间进行重组和改造，以实现稳定可控的城市秩序。"规划的空间不会涉及人类的直接经验和想象性的体验，而只会涉及地图与大地利用效率所要求的那种秩序。"[1] 那种秩序也称为"直角的专制"的秩序——大量使用直角、直线、透明性的几何视角，其最终映现的是大型广场、购物中心、林荫大道等"超大工程"。

在城市居民生活的吃与穿方面，饮食和购物中心布局在市中心摩天大楼及其周围，生活在这里的城市居民生活成本巨大，能够承担如此生活成本的无疑是少数富裕人士。柯布西耶主张在市中心兴建摩天大楼，以提升市中心的密度。国家的"大脑"位于城市的中心，位居摩天大楼中的金融资本家和垄断资本家控制着城市中心和国家的经济权力核心。列斐伏尔称之为构成性中心，"构成性中心是一种聚集、集中和共时化的形式，这种形

---

[1] 爱德华·雷尔夫：《地方与无地方》，刘苏、相欣奕译，商务印书馆，2021，第38页。

式聚集了一切财富、权力、信息、知识文化等等"①。在住的方面，住房消费占据都市居民一生中生活成本的大头，而且栖居的重要条件之一就是有住房。柯布西耶认为需要修建大量的住宅区，实现功能分区，并解决住房拥挤的问题。根据每个人的地位与财富来决定住房的位置、条件以及房屋的风格。城市上层精英住在城市内部，中产阶级住在城市郊区的花园新城，下层草根则住在郊外，这形成了集聚的住宅区住房户型的互相对立。为了维护住宅区的安全，城市随处可见带有厚厚围墙、带电栅栏、监视探头、红外线报警器、门禁和保安的社区。它通过分化与管辖来实现空间控制，即把不同等级，特别是下层人士或低端人口划分在不同区域，通过治安手段来管制居民。都市居民不仅被规划到城市地理中心的边缘，而且还被规划到城市权力中心的边缘，这就表明居民难以对公共空间的城市规划具有协商、决定的城市权利。比如说，"美国的阶级分化早就嵌入了各种居住地的分布模式"②。城市住宅消费市场的快速扩张，形成了城市居民内部"有房阶级"与"无房阶级"的对立。"有房阶级"内部又分为住宅好与住宅差阶层之间的差异。"有房阶级"的都市居民将邻里环境、居民素质、治安条件、卫生状况、消费水平、社会地位等作为聚居生活的主要因素，而真实的阶级因素很少成为选择生活空间的依据。"有房阶级"形成了不同层级：一次性现金购买的住宅者、银行分期贷款的住宅者、住在公租房的住宅者、住在廉租房的住宅者、住在私人出租房的住宅者、客居在亲戚朋友家的住宅者……同样，"无房阶级"的租客也有不同等级，在混居中也产生各种各样的生活矛盾。当然，"房屋所有权划分本身并不能构成客观阶级成分的标准"③，划分阶级的标准为是否占有生产资料，是否无偿占有其他集团的劳动。"有房阶级"与"无房阶级"并不能真正构成阶级，只是能构成等级，但是居住地与住房分异确实割裂了城市居民共同体及其意识。在出行方面，城市的生命在于运动。柯布西耶认为要修筑发达的立体交通与通信网络，以解决城市发展的速度和效率问题。只有构建起发达的交通系统，住宿区与工作区的通勤距离远、市中心交通拥挤等问题才能得到解决。不过，工

① 列斐伏尔：《空间与政治》（第二版），李春译，上海人民出版社，2015，第 83 页。
② 理查德·佛罗里达：《新城市危机：不平等与正在消失的中产阶级》，吴楠译，中信出版集团，2019，第 137 页。
③ 彼得·桑德斯：《城市政治：社会学角度之阐释》，夏家驷、时汶译，商务印书馆，2021，第 65 页。

作区与居住区分隔出较长的通勤距离，造成劳动者身体和精神的过度耗费，相对减少了劳动力的价值以及工人阶级集体行动的频次。总之，规划师对城市生活圈进行集中设计规划的全过程中缺少都市居民的参与，它所营造的城市生活圈是一个供都市居民进行不同等级的物质消费的商圈，不同等级居民之间的物理距离和心理距离越来越远，"相遇真正成为过眼云烟"，这无疑切割了居民的城市生活共同体并淡化了他们的共同体意识。

柯布西耶和霍华德的社会理想类似，也认为利用先进的城市规划理念能够缓解城市与社会矛盾，解决城市的生活问题。不容否认的是，柯布西耶的城市规划思想在当时是具有革新、不妥协的精神气质的。城市特别是大城市在国家各项事业中占据重要地位，在一定意义上决定着国家的稳定与发展。1909 年英国出台了《住房与城市规划法案》，这被认为标志着现代城市规划作为政府职能的正式开启。同年，美国举办了第一次全国城市规划会议，成立了芝加哥城市规划委员会这一专职机构。城市规划已然从中世纪的王权象征与城市美学向协调城市阶级矛盾、维护资本主义制度再生产的公共政策转变。城市规划属于政府公共政策中的重要组成部分，意味着城市政府需要将城市公共资源正确有效地向居民供给与分配，这自然涉及城市居民的短期的和长远的利益。城市规划是城市空间演变的一个重要机制，它直接导致了新的劳动地域分工，并对当地的生产条件、资本的生产要求以及相关的劳资关系的重组产生了重要影响。因此，它从根本上触及城市资产阶级内部以及资产阶级与无产阶级之间的阶级利益。在自由放任式的城市土地政策背景下，制约城市发展，甚至制约国家发展的特殊利益集团形成。一旦其中的开发商等土地利益集团形成垄断，将出现土地租金高、房价高的现象，这将会对工人阶级以及其他类型的资产阶级的利益造成威胁。资本主义国家的城市规划正是协调不同利益集团关系，缓和社会矛盾，减少社会冲突的重要手段。冲突未必引发革命。资本主义国家的城市规划也是统治阶级主动调节与化解城市居民革命性的工具。

相比于霍华德的分散主义城市规划，柯布西耶的集中主义城市规划可以说是一场"规划革命"，但是与此同时，他的规划理念存在的机械单调与功能僵化等问题，导致个人的价值、丰富多彩的城市共同体生活被忽视，阻断了城市历史文化传承。不过，在常人看来，集中主义和分散主义的城市规划似乎只是规划方面的技术方案。但该看法是否忽视了更为重要的政治经济学问题：仅仅只是因为城市规划学家或规划师不当的城市规划，都市问题才出现吗？或者说城市规划能够对都市问题"治本"吗？与其说城市规划是对都市问题的积极反映，还不如说是其对阶级斗争的积极反映。①城市规划也是城市空间资本化的重要内容，城市规划在现实中以追求经济增长或"为积累而积累"为目的，所以城市规划是对内隐的阶级斗争的积极反映。城市规划表面是在通过公共政策协调不同社会阶级、阶层的利益矛盾，但是无法从根本上改变资本主义住房所有权的关系，不能直接干预空间生产以制约资本家的利益，无法解决城市土地的社会性与私人占有的矛盾的社会根本问题。它通过集中化的空间形式来适应都市社会阶级斗争情势的调整，切割了非主导阶级的城市共同体。从整体来看，城市规划是对阶级斗争的消极反映。无论是积极反映还是消极反映的政策调整，城市规划都遮蔽了都市居民背后的阶级斗争的本质，成为掩盖都市居民革命性的面具。

　　另外，柯布西耶提倡的"规划革命"维持了资本主义生产关系的再生产，并从根本上维护了资本主义生产方式，城市居民的无产阶级不仅再次以政治经济学来揭露出其掩盖都市居民革命性的意识形态目的，而且以生活调试方式来实现城市生活解放。柯布西耶在政治立场上似乎也在效仿霍华德，既反对资产阶级所追求的资本主义社会，也反对第三国际的无产阶级联盟。他说："我有责任不脱离技术领域。我是建筑师，没有人会希望看到我在搞政治活动……它没有党派色彩……它仅仅是一份技术性的作品。"②柯布西耶在其著作《明日之城市》的最后说："我们无法在革命之中革命。我们只能在解决问题之中革命。"③他保持了建筑师或城市规划学家一贯在政治上的克制和对平衡之术的追求。但是他们远非将对象放在一座城市或一栋建筑，而是强行要求全球所有城市规划和建筑设计都需要实现他们"非政治"的政治目标。因此，建筑师或城市规划学家常常以"政治中立"的口实作为其规避城市科学实践的道德规范与伦理责任，但是他们规划技术的革命只是引发的城市修正主义"生活调试"，并不是真正的生活革命以及对资本主义生产方式的革命，这反而误导了城市居民对后者的革命性。在这种意识形态的误导下，城市居民将工作重心放在购买或置换大户型住房、住进高档社区、过上令人羡慕的富裕生活上。但是生产与生活是辩证

①　高鉴国：《新马克思主义城市理论》，商务印书馆，2006，第 268 页。

②　柯布西耶：《明日之城市》，李浩译，中国建筑工业出版社，2009，第 279 页。

③　柯布西耶：《明日之城市》，李浩译，中国建筑工业出版社，2009，第 279 页。

的关系。生产是生活的基础，生活是生产的目的，生活本身又是为生活而生产。规划师以及开发商等人鼓吹不惜以超前消费的方式来追逐高档生活，这除了是消费主义意识形态扭曲的表现，更为根本的是它割裂了生产与生活的辩证关系，没有看到或者说也看不到生产对生活的决定作用。这不仅没有从根本上触及资本主义生产方式，反而维持了资本主义生产关系的再生产。

资产阶级不仅在生产关系中占据支配的位置，而且在生活中占据城市生活领导权的位置。除了上述揭露资本主义分散主义和集中主义城市规划的意识形态功能方式之外，城市居民还展开了生活反抗运动的实践以从被资产阶级完全变形的城市生活中解放出来。一方面城市居民积极参与社会主义政党和工会组织组织的罢工，同时也参与灵活多样的政治斗争，如利用议会等形式来争取劳工立法，为基本生活权利提供法律保障；另一方面大力支持妇女解放，既反对工厂压迫与剥削，也反对家庭生活男权制的束缚。资本主义社会的男权制扎根于资本主义私有制，是资本主义私有制在家庭生活的表现。工人运动和妇女解放是同一战线。这个时期也是资本主义国家打算瓜分世界的军备竞赛阶段。城市居民的生活物资消费因军事消费而受到压缩。一些国际工人协会组织号召工人反对扩军备战以及军国主义对城市生活环境的威胁。最后，工人反对生活上的无政府主义。一些城市中的中间阶级破产落入无产阶级的行列中，但之前的小资产阶级生活观在工人阶级中开始流行开来。他们希望在不破坏资本主义私有制的前提下，不通过政党或工会组织的阶级斗争，来建立一个自主自立、人人平等的家庭生活共同体。显然，这种主观愿望恰好是对现实阶级斗争的反向"反映"。城市居民的生活基础、质量与环境不是资产阶级赐予的礼物，而是主动反抗的结果。如果工人力量分散，没有领导者和组织者，在和资产阶级的斗争中必定处于劣势。因此，生活上的无政府主义更是一股变相支持资产阶级统治的逆流。

第三节　都市社会的都市生活解放路径

《说文解字》对"都"的解释有三层含义："一是有先君旧宗庙之地为都；二是'从邑者声'，即'凡邑之属皆从邑，国也'，'都'即是'国'，'都'与'国'具有同一含义；三是《周礼》距国五百里为都，是周代的行政区划。"① "都市"一词在汉代赵岐对《孟子》的注中有所记载，"百里奚亡虞适秦，隐于都市，穆公举之于市而以为相也"②。其含义可以理解为都城中的市井之地。大约也从宋代开始，"都市"逐渐有繁华的市镇之含义，比如《宋会要辑稿》所载："江东诸县括民马，予为绩溪令，适有朝旨江南诸都市，广西战马，江东素乏马……"③ 清代章太炎曾撰文，"庐州鄙人谓，都市居民好面子"④。都市逐渐从狭窄的街头、街市向宽广的空间格局变化。设防的城墙也具有保护商贸、便于管理的功能。然而，到了近代之后，随着西方都市文化的传入，一些受到西方思想影响的知识分子、商人认为城市中的"城墙"是封闭、落后与保守的象征，认为推倒城墙藩篱，建设基础设施更能代表开放潮流与先进事物。尽管他们没有做严密区分，但是在使用上有所侧重。

西方学界对都市（metropolitan）的理解则更具实证色彩，一般将它分为都市区与都市圈。1910 年，美国管理和预算总署在人口普查时，提出了都市（Metropolitan District，MD）的概念，"它以一个人口规模 10 万人以上的中心城市为核心，包括周围 10 英里范围内的区域，或者包括周围地区虽然超过 10 英里但城市连绵不断且人口密度超过 150 人/平方英里范围内的区域。1949 年，美国把'都市区'改称为'标准都市区'（Standard Metropolitan Area，SMA），1959 年又改称'标准都市统计区'（Standard Metropolitan Statistical Area，SMSA），且把中心城市的人口规模降低到 5 万人以上"⑤。1951 年，日本学者木内信藏提出了"三地带学说"，即大城市的圈层由中心地域、周边地域和边缘广阔腹地三部分构成。⑥ 随后，由木内信藏的"三地带学说"发展而来的"都市圈"思想得到了日本官方的认可。日本行政管理厅在 1954 年将"都市圈"的概念界定为"以人口规模 10 万人以上的中心城

① 许慎：《说文解字注》（第 2 版），段玉裁注，上海古籍出版社，1988，第 283 上、下~284 上页。
② 《十三经注释》下，《孟子注疏》卷 12，《告子章句》下，上海古籍出版社，1997，第 2762 页。
③ 徐松辑《宋会要辑稿》第 183 册，《兵》23，《买马》下，中华书局，1957，第 7173 下页。
④ 章太炎：《太炎文录初编文录》卷 2，《丙午与钟光汉书》，上海人民出版社，2014，第 158 页。
⑤ 周一星：《城市地理学》，商务印书馆，2013，第 41~43 页。
⑥ 刘庆林、白洁：《日本都市圈理论及对我国的启示》，《山东社会科学》2005 年第 12 期，第 72~74 页。

市为核心，以一日为周期，可以接受该中心城市某一方面功能服务的区域范围"①。都市区和都市圈都是一个国家内部经济高度发达、交通与通信便利、社会联系紧密频繁的区域。一般来说，都市圈至少由一个都市区与附近的大中小城市和小城镇甚至农村地区构成，而都市区是由大都市以及其辐射带动的附近区域构成。都市圈与都市区是城市化发展到高级阶段的产物。

现代西方世界对都市的理解通常与工业化、城市化相联系。资本主义工业革命之前，在经济上，城市依附于农村经济，而在政治上，城市承担着或军事或政治或宗教的功能，农村反而依附于城市。工业革命之后，工业主宰农业，城市剥削农村，农村剩余劳动力纷纷流入城市，主要资本主义国家的城市迅速崛起。工业成为国家的支柱行业，城市成为国家的经济中心，工业化在推动城市化中起到关键作用。同样，这些城市需要进行基础设施等方方面面的建设，城市化也带动了工业化的发展，两者是相互促进、互为因果的关系，且均是现代化的重要推动力。但是二战后，伴随城市制造业向郊区的迁移，这些城市出现了郊区城市化或逆城市化现象。与此同时，城市与城市之间出现了新的专业化的分工，大城市重点发展生产者服务业（或称生产性服务业）、高新技术等利润率更高的产业，而中小规模的城市承接大城市的转移产业与其他产业。主要资本主义国家的城市体系形成了中小城市、大城市、特大城市、超大城市构成的城市群，有的超大城市甚至成为"世界城市"或"全球城市"。可以说，主要资本主义国家的城市发展进入新的阶段。工业化与城市化推动了城市群内部以超大城市、特大城市或辐射带动功能强的大城市为中心的都市圈的形成。当今世界最大的都市圈是以城市群的空间形式出现的，城市群之间形成产业链之间的分工合作关系。但是都市圈中的城市与城市之间出现了新的交界地带，而对于这些交界地带人们并不能简单地用城市或农村去概括。在原来所属城市中，在地理位置上它可能是城市边缘，但是一旦将目光置于整个都市圈，它就成为都市圈的地理中心。当然，它成为新的经济中心还需要其他条件。在都市圈中，都市的生产方式一直在影响城市和农村的生活方式。都市的"都"除了有"大"之意，还有"总括"之意。在空间规模上，都市的土地面积、人口密度大于城市。都市的定义能够涵盖不同等级的城市网络结

----

① 马燕坤、肖金成：《都市区、都市圈与城市群的概念界定及其比较分析》，《经济与管理》2020 年第 1 期，第 20 页。

构以及这些城市的边缘地带，能够概括城乡相互融合的历史进程，而城市或农村的单一定义只能在相互对立中才能把握。在社会交往上，中心城市与次中心城市或边缘城镇、乡村相互联系，城市居民与农村居民相互分立。因此，当资本主义国家进入高度发达的城市化阶段，"都市"一词更能表现这个阶段的本质特征。所谓都市社会的都市生活解放，就是指 20 世纪 60 年代以来西方资本主义国家出现的都市居民在地方都市和全球都市通过都市斗争，改变都市的物质生活需要的经济条件，获取都市的生活权利，追求社会主义的生活方式的新实践形式。

一　都市社会的降临

"不要改变雇主，而要改变生活的被雇佣。"与其改变世界，还不如改变生活。青年人总是对社会现实的转型格外敏锐。20 世纪 60 年代，巴黎青年学生发起了震惊世界的"五月风暴"，它被视为二战后法国前所未闻的最重要的社会运动，[①] 而且还对其他资本主义国家产生了较为深远的影响。"五月风暴"最终因得不到法国共产党以及苏联等社会主义国家的有力支援就从整体上失败了。这标志着西方马克思主义者分别从人道主义的马克思主义以及科学主义的马克思主义来解构历史唯物主义、拒斥辩证唯物主义的理论已经宣告失效。这也标志着西方马克思主义者试图用意识形态批判来否定马克思的物质生产和人的解放逻辑的理论已经宣告失效。当时，众多西方马克思主义者笼罩在一团乌云当中，对革命前景失去了信心。有的学者甚至迅速转向了右翼阵营，进而热衷于解构革命宏大叙事或者从解放政治走向生活政治。而有的学者总结它的经验教训。西方马克思主义者立足的意识形态批判是发达资本主义工业社会的产物。这种批判之所以失效，并不仅仅在于它在"理论逻辑"上的无力，而在于它没有指出制约"理论逻辑"背后新的潜在的社会现实正在生成。首次发现这一潜在的社会现实的人是谁？法国哲学家与社会学家列斐伏尔。[②] 正是都市社会的到来"终结"了资本主义工业社会。众所周知，对 20 世纪 60 年代以来的社会特征的转型进行描述的学者并非只有列斐伏尔一人。丹尼尔·贝尔将其称作后工业社会，利奥塔等将其称作后现代社会，鲍德里亚则将其称为消费社会，

---

① 多斯：《解构主义史（修订版）》，季广茂译，金城出版社，2012，第 140 页。
② 哈维在《社会正义与城市》中以小部分篇幅评论了列斐伏尔，让英语世界开始关注他。Mike Crang, Nigel Thrift (eds.), *Thinking Space* (Routledge, 2000), p. 169.

还有人将其称作后福特制社会、加速主义社会……这些命名都有其合理依据，但是这些学者们通通是从某个侧面或特征来分析资本主义的社会转型。列斐伏尔的出发点是所有这些社会特征的空间载体均主要在都市，其他范畴难以全面准确地概括当时社会的阶段特征，而且都市与过度讲求生产的传统工业城市不太相同，它以生活或追求美好生活为主要内容。

　　所谓都市社会是指资本主义空间生产推动形成的以都市作为主导的社会阶段。列斐伏尔最早提出这个概念，索亚进一步提出"后大都市"，哈维更多使用"城市社会"这个语词，卡斯特更为热衷于建构一门去意识形态化的城市社会学来研究城市社会。都市生活解放者基本同意现代资本主义社会进入都市社会或城市社会的阶段。在此阶段之前，人类经历过政治、军事城市，商业城市，工业城市，其中工业城市实现了工业主导农业的根本颠倒。在列斐伏尔看来，由工业社会转向都市社会主要源于资本主义的生产已经由空间内的生产转向空间生产。"空间生产包括两方面含义：空间中事物的生产和空间本身的生产。"[1] 空间中事物的生产是工业资本主义的生产形式，它存在着商品过剩和长期来看一般利润率下降的问题，这种生产形式没有考察到空间生产的其他形式。资本主义为了获取剩余价值不只是去生产空间中的商品，而且还生产空间本身，即将生产装载商品的容器——城市空间（工厂、住房、大型商场等消费场所）作为重点。资本主义通过城市化、郊区化、内城改造、城市更新等空间生产的方式生产人造空间，将各种空间重组和改造之后纳入总体性的空间生产体系当中。资本主义空间生产促使都市彻底或完全城市化。彻底或完全城市化的空间形态呈现多中心的格局。列斐伏尔借用核物理学"内爆外爆"[2] 的专业术语来描述都市的集中与扩张性，从而导致都市呈现为多中心的格局。空间本身的生产形成了空间的资本化与资本的空间化。前者指出了资本逻辑将空间强行纳入资本生产、流通、分配、消费体系上来的过程，空间被纳入资本主义剩余价值的生产中。后者是指资本为了突破区域限制，将物理、精神、社会空间整合起来进入全球化生产进程。为了进一步推进全球化生产的总体性维度，他借用尼采的"永恒轮回"的思想将情感、感受等生命政治的生产囊括在总体性的空间生产中。也就是说，列斐伏尔的空间生产集中了

---

[1]　包亚明主编《现代性与空间的生产》，上海教育出版社，2003，第47页。

[2]　列斐伏尔：《都市革命》，刘怀玉等译，首都师范大学出版社，2018，第16页。

都市财富的生产、都市经验与意识的生产，并将它们在世界范围内扩张至全球都市化甚至星球都市化的阶段。空间生产催动了都市社会的到来，促进了都市与社会的转型，都市支配和塑造社会的作用越来越大。

尽管列斐伏尔对都市社会的原因，即空间生产的形式进行了深入分析，但是他没有展开分析空间生产、社会空间生产与都市空间生产的关系，也没有明确空间生产的定义。经过分析并综合相关材料，笔者认为资本主义社会的空间生产是指资本家通过城市规划、消费主义的意识形态以及日常生活来实现资本增殖的过程或活动。空间生产的结果是生产了社会空间，而社会空间成为下一次空间生产的原因。从这个意义上说，一切空间生产均是社会空间生产，一切社会空间生产也是空间生产。社会空间生产具有多种形式。城市化是推动社会发展的主要动力，都市空间作为社会空间的主要载体，其生产是社会空间生产的主要动力与主要内容。因此，从内容上看，社会空间生产主要是指都市空间生产。空间生产、社会空间生产与都市空间生产三者的关系是一致的。

哈维理解的城市社会与列斐伏尔的都市社会概念存在重要关联。城市社会是"一个城市问题日益占据主导意义的时期，探讨城市社会的对策具有了优先地位"①。哈维受马克思的《资本论》的启发，将空间、地方、地理整合进政治经济学分析中，提炼出所谓的"历史地理唯物主义"。他对当代资本主义展开了空间政治经济学批判，从资本积累矛盾机制的视角出发，研究资本主义生产技术与生产组织变化，然后通过分析空间构型的生产与资本循环的关系，达到在历史和空间层面进行矛盾分析的目的，并具体提出了资本积累的三级循环理论来解释资本积累与城市革命的关系。

当资本主义国家处于工业社会阶段时，工业化与城市化是互相促进、相互影响的关系。不过，二战后，资本主义的空间生产在土地所有权的生产关系中占据主导，进入空间本身的生产阶段，并且优先于机械化生产和消费的这种经典的生产方式。② 资本主义进入以空间生产为动力的城市社会阶段。在这个阶段，城市化迅速膨胀，而制造业开始衰落，不得不进行产业转移，而与此同时建筑业、房地产行业和金融业发展迅猛。因此，列斐伏尔认为资本增殖的方式已经从空间内的生产转移到空间本身的生产，由

---

① David Harvey, *Social Justice and the City* (Johns Hopkins University Press, 1973), p. 306.

② Henri Lefebvre, *The Production of Space*, trans. by Donald Nicholson – Smith (Blackwell Publishing, 1991), pp. 335 – 336.

资本的初级循环过渡到次级循环。虽然列斐伏尔敏锐地发现资本主义社会进入新阶段的观点富有洞见，但是他并没有进一步研究从资本的初级循环转移到次级循环的背后原因。哈维就此认为，"资本的第二次循环取代生产中资本的初次循环这一观点的含义是令人吃惊的"①，并提出了资本积累的三级循环理论。资本的初级循环可以理解为马克思关于资本主义利润率下降之后的工业生产的经济危机。为了缓解危机，资本主义采取了次级循环的方式，其主要包括城市的资本化，即我们通常说的城市化。次级循环吸引资本大量投资于固定资本、消费基金等领域，城市基础设施建设、城市更新、城市郊区化等城市空间的社会生产加速。但是由于固定资本投资数额大，对流动性资金要求多，存在着固定资本贬值的风险，它不得不依靠较为发达的金融和信用体系。哈维认为，"固定资本与消费基金的区分主要在于商品的使用用途上"②。某些商品在生产领域称为固定资本，而在消费领域则称为消费基金。在次级循环中，像住房等消费基金，能够直接一次性购买的人群毕竟是少数，大多数居民以抵押借贷的方式来购买商品房，此过程中存在着债务风险。于是，消费基金也被整合到生息资本当中。生息资本将固定资本和消费基金纳入虚拟经济当中。它一方面能够刺激生产和消费，但是也存在着过度积累导致的价值丧失的危机。过度积累在接下来的循环过程中转变为过度投资，"这种过度投资仅仅与资本的需求相关，与人们的真正需求并没有什么关系"③。也就是说，资本主义过度投资的要求是摧毁部分固定资本，以为下一次积累创造条件。在资本积累的第二次循环过程中，如果金融资本过度膨胀，脱离产业资本实际需求，将会造成实体经济的产能过剩。实体经济的收益率④下降到无法覆盖其融资成本时，即投资收益小于融资成本之时，就会潜藏巨大的金融风险，引发经济危机。

---

① 哈维：《资本的城市化：资本主义城市化的历史与理论研究》，董慧译，苏州大学出版社，2017，第61页。

② 哈维：《资本的限度》，张寅译，中信出版集团，2017，第367页。

③ 哈维：《资本的城市化：资本主义城市化的历史与理论研究》，董慧译，苏州大学出版社，2017，第11页。

④ 哈维在这里用"生产率"这个概念来替换我们常用的"收益率"，他解释了此种做法的理由。他认为三次循环并不是在公平竞争的环境中形成社会的平均利润率，而且马克思在《资本论》第三卷谈到的利润率是以价值而不是价格来衡量的；"生产率"适合考察剩余价值的生产，马克思在这里没有考虑到剩余价值的分配；"收益率"适合考虑单个资本家的竞争行为，但是不适用于资本积累的三级循环理论中某个阶级的资本家的行为。具体参见哈维《资本的城市化：资本主义城市化的历史与理论研究》，董慧译，苏州大学出版社，2017，第9~11页。

因此，城市化在通过空间生产缓解资本主义工业生产危机的同时，会引发整个经济危机。而整个经济危机能够引发整个社会危机，并共同造成城市革命。在哈维看来，城市革命的性质是城市社会反资本主义的典型案例。在资本积累的第三次循环过程中，危机形式由局部危机转换为全球性危机，固定资本、消费资金、建成环境遭受"周期性贬值"。资本主义越要实现其普遍性，越会受到自身的阻碍。资本力图把地球上每一处土地变为新的资本积累的领域，即空间资本化，并以空间扩张换取资本主义幸存的时间，但是这只是将原有危机的模式复制到新的地方，资本在空间上的无限增殖与空间的有限性存在着根本的矛盾，资本必然在全球化进程中全面地布展，造成不平等的地理结构，即资本所制造的中心——边缘结构。可见，哈维将列斐伏尔的都市社会理解为更为实证而具体的城市社会。

都市社会具有如下特征。首先，它是连续性与非连续性的统一。都市社会依赖于工业社会的物质性实体，与工业社会没有完全决裂，而是工业社会的产物，即"它是通过工业化进程本身对农业生产的支配和吸收而建立起来的"[1]。换言之，都市化或城市化主要依赖于工业化。工业化为都市化或城市化提供了资本、人口、技术等各个方面支持，资本主义都市或城市主要依靠工业推动，甚至城市里的阶级斗争也是围绕工厂的劳资关系而展开的。它的非连续性体现在它是生活方式、思维方式、生态方式异质于工业社会和农业社会的一种新的社会形态。比如说，都市社会人的生活方式以工作区与生活区具有较长的通勤距离为基础，这显然与工业社会生产生活集中在一地或相对集中并不相同；都市社会人的思维方式是以差异性来反对工业社会流水线式的同一性；都市社会的生态方式将都市纳入整个生态系统中，形成都市自己的生态系统，而非像之前一样将都市与自然割裂开来且自然为都市所奴役。

其次，它是潜在的与现实的统一。都市社会为什么是潜在的？"都市社会还没有完成。它正在形成中。这种趋势已经得到了表现，但还处于发展中。"[2] 目前在这个星球上，一些国家尚处于农业社会的阶段，不少发展中国家正在进行工业化，发达国家已进入都市社会。在 20 世纪 60 年代，发达国家的城市化率已经超过了 60%。但是直到 2000 年，世界城市人口占比才

---

[1] 列斐伏尔：《都市革命》，刘怀玉等译，首都师范大学出版社，2018，第 4 页。
[2] 列斐伏尔：《空间与政治》（第二版），李春译，上海人民出版社，2015，第 51~52 页。

达 55%，世界上的城市人口首次超过农村。列斐伏尔当时的判断是有理由和依据的，当然也具有理论的超前性。不过，列斐伏尔并不以实证数据作为其展开理论阐述的论据，因为他本身的出发点并不是想建构一套城市科学。列斐伏尔将都市社会的"尚未完成"视作人的存在方式与都市社会的本体论，即人的存在具有无限可能性。"尚未完成"并不是虚无，而是一个目前尚未存在，但向未来敞开、充满希望的过程。都市社会的本体论则是开放的、偶然的、可能的与超越性的过程。因此，都市社会是非决定论上的社会形态。列斐伏尔继续补充了相关解释，即都市社会是可能的对象或前提假设，他意图使"这种思想的运动接近于某种具体，乃至接近于那个具体现实"[1]。具体现实可以从都市化的历史进程中来把握，即发展到全球城市和世界城市的阶段。"思想把握具体现实的方法既不是从一般到特殊的演绎法，也不是从特殊到一般的归纳法，而是传导法（transduction）。"[2] 传导法形成的具体现实并不是马克思从抽象到具体中的思维具体。因为马克思意义上的思维具体是在对感性具体和抽象规定双重否定基础上的辩证统一，是否定之否定，是使抽象规定在思维具体中再现出来。传导法则是对可能存在的对象的反思或对潜在对象的构造。后来他直接将这种打破二元对立的方法命名为空间三元辩证法，即"空间的实践""空间的再现""再现的空间"。

再次，都市社会是总体性与非总体性的统一。都市社会的总体性，体现在"它并非那种把内容积累在一起意义上的事物形式的总体性；而是思想方式存在的总体性"[3]。它不是简单地还原（总和、叠加、综合）或者反映（主观性的幻想和客观性的幻想），而是借用阿尔都塞的理论实践的方式，列斐伏尔称之为都市实践。另外，都市社会的总体性强调了它不是实证主义或经验主义所能把握的。因为实证主义或经验主义只能窥见都市社会的某个侧面或局部，停留于"只见树木，不见森林"的阶段，列斐伏尔特别反对仅仅从物理性空间或剩余价值增殖的单一视角来理解都市社会。列斐伏尔认为可以从元哲学来理解它。元哲学的具体方法分为"前进—逆溯"法和三元辩证法。"前进—逆溯"法概括的是都市社会的总体结构与个体的具体生活体验之间"一来一回"的"双向运动"的方法。而三元辩证

---

① 列斐伏尔：《都市革命》，刘怀玉等译，首都师范大学出版社，2018，第 7 页。
② 列斐伏尔：《都市革命》，刘怀玉等译，首都师范大学出版社，2018，第 7、192 页。
③ 列斐伏尔：《都市革命》，刘怀玉等译，首都师范大学出版社，2018，第 197 页。

法突出了都市社会中任何事物的正、反、合题同时存在，相继并起，但是合题不是与正反题绝对断裂，而是连续共存，因此都市社会保持了开放性、差异性与多元性。从创造差异，不断生成的角度说，都市社会是一种总体性，但是如果这种差异空间受到资本和权力的宰治，不能形成"有机"整体，那么也就可以称其为非总体性了。

最后，都市社会是一种都市乌托邦。早期空想社会主义代表人物托马斯·莫尔于1516年撰写了《乌托邦》。乌托邦的本义是"没有的地方"或"乌有之乡"。在莫尔的视域中，乌托邦象征着对当时英国进行资本原始积累现象的批判，也寄托着对未来社会的美好憧憬。莫尔描述的乌托邦的城市是融入大自然当中的，并在公有制的基础上实现与乡村关系的平等。其他乌托邦思想也总是以理想城市或美好城市的形象而出现。这都说明乌托邦与城市的联系密不可分。资本主义已经从工业社会进入都市社会的时代，列斐伏尔描述都市社会的话语方式具有都市乌托邦的色彩。

列斐伏尔否认了他所做的是创造一门城市科学的工作。都市是一个被明确定义的对象，但是都市社会并非如此。因此，列斐伏尔说："在这一角度，并没有一种城市科学（都市社会学、都市经济学等），而只有对整体过程逐渐成熟的认识，它的术语（目的和意义）也是如此。"① 列斐伏尔不赞成以都市社会作为确定对象的实证科学。一旦将都市社会确定为现实的对象，它就沦为各种调查数据和经验事实的堆积，这不仅不能让我们认识到都市总问题，反而无法让我们认识都市社会何以可能的原因。当然这里的科学也不同于阿尔都塞那种结构主义的科学。阿尔都塞宣称要捍卫马克思主义的科学性，不惜以分离马克思主义为代价，但是阿尔都塞的科学仍然是一种丧失主体性的结构和功能，而列斐伏尔认为它还包括形式，即"都市的形态、功能和结构"②。都市是生产与消费的中心，它的形态或形式是集中性、扩张性与差异性，是一种将经济、政治、法律等要素聚集起来的超级结构，具有吸纳工业化等的强大功能。

都市社会也不是一种新型的都市意识形态。城市科学与意识形态仍然是二元对立的思维在都市社会中的体现。列斐伏尔宁愿称之为都市乌托邦。都市乌托邦区别于都市神话，前者尚未存在，但它正在生成，将来可能实

---

① 列斐伏尔：《都市革命》，刘怀玉等译，首都师范大学出版社，2018，第18页。
② 列斐伏尔：《都市革命》，刘怀玉等译，首都师范大学出版社，2018，第19页。

现；而后者存在与否尚不可知，它的叙事风格基本不变，便不可能实现。
"神话可以被界定为一种非制度性话语（不受法律和制度约束），它的要素
是从语境中获取的。"① 列斐伏尔在书中列举了柏拉图《柯里西亚斯》中的
亚特兰蒂斯的都市神话。它表明西方文明起源于城市，后来为史前一场大
洪水所毁灭。但是它背后的意义是城市和农村的分离，城市成为主宰农村
的政治中心。布罗代尔也指出："城市实际上作为国家的政治代表，起着镇
压乡村的堡垒作用。"② 中世纪，有"上帝之城"和"太阳城"，它们不属
于人世，而属于耶稣和教职人员。普通人想进入"上帝之城"和"太阳
城"，必须皈依基督教，恪守基督教教义，心甘情愿地过上宗教生活。近代
的都市神话则由卢梭等人创造。卢梭崇尚自然、热爱自然、回归自然，似
乎天生厌恶腐化堕落、矫揉造作的都市生活和都市人。在巴黎，卢梭与伏
尔泰那些显贵名流格格不入，自诩为瞧不起城里人的"乡下人"。那时候还
有一些法国作家描述城市。法国重农主义者重视农村甚于城市，重视农业
甚于工业，重视生产甚于流通。至于现代的都市神话，列斐伏尔将它指向
了市政自治的社会主义。"市政自治社会主义以改善城市中的工人阶级的物
质生活为主要诉求，但是这种观点缺乏远见，目光短浅。"③

列斐伏尔反对都市社会的意识形态主要是城市规划。"因为它建立起一
个压迫性空间，而此压迫性空间被描述为客观的、科学的与中立的。"④ 它
受到意识形态和"实证主义"的伪科学性的拒斥。⑤ 在近现代资产阶级社会
与社会主义社会，城市规划都表现得特别突出。奥斯曼的巴黎改造计划体
现了国家的专治性。"奥斯曼希望巴黎能摆脱工业基础与工人阶级，如此巴
黎或许就能摇身一变成为支持资产阶级秩序的非革命堡垒。"⑥ 他将工业、
工厂、工人阶级迁到市域之外，将穷人驱赶到城市边缘或者直接关进疯人
院等禁闭场所，并用直线设计贯穿巴黎的城市中心结构——"开肠破肚"，
而中心城市被边缘城市所包围。20 世纪建筑大师柯布西耶后来称奥斯曼的

① 列斐伏尔：《都市革命》，刘怀玉等译，首都师范大学出版社，2018，第 121 页。
② 布罗代尔：《资本主义论丛》，顾良、张慧君译，中央编译出版社，1997，第 56 页。
③ 列斐伏尔：《都市革命》，刘怀玉等译，首都师范大学出版社，2018，第 127 页。
④ 列斐伏尔：《都市革命》，刘怀玉等译，首都师范大学出版社，2018，第 209 页。
⑤ 列斐伏尔这里认为都市总体性正受到意识形态和实证科学的攻击。作为都市总体性组成部
　分的都市乌托邦也同样面临着如此困境。具体参见列斐伏尔《都市革命》，刘怀玉等译，
　首都师范大学出版社，2018，第 214 页。
⑥ 哈维：《巴黎城记：现代性之都的诞生》，黄煜文译，广西师范大学出版社，2010，第 160 页。

巴黎改造计划为"直角的专制"——大量使用直角、直线、透明性的几何视角，修建大量大型广场、林荫大道等"面子工程"。拿破仑三世站在高处，似乎可以俯视整个巴黎，实有"会当凌绝顶，一览众山小"的恢宏气势。同时，列斐伏尔认为，"在社会主义国家存在着一条明显的反城市路线"①。苏联和中国等社会主义国家的共同之处在于遵循马克思、恩格斯在早期资本主义阶段所制定的消除城乡对立的纲要。列斐伏尔对社会主义国家的城市规划持有一定的批判立场。"苏联的做法是消灭大城市，把商业布局到农村；中国的'文化大革命'和人民公社则是消除城乡差别、农业劳动力和工业劳动力的差别、体力劳动和脑力劳动的差别。"② 但是它们在思想上对城市存有敌视心理，认为城市是专制权力的象征；在政策上，实行反城市战略。另外，作为都市意识形态的都市规划，不仅在资本主义国家出现，也在社会主义国家出现。也就是说，它已经成为全球性的现象。他甚至指出，"在社会主义国家进行的都市革命，其都市观念与资本主义国家没有任何本质的不同"③。

总之，列斐伏尔描述的都市社会，既不是城市科学、都市神话，也不是都市意识形态，而是一个在整体上具有哲学人道主义特征的社会。这个社会形成了有差异的生活空间、有保障的生活权利、"总体的人"的生活方式。正是此种"希望哲学"，遵循"以人为本"的逻辑而非以"资本与权力"为本的逻辑，使得都市社会具有乌托邦的特征，而且都市居民反过来以都市乌托邦作为"希望"，并使之成为当下都市革命的动力，以超越工业社会的抽象统治，使人过上真正意义上属于人的生活，活好自己的丰盈"人生"。但是都市社会的真实生活是另一幅画面。

二 地方都市居民的多元抗争

1960 年末，西方资本主义国家进入都市社会阶段，出现了解决都市问题的地方都市生活解放。本书将在第二、三、四章详细展开探讨。地方都市生活解放活动范围有地域限制，它主要发生在欧美国家的地方都市。在

---

① 这里需要强调的是社会主义国家对城市的接管、改造、建设与改革等并不是反城市，而是将资本主义城市转变成社会主义性质的城市，发展社会主义城市。列斐伏尔的观点存在误区。具体参见列斐伏尔《都市革命》，刘怀玉等译，首都师范大学出版社，2018，第 128 页。

② 列斐伏尔：《都市革命》，刘怀玉等译，首都师范大学出版社，2018，第 128 页。

③ 列斐伏尔：《都市革命》，刘怀玉等译，首都师范大学出版社，2018，第 128 页。

这个时期，大城市病与城市规划的非正义、多元群体利益的冲突、对传统城市建筑的破坏、城市贫民窟的犯罪率高居不下、贫富悬殊导致的富人与穷人之间人际关系紧张、中产阶级的精神疾病增加、生态运动、女权运动、种族运动等诸多错综复杂的问题在城市纷纷涌现，斗争此起彼伏，可以归结为都市居民多元群体的抗争运动，它主要涉及三个方面：生活方式、生活成本与生活权利。在一些技术官僚和规划学家看来，都市生活问题源于大城市的人口、资本密度过于集中，城市规划不合理。因此，为了疏解大城市的功能，城市规划朝着适度分散的方向发展，比较有代表性的是英国的卫星城理论和新城运动。卫星城既是相对独立的单位，也从属于母城。但是在实践中，卫星城没有基础配套设施需依赖于母城。新城运动则由国家赋予地方城镇以一定的自治权，并建立配套的基础设施。在美国是以后现代都市的形式出现的。后现代都市以洛杉矶的城市发展模式为代表，它具有分散性、多中心、郊区化的显著特征。不过，新城和郊区是由陌生人组成的社区构成的，隔膜化的邻里关系和冷漠的社区氛围是新城居民面临的社会问题。显然，这种疏远的人际关系并不因发达的社交网络而拉近，反而反衬出人际关系的冷漠，并且这种分散化的模式从直观上导致争取城市权利的热情被耗费在居住区与工作区的通勤上面。陌生的居民难以形成团结的社会心理基础，集体性的城市权利因不易形成联合的形式而终难实现。

像列斐伏尔、索亚、哈维与卡斯特等关注都市生活问题的左翼学者，代表了多元群体的利益，开始将马克思主义与都市生活解放"嫁接"，利用青年时期的马克思或成熟时期的马克思的思想来指导都市生活解放的研究，"发展"马克思主义的阶级斗争理论，从而提出了不同类型的多元抗争理论。都市生活解放思想正是诞生于这个时期。在他们看来，城市规划并非价值中立的技术问题，更不能仅仅理解为一套科学话语，它背后具有资产阶级的政治、经济、文化考量。城市规划不是仅仅作为科学对象的自然空间，而是作为资本增殖与政治统治的社会空间。列斐伏尔认为随着都市社会的到来，以房地产业、金融业为代表的城市化成为推动社会发展的主要动力。资本主义从空间内的生产转化为空间本身的生产，由资本的初级循环过渡到次级循环。在次级循环中，城市空间的规划遵循空间本身的生产逻辑。列斐伏尔提出空间生产的概念主要是为了指出二战后发达资本主义国家为了使资本主义能够幸存并得到发展，不得不实行从工厂领域、国家领域扩张到城市领域的生产关系再生产的事实。这意味着城市空间的规划寓于解决资本主义生产关系的危机与发展资本主义生产力的一体当中，具有鲜明的价值倾向或价值判断。如果资产阶级的规划学家们知道城市规划学家也是生活在一定社会形态当中，城市规划不是单个人的抽象物，而是社会关系的总和，那么他们应该了解到城市规划是对都市居民生活方式的筹划，它必然受到所处时代的生产方式的制约。在资本主义的空间生产逻辑中，城市空间与商品类似，不仅具有使用价值还具有交换价值，更为最重要的是能够生产出剩余价值；城市空间既是生产的对象，也是被消费的对象。城市规划具有维护资本主义的政治统治的价值取向。资产阶级为了巩固统治的全面性，通过城市规划将统治阶级的权力关系再生产到城市的各个角落与区间。都市居民只能被动"享受"城市规划后的既成事实，其参与、决定权难以保障，很多城市新移民、低收入居民、社会少数群体被迫生活在城市边缘，甚至被"绅士"般地排挤出城市。总之，在列斐伏尔看来，城市规划是资本增殖与政治统治的工具，并非规划学家言之凿凿的"价值中立"。为此，列斐伏尔提出了以都市革命（包括城市规划）的方式来实现生活解放。

资本主义社会的单一中心的城市规划往往制造出中心—边缘的不平衡地理格局。索亚站在后现代都市规划主义的立场，主张去中心、多核心、边缘化的城市形态。虽然索亚较少用"规划"这样具有凯恩斯主义色彩的词语，而是较为常用"重构"与"拆解"这样后结构主义的词语。但是作为规划学家出身的索亚并没有像列斐伏尔那样十分拒斥城市规划主义。在索亚看来，城市规划应该理解为城市规划之后意外出现的空间的"重构"与"拆解"。换言之，未来城市充满了不确定性和冒险性，并不是以城市规划的形式出现。他以洛杉矶为例，洛杉矶就并非城市规划的结果，而是随着新产业空间而自发聚集的区域中心和网络。此外，受到列斐伏尔对空间的理解的影响，索亚对空间的理解也具有自然空间、精神空间、第三空间的三元性的特征。显然，传统的城市规划对象过于单一，仅仅为自然空间或精神空间，导致它不能适应都市社会中第三空间的实际需要。传统的城市规划以规划学家和技术官僚为主，难以保证都市居民的参与性。索亚等后现代主义规划学家肯定了参与性规划的重要性，特别是不同身份、种族、性别、文化背景的人们参与空间规划的重要性。城市规划的官僚体制具有封闭的、排外的运行特征，索亚认为要从边缘来发动空间斗争以实现都市居民，特别是边缘群体的空间正义。

无论是传统的城市规划还是后现代主义的空间规划对都市生活解放问题的认知大多流于直观或表象，对其根源缺少深刻分析，城市规划或空间规划并不能从根本上解决都市生活解放问题，我们需要了解的是都市生活解放问题的根本到底是什么。在哈维看来，都市生活解放问题根源于资本积累与阶级斗争，解决之道在于从争取城市权利到发动城市革命。都市生活解放问题出现在资本主义城市化过程中，而资本主义城市化是建立在"为生产而生产，为积累而积累"的基础之上的。城市规划、城市更新等的最终目的在于获取剩余价值，与此同时，在城市基础设施建设方面、在房地产发展方面等资产阶级对工人阶级也存在着剥削。哈维在列斐伏尔的资本循环理论的基础上，提出了资本积累的三级循环理论，其中与城市化相关的主要是次级循环。资本主义通过生产人造空间或建成环境，利用城市规划将城市空间改造为有利于资本循环的地理景观，来缓解资本过度积累造成的危机。但是人造空间或建成环境既是固定资本，也是消费基金。前者面临着固定资本贬值的危机，后者面临着劳动力再生产的压力。哈维认为我们需要通过城市革命来实现城市权利，在这一点上哈维与列斐伏尔有相似的地方，不过哈维更侧重以剩余价值的实现作为城市权利的中心问题。

卡斯特通过集体消费与国家干预的视角来研究都市生活解放问题。"城市规划是在劳动力再生产的集体单位中，对社会结构各种实体的特殊结合关系所进行的政治干预，它是国家机器干预城市的基本手段，目的是保证劳动力的扩大再生产，调控非对抗性矛盾，从而确保统治阶级的利益、城市系统的重构以及占支配地位的生产方式的结构性再生产。"[1] 卡斯特分析了英国的"新城计划"、美国的"城市更新"、法国的"重新征服巴黎"计划，得出了城市规划源于劳动力和生产资料的私人控制与它们的集体性再生产之间的矛盾的结论。发达资本主义国家的国家干预已经直接介入劳动力的生产与再生产过程中，成为都市居民日常生活的统治者。都市居民日常生活包括与居民生、老、病、死相关的消费项目。这些消费项目不是提供给个人的，而是向集体提供的消费。城市规划的结果是集体消费的内容。因此，一旦国家不能提供集体消费品，整个国家的生产与再生产将会发生

---

① Manuel Castells, *The Urban Question: A Marxist Approach*, trans. by Alan Sheridan (Edward Arnod, 1977), p. 263.

危机。城市成为集体消费与社会分配之间、国家干预与城市权利之间发生矛盾与冲突的主要区域，而城市规划则是城市社会运动的被动反应。因此，卡斯特提倡通过城市社会运动来实现地域性的政治经济利益和文化认同，反对不平等、非正义的城市规划，并最终实现城市生活解放。

三 全球都市的科学解放道路

西方社会的都市并不是一个实体，而是一个为资本主义所塑造的并有利于资本积累的空间。与地方都市相对的是全球都市，并不是所有的地方都市都是全球都市，全球都市是地方都市中的一种特殊类型。显然，现在都市的空间尺度已经从区域扩展到全球，并处于超国家边界的关系中。都市居民所在区域的生活受制于全球都市的空间生产。20 世纪 70 年代以来，特别是 20 世纪 90 年代以来，新自由主义成为资本主义国家的主流的社会思潮，"新自由主义城市"大行其道。这股思潮适应于资本新一轮大规模、长期性的全球扩张。资本不仅推动了都市化，而且都市化吸引了大量资本进入城市建成环境或基础设施。都市空间的尺度扩大并覆盖到自然空间、农业空间以及工业空间，之前的城乡边界越来越模糊，部分都市的机构和组织成为全球城市之间的领导机构和组织，整个星球呈现为都市化的现象。列斐伏尔以及尼尔·布伦纳等学者称之为"星球都市化"（planetary urbanization）。在"星球都市化"的推动下，都市之间的争夺生产主导权竞争也十分激烈。都市的集中性通过空间生产聚集了"一切"和"所有"——生物、物体、实体、作品、符号与象征，[①] 并形成中心，与此同时，这意味着其他非都市区域的相对分散性，形成次中心，甚至边缘。以全球性视野来看，任何都市的集中性都是相对的集中性。发展中国家的都市中心，放在全球都市网络格局中，它可能是次中心，甚至边缘，成为发达国家的"卫星城"。都市的中心与次中心以及边缘通过各种基础设施、信息网络等加速主义的方式相互联系，共同构成了非均质性的都市网络格局，从而形成了中心—次中心—边缘的不平衡结构。这种都市网络格局是有中心、有节点的网络形式，是国际经济分工协作细化和深化的产物。

都市是处于非均质性的世界城市网络体系中的节点。都市社会阶段的

---

① 列斐伏尔：《空间的生产》，刘怀玉等译，商务印书馆，2021，第 148 页。

都市空间生产已经进入全球都市空间生产的阶段，全球都市是控制和指挥生产的决策中心。全球都市是金融与生产者服务业的主要场所，也在世界经济格局中具有控制其他都市经济的力量。它既是先进产业的创新地，也是产品创新的发源地，是以知识产出为标志的非物质产品的生产中心。全球都市本身不是国际关系的独立行为主体。不过，作为国际资本和跨国公司所在地，全球都市对外部具有强大的辐射能力，国家权力向全球都市适度集中，使得全球都市成为次国家政府。它既受到主权国家的宪政约束，又具有相对自由。这些因素决定了全球都市在世界城市体系中的支配和控制地位。全球都市是发挥"高度聚合的指挥功能"的"巨型工厂"。它们全部是资本主义的全球都市，或者也可以称其为"都市帝国"。纽约、伦敦和东京组成的小圈子的全球都市控制着全球化进程，实现资本空间扩张和全球内在化。

　　全球都市是在全球都市空间生产推动下形成并对全球经济的运转具有控制能力的顶级城市。全球都市空间生产包括全球经济一体化以及世界范围内新一轮的劳动分工。20 世纪八九十年代至今，西方国家的产业结构和组织形式发生了新的变化，资本、人口、技术在全球范围内的重组与改变，推动了全球经济一体化的进程。全球经济一体化带动了跨国企业以及资本的全球性流动，引起了世界范围内新一轮的劳动分工，影响了各大城市的社会物质空间构成以及各大城市之间发展的不平衡性。这种不平衡性表现为在世界城市网络体系中，全球都市的竞争从高到低分化成世界级城市的竞争、跨国级城市的竞争、国家级城市的竞争、区域级城市的竞争、地方级城市的竞争。"城市是资本的据点，而其相互的联系则创建了复杂的空间等级。"① 作为其中城市体系最高层级：世界城市或全球城市是在全球化和新一轮的国际劳动分工的推动下形成的并对全球经济的运转具有控制能力的顶级城市。世界城市与全球城市的所指各有侧重。世界城市侧重于对世界经济体系连接的形式和程度进行经济控制，而全球城市侧重于综合性的支配和控制能力。英国生物学家、城市规划学家帕特里克·盖迪斯（Patrick Geddes）于 1915 年就在《进化中的都市》中率先提出了"世界城市"这一概念，但是这个概念并未引起世人的广泛关注。英国学者彼得·霍尔

---

① 彼得·泰勒等：《世界城市网络：一项全球层面的城市分析》，刘行健、李凌月译，江苏凤凰教育出版社，2018，第 33 页。

（Peter Hall）在 1966 年相对简单地给世界城市下了一个定义，即 "那些在国内处于经济中心位置，同时对全球的经济、政治、文化等产生重大影响的国际大都市"①。霍尔指出了七个世界城市：伦敦、巴黎、莱茵 – 鲁尔区、兰斯塔德、莫斯科、纽约与东京。1986 年约翰·弗里德曼②依据沃勒斯坦世界体系等理论提出著名的 "世界城市假说"（the world city hypothesis）。在他看来，世界城市掌握了能够控制全球经济发展关键部门的能力，"其特征在于它是主要金融中心、跨国公司总部或地区性总部、国际化组织、商业服务部门、重要的制造中心、主要交通枢纽和信息中心的所在地，具有一定的本国和外来移民的人口规模"③。他界定出 30 个世界城市，把它们划分为四个等级。它们之间紧密联系，组成了世界城市联盟，成为跨国垄断资本控制世界的堡垒。不过，他没有将当时的苏联以及后来的新兴市场国家的都市纳入这个资本主义世界城市体系当中。美国哥伦比亚大学社会学教授丝奇雅·萨森（Saskia Sassen）提出了全球城市的概念。全球城市有四个区位特征：世界经济组织高度集中的控制中心，它能够控制、管理、服务世界经济；金融机构和专业服务公司的主要集聚地，这些服务机构对全球都市在世界经济中施加影响、发挥功能、形成向心力非常重要；高新技术产业的生产和研发基地，它们为全球城市提供技术支撑；产品和创新的市场，它们集聚了政治、经济、文化等方面的新理念与新产品，能够借助于信息技术传播到世界其他都市或地区。萨森认为全球城市是国际经济分工协作细化和深化的产物。全球城市既是国内经济中心，也是世界城市网络系统的核心节点。它能够统筹国内国际两个市场，而萨森将这种协调两个市场的生产协作的产业称为生产者服务业，而生产者服务业更多的是在城市而非国家之间进行专业职能分工。生产者服务业日益在全球城市产业结构之中占据较大比重。全球城市突出了生产的空间网络与世界的连接性，更为重要的是凸显了全球城市经济体系的 "生产" 性质。生产者服务业是城市物质生产的载体。依托于生产者服务业的国际大都市逐渐演变成全球城市，并成为 "全球性服务

---

① Peter Hall, *The World Cities*（Mc Graw – Hill Book Company, 1966），p. 7.

② 约翰·弗里德曼（John Friedmann）是城市规划领域的著名学者。他在 1955 年获得芝加哥大学规划教育和研究系的博士学位，是美国加州大学洛杉矶分校城市规划系的创始人，并在数年间担任该系的系主任。

③ John Friedmann, "The World City Hypothesis, "*Development and Change* 17（1986）: 69 – 83.

中心"。

无论是世界城市还是全球城市，它们都指向了在城市体系中具有核心地位和关键作用的城市。笔者将其融合为一个词语——全球都市，它通过掌握国际城市经济命脉而对国际城市体系具有控制与支配作用。全球都市成为世界城市体系中的主导城市，其他城市依附于全球都市并形成都市圈。全球都市之间竞争激烈，这也导致各国都市圈与都市圈之间以及都市圈内部竞争激烈的连锁反应。全球都市为了成为全球经济的主宰，对其他城市形成控制力和影响力，在生产者服务业、科技、人才等方面展开激烈的竞争。而全球范围内的其他城市为了生存与发展，也通过各种方式展开竞争，这些方式包括建立工业园区、科技园区，以公共补贴的方式吸引私人垄断资本等。一旦城市像私营企业那样陷入"无政府主义"的竞争，那么原先劳资斗争的矛头将从企业的剩余价值转向城市的剩余价值，由企业导致的经济危机将极易转变成城市的经济危机。城市过度竞争导致包括移民或流动人口在内的居民、企业之间也形成复杂的竞争关系，加剧城市内部以及城市之间的不平衡性。

全球都市空间生产为全球都市形成提供了动力。全球都市空间生产是一个分散与集聚相生的过程。跨国公司充分利用各国优势，在各国之间进行分散生产。与此同时，跨国公司全球总部或区域总部按照全球价值链的国际分工将各国生产统一起来，而统一起来的产业基础在于丝奇雅·萨森所称的生产者服务业，特别是围绕资本运营的金融业。它更多的是在都市而非国家之间进行专业职能分工，形成了企业、部门、区域之间以生产者服务业为主导的社会、经济、文化等网络体系，并日益在全球都市产业结构之中占据较重要地位。"在当今全球化时代中，由大约 40 个全球都市组成的都市网络是世界上跨国界经济活动的主要组织框架。"[1] 生产者服务业与消费者服务业不同的是前者面向企业与政府。它并不需要必须邻近其购买者，只是需要在空间上与其他服务业形成集聚效应。大都市的中央商务区和高端住宅区能够为这些高收入行业提供便利的工作与生活服务，成为其集聚中心。依托于生产者服务业的国际大都市逐渐演变成全球都市，并成为"全球性服务中心"，它不是直接生产工业产品的场所，而是国际资本

---

[1]　丝奇雅·萨森：《全球城市：纽约 伦敦 东京》，周振华等译，上海社会科学院出版社，2005，中译本序第 1 页。

积累和扩张的战略场所。全球都市既是国内经济中心，也是世界城市网络体系的核心节点，生产者服务业具有能够统筹国内国际两个市场的功能。总之，整个世界城市体系以全球城市为关键节点，以跨国公司为主要行动者，以生产者服务业，特别是以金融业为主要内容，是一个完整的网络体系。在这个体系中，在全球都市空间生产推动下，不同等级的都市相互配合、相互连接，形成资本总生产链条。

都市社会阶段的城市的生产已经进入全球都市主导生产的阶段。全球都市生产着生产者服务业产品，特别是金融业产品。生产者服务业主要是所在区域经济转型和整个世界经济生产分工与协作发展的结果。因此，它具有外向型经济的特征。受到全球城市控制和指挥的其他节点城市生产着物质劳动产品、消费性服务业产品等。全球都市的垄断巨头剥削着其他节点城市的工人阶级与中小资产阶级，其他节点城市和乡村被纳入全球都市网络化的形式当中，并构成全球都市的网络——等级结构。其他节点城市的优秀人才纷纷向全球都市迁移，在整个价值生产链条中占据有利位置，以获取高额报酬。不过，在全球都市内部，从事生产者服务业的人才能获得高工资，而从事机械性服务业的人只能获得较低工资，两种行业之间的收入差距比工业社会阶段的工人之间的收入差距要大。全球都市的政府设置了不同形式的有形的门槛以阻挡"低端人口"的涌入。同时，它也会设置无形的景观或空间来让人自惭形秽。"大都会的秘诀是，每个人都需要考虑到社会阶层。"[1] 同理，其他等级城市的政府也不得不采取类似的方法。从整体上看，那些想进入更高一级的城市的新移民享受不到空间生产与分配的权利，在更大范围上遭受空间非正义。在全球都市空间生产的"内卷"中，全球都市成为星球的城市等级最尖端的节点。它通过全球都市的生产者服务业及其流动空间对都市居民形成了在场与不在场的生活宰治，分化了都市居民的阶级团结性与组织性。总之，由于全球都市在世界城市体系中占据领导核心位置，并对全球经济的运转具有控制能力，"牵一发而动全身"。都市生活解放必须将全球都市放在中心位置。当前全球都市的生活解放面临着"实践的唯心主义"哲学的斗争方式与"实践的唯物主义"哲学的解放方式。前者吸收了 20 世纪 60 年代以来的都市生活解放的理论与实践经验，但是它停留在"前历史唯物主义"的阶段，没有坚持历史唯物主义

---

① 艾伦·布朗：《城市的想象性结构》，李建盛译，北京师范大学出版社，2022，第 177 页。

的基本原理。后者在守正了马克思主义的基本原理基础上，结合 20 世纪 90 年代至今的全球都市的发展形势进行创新，是一条科学的解放道路，即坚持历史唯物主义的基本原理，分析其当前的社会主要矛盾，寻找生产实践的主体，坚持生产领域的阶级斗争的主线。

第二章　都市社会居民遭遇的生活压迫

西方社会 20 世纪 60 年代以来出现的地方都市居民的多元抗争，并非凭空产生的新社会运动，也不是后革命时代的"革命焦虑"，而是直接源于都市社会居民遭遇生活压迫。这些问题并不是在农业社会或工业社会不存在，而是它们在都市社会成为都市居民在满足了一定物质基础之后追求美好生活中面临的新的主要问题。都市社会的主导话语是寻求空间正义与争取城市权。① 笔者认为都市社会的主导话语背后反映的是都市空间政治经济学的问题。它主要涵盖三大方面：异化的生活方式、高昂的生活成本以及受损的生活权利。异化的生活方式让都市居民陷入生活被操控的状态，而高昂的生活成本让都市居民过着看似体面实则艰辛的日子，受损的生活权利让都市居民成为都市的过客。都市居民所生活的世界是资本主义系统性入侵的物质世界。

第一节　都市生活方式的异化

马克思在《1844 年经济学哲学手稿》中描述了资本主义工业社会的异化劳动形式的四个方面。从生产行为到生产结果产生了异化劳动的两个规定。接着，由这两个规定推论出人的类本质同人的异化与人同人的相异化。不过，前面异化劳动的两个规定主要是指生产劳动的异化。后面的两个规定其实已经触及生活异化。异化劳动促使类生活和个人生活异化，异化劳动把抽象形式的个人生活变成同样是抽象形式和异化形式的类生活的目的。② 人类在长期的实践中，形成了一种整体性思维，并以"类"为整体性思维处理人与自然的关系、人与人的关系，此"类"也成为人类的实践对

① 强乃社：《论都市社会》，首都师范大学出版社，2016，第 95 页。
② 《马克思恩格斯选集》（第 1 卷）（第 3 版），人民出版社，2012，第 56 页。

象。人类依靠自然界生活，是自然界的一部分。但是异化劳动不是整体性的而是分裂式的实践方式，割裂人与自然关系，从而导致人作为"人类"运用工业方式对自然界无限索取，形成了类生活的异化。个人生活离不开类生活，类生活是个人生活的目的，但是异化劳动却把类生活当作个人生活的手段。类生活的异化自然导致个人生活的异化。生产劳动是人类生存与生活的基石。人除了需要通过生产劳动来获得生存资料外，还需要通过生活本身来维持再生产。生活是以生产作为支撑，并按照生产要求进行的活动。既然生产劳动出现了异化现象，即异化劳动，那么也避免不了产生异化生活方式。"人们过去是与劳动过程相异化，而如今他们与整个生活相异化。"① 当然，由于资本主义工业时代背景的限制，马克思没有侧重在异化生活方式。当资本主义的个人或类生活方式出现异化，以列斐伏尔为首的都市生活解放者敏锐地发现这是资本主义都市社会的重要问题。都市社会的生活方式的异化包括大都市生活的全面异化与后大都市的生活弥散化。

一 大都市生活的全面异化

本书按照都市性的资本逻辑，将其具体分为都市集中性、扩张性与差异性。列斐伏尔主要从三个方面揭示了大都市生活全面异化的原因。一是设计大都市集中性的城市规划；二是推动大都市扩张性的消费主义及其意识形态；三是大都市形式差异性的日常生活领域。

都市社会的都市性表现之一是都市的集中性或集聚性，但它破坏了都市居民的生活环境。都市居民的生活环境不是"自然而然"的结果，而是与城市规划密切相关。一方面，城市规划随着生活方式的变化而变化。人们消费能力的增强以及对美好生活的要求越来越高，城市在用地布局、空间环境、功能结构、基础设施等方面的规划需要适应生活方式的发展。另一方面，不同的城市规划培育、塑造着不同的生活方式。不同的城市形态、发展方式、公共服务水平也推动形成了不同的生活方式。笔者将着重探讨城市规划是如何导致大都市生活方式异化的。从直观上来说，都市和乡村最大的区别在于空间布局的集中与分散。都市的集中性受制于都市空间的自然禀赋，但主要是都市资本和权力的所有者通过城市规划塑造的结果。这是资本主义生产力与生产关系发展到发达阶段的显著标志之一，也是资

---

① 达罗·谢克特：《从马克思至今的左派史》，魏南海译，重庆出版社，2021，第199页。

本主义都市文明的显著标志之一。集中性体现在"它并非那种把内容积累在一起意义上的事物形式的总体性;而是思想方式存在的总体性"①。也就是说,它不是简单地还原(总和、叠加、综合)或者反映(主观性的幻想和客观性的幻想),而是以都市实践的方式存在,即"都市的形态、功能和结构"②。换言之,经过相关部门的城市规划之后,都市形成了组织生产与生活的中心形态,将各种要素聚集到城市平台,具有维持城市大资本家统治等方面的功能,这体现了都市的集中性。

城市规划对都市空间生产起到了首要作用,基于城市规划,都市形成了组织生产与生活的中心形态。城市资本家在进行都市空间生产之前,首要前提是进行城市规划。按照空间性质来分,城市规划的空间通常包括物理空间、精神空间与社会空间等。作为城市规划对象的都市空间被视作一种生产力。这里的生产力是指物理空间、精神空间,如发达资本主义国家凭借空间地理扩张、空间意识形态传播等实现全球化整合,从而实现生产力在数量、规模上的增长。同样,作为城市规划对象的都市空间也可以视作生产关系,即资本主义的社会空间。资本主义的社会空间包括从工厂生产到日常生活,从生产领域到消费领域的权力关系或阶级结构的分化或重组。城市规划对社会空间的规划,也是对经济基础或生产关系的规划,从根本上是为了适应生产力并发展生产力,以空间生产延续资本主义的有限生命。因此,都市空间是生产力与生产关系的统一,作为城市规划的对象的都市空间也能够组织生产。一方面,生产决定生活。生产力的变化引起生产方式的改变,进而引起生产关系的变化,生产关系的变化又会引起社会关系的变化,生活方式也必然随之发生变化。另一方面,生活是生产的目的。生活本身又是为生活而生产。因此生产与生活也是统一的关系。这同样意味着,作为城市规划的对象的都市空间能够组织生活。都市空间本身也是生活空间的一部分。都市成为城市资本家凭借城市规划来提升生产力水平,改善生产关系,组织生产与生活的工具。由此,都市形成了组织生产与生活的中心形态。

"构成性中心是一种聚集、集中和共时化的形式,这种形式聚集了一切财富、权力、信息、知识文化等等。"③换言之,构成性中心是由资本与权

---

① 列斐伏尔:《都市革命》,刘怀玉等译,首都师范大学出版社,2018,第197页。
② 列斐伏尔:《都市革命》,刘怀玉等译,首都师范大学出版社,2018,第19页。
③ 列斐伏尔:《空间与政治》(第二版),李春译,上海人民出版社,2015,第83页。

力形塑成的最符合加速资本积累的网络形式，它的形式是全体、堡垒、拼贴、混合、聚集、位置、马赛克等。这个被城市规划出来的构成性中心是城市资本家实践的结果。与构成性中心相伴随的是去中心化，为了在资本主义再生产周期的不同阶段都能获取利润，资本家利用城市规划对城市中心与边缘进行循环化的改造。从一个较长的时间尺度来看，它具有能够将各种要素聚集到城市平台的功能。

在资本主义国家中，城市规划是国家的战略工具，是工厂政治在城市管理的延伸，具有维持大资本家统治等的功能。瑞典乌普萨拉大学学者斯塔尔·霍尔格森指出："城市规划从来都不是中立的活动，而是嵌入由资本主义社会关系定义的政治经济学中。我们在讨论规范性和应当性时，应该从阶级这些社会关系入手。"① 城市规划也是凯恩斯主义在城市空间领域的运用，从而形成所谓的"凯恩斯主义的城市"。在城市土地的自由放任发展的情况下，城市规划制约城市发展，甚至制约国家发展的特殊利益集团形成。一旦其中的开发商等土地利益集团形成垄断，将造成土地租金高、房价畸高的现象，这将会对工人阶级以及各种类型的资产阶级的利益造成威胁。资本主义国家的城市规划正是协调不同利益集团关系，缓和社会矛盾，减少社会冲突的重要手段。资本主义国家政权最终是由各大财阀所掌控的。各大财阀为了追求最大利润，必然会通过各种手段干预城市规划过程，推动有利于其自身利益的城市规划的落地，以维护大资产阶级的政治统治，但是他们公开宣称的却是维护社会整体利益。

规划师按照"科学规划"的原则从事都市实践之后，都市的集中性使都市形成了中心与边缘、工作区与居住区以及居住区内不同住宅户型的各自集聚的对立。都市的集中性造成的结果是，一方面，居住在城市中心与边缘的居民的生活权利受到剥夺。城市资本家凭借在城市（社区）中的高房价、高地租获取高额的剩余价值，而且通过争夺对城市空间的使用权，驱逐、排斥部分居于市中心的居民。居于边缘地区的居民，其生活环境也随着都市圈的城市规划进程而改变。他们居无定所、漂泊不定，生活权利难以保障。他们被规划到城市地理中心和城市权力中心的边缘，这都决定了他们难以参与城市的规划、设计、监督以及实施等整个过程，难以获得

---

① Stale Holgersen, "On Spatial Planning and Marxism: Looking Back, Going Forward," *Antipode* 52 (2020): 815.

对公共空间的城市规划的协商、决定的权利。另一方面，城市规划将都市居民的工作区与居住区分隔出很长的通勤距离，消耗了他们大量时间和精力，损害了都市居民享有高质量的生活权利。它直接分割都市居民的整全时间。都市居民的热情被长时间消耗，他们整个生活被碎片化。两地分隔远，都市居民的正式的家成为临时的居所，他们难以参与到正式的家的社区管理，难以形成社区主人翁的意识。一部分都市居民不得不在工作区附近寻找住宿的地方，这又促进了房产中介市场的兴起，房产中介利用信息不对称为都市居民租房制造时空障碍。不仅如此，城市规划还将居住区的住宅户型分为大片独栋住宅与集体大规模住宅，这是个人主义与集体主义的对立。①

都市社会的都市性表现之二则是都市的扩张性，但它造成了都市居民的生活主体性的丧失。城市理论家罗根和莫洛奇指出，谁控制了生产的政治，谁就有效地控制了城市。② 这突出了生产对城市的重要性。然而，生产和消费是辩证统一的关系。生产直接是消费，消费直接是生产，从而消费和生产具有直接同一性。③ 生产直接是消费，这是指生产要素的消费；消费直接是生产，这是指产品的消费。城市空间的生产直接是城市空间的生产要素的消费，城市空间的消费是城市空间的产品的消费。通过城市空间的生产要素的消费以及城市空间的产品的消费，都市实现了空间扩张。这在一定程度上能够解决都市集中性造成的问题，也能够推动实现都市面貌的改变和都市的快速发展。都市的构成性中心通过空间扩张聚集了"一切"或"所有"——生物、物体、实体、作品、符号与象征④，它似乎具有某种超功能性，但无论如何扩张，都市扩张本身也受制于空间的范围。马克思所说的"以时间消灭空间"也深刻地指出了这个问题的实质。"以时间消灭空间"中"空间"的含义可以理解为物理距离。因为物理空间（距离）的增加，流通时间变长，进而资本的流通费用也便增加了。对都市扩张来说，这成为障碍。所以都市资本家需要通过道路交通、信息网络等基础设施建

---

① 鲁宝：《空间生产的知识：列斐伏尔晚期思想研究》，北京师范大学出版社，2021，第146~149页。
② 艾伦·哈丁、泰尔加·布劳克兰德：《城市理论：对21世纪权力、城市和城市主义的批判性介绍》，王岩译，社会科学文献出版社，2016，第89页。
③ 《马克思恩格斯选集》（第2卷）（第3版），人民出版社，2012，第690~694页。
④ 列斐伏尔：《空间的生产》，刘怀玉等译，商务印书馆，2021，第148页。

设来缩短流通时间，克服空间（距离）障碍，加快交换速度。至于"以时间消灭空间"中的"时间"，马克思将时间要素分为劳动时间和流通时间，而劳动时间可分为必要劳动时间和剩余劳动时间。关于流通时间和劳动时间，实际上流通时间增加了工人的必要劳动时间，限制了资本的生产时间以及资本的价值增殖速度，流通时间不是创造价值的积极因素，因此，需要缩短流通时间。对于都市扩张来说，缩短流通时间是加速资本循环和周转的主要方式。

如何加速资本循环和周转并在本区域获取高额利润，都市资本家除了通过道路交通、信息网络等基础设施建设来加速空间内容如土地、人口、不动产等的流通，还通过各种消费主义的意识形态来激发都市居民的消费欲望。土地、人口、不动产等的流通的过程其实也伴随消费的过程。因此，消费以及消费主义的意识形态是推动都市扩张的直接动力。都市居民在满足了基本温饱需求之后，在非劳动时间或休闲、娱乐、教育、社会交往等领域形成相对趋同的消费方式，而都市是实现消费最大化的空间单位。因此，都市生活集中表现为都市的消费方式。都市资本家将都市居民的相对趋同的消费方式视作资本增殖的手段，为了获取利润不择手段，利用各种营销方式诱导都市居民的非理性消费或过度消费，都市居民的个人消费为消费主义的意识形态所操控。斯蒂芬·迈尔斯甚至直接指出："城市实际上可以被视为消费主义意识形态的一种物质的与情感的表现。"[①] 列斐伏尔是20世纪60年代第一位提出"消费受控制的科层制社会"这一略显冗长概念的人，这一概念意指资本主义社会是被组织化的消费社会。这说明列斐伏尔较为准确地把握了资本主义进入都市社会阶段的都市生活特征之一。资本主义都市社会从以生产为中心转向以消费为中心的发展阶段，从以工业化为中心转向以城市化为中心的发展阶段，这些成为都市生活的主要推动力。虽然都市社会摆脱了工业社会存在的由于物质匮乏产生的劳动异化，但是都市居民的生活却为消费主义所异化。"消费主义一般被认为是一种人工产品，迈尔斯视为一种整体的'消费资本主义'，它创造了'一种生活方式'，这种生活方式依赖于消费所提供但不能派送的自由选择的幻觉。"[②] 总之，在这些学者看来，都市本身就成为一种消费主义的意识形态的表征，

---

① 斯蒂芬·迈尔斯：《消费空间》，孙民乐译，江苏教育出版社，2013，第180页。

② 阿德里安·富兰克林：《城市生活》，何文郁译，江苏教育出版社，2013，第145页。

都市即消费主义都市。正如前文所言，都市是生产与生活的集中，而消费只是生活的一部分，因此它不是消费主义都市。当然，这些学者将都市描绘为消费主义都市，为我们把握都市扩张性提供了一个消费主义的视角。

都市扩张性的结果包括如下四个方面。首先，都市扩张性导致"成为你自己"的自我消费欲望弥散在人的主体意识与行动当中，都市居民成为伪主体。他们自以为在消费天堂中自由选购，似乎每个人都有平等的选购权，并终于真正成为自己，实现了人生的自我价值，但是这实则为主体幻象，幻象背后实则是人成为和商品同等处境的"商品"。大众媒体通过无孔不入的广告宣传，快速刺激人们的自我消费欲望，使人分不清真实的需要与虚假的欲望之间的区别，丧失了选择商品的理性判断。消费者过度消费并沉浸于感官享乐，把消费当作反抗理性压抑、表现个人风格、凸显社会地位的手段。其次，都市扩张性导致消费主义的象征与符号充斥在生活的各个领域，都市居民为消费主义的象征与符号所控制和摆置，人丧失了尊严和地位。现代工业文明创造的技术性和功能性的对象不具有绝对实在性，现实的物质世界被消费主义的象征与符号充斥。社会现实是象征与符号建构的不在场的现实，人们通过它来展现自己的特殊地位与独特品位。社会公众的生活已经成为异化消费的主要领域。消费品的身份象征和符号意义成为都市消费者考虑的主导因素，人反而扮演着微不足道的角色。再次，都市扩张性导致消费主义主导都市居民交往生活，交往生活呈现为"利益之交"，它的崇高性消逝，坚固的东西烟消云散。资本还以消费主义主导都市居民的交往生活，实现价值增殖。都市居民的交往相比农业社会、工业社会的交往要更为复杂，它集中在都市之中并常以交往对象的消费品的身份象征和符号意义等作为标准，从而呈现为都市社会的交往生活浮于表面的特征。都市居民的交往不是出于真诚的朋友之交，而是常常通过在不经意间相互打量对方的衣服、鞋子、包包、手表等来判断双方是否"匹配"，是否能够带给自己同等或更多交换价值。人们的交往关系的萌芽由未来预期的共同消费中的交换价值所"浇灌"。都市居民的交往还有一种以成为伴侣为目的的交往。如果两个人的交往消费不能增加一个人的生活价值，那为什么不选择一个人生活呢？单身者在交往之初总是在考虑这样的问题。伴侣在深入交往过程中往往还面临着高物价消费等现实问题，但是这又回到了一个循环——在选择交往对象之前就要考虑现实。如果 1+1 不大于 2，那么生活价值有什么价值？都市居民交往到一定阶段之后，慢慢扩大并形成交际圈或朋友圈，如不同会费的名车俱乐部会设定不同资格准入条件。都市居民的交际圈或朋友圈是个半封闭的圈子。有资格的人需要熟人引荐才能加入。不过，当这段交往满足不了自身更高档次的消费需求，或者没有达到自身预期时，"退群""退圈"便成为重要选择。都市居民的交往结束最富有都市色彩。中国农业社会的"割席"典故，是一个讲述交往结束的故事。三国时期，管宁跟华歆是同学与朋友，合坐一张席读书，后来管宁鄙视华歆的为人，把席割开分坐。道不同不相为谋，"割席"既是向过去告别，也提示现在交友需慎重。马克思生活在工业社会。他在青年时期兴奋地加入青年黑格尔派的"博士俱乐部"，后来又断然割席并对他们的小资产阶级思想展开了猛烈批判。这既宣示了马克思的"哲学革命"，也表明了曾经"战友关系"的结束。但是在都市社会，都市居民交往的结束不需要用语言来表达情感，也不需要用行为来表明态度，不关心、不来往，保持"体面"，不再进行"感情消费"，以维护双方"面子"或尊严，就悄无声息、毫无仪式地宣告交往结束。最后，都市扩张性导致决定消费主义的私有制的永恒性的论调盛行于再生产的各个环节，都市居民成为"单向度的人"，丧失了否定、批判和超越的能力。消费主义的意识形态由其经济基础所决定，也就是由其资本主义私有制所决定。资本主义私有制发展到生产自动化、智能化的阶段，不是人操作机器或智能而是机器或智能操纵人、控制人，人为机器或智能"打工"进而成为资本的实质隶属。人不得不肯定剥削的"现实即合理"，肯定商品交换的困难是任何所有制都无法解决的根本矛盾，并学会调试资本主义节奏而放弃阶级斗争。无论被都市扩张性裹挟到何处，在资本主义私有制中，人被分配的劳动力的价值总是低于人创造的价值，一些人却误以为高工资、高福利就没有被剥削，资本主义剥削是永恒的规律。人被锁在拼命工作—激情消费—再拼命工作—渴望再消费的单一链条中。总之，这一切都促使人失去否定、批判和超越的能力，无暇思考这背后的社会制度原因与寻求超越这一制度的可能出路。

　　都市社会的都市性表现之三则是都市的形式差异性或异质性，它导致了都市居民的生活异化。差异性或异质性是哲学上一直关注的话题。古希腊哲学谈到的本原是同一性的"一"，也是差异性或异质性的"多"。黑格尔哲学理解的差异性是同一哲学中的差异性。差异性不是感性、知性上理解的形式差别，而是通过理性或辩证法认识的内在矛盾。矛盾通过否定之否定过程，扬弃了原先的差异性，形成了新的差异性。不过，以德里达为代表的法国哲学家并不赞同黑格尔哲学对差异性的消解。德里达将差异性理解成延异性，即它仍然具有差异性，但是它还具有时空延展性或分隔性以及会保持一种生成性。异质性说明两个相对立的事物是不同质的规定性。比如说，主观思维和客观存在是异质性的存在，具有同一性，而把握两者的同一性需要通过实践来确证。差异性不仅包括质的规定性差异，也包括量的规定性差异。列斐伏尔作为法国哲学家和社会学家，继承了法国哲学对差异性的理解。但是从他提出反抗资本主义形式差异和提倡实质差异性城市权利上来看，列斐伏尔也继承了黑格尔对差异性的理解。而都市居民日常生活的异化也是列斐伏尔提出的重要观点。列斐伏尔一生涉猎的研究问题众多，但异化问题是贯穿列斐伏尔一生研究的主要线索。他吸收了黑格尔、马克思、存在主义学者的异化思想。黑格尔在《精神现象学》中从哲学的高度赋予了异化以深刻的内涵。异化是绝对精神的自我外化，并且在自我外化中把握自己，它是自我丧失与自我实现的统一过程。也就是说，在黑格尔那里，异化并不是一个贬义词，其异化与对象化并没有做明显区分。异化是人类社会必然存在的现象。"必须是他通过异化——而且也许是异化的最高限度——而摆脱着异化。"① 但是列斐伏尔认为黑格尔的异化因脱离实践、脱离具体社会形态、脱离具体社会生活而变得孤立与抽象。马克思在《1844 年经济学哲学手稿》中谈到了黑格尔的异化观问题。他认为黑格尔除了将异化与对象化混为一谈之外，即对象化是人类历史的永恒范畴，而异化只是阶级社会出现的特定现象，还忽视了异化产生的政治经济学根源。也即是说，仅仅描述资本主义的异化现象并不能真正解释其出现的原因。马克思着重揭示了产生异化劳动的资本主义私有制基础和消除异化劳动的途径。因为资本主义私有制的存在造成了劳动产品与工人、劳动本身、人与自己的类本质、人与人之间的相互异化，所以必须通过共产主义来消除资本主义的异化劳动。马克思还描绘了共产主义社会中人的本质，即"人以一种全面的方式，就是说，作为一个完整的人，占有自己的全面的本质"②。

列斐伏尔认为马克思的异化思想主要涉及政治、经济领域，但是较少涉及个人的日常生活领域。因此，列斐伏尔在解读马克思的《1844 年经济

① 陆梅林、程代熙编选《异化问题》（下），文化艺术出版社，1986，第 233 页。
② 《马克思恩格斯文集》（第 1 卷），人民出版社，2009，第 189 页。

学哲学手稿》过程中看到了马克思的"不足",试图将存在主义思想与马克思主义相互融合。一方面,列斐伏尔认为马克思主义只强调阶级意识或社会意识而忽视了个体的非理性的情绪体验;另一方面,列斐伏尔认为存在主义强调自由意志、个体性与生活的无意义,将人的非理性情绪神秘化而忽视了人的本质是社会关系的总和。列斐伏尔的异化思想力图将异化与人性、私有制统一起来。人性涵盖了人的存在属性与人的实践属性。在人类与自然的关系上面,人类获得生存必须依赖于自然、受制于自然,但是人类又不满足于自然提供的直接的生活资料。为了生存与发展,人类必须将自然作为改造对象。人类在改造自然的过程中,为了占有财富,又引发了人与自然的疏离、对立。欲望激发人的存在和本质的分离,异化根植于人性中的永不会遏制的欲望。因此,异化是永恒存在的自然现象。人类在改造自然界的过程中,通过分工协作逐渐形成了人类社会。人类劳动的劳动产品独立于人而存在,人为其所控制。劳动者不是创造性的主体,劳动产品也不是彰显人的本质力量。相反,劳动产品折射的是劳动者在肉体和精神上的痛苦不堪。在列斐伏尔看来,这主要是源于"在以生产资料个人所有制为基础的社会结构中,无产阶级只是许多工具中的一种工具,只是机器的'附庸'"①。马克思批判了资本主义私有制是异化产生的根本原因,但是列斐伏尔认为私有制不仅指的是资本主义社会,在资本主义以前的社会仍然存在着私有制。也就是说,列斐伏尔认为一切私有制均是异化产生的根本原因。总之,他关于日常生活领域的异化内容比较丰富,主要包括思想意识的异化、人的需要的异化、消费异化、个人与社会关系的异化、政治异化、科学技术异化等。

都市社会之前也有差异性,但是都市社会具有集中人、财、物的功能,它能将之前不为注意的差异性集中起来,将农业空间、工业空间叠加起来,将各种网络与流量交织起来,生成集中化的差异性或差异性的集中化,这导致特定空间中差异性逐渐成为普遍性的现象。长此以往,它超过一定的尺度,必然转化成日常生活中由差异所主导的同质性。日常生活成为哲学家、社会学家关注的对象,是一个历史的过程。在农业社会,日常生活与生产活动是相互融合、难以区分,形成了具有当地特色的生活方式。比如

---

① 复旦大学哲学系现代西方哲学研究室编译《西方学者论〈1844 年经济学—哲学手稿〉》,复旦大学出版社,1983,第 195 页。

说，在中国古代的农业社会，生活是围绕着一年的农业劳作而开展的，同时农业劳作也是生活的重要部分，农事活动既是生产活动也是日常生活，在不同区域形成了独特的生活方式。而在工业社会，日常生活开始从传统领域中分化出来，表现为生产与生活的分离、私人事务与公共事务的分离等。比如说，工业革命后的欧洲国家，工业活动并不像农事活动那样严格遵循自然时间，它可以形成自己的人工时间，而人工时间分为生产时间、生活时间与闲暇时间。人们在生活时间与闲暇时间可以去处理私人事务。生产时间主要包括劳动时间，而劳动时间可分为必要劳动时间和剩余劳动时间。无论是绝对剩余价值生产还是相对剩余价值生产，工业资本家在工厂里都会尽可能延长剩余劳动时间，获取更多剩余价值。但是到了都市时代，都市资本家不仅关心工厂里的剩余劳动时间，而且也关注生活时间与闲暇时间，关注能够带来丰厚利润的日常生活领域。当然，日常生活领域还包括生活空间与闲暇空间。日常生活能够被集中起来并成为研究的对象主要缘于空间生产推动了都市资本化，都市资本化形成了集聚、扩张与差异的都市性。集聚、扩张的都市性将日常生活从传统的自然生活、工业生产中抽离出来，形成日常生活的都市哲学，从整体上来塑造都市生活，引导都市日常生活实践。尽管差异的要素被集中在日常生活中，能够让都市居民的日常生活方式丰富多彩，并形成一定都市区域的文化，但是一旦集中扩张的差异性开始反过来对日常生活进行规划、消费与同质化，差异性成为特定区域的主导，都市形成了统一的以差异性为主导的日常生活，即转变为都市日常生活的同一性。列斐伏尔区分了两种差异，一种是"诱导的差异"（induced differences），另一种是"生产的差异"（produced differences）。① 上文描述的是前者，这种是资本主义形式上的差异，如都市商品琳琅满目、都市空间光怪陆离、都市权利各种各样等，但是它从属于价值增殖及其具体化的都市资本化的逻辑。生产的差异性是实质上的都市差异，列斐伏尔希望通过都市革命打破价值增殖的逻辑，恢复到社会主义的"实质差异"。集中扩张的差异性的生活方式超出了生活价值的临界点，实现了生活价值增殖，如同商品的日常生活的同质性将难以避免。每个都市居民都有获取差异性生活的权利，但是差异性的生活权利是由掌握生活权力的城市资本家所提供的，并用以满足生活价值增殖而非生活本身，这就给都市居民的生

---

① 列斐伏尔：《空间的生产》，刘怀玉等译，商务印书馆，2021，第 547 页。

活带来压迫。因此，都市社会阶段的资本家运用形式差异性的日常生活形成对都市居民的压迫。

差异性除了是将差异性的内容集中起来并扩而张之，还有就是集中扩张的都市形式本身孕育着分散收缩的差异性。在都市社会阶段，集中扩张的都市性通过城市规划、消费主义的意识形态将人、财、物等全要素集中到中心，但是这个转移过程又导致了其他区域出现了次中心的格局，这种都市内部殖民主义，即中心—次中心的格局处于非均衡性的平衡性结构中。它的非均衡性表现为在短期内城乡、区域、发达国家与发展中国家之间的二元对立，它的平衡性表现为在更大的时间尺度上实现均衡，这种看似悖论的结构源于空间生产对资本主义生产关系与生产力互相调适。也就是说，资本主义的去中心化并不能够分裂对称的结构关系，构成性中心与去中心化或集聚与分散是一体两面，均从属于都市社会的空间生产与再生产。都市社会取代传统的工业社会成为主导社会形态，并将构成性中心和去中心化合为一体作为研究对象，而且这种集中扩张形式与其异化的状态——分散收缩的差异形式相伴生而存在。

日常生活分散压缩的差异性同样压迫着都市居民。列斐伏尔描述的日常生活并非通常理解的指个人在非劳动时间所做的各项活动以及形成的各种关系。他认为："日常生活从根本上是与所有活动相关的，包含所有活动以及它们的差异和它们的冲突；日常生活是所有活动交汇的地方，日常生活是所有活动在那里衔接起来，日常生活是所有活动的共同基础。"[①] 通常意义上讲的作为闲暇时间的日常生活是与劳动生产分开来的，这恰好是逃避异化劳动的生活观的体现。列斐伏尔旨在从整体或总体上来理解日常生活，他将日常生活分成三个元素："工作、家庭和'私人'生活、闲暇活动。"[②] 在都市社会，分散收缩的差异性对日常生活的集中筹划、设计与符号化，日常生活被操纵和控制成符号消费社会，导致相互分离甚至对立的生产活动、家庭生活与闲暇活动成为普遍状态，都市社会的人与人之间的关系陷入分裂、疏远当中。

具体来说，在工作方面，一是工作区与居住区分隔出很长的通勤距

---

① 列斐伏尔：《日常生活批判》（第一卷），叶齐茂、倪晓晖译，社会科学文献出版社，2018，第 90 页。

② 列斐伏尔：《日常生活批判》（第一卷），叶齐茂、倪晓晖译，社会科学文献出版社，2018，第 28 页。

离，造成劳动者身体和精神的过度耗费；二是现在的劳动者被压抑在劳动分工与技术分工的工作体制的狭小空间中。劳动者的劳动产品独立于人而存在，人为其所控制。劳动者不是创造性的主体，劳动产品也并不彰显人的本质。相反，劳动产品折射的是劳动者肉体和精神上的痛苦不堪。每个人被技术分工体制拆解并被分裂在不同部分与不同流程，每个人仅仅知道自己的"一亩三分地"，对其他工作程序并不熟知，并且不能占有自己的本质。因此，在列斐伏尔看来，他们都没有保持人的总体性，所以不是"总体的人"或"完整的人"。当然，都市居民不仅渴望了解工作方面的整全知识，从偏狭中解放出来，而且更需要替代性的知识来放松。在家庭和"私人"生活方面，都市居民可以通过消费暂时从工作中的被压迫的状态中抽离出来放松，如观看影片、驻足各种艺术展览、阅读小说、观看体育比赛（但较少参加体育锻炼）、参加各种仪式和庆典等，但是这些消费内容是被广告传媒所诱导的并由市场所提供。都市居民消费的主要目的是免于焦虑不安或精神的高度紧张或是使人际关系改善或社会资本提升，然而这种被资本筹划的而非自身所创造的家庭和私人的幸福感，反而造成个人的孤寂与亲密关系的疏远。在闲暇活动方面，这意味着劳动者要通过"去远方"等人为分离的方式来到一个被挤压而人满为患的旅游空间，暂时远离工作、抛开家庭，获得个人真正的闲暇时光。个人可以获得发展个性的契机，提升自己的文化素养，获取亲自体验感性生活的机会，促使生活技术成为生活艺术，释放工作与家庭生活带来的压力。但是闲暇活动构造的虚幻世界更表征出现实世界中人被压抑的事实。"我们工作，用工作挣来我们的闲暇，闲暇仅有一个意义：离开工作。如此恶性循环。"[①]

二 后大都市的生活弥散化

如果说大都市生活代表了一元、中心与主流生活，以美国的芝加哥模式为典型，而后大都市生活的"后"则代表了多元、分散与边缘的弥散化生活，以洛杉矶模式为典型。此处的"后"是从城市布局形态或城市空间形式描述另一种相对的生活。"后大都市（Postmetropolis）是一个组合词，实际上它的含义是模糊不清的，可以用来指城市变化的方方面面，包括重

---

① 列斐伏尔：《日常生活批判》（第一卷），叶齐茂、倪晓晖译，社会科学文献出版社，2018，第 37 页。

新形成了都市风景和日常都市生活的新都市化过程，以及跟随这一深刻的都市重建和后现代化过程而发展起来的新都市分析模式。"① 后大都市的"后"与后现代地理学的"后"一脉相承，然而索亚并不像其他后现代主义者那样突出与传统的断裂性，而是认为它们都是都市社会研究以及现代地理学研究的一部分。只不过，索亚强调了都市研究中对空间、空间性想象研究的重要性。上文指出，列斐伏尔研究了空间的构成性中心的集中、扩张与差异性，而索亚更侧重于第三空间的边缘性、混杂性、分散性、碎片性、虚拟性与开放性特征。第三空间理论溯源于他的后现代地理学，然而后现代地理学是其本体论部分，与后大都市生活没有直接关系，因此，本书此处按下不表。因为从时间上来看，索亚的后大都市生活理论在第三空间提出之后，从逻辑上分析，第三空间直接是后大都市生活的理论基础，后大都市生活是第三空间的实践运用。

　　索亚在继承列斐伏尔空间三元辩证法理论的同时，为了破除某种元理论上的"二元论"的窠臼，推出了第三空间的概念。列斐伏尔空间三元辩证法，即所谓的空间的实践、空间的再现与再现的空间。三者分别对应于并综合于马克思、黑格尔以及尼采思想。科学的实践观是马克思主义批判德意志意识形态，创立历史唯物主义的"核心武器"，列斐伏尔将其运用到空间生产之中，并结合成"空间的实践"，强调了空间生产是感性的对象性的活动；绝对精神是黑格尔体系的出发点也是落脚点，他把政治、经济、文化、军事、社会等各种因素纳入绝对精神之中，这些因素是绝对精神外化或异化的产物，但是思维中的扬弃不能实现对现实对象的克服，它仍然与现实存在着对立；思维中的对象是自我意识的产物，仍然与客观精神或概念存在着对立；思维具体是意识的高级阶段的一种体现，但是实在主体是物质，思维具体不决定实在主体，相反，实在主体归根结底决定思维具体。马克思也承认这是一种形式的、抽象的批判。马克思抓住了黑格尔的思辨哲学的关键——绝对精神。绝对精神经过否定之否定的环节实现了思维与存在、自我意识与实体、主体与客体的对立的克服。但是马克思指出黑格尔的辩证法没有现实的本质，它的否定是无内容的抽象的自我意识，成为一种绝对的否定性。自我是将自身对象化（向内）与直观这种对象化活动的过程（向外）的统一，自我意识依靠直观自身把自己变为对象化的

----

① Edward Soja, "Beyond Postmetropolis," *Urban Geography* 32 (2011): 451 – 469.

活动，自我作为一种主体把自己设定为客体的活动。但是这种自我等于自我的无差别的同一性，仅仅只是一种形式，没有内容可言。为了避免造成自我抽象而空洞的同一性，自我必须设定或规定一种对象，设定或规定对象实则也是对其予以限制。自我凭借直观所限制的对象正是自我本身（自身）。一方面，自我成为创造者、无限者、绝对；但是另一方面，作为对象的自我又是被限制的对象。这里面的矛盾在于自我只有限定自我才能达到无限，自我只有不受限定，它才受到限定。通过自我直观达到客观性，但是这种客观性是关于自我的知性认识，而黑格尔则是把客观性设定在概念的自我实现的环节中，达到关于自我的绝对知识。因此，它是"超脱任何内容同时又恰恰对任何内容都有效的，脱离现实精神和现实自然界的抽象形式、思维形式、逻辑范畴"①。不过，列斐伏尔肯定了黑格尔抽象的自我意识能够将空间生产再现出来，比如规划学与建筑学的相关空间知识理论就是空间的再现。而再现的空间吸收了尼采身体空间的思想。沟通物质生产实践与绝对精神、物质力量与精神力量的主体承担者是身体，而身体本身就是一种空间类型，即身体空间。福柯也从空间、知识、权力三者之间的关系来审视身体空间。身体空间是最大的政治和权力场域，身体空间成为一种隐喻，具有象征维度。总之，列斐伏尔吸取了三位思想家的思想之后，提炼出了空间三元辩证法。而索亚在此基础上提出了第一、二、三空间的概念。第一空间具有物理性质或几何性质，第二空间具有经验性和先验性，第三空间具有总体性。索亚的后大都市的生活研究也呈现第三空间的特征，他将后大都市生活研究分成六个话语，一言以蔽之，即生活弥散化。

第三空间的灵活性在城市生活形态上表现为"弹性城市生活"。索亚的第三空间也是以第三化或第三项的形式存在。但是索亚的第三项并不是黑格尔和马克思所言的合题，而是三项处于交互、冲突、重叠之中。第三化可以避免二元对立理论模型的封闭性，第三化"只是策略性的而不是先决的，它是对抗封闭性二元论的手段。第三化吁请进一步的伸展，它超越的不仅是二元，也超越'三'本身"②。因此，第三空间具有灵活性。它在城市形态上表现为"弹性城市"。"弹性城市"指的是灵活专业化的后福特主

① 《马克思恩格斯文集》（第1卷），人民出版社，2009，第218页。
② 爱德华·苏贾：《后现代地理学——重申批判社会理论中的空间》，王文斌译，商务印书馆，2004，第83页。

义城市，具体表现为在劳动、产品的生产与销售模式等方面采取弹性积累的方式。在劳动方面，它的劳动体制和劳动契约更为灵活，正规的劳动就业形式转变为临时的、非全日制的工作和劳务派遣等就业形式。虽然女性、少数族裔、移民等群体似乎获得了更多的工作机会，但是这是以更为廉价的工资待遇为代价的。在产品的生产与销售模式等方面，它的去工业化特征明显。中小企业聚集在特别的经济区域，利用信息通信技术等更为灵活的生产方式来组织生产与销售，其生产的产品更适合市场需求从而获得生存与发展，而一部分大规模的工业企业被迫外迁，甚至倒闭，不得不加快技术创新以求在竞争中生存下来。这样的结果是传统工业企业的工人数量在减少，新兴行业出现了新中间阶层和边缘群体。他们具有职业分散、独立性或不信任性相对较强、对工人阶级的认同感低、阶级意识淡薄的特征。他们的出现使得传统的劳资二元对立阶级趋向于多级化，并在不同的城市空间呈现多元化的特征。如城市的种族、移民问题，城市的犯罪问题，都市居民的心理健康问题，城市女性权益问题，城市生态问题，旧城区衰败问题，等等。在这些群体看来，类似复合问题未必都能还原或凝结成普遍的阶级问题。相反，阶级问题已然被延异为这些问题。

第三空间的开放性在城市生活形态上表现为"国际城市生活"。第三空间的第三项遵循的不是前两项所遵循的机械否定的历史或时间逻辑，而是遵循开放的"肯定性解构"与"启发性重构"的地理或空间逻辑。这表明第三空间具有开放性的特征。第三空间的开放性在城市形态上表现为"国际城市"。城市资本和劳动在全球范围内的重组，导致了"国际城市"的出现。"国际城市"吸引了世界各地的人口和资本的聚集，使其城市面积得以扩张，空间形式得以重构，文化多元的同时也造成了文化冲突不断。洛杉矶形成了不同文化背景交织的社区，社区是一种类似于"小国寡民"的城邦，它实行参与式民主，反抗社区之外的空间非正义，以创造、赋予、整合成与资本主义旧文明不一样的生存方式为目标。也就是说，它关注的是情感、文化、价值观、意识形态、生活方式等后物质主义的非制度的再生产与重建。发动社区集体行动较少且不再由无产阶级及其先锋队来组织，而是由具有左翼或左翼倾向的知识分子和青年学生等非政府组织来组织，以吸引新中间阶层、边缘群体以及反体制的人士的参与。

第三空间的流通性在城市生活形态上表现为"扩散城市生活"。第三空间吸纳了第一、二空间的部分要素，以形成对抗试图同化第三空间以及反抗空间霸权的力量的格局。也就是说，第三空间寻求认同促使空间分割、对立开来的空间间性。在第三空间的空间间性中实现三元空间的流通，这也透露出第三空间的流通性。第三空间的流通性在城市形态上表现为"扩散城市"。它位于城市和郊区之间或空隙的区域，即中心与边缘聚集的区域。城市的去中心化与郊区的再中心化使得它既集中又扩散，城市和郊区的范围或界限被不断打破，而且这些区域的边界通常难以确定，人口规模难以计数。"扩散城市不单是存在着缩短通勤距离和改善住房条件的问题，而且还包括运输规划、产业政策、环境规范、区域治理、社区发展、社会福利、都市政治以及针对社会和空间正义而产生的范围更宽的斗争。"[1] 阶级也随着解中心化与重新中心化、解疆域化和重新疆域化等空间生产与流通的过程的变化而变化。换言之，阶级不是固定不变的标签性词，属地的工人阶级队伍与规模也随着它发生新的分化与重组，这加强了工人阶级的流动性与不稳定性，也制约着工人阶级的斗争方式。

第三空间的控制性在城市生活形态上表现为"监禁城市生活"，也可以称其为堡垒城市。福柯并没有形成都市生活解放意义上的空间理论意识，但是从他后期与地理学家和建筑学家的交谈中可以发现他对医院空间以及空间实践等相关问题的关注。福柯对空间—知识—权力的分析，为第三空间提供了生命政治的维度。第三空间也是一个全景敞式主义的规训空间，具有控制性。"城市的空气使人自由"，但是索亚将后大都市描绘成一种被包围的"规范化封闭体"的孤岛和"禁闭城"的集合，城市随处可见厚厚围墙、带电栅栏、监视探头、红外线报警器、门禁和保安的社区。它通过分化与管辖来实现空间控制，即把不同等级，特别是下层人士或低端人口划分在不同区域，通过治安手段来管制居民。警察、保安的职业监管已经很大程度上取代了邻里的相互提防。"索亚描述了一次在洛杉矶市中心上空的圆周旅行，在空中可以看到地上七个主要的武力设置，把后大都市包围在可视一切但本身不可见的防御城墙及进攻壁垒中。"[2] 它与边沁的全景敞视主义和福柯后来加以描述的规训空间的性质相同。城市资本家的过度监控、防范以及对工人阶级群体的不信任与歧视，也激起了工人阶级的反抗。

① 爱德华·索亚:《后大都市——城市和区域的批判性研究》，李钧译，上海教育出版社，2006，第331页。
② 爱德华·索亚:《后大都市——城市和区域的批判性研究》，李钧译，上海教育出版社，2006，第415页。

他们采取多元的、总体分散的、灵活的斗争形式，游离于政党、工会之外，并且在合法和暴力的手段之间游移不定。他们的反抗理念并非科学社会主义而是个人主义。他们所形成的相对独立的小团体，本身就具有一定的自主性，没有强制性的纲领或章程，个人可以随时加入、参与、联合、退出。换言之，成员之间具有平等性、参与性、开放性的特征。总体上，工人阶级的力量较为分散，难以形成合力。

第三空间的碎片性在城市生活形态上表现为"碎形城市生活"。福柯提出了社会中存在着像墓地、禁地那样的异质空间或异托邦，它与乌托邦最为不同的地方在于异托邦是一个真实与虚假并在、多元性与碎片性并存的空间。它与日常生活空间的不同之处在于异质空间是一个与主流社会保持着差异、对立的空间，异质空间与日常生活空间共同嵌入统一的空间实践当中。它的存在打破了空间统一性的神话，这表明福柯对近代理性主义等宏大叙事的反对。第三空间具有碎片性，它在城市形态上表现为"碎形城市"。"碎形城市"描述了后大都市中的两极分化、社会不平等、民族、种族、宗教与性别问题相互交织的新形式。在制造业萎缩的情况下，大量中等收入群体的失业较为严重，在民粹主义者的煽动下，他们大部分成为民粹主义的拥趸。金融业、服务业等的发展带动了顶层和底端职业结构的垂直扩张，城市职业结构的"金字塔"模式，造成了收入不平衡，形成了城市的碎片化以及马赛克的现象。城市中出现了按照资产阶级与无产阶级的阶级城市模型以及按照富人、中产阶级和穷人进行划分的等级城市模型。这两个模型并没有消失，而是嵌入收入、职业、民族、种族、宗教、社区、性别、生态等众多议题当中。"索亚将其称为重构的社会马赛克或城市两极化。"① 整个社会的财富和权力的不平等，收入悬殊，社会弥漫着对贫穷的鄙夷与对权力崇拜的气息，共同导致工人阶级内部阶层分化严重，影响到工人阶级队伍的团结。

第三空间的虚拟性在城市生活形态上表现为"拟像城市生活"。蓓尔·瑚克斯是一位非裔美籍研究女性主义的学者。她从意识上将自己的身份归类到边缘性群体中，缘于她既能够将自身驯化成反对中心霸权的角色，也反对完全退缩到极端立场并对霸权的统治做持续不断的斗争。"这种选择

---

① 爱德华·索亚：《后大都市——城市和区域的批判性研究》，李钧译，上海教育出版社，2006，第349页。

是一种自觉的边缘性，将自身置身于充满矛盾与含混的激进差异空间中。"① 从打破二元对立的角度看，第三空间的激进是现实的，从而大多数学者强调其后现代激进地理学的色彩，但是第三空间也有其超现实性，即虚拟性的一面。第三空间中可以融合那些精神—物质、主体—客体、资产阶级—无产阶级、资本主义—社会主义、真实—想象等二元对立的范畴，让人难以分辨其中的概念边界与行动边界，更为重要的是这些二元对立的范畴丧失了实体性，从而形成了第三空间的虚拟性。第三空间的虚拟性在城市形态上表现为"拟像城市"，它是对真实世界的模仿。后大都市的日常生活进入所谓的"超空间"中，这里由电子网络、虚拟社区、社交媒体等所构成。索亚借用了鲍德里亚对伪装和模拟的区分，前者是掩盖事实的缺失，假装事实上不存在这样的东西，实际上伪装背后有真实；后者无须关心或探讨事实存不存在，却假装占据比事实还真实的东西，它往往意味着不存在。模拟威胁着"真实"与"想象"之间的区别。"拟像城市"使工人阶级区分不开"真实"与"想象"的都市边界，越想认识"真实"而越不"真实"，反而被"真实"拒之门外，产生空间认同危机与心理不适，"身体的正常参数，即地理上最近的，越来越与表象空间相混淆，使我们放弃自己的同一性来拥抱外在空间，把自己伪装进更大的环境，这样看起来作为一个完全不同的实体而消失"②。人们将自身伪装到空间表象和虚拟环境中去，索亚比较准确地描绘了包括工人阶级在内的人们因认同危机和心理不适而产生的空间迷失感。

此外，索亚还对后大城市的生活状态展开了具体分析，并重点分析了后大都市的性别与种族问题。"这里，在女权主义和后殖民主义文化批判交叉重叠的边界上，有一块特别肥沃的场地。各路大军汇聚于此，在这里开启新的通衢，探索第三空间，又有更晚近的旅程通向一个真实和想象的洛杉矶。"③ 第三空间与女权主义结合产生了空间女权主义或女权主义地理学，它是一种将空间与性别相结合的文化批评。在空间女权主义者看来，空间

---

① 刘勇：《都市马克思主义意识形态领域的空间斗争——以列斐伏尔、爱德华·索亚为线索》，《福建论坛》（人文社会科学版）2019 年第 3 期，第 79 页。

② 爱德华·索亚：《后大都市——城市和区域的批判性研究》，李钧译，上海教育出版社，2006，第 446 页。

③ 爱德华·索亚：《第三空间——去往洛杉矶和其他真实和想象地方的旅程》，陆扬等译，上海教育出版社，2005，第 17~18 页。

是有性别的存在。波德莱尔、本雅明所发现的"都市漫游者"或"都市闲逛者"是男性凝视下的都市经验。设想一下，如果一个女性整天无所事事，不回归家庭，她必然要承受路人严苛的道德审判和邻人的闲言碎语。她根本寸步难行，更何况还在城市游荡。因此，空间女权主义认为我们需要认真对待空间的平等性与差异性。不能否认的是，传统的女权主义抓住了男性主宰女性的二元对立格局，将矛头指向了男权统治社会，即男性处在生产和政治参与的公共空间，女性处在消费和生活的私人空间。但是男性与女性的对立是第一空间与第二空间研究的问题，即男性与女性的对立既是一个自然生理问题，也是一个社会性别问题。因此，空间女权主义认为需要引入第三空间的理论来打破这种二元对立的封闭性，提出第三空间的性别观，促使后现代的空间女权主义更为多元、开放以及平等。第三空间的性别观不再局限于男性与女性、男人与女人的性别对立，而是拓展到第三性，甚至是带有不确定性的性别。当然，无论这些群体将自己归于何类，有何种性取向，他们共同反对的目标之一是反抗性别歧视，打破社会性别给他们带来的精神枷锁，实现个体身份的塑造。

后殖民批判是"殖民者与被殖民者、中心与边缘，以及第一世界与第三世界之间，一种截然不同、故意四分五裂的阐释方式"①。一如上面索亚所做的工作那样，他仍然将第三空间的多元与开放引入传统的殖民主义研究当中。索亚提倡的后殖民主义的批判矛头指向了资本主义的效率和社会主义的公平的"元叙事"。在后殖民主义的"叙事"当中，两者是相互兼容的关系。它既反对西方中心论，也反对东方中心论，提倡多极化的全球格局；它既反对微观的权力操纵，也反对全球宏观的不平衡发展，提倡解放领土化中的边界空间；它既反对以资本主义的自由民主框架来解读文化的差异空间，也反对以马克思主义、历史主义来解读，而提倡差异空间的混杂性与边缘性。后殖民主义的空间批判是从经济、政治、文化等方面展开的叙事。宗主国并不能从经济、政治、文化上完全切除殖民地的历史。同样，殖民地也肯定不能回到被殖民前的传统空间。这就决定了两者共存于一体中，在斗争与融合中形成新的空间。新的空间的特性就是它的混杂与间性。反过来，新的空间的混杂与间性使得他们重新审视原先的殖民地文

---

① 爱德华·索亚：《第三空间——去往洛杉矶和其他真实和想象地方的旅程》，陆扬等译，上海教育出版社，2005，第161页。

化与本土的传统历史。因此，后殖民主义背景下空间斗争的主体是认同那些殖民主义与所在民族国家或地区的冲突、交融和相互趋同的交叉位置的人，或者说是那些认同混杂与间性空间内的人。

索亚对后大都市的女性和种族的分析已经从城市区域空间扩展到全球空间，以打破全球空间与地方空间的中心—边缘对立的格局，但是实际上它关注的是介于中心—边缘或者超越中心—边缘的交界地带。生存在第三空间的边缘群体，夹在两极之中，既不愿也无力回到第一空间或第二空间，但是他们又必须形成对第一空间或第二空间的抗争姿态以寻求第三空间的文化认同或集体认同。另外，前文指出了大都市生活的全面异化，它突出了以都市中心为主导的生活方式的异化，但即便是取代大都市主流生活方式异化的后大都市对后大都市边缘群体仍然是一种异化，因为它自始至终并没有站在边缘立场来考虑问题，仍然没有建立起一种文化主体间性与自觉性。因此，他们持有自觉的边缘性的立场。最后，相对于大都市的秩序与中心化，后大都市呈现的是抗争姿态与边缘立场。相对于后大都市，大都市的生活逻辑在于，其是一种二元对立的逻辑，因此，生活异化才得以呈现。而后大都市运用所谓的第三项去解构二元逻辑而试图"超出"生活异化的范畴，其结果是后大都市的生活呈现弥散化的特征，并自觉地将这种弥散作为对抗按照现代工业生产方式塑造主流生活方式的思想武器。在后大都市，生活就应该回归到没有机械钟表量化和监控的生活样态。它没有中心、闲散、零碎、偶然、断舍离。它不需要用生活意义、生活价值这样的对生活本来一无益处的词语来予以规定。反过来，后大都市生活才能衡量这些工业化的词语的价值和意义，才能成为生活方式异化的棱镜。后大都市的"后"表达了异质的色彩，其异质性不被纳入都市的前台中。尽管他们宣称自己具有自觉的空间意识，但是后大都市的治理者、规划者在设计城市的安全堡垒的时候会有意或无意地防范穷人、性少数人群、少数族裔等向他们的空间逼近。

第二节 都市生活成本的高昂

尽管随着资本主义经济的发展，都市居民的直接收入有所增长，但是土地和房产作为稀缺资源和大头消费品，一旦进入城市资本化过程中，两种能够带来丰厚利润的商品会被开发商炒作成投机的金融产品，成为私人资本追逐剩余价值的主要对象，初级过剩资本便过渡到次级循环。因此，高地租和高房价成为无法避免的客观事实。大多数居民的工资收入无法负担起高地租和高房价。不过，很多西方发达国家现在还在使用过去时代的基础设施。也就是说，资本主义必须要进行"消费管理"，引导公众来消费。只有公众的消费方式和需求方式向高阶次转变，旧有的基础设施才会成为阻碍，才会形成过度积累危机。解决这一危机的方式是初级过剩资本过渡到次级循环。在这一点上，哈维当时并没有对流通领域的消费和需求做细致的分析，而卡斯特在城市消费研究方面做出了重要贡献。政府也会引导公众来消费，并向公众提供一部分住房等集体消费品，但是集体消费品作为其间接收入受到政府财政的影响。财政赤字过大时，削减集体消费支出便成为发达资本主义国家的首要选择。

一　政府集体消费支出的削减

卡斯特是用阿尔都塞的结构主义的马克思主义①的思想来研究城市集体消费问题的重要学者，对集体消费的研究也类似于阿尔都塞那样"迂回而曲折"。卡斯特将其研究对象分为理论对象的城市空间与现实对象的城市空间。前者是科学的认识，后者则是一种意识形态。这沿袭了阿尔都塞对"两种对象"的划分。作为理论对象的城市空间是理论实践的产物，不过需要进一步指出何为作为理论对象的城市空间。卡斯特认为它必须具有"在空间单位与社会单位上的一致性"②。换言之，在空间单位中它表现为一种空间要素的有组织的聚集，在社会单位中它表现为多元因素中的主导因素。前者的聚集性必须依赖于一个载体或实体，或者说依赖于集体的空间组织形式，才能形成要素的集中。后者必须将城市立足于社会单位的政治、经济、意识形态体系的多元因素分析当中，其中存在着规定城市的主要因素。

第一，城市的空间 – 社会性视角是马克思人化自然在城市视角的体现。卡斯特其实是批判了芝加哥学派理解城市的视角。芝加哥学派并非从空间 –

---

① 阿尔都塞的结构主义的马克思主义是 20 世纪 60 年代与存在主义马克思主义相对的西方马克思主义流派之一。他在《保卫马克思》与《读〈资本论〉》中提出了结构主义的马克思主义的思想。该思想提出马克思主义持理论的反人道主义的科学立场、反历史主义的结构立场、多元决定论的辩证法立场。总之，阿尔都塞的目的是保卫马克思主义的"科学性"，但是丢失了马克思主义的"革命性"，或者说，他没有辩证地处理好这对关系。

② Chris Pickvance (ed.), *Urban Sociology: Critical Essays* (Tavistock Publications, 1976), p. 57.

社会性出发，而是从生态性出发去理解城市。卡斯特称芝加哥学派的分析为城市意识形态。[①] 城市意识形态从经验的唯心主义出发，在直观上认为城市的生态性与社会性是绝对同一的，从而将城市政治的结构指向了城市的生态性。但是城市的生态性不是与人无关的纯粹自然，而是打上了人的实践痕迹并经过人改造的人化自然。也就是说，城市的生态性是人化自然形成的生态性，是有差别的同一。这种有差别的同一体现在我们需要对整个城市结构的经济、政治、文化等进行分析，即城市的社会性分析，才能把握生态性。

芝加哥学派是以芝加哥大学社会学系罗伯特·帕克、欧内斯特·伯吉斯、路易斯·沃斯、罗德里克·麦肯齐为代表的学者运用人类生态学方法来研究城市的著名的学术共同体。乡村是大自然的杰作，而城市是人类的作品。城市是如何形成人类生态共同体的呢？有关城市起源的城市理论来源于我们有关城市的感觉经验，我们对城市现象的分析也必须根据其外部经验特征来定义，其主要表现在社区组织与社会形式的关联上，即城市的组织形式。孔德把城市视作生物学意义上的有机体，而达尔文认为为了生存与延续，生物之间必须展开激烈的竞争，斯宾塞则把这种竞争的过程称为"适者生存"。[②] 帕克认为城市是人性的表现形式。[③] 人性中本身富有无法满足的欲望和难以压制的激情本能，但同时个人的自由意志必须服从于社会的"集体意识"，人与人之间只有像其他生物那样相互依赖、互相适应才能实现社会平衡。个体与个体之间的竞争关系，逐渐演化成既竞争又合作的关系，它在空间上表现为劳动分工与职能的专门化。城市是一个既竞争又合作的生态系统，不同功能群体在这种共生共存中实现平衡。但是麦肯齐认为这种平衡随着生产力与分配方式的改变会被打破。正是入侵、竞争、演替、顺应的生态周期，为各种城市功能区的筛选分类提供了分析思路。伯吉斯则依据这个思路并以芝加哥为蓝本提出了"同心圆模型"，这个模型实质上是在一元城市结构的中心化与去中心化的流动过程中形成的空

---

① Manuel Castells, *The Urban Question: A Marxist Approach*, trans. by Alan Sheridan (Edward Arnod, 1977), pp. 73 – 74.

② 详见艾伦·哈丁、泰尔加·布劳克兰德《城市理论：对21世纪权力、城市和城市主义的批判性介绍》，王岩译，社会科学文献出版社，2016，第22页。

③ 帕克、伯吉斯、麦肯齐：《城市社会学——芝加哥学派城市研究》，宋俊岭、郑也夫译，商务印书馆，2012，第6~7页。

间布局。不过，沃斯对城市宏大理论的兴趣不大，他更关注对城市具体问题的研究。他在《作为一种生活方式的都市生活》中将规模、密度、异质性三个特征作为解释城市主义的变量。[1] 他的城市主义不像芝加哥学派其他学者那样注重对城市的生态性分析，而是侧重于文化性分析。这一方面源自他出生在芝加哥的新犹太移民家庭，并受过良好的精英教育，对于美国社会文化认同具有敏锐的洞察力，另一方面他深受齐美尔社会学思想的影响。齐美尔社会学关注大都市的文化或精神，并将之视为现代性主题。比如说，都市路人的眼神回避或人情冷漠是为了防御都市的变动不居的环境对感官的过度刺激带来的人际压力。沃斯把城市行动者视作行动自由的主体，现代性的自由也同时伴随孤独、不稳定、不安全的心理状态。城市行动者的生活方式与生活机会已经取代了农村社会安稳、依恋的传统意识。

卡斯特将芝加哥学派的生态性分析分成三类：以沃斯为代表的"城市主义"，以伯吉斯的"同心圆模型"为代表的"空间"，以麦肯齐为代表的"生态系统"。城市主义被那些维护资本主义现状的人说成现代化带来的历史的文化形式，它能规范个人行为、塑造社会价值，是所有社会发展的方向。但是在卡斯特看来，作为描述城市现象的城市主义不能用它来解释城市政治的结构，相反它本身需要放在资本主义生产关系中才能得到解释。城市主义是整个资本主义工业化过程的产物。同时资本主义工业化也造成城市与农村之间的区别。"城市主义不是城市社会学可以用来为自己提供一个特定的理论领域的理论对象或具体概念。"[2] 空间是直观的物质要素的聚集，但它并不是一个概念，没有经过理论化的空间不能成为研究城市政治的结构。理论化是人类社会实践的产物，一旦空间经过理论化，它必须和社会联系起来，即空间与社会的关系，但是空间与社会的关系已经超出空间本身的边界了。"空间是一个现实对象，因为它是物质元素而非概念单元。"[3] 城市是一个既竞争也合作的生态系统，不同功能群体在这种共生共存中互相调适、实现平衡。这一生态系统由四个相互联系的基本要素人口、环境、社会组织和技术构成。但是"生态系统的框架不是一个特定的理论

---

[1] 路易斯·沃斯：《作为一种生活方式的都市生活》，载孙逊、杨剑龙主编《阅读城市：作为一种生活方式的都市生活》，赵宝海、魏霞译，上海三联书店，2007，第9、13页。

[2] Chris Pickvance (ed.), *Urban Sociology: Critical Essays* (Tavistock Publications, 1976), p. 70.

[3] Chris Pickvance (ed.), *Urban Sociology: Critical Essays* (Tavistock Publications, 1976), p. 70.

对象，而是一个社会结构的一般理论"①。也就是说，生态系统既能解释城市也能解释社会，用它来研究城市社会运动功能的结构并不严谨。总之，芝加哥学派的生态性分析是割裂了空间单位与社会单位的一致性，没有将其放在空间－社会性中来分析。芝加哥学派将这三类对象看作城市研究的理论对象，实际上是混淆了城市的生物性和社会性。城市的生物性在空间层次表现为空间关系，它是现实对象。城市的社会性，即空间与社会的关系，是理论对象。理论对象依赖于现实对象。但是两者的性质并非绝对同一，将两者理解成绝对同一的整体容易陷入城市管理主义的意识形态之中，即仅仅依靠城市规划专家等技术官僚去治理城市问题而忽视了这一技术问题背后的政治、经济、社会等深层原因。因此，卡斯特在回顾知识生涯时说："与芝加哥学派正好相反，我强调了城市的冲突过程和整体空间的生产、竞争和转变。"②

第二，空间－社会性具体表现为经济体系，经济体系是决定城市社会运动的主导社会结构。卡斯特批判了列斐伏尔将城市从社会现实中抽离出来而形成的空间形式分析。卡斯特和马西等人的观点类似，也认为空间形式并不能用空间因素来解释，而是应用经济因素来解释。③ 列斐伏尔站在人道主义的马克思主义立场上，注重对城市构成性空间的形式分析。构成性中心是一种聚集、集中和共时化的形式，这种形式聚集了一切财富、权力、信息、知识文化等。④ 但是他这种是对城市社会运动空间性的现象学分析，而没有将其放到整个社会结构中来研究。如果将城市放在整个社会结构中，那么城市是多核心或多中心的连接点。这旨在"通过揭示城市结构的连接点（articulations）去追溯塑造城市结构的整体力量"⑤。在经济体系里面，中心是城市结构的经济要素与亚要素结合的空间表征，主要表现在劳动分工、资本流通、工业组织等方面。在政治体系里面，中心是权力网络结构的连接点，它具有阶级分层与社会整合的功能。在符号体系里面，中心是

---

① Chris Pickvance (ed.), *Urban Sociology: Critical Essays* (Tavistock Publications, 1976), p. 72.

② Manuel Castells, "A Sociology of Power: My Intellectual Journey," *Annual Review of Sociology* 42 (2016): 5.

③ 多琳·马西：《空间、地方与性别》，毛彩凤、袁久红、丁乙译，首都师范大学出版社，2018，第30页。

④ 列斐伏尔：《空间与政治》（第二版），李春译，上海人民出版社，2015，第83页。

⑤ Manuel Castells, *The Urban Question: A Marxist Approach*, trans. by Alan Sheridan (Edward Arnod, 1977), p. 233.

文化认同的象征结构，它是不同消费阶层联合的空间。也就是说，卡斯特将城市理解为社会中主导形式的表达，从不把它理解为在这种关系中孤立于其他因素的社会过程。① 城市社会运动的空间性并非脱离于社会结构而由人脑凭空产生的表象，而是资本主义社会经济、政治、意识形态体系相互接合而产生的不平衡的产物。城市结构是由经济体系、行政体系、意识形态体系的接合的社会过程，卡斯特将每个体系再细分为一系列的要素与亚要素。② 在这个多元结构的矩阵中，卡斯特最终依据空间与社会单位的一致性，分析出占据主导社会结构的是经济体系。

经济体系体现社会空间的动态生产过程。为了实现剩余价值的最大化，企业的生产要素需要在地理上进行合理配置——选择合理的企业区位。卡斯特通过实证调查发现，不同企业的区位选择受到的主导因素不一样。但是现代企业对当地完善的工业基础条件、技术创新氛围以及劳动力素质越来越重视，地理位置的重要性在下降。经济体系中除了生产要素，还有消费要素。"城市是一个由劳动市场及其相关的日常生活所限定的空间片段。"③ 城市的劳动市场的关键是确保劳动者生产与再生产，而日常生活的消费是所有城市居民所必须进行的活动。日常生活的消费要素与劳动者的再生产密切相关。由生产要素和消费要素衍生出来的交换要素在空间中的集中体现是交通运输方式，即连接生产到消费的通勤的交通工具与信息技术等。政治系统能够对经济体系展开调控。卡斯特将其分为统治－规制要素和整合－镇压要素。④ 统治功能是国家在整个城市功能区的划分中占据主导地位。当各个利益集团之间产生利益矛盾时，国家将会出面干预，这是政治系统的统治－规制要素。在城市社区中居民享有一定的自主权，但是不同社区的联合必须服从于上级区域的集体管辖，地方联合的权力受制于中央的镇压。卡斯特考察了政治体系。在封建社会，政治对城市的影响巨大。但是在资本主义社会，政治城市的数量越来越少，边界越来越模糊，

① Ida Susser, "Global Visions and Grassroots Movements: An Anthropological Perspective, "*International Journal of Urban & Regional Research* 30 (2006): 215.
② Manuel Castells, *The Urban Question: A Marxist Approach*, trans. by Alan Sheridan (Edward Arnod, 1977), pp. 237－242.
③ Manuel Castells, *The Urban Question: A Marxist Approach*, trans. by Alan Sheridan (Edward Arnod, 1977), p. 236.
④ Manuel Castells, *The Urban Question: A Marxist Approach*, trans. by Alan Sheridan (Edward Arnod, 1977), p. 127.

而且关键在于政治体系受到经济体系的制约。意识形态系统是由符号要素组成的象征系统，卡斯特将其产生的效果细分为合法性效果和交往性效果。[①] 前者是把自身的特殊利益主动述说成普遍利益，而后者则是主体之间虽然通过沟通，但获得的却是虚假的意识形态。为了解哪种体系在城市结构中占据主导地位卡斯特还考察了意识形态体系。这实质上是基于文化视角来研究城市空间，它从城乡对立的先验的前提出发，认为城市是人类文明的结晶。但是文化并非城市的独特产物，也不存在唯一的城市文明，且城市文明是建立在工业文明基础之上的。经过以上论证，卡斯特认为应用经济体系来理解城市社会运动。

第三，经济体系中的集体消费具体决定了城市社会运动的发生。资本主义生产方式催生出了资本主义的城市，经济体系成为城市结构中的主导体系。我们知道经济体系也可以分成三个经济要素，哪个要素占据支配地位，哪个要素便最终决定城市的性质。卡斯特一如前文所述，采取了排除法，城市不是由生产、交换要素所决定。由于现代运输及通信技术水平的提升，现代工业生产从物理空间的限制中挣脱出来，进行全球化的生产与布局。同样，交换也如此。但是与生产、交换相比，消费越来越集中于城市。生产与交换的最终目的在于消费，不实现消费，生产与交换最终将难以为继。只要控制了城市消费，就控制了整个经济的生产与交换。卡斯特区分了经济结构中的两种基本元素：生产工具和劳动能力。[②] 生产工具的革新使得城市结构中的主导要素不是生产与交换，而劳动能力的维持和发展却集中于城市这个空间单元。也就是说，劳动力的生产与再生产成为消费要素中的亚要素。在卡斯特看来，消费问题是发达资本主义国家城市的关键问题，城市社会运动的主导结构是由消费因素所决定的。

在消费结构中，个人消费不足引起的利润率下降问题是自由资本主义难以克服的危机，奢侈品消费毕竟只在整个经济比重中占据较小的份额，而大众消费成为资本主义国家刺激经济的重要手段。为此，卡斯特特别提出了"集体消费"这个概念，即"消费过程就性质和规模而言，组织和管

---

① Manuel Castells, *The Urban Question: A Marxist Approach*, trans. by Alan Sheridan（Edward Arnod, 1977）, p. 219.
② 马克·戈特迪纳：《城市空间的社会生产》（第二版），任晖译，江苏凤凰教育出版社，2014，第121～122页。

理只能是集体供给，例如住房、社会公共设施、休闲服务等"①。这里需要指出的是，集体消费表面上是国家提供的公共福利，但实质上是可变资本的一部分。国家扩大集体消费，意味着相应地增加了预付资本。尽管整个预付资本均由工人创造的剩余价值所构成，但是资本主义国家不是直接将预付资本转化为工资，而是间接通过提供公共产品来实现社会财富的再分配。也就是说，资本主义国家通过间接方式来实现劳动力的再生产，国家成为都市居民日常生活的实际管理者。集体消费塑造了发达资本主义城市功能，集体消费减少，"牵一发而动全身"，将直接影响城市功能与社会功能的正常发挥，引发一系列的城市社会运动。

二　城市地租高

地租是拥有土地所有权的人将土地转给他人使用而获得的收入。马克思的地租理论是《资本论》第三卷的重要组成部分，并具有丰富的内容。它描述了劳动地租、产品地租演变成资本主义货币地租的历史过程，也描述了因资本主义土地所有权形成的绝对地租理论，因自然力以及土地经营权形成的级差地租（I、II）理论，拥有独特自然条件而生产的产品并被土地所有者单独占有的垄断地租、建筑地段的地租、矿山地租、土地价格论等。马克思的地租理论指出资本主义工业化对传统农业生产方式产生了重要影响，把它从封建主义的土地所有制关系转变成资本主义的土地所有制关系。在工业社会，资本主义的土地所有制关系涉及的是农业雇佣工人、产业资本家、土地所有者，但是在都市社会，除了上述三层关系外，还包括开发商、金融资本家、房东和租户等多重主体关系。在哈维看来，这里面变化的重要原因是城市的资本化以及城市化推动土地成为一种金融资产或金融资本，形成了"阶级垄断地租"。

都市居民面临着城市资本化的问题。资本主义与城市之间的关系一直是困扰学界的一大问题。哈维认为我们需要将对资本过度积累的解读作为城市化解读的重要方面。哈维在其著作《资本的城市化：资本主义城市化的历史与理论研究》中开宗明义地说："资本积累与阶级斗争推动了城市空间的建构与发展。"② 哈维基于数十年的《资本论》教学与研究的经验和成

① Chris Pickvance(ed.)，*Urban Sociology: Critical Essays* (Tavistock Publications, 1976)，p. 75.
② 大卫·哈维：《资本的城市化：资本主义城市化的历史与理论研究》，董慧译，苏州大学出版社，2017，第1页。

果，将空间、地方、地理、整合进政治经济学分析中，发展出了"历史地理唯物主义"，并具体提出了"资本积累的三级循环理论"来解释资本积累与城市之间的耦合与错位关系。不过，有关城市的资本循环理论最早是由列斐伏尔所提出。西方发达国家处于工业社会阶段时，工业化与城市化是互相促进、相互影响的关系。但是二战后，"资本主义生产关系在土地所有权的生产关系中占据主导，资本进入空间本身的生产阶段，并且优先于机械化生产和消费品的这种经典的生产方式"①。也就是说，资本主义进入城市化迅速膨胀的都市社会阶段。不过，资本主义从工业化过渡到都市化的过程需要运用哈维提出的资本积累的三级循环理论予以说明。

资本主义生产方式的内在矛盾驱使着资本主义内在地进行空间生产。哈维认为当代资本主义危机的实质是资本过度积累的危机，即过剩的资本被闲置起来，未能顺利实现剩余价值的危机。哈维用所谓的危机理论大体上解释了马克思关于资本主义利润率下降之后的经济危机的形成过程。"第一级"危机理论有如下几种表现形式："1. 商品的过度生产；2. 剩余库存超量；3. 生产过程中的闲置资本；4. 剩余的货币资本和闲置的现金余额；5. 劳动力剩余；6. 预付资本的回报率的下降。"②哈维认为这个理论具有敏锐性的同时也具有混乱性和直观性。因为引发经济危机的既不是消费不足，也不是利润率下降。在他看来，这根源于生产力与分配关系、生产关系处于对立状态。其中生产力主要体现在资本主义的技术变化与生产组织方面，而分配关系和生产关系则允许资本主义在利用可行性技术成功地再生产出阶级关系的同时，允许不同的生产部门在物质、金融和价值等方面的平衡积累。也就是说，在哈维看来，传统马克思主义者忽视了资本主义在过度积累与达到均衡的空间和技术基础。因此，"第一级"危机理论的"缺陷"之处在于没有考虑资本积累的时间因素。

因为固定资本、消费基金等领域投资时间长、投资数额大，吸收大量资本，所以过度积累的资本将流向次级循环中。资本追求最大利润驱动着城市基础设施建设、城市更新、城市郊区化等城市空间的社会生产。反过来，它也为资本积累创造着重要的条件。在"第二级"循环过程中这些固定资本项目要求的资本数额大，单个资本难以在短期内负担如此高的成本，

---

① Henri Lefebvre, *The Production of Space*, trans. by Donald Nicholson - Smith (Blackwell Publishing, 1991), pp. 335 - 336.

② 大卫·哈维：《资本的限度》，张寅译，中信出版集团，2017，第318页。

从而它需要一个健康的金融和信用体系。金融和信用体系有助于节约流通费用，加快资本主义的资本积累，加速实现剩余价值。但金融和信用体系会产生虚拟资本，为投机者所利用，本身也会进一步扩大生产过程中的不平衡，加速危机的到来。固定资本的投资一方面提升了劳动生产率，加速了资本积累，但是另一方面固定资本只能在流动中，也即在相当长的时间里将自身的价值逐步转移到新产品上去，否则就会出现价值贬值进而阻碍资本积累。"固定资本与消费基金的区分主要在于商品的使用用途上。"① 资本主义为了获取技术变化的长期利益，必须扩大固定资本的投资，但是相应会减少劳动者的消费基金，严格限定劳动者的消费基金的用途和规模，但是现代发达资本主义国家的劳动者很多消费基金项目（如住房、汽车等）是依靠债务融资来购买的。换言之，消费基金被纳入生息资本的流通之中，消费基金的资本的实现则依赖于未来收益。因此，一旦信用体系跟不上资本积累的步伐，就必然会出现固定资本与消费基金贬值的次级循环危机，或者说是价值丧失的危机。在资本积累的次级循环中，城市空间本身被当作一种可供自由交换的商品，城市空间的使用价值让位于交换价值，土地开发商通过"溢价"策略，取得了垄断地租的地位。城市土地的开发程度由利润所主导，地理景观中囤积、兴建、摧毁、重建的画面反复出现。大量过剩资本涌入房地产业，其成为吸收过剩资本和劳动力的主要场所与价值生产和价值流通的主要领域。因此，从以上方面来说，城市的资本化主要集中体现在资本积累的次级循环上，"城市的物理基础设施投资于是就具有了一种显著的二级循环的特征"②，从而二级循环在整个三级循环链条中占据主导地位。城市的资本化说明了城市地租高的总问题。城市空间参与到剩余价值的生产与流通过程中，尽管城市资本家和城市土地所有者有一定矛盾，但是他们采取的共同手段是通过剥削工人来获取利润，甚至超额利润，超额利润转化为地租，城市地租高成为无法避免的现实。不过，这并没有具体说明城市地租为什么高的问题。

　　哈维认为列斐伏尔在资本积累初级循环转移到次级循环上的描述语焉不详，为此，他断断续续地花了大约十年时间来研究这个问题。过度积累是资本积累由初级循环向次级循环转移的内在动力，但是内在动力仅仅是

① 大卫·哈维：《资本的限度》，张寅译，中信出版集团，2017，第367页。
② 安杰伊·齐埃利涅茨：《空间和社会理论》，邢冬梅译，苏州大学出版社，2018，第115页。

充分条件。我们还需要发现动力机制的承担者，也就是它的必要条件。哈维引入了"阶级垄断地租"这个概念来解释城市地租高的具体问题。首先，阶级垄断地租在性质上已经和传统的农业地租不同，前者已经进入建筑业、房地产业和金融业的资本市场中，经过土地虚拟资本化，成为某种金融资产或金融资本。土地虚拟资本化具体分为三个过程：过剩资本寻求投资空间；土地市场形成投资空间，土地交易成为生息资本的分支；金融资本介入土地市场，土地虚拟资本化获得增殖。而后者实质上是为工业生产提供条件的生产资料，没有从实体性中脱离出虚拟性来。其次，阶级垄断地租的代理人是房产或土地的所有者，这些所有者处在房价或土地价格的利益链条之中，共同形成拥有经济权力的阶级垄断。他们占有房产或土地的保值增值的金融资产，土地所有者成为货币资本家的一个分支，房产所有者依赖于土地所有者，并成为房产所在土地的所有者，他们处于"一荣俱荣，一损俱损"的联盟关系之中，并可以一起支配土地以及房产。最后，投机开发商在阶级垄断地租的普遍形成中发挥了重要作用。"在美国，投机开发商在回报率的驱使下凭借分区决策的操控来实现垄断地租。"[1] 低收入租户将房租付给房东，房东将垄断阶级地租付给投机开发商，投机开发商则将利润分给金融机构。"信贷体系赋予银行家凌驾于生产者、商人、土地所有者、开发商、工薪阶层以及消费者以巨大的社会权力。"[2] 这一城市等级结构是城市次级市场分级制约的结果。与此同时，政府的城市规划和金融机构的政策调整也塑造了城市内部居住分异结构。城市新兴的消费方式和需求模式再生产了新的社区、消费阶层以及分配群体，也为资本增殖扩展了由国家权力、金融资本、土地资本构成的内部空间。因此，哈维指出，"这些群体的社区意识的形成，将会取代阶级意识，在资本主义城市中占据主导地位"[3]。资本积累的次级循环仍然没有解决过度积累的问题，所以资本向第三级循环转移——投资科学技术和劳动力再生产领域。单个资本家难以承担这个领域的社会支出，资本家被迫组成了资产阶级联盟，而国家取

---

[1] 大卫·哈维：《资本的城市化：资本主义城市化的历史与理论研究》，董慧译，苏州大学出版社，2017，第67页。

[2] 大卫·哈维：《资本之谜：人人需要知道的资本主义真相》，陈静译，电子工业出版社，2011，第54页。

[3] 大卫·哈维：《资本的城市化：资本主义城市化的历史与理论研究》，董慧译，苏州大学出版社，2017，第118~121页。

代了城市政府作为资产阶级联盟的代理人形式。因此，国家领域（包括城市）的阶级斗争是必然产生的社会现象。

三　城市房价过高

城市土地与土地之上的建筑物具有不可分离性。上文说明了城市地租高的原因，由此，建筑在土地之上的房子的价格高似乎也是一个"自然而然"的事情了。资本家获取剩余价值，必须经过剩余价值的生产与实现的过程。《资本论》第一卷主要讨论的剩余价值的生产的问题，暂时对剩余价值的实现存而不论。在剩余价值的生产过程中，资本家利用货币购买生产资料和劳动力，劳动力作用于生产资料而形成商品，商品可以按照其价值出售给消费者。在《资本论》第二卷中，马克思考察了价值实现过程中资本循环、资本周转和社会总资本流通的问题。剩余价值的生产和实现是资本主义总生产的内在矛盾，忽视任何一方都不能科学理解资本的运动规律。"因为《资本论》第二卷是关于资本循环是如何塑造自己的空间和时间的……第二卷还提供了更严谨的理论基础，使我得以理解城市化的政治经济学和区域间不均衡发展的动力学，因此，我自己的著作从中获得了很多灵感。"[①] 虽然剩余价值不能从流通中产生，但是剩余价值的实现不能离开流通领域。资本流通的公式是 G—W—G′，其中 G′ = G + ΔG。资本流通的一般结果是实现了剩余价值。倘若资本不在流通领域或者其在各个环节流通不畅，即只要 W—G′的流通没有实现，资本家就不可能实现剩余价值。剩余价值不能实现，也就无法转化为资本，社会再生产过程也就无法持续下去，出现价值丧失的危机。二战结束以后，金融、保险和房地产业在美国经济中所占据的比重呈增加趋势，这反映了剩余价值的实现对资本积累越来越重要。2008 年，由次级房贷引发的经济危机便是对这个问题的直观反映。

资本的本性是由利润驱动的为积累而积累，这决定了资本主义的特征就是不断追求生产与消费（需求）的加速运转，以获得更多的利润。哈维依据工业生产、城市化、科技和劳动力再生产的三级资本循环理论，解释了资本主义的资本流通过程中剩余价值实现问题。以城市化为标志的次级循环吸收了初级循环的过剩资本以及大量的金融资本，并将金融资本、土

---

① 大卫·哈维：《跟大卫·哈维读〈资本论〉》（第二卷），谢富胜、李连波等译，上海译文出版社，2016，第 6 页。

地资本、房地产市场囊括进来，最终造成过度积累的危机。哈维将资本的次级循环中的投资分为固定资本和消费基金的投资。前者产生了生产的建成环境（built environment），比如说，工厂、仓库等，后者产生了消费的建成环境，比方说，住宅等。消费的建成环境主要是房屋，房地产业的发展是资本从初级循环过渡到次级循环的必然结果。工业生产为房地产业的发展奠定了基础，但是在20世纪60年代以来的都市社会，房地产业反而成为拉动工业生产的重要动力。也就是说，资本的次级循环占据了主导地位。房地产业为工业生产吸收了过剩产能、资本与劳动力，成为实现剩余价值的重要场所。房地产业将其吸收进来，成为资本积累的场所，这凸显了剩余价值实现的集中性。也就是说，这是由房地产的行业特殊性所决定的。房地产能够相对独立于资本主义一般商品的商业周期，投资房地产看重的是对所有权的投资。只要拥有房地产的所有权，就可以建构围绕剩余价值实现的或以利润为中心的各种社会关系网络，房地产所有者能够根据市场行情改造建筑空间的使用用途以获取更大的交换价值。尽管房地产业投资规模较大、周期较长，但是其回报率也较高。因此，房产投资成为保值增值的重要手段。除此之外，房地产业的发展能够推动周边配套设施的发展，进而推动城市化的发展。因此，房屋不能仅仅被视作承担个人生活职能与劳动力的再生产的消费品，还应被视作从属于资本积累的投资品。作为消费品，它与劳动力再生产密切相关，作为商品的房地产具有较低的资本有机构成，也就是说相比于初级资本循环，它的所有权可以随着交换价值的变化而销售或转售，可以获得更大的利润空间。作为投资品，金融资本的参与为房地产业由投资转向投机创造了重要条件。房地产业建立在存在着地租的土地之上，并以房租的形式存在。地租高也会直接影响建基于土地之上的住房及其租金的价格。房地产投机的投机对象既是地租也是房租，两者均源于资本主义私有制的生产关系，但是它们作为固定资本的循环周期长，这导致房地产投机的效率较为低下。金融资本的参与能够提升它的效率。金融资本作为工业资本和银行资本的结合，能够促进固定资本和消费基金的发展，而消费基金又能够作为集体消费品的房地产业的投资，促进个人房贷市场的细分。银行资本作为生息资本的重要形式，使得房地产业的土地及其住房具有了生息资本的形式，地租及房租则成为生息资本的利息。生息资本作为资本拜物教的重要原因，吸引了大量的房地产投机。随着金融资本进一步虚拟化，虚拟资本使土地、房屋以及周边产品进入生息资本的流通过程，并以证券的方式运行。这包括房屋所有权证券化与住房抵押贷款证券化。前者是融资手段，后者是金融投机的衍生品。总之，发展房地产业本来是纾解资本积累困局的重要措施，但是房地产业的泡沫反过来加速了城市危机乃至经济危机的到来。

城市房价高还有意识形态的原因。新自由主义凭借个人权利、私有化、市场竞争等表征系统已经取得了全球化时代的话语霸权。新自由主义者声称人人皆有住房，尊重个人权利免受专断的政治权力的干涉，但是这不仅为政府推卸社会责任提供口实而且通过"市场竞争"的方式掠夺、占有、驱赶升值空间的土著居民，实质上是保障整个城市资本家拥有垄断地位的政治权利。"新自由主义城市化促使城市在更多政治领域采取企业性质的形式去治理，在那里他们必定会更多地使用更有效的商业模式和私有化治理形式。"① 因此，他们极力反对政府对土地和房地产市场的约束和调控，以促使国家或政府在空间规划等领域进行全方位的撤离，致使城市的整体空间被各种私有化的力量所分割，呈现以损害整体利益为代价的碎片化特征。新自由主义城市化将城市空间当作一种可供自由交换的商品，城市空间的交换价值在很大程度上取代了使用价值，金融资本、土地开发商、"有房阶级"构成了垄断地租的阶级同盟，在自由竞争市场上占据垄断地位。

由西方资本主义主要国家控制的世界银行作为遵循新自由主义的经济组织，主张让土地、房地产进入自由市场，建立相关的私有产权制度保护个人的利益，加速资本积累以最终惠及弱势群体。事实上，在不平等的地理格局的背景下，这个新自由主义的神话很快就破灭了。流动性的土地、房地产市场以及投机性金融之间的关系十分密切。在市场经济条件下，地租最大化的政策将许多低收入者或中等收入者驱逐出城市中心。房地产市场在国民生产总值中所占比例越大，金融资本与建筑环境的联系越密切，越有可能产生经济危机。哈维提示我们需要对信用以及虚拟资本有新的理解，在信用和利率层面深化马克思的理论。如果将信用制度与资本运动规律结合起来，那么必然衍生出虚拟资本。虚拟资本的扩张与土地和房地产市场密切相关。部分虚拟资本参与了价值创造，当代资本主义的资本积累越来越依赖于虚拟资本的作用。城市资本家通过住宅市场上的占有和剥夺

① Margit Mayer, Catharina Thörn, Håkan Thörn (eds.), *Urban Uprisings: Challenging Neoliberal Urbanism in Europe* (Macmillan Publishers Ltd. , 2016), p. 66.

实现了在生活场所的阶级剥削，从商品与货币的流通环节中而不是直接从生产环节获取剩余价值。"工人在工资上得到的任何让步都能被作为整体的资产阶级（商业资本家、房地产主，以及在当代条件下的信贷贩子、银行家和金融家）窃取和夺回。"① 总而言之，在城市化过程中，城市空间为剩余价值的实现提供了主要场所，而城市地租与房价高成了必然结果。

第三节　都市生活权利的受损

在工业社会，工人具有劳动生产等方面的权利。与工业社会的生产权利相对，都市社会在此基础上还有生活等方面的权利。生活权利是在资本主义空间生产进程中，人享有的在城市里生存权利的基础上形成的有质量的一种人权类型。按照资本主义空间生产的集中性、分散性与差异性的特征，都市生活权利可以分为参与、取用的城市权利与差异性的城市权利。前者侧重空间生产、分配的权利，以实现城市空间生产、分配正义为目标；后者侧重城市边缘群体的空间正义的实现，以实现差异性正义为目标。

一　参与、取用的都市生活权利不受保障

都市生活权利在都市社会日益凸显。在工业社会，工人阶级的个人权利集中体现在维持劳动力再生产方面，它包括工人的基本生存权、维持家庭生活的权利、技能教育与培训的权利。但是 20 世纪 60 年代以来，工人阶级的人数在减少，而其他社会阶层的人数、职业种类在增多，出现了潜在但是日益凸显的社会权利，比如说，土地权、居住权、道路权、生活权、发展权、参与权、管理权、获取社会保障的权利、移民权、获得城市空间、参与城市管理、拥有城市生活的权利等。② 这些权利的涌现均与都市生活或城市生活密切相关，都与急速推进的城市化或都市化紧密相连，使得争取生活权利的都市生活解放成为社会竞争与冲突的新形式。列斐伏尔提出了城市权利（the right to the city）的概念，直译为获取进入城市的权利。都市居民具有选择空间，创造空间，进行空间生产、空间分配的权利，等等。

---

① 哈维：《叛逆的城市——从城市权利到城市革命》，叶齐茂、倪晓辉译，商务印书馆，2014，第 130 页。

② 陈忠：《城市权利：全球视野与中国问题——基于城市哲学与城市批评史的研究视角》，《中国社会科学》2014 年第 1 期，第 87 页。

这个概念敏锐地把握住了城市空间生产导致的若干现象，但是这个概念过大而且较为含糊。我们自然会设想到底是城市的什么权利、城市还需要什么样的权利诸如此类的问题。列斐伏尔在其《空间的生产》等有关城市空间的著作中关注了城市居民的生产权利或生态权利，但这不是他所要突出的重点。列斐伏尔撰写了三卷《日常生活批判》，涉及其晚年所关注的生活瞬间、节奏等问题。因此，本书在此基础上将城市权利的范围缩小为居民的都市生活权利。居民在进入城市之前，空间生产的城市规划内容是既成历史的结果。居民是否拥有参与设计都市集中性的城市规划的权利？城市规划执行的过程也是都市扩张性的消费主义的过程，居民是否能够拥有取用成果的权利？因此，本书将都市生活权利分为参与、取用的都市生活权利。

都市居民参与的都市生活权利不受保障。参与的都市生活权利是指都市居民能够参与城市的空间规划、设计、监督以及实施等整个过程的权利，特别是对公共空间的空间规划的协商、决定的权利，它试图从国家领域分出部分权力返还给城市所属居民，从政治上强调国家权力与都市居民之间争夺城市空间规划的掌控权。列斐伏尔认为，"中介性的、混合性的都市现实的都市层次介于国家和个人层次之间，这个层次是一个适于防守或攻击、适于斗争的领域"①，都市生活权利是城市层面的而非国家层面上的。都市生活权利作为城市公民的权利，它要求都市生活权利既反对国家的空间战略的权力关系，也反对私人背后的资本关系。关于后者本书将在下段中论述。从都市领域中产生了争取都市生活权利的运动，它在政治上反对新自由主义的个体性的都市生活权利。一方面，在界说都市生活权利上业已显现了两种意识形态的对立性；另一方面，公权力没有向城市集体组织分权，后者包括了那些外来移民、边缘人群等所有类型的都市居民，没有给他们以平等待遇与发展机会。新自由主义的个体性的城市权利声称尊重每个个体的城市权利。在资源有限的情况下，如果给他们以平等待遇，必然要损失其他都市居民的自由权利。因此，那些支持新自由主义的人将会反对分权于"人"。但是这种想法无疑也遭到资产阶级的博爱、良知等价值观的侵扰。于是，他们玩弄意识形态的伎俩，主张个人权利至上，免受专断的公共权力的干涉，并将都市生活权利阐释为居民在城市生活中享有的政治、经济、文化、社会等全方位的权利。这个定义看似赋予了居民"广泛的"权利，还

① 列斐伏尔：《都市革命》，刘怀玉等译，首都师范大学出版社，2018，第100页。

包括那些外来移民、边缘人群等所有都市居民，但是实际上它只是一个从"虚假走向虚伪"的口号。它颠倒了因果关系而沦为虚假，即都市生活权利不是资本主义国家为预防经济危机送给公民仁慈的"礼品"的结果，也不是资本主义维系"永久发展"的"功能性反应"的结果，而是所有居民在都市社会领域中共同积极参与而获得的资格。城市是都市居民共同创造、书写的作品，它的权力与权利主体本来是全体都市居民，不是都市居民被赋予都市生活权利而是他们本来就有的权力与权利。另外，它不敢揭示真理而只能利用所谓的普遍利益来掩盖，这不仅忽视了生活权利的空间生产和平等分配的实际利益，而且为保护整个城市资本家拥有垄断地位的政治权力不动摇而不保障都市居民生活权利以及政府推脱社会责任提供合理的理由。

都市居民取用的都市生活权利也不受保障。取用的都市生活权利是指都市居民进入城市，取用而非占有以使用价值为宗的空间，以反对城市空间被资本主义私有化、商品化、同质化与全球化的城市权利。都市居民取用的都市生活权利受到资本主义私人占有的侵蚀。城市是人类的作品，是集体占用城市空间。每个人都直接或间接地参与了城市的生产、生活，为城市发展做出或大或小的贡献。因此，都市生活权利的主体是集体性的群体。换言之，它属于集体的城市社区而非为私人所有。新自由主义的城市政治中的物权的私人占有不仅侵占了城市共享资源并声称拥有其所有权，而且还再生产了剥削与阶级关系。事实上，城市公共空间被资本利用搭建铁丝网或修筑围墙等方式"圈占"或"囤积"起来，而绝大多数都市居民极少能够占用涉及群体利益的城市空间。都市居民取用的都市生活权利从属于商品化的生产，依托于城市空间的使用价值而非交换价值，但是城市空间的交换价值成为绝对主导。都市生活权利是公益性的权利。哈维将公益性的权利奠定在共享资源的基础之上。整个城市的共享资源是城市公民集体创造、保护、占用非商品化再生产的结果，使用共享资源的权利属于城市公民。但是共享资源容易为垄断地租的阶级同盟所独占。阶级垄断地租是建筑业、房地产业、金融业"合流"的结果，以实现文化商品化、资本化，获取更高的利润。"城市资本家通过不断地向市场营销自己产品的独特性、唯一性、真实性，使得这种产品成为集体符号资本。"[1]"集体符号资

---

① 哈维：《叛逆的城市——从城市权利到城市革命》，叶齐茂、倪晓辉译，商务印书馆，2014，第 104 页。

本"正是城市共享资源商品化的典型例子。都市居民取用的都市生活权利受到工业社会强调的同质性的权利的影响。每个社区或城市具有自身的历史文化传统或城市历史文脉。建成环境的集体符号资本吸引了一般流动的金融资本，城市资本家将象征性的资本转化成货币资本，并嵌入在城市进程的文化政治中。某些城市通过它的特殊标志与其他城市产生区分，从而获得比较经济优势。其他城市也纷纷效仿，从而出现"千城一面"以及整个都市居民对所属城市空间的集体记忆的丧失的结果。都市居民取用的都市生活权利受到（全球）都市资本家的干预。都市生活权利从根本上指向了"由谁来控制城市化和剩余价值生产之间的内在联系和使用"①，即空间生产、分配的权利。它是一种普遍性的权利，也就是说，无论各地如何进行都市生活解放，都市生活解放者认为其关键在于围绕空间生产展开。同样它也是一种特殊性权利，社区的都市生活解放面临的时空情境不同，诉求也有所不同。因此，都市生活权利反对同质化、科层化、碎片化的抽象权利，它是将普遍与特殊结合起来的城市权利。但是，如上文所述，它直接或间接受到（全球）都市资本家的干预。获取都市生活权利的重要方式在于夺回建设城市的控制权，追求以正义和差异为主要特征的"辩证乌托邦"的希望空间。城市化是吸收过剩资本的关键手段，城市权力最终流向了少数城市资本家，他们掌握了城市营造、更新、摧毁的控制权。都市居民倘若不能掌握空间生产的权力，就难以真正享受到空间内生产的权利，难以改变地理空间的非正义和不公平的现象。生产等各方面的全球化必然导致空间生产的全球化，形成全球都市的生产体系。目前来说，在全球都市的生产中占据主导的是生产者服务业，全球都市利用生产者服务业支配和控制了全球经济体系，其他次级城市依附于它。这就意味着掌握空间生产的城市权利并非仅仅要争夺一个城市的空间生产权利，而是要争夺顶级城市的全球都市的空间生产权利。因此，反抗由资本主义全球都市生产造成的全球经济、政治与社会等各方面的不平等，成为一条获取普遍性的权利之路，同时空间内的权利也成为不同全球时空情境下产生的特殊性的权利。

都市居民参与、取用的都市生活权利的政治哲学基础受到了当下新自

① 哈维：《叛逆的城市——从城市权利到城市革命》，叶齐茂、倪晓辉译，商务印书馆，2014，第26页。

由主义的都市生活权利的侵袭。新自由主义的都市生活权利从属于资本主义建构的话语体系，而资本主义建构的话语体系本身是资本主义市场经济以及"市场正义"的产物。所谓的"市场正义"指凡是资本主义市场经济运行所导致的结果都是公正的。因此，根本不存在先验的普遍主义的正义观。后现代主义的正义观则把正义看作一个实用主义或机会主义的准则，认为历史上没有绝对的正义标准或某个历史空间的正义就是正义标准本身。哈维也不同意这种特殊主义的正义观。哈维结合普遍主义和特殊主义的正义观，提出了自己的正义观。它包括四个方面。第一是差异性正义，资本主义在全球的空间生产并不是导致"铁板一块"，而是导致不平衡地理的发展，这既源于地方文化的差异性，又源于资本主义制造的差异性，在这种差异性中，资本主义存在断裂的缺口和薄弱的地方。第二是特殊主义正义，特殊主义正义和普遍主义正义并非绝对对立，普遍主义形式在特殊主义之中并通过它表现出来。哈维比较推崇通过雷蒙德·威廉斯"战斗的特殊主义"来实现城市正义。第三是规模政治，哈维的规模政治含义丰富，从身体、地方、城市到全球化的微观、中观、宏观层次，反资本主义的正义联盟要协调好这些层次，哈维也认为阶级斗争只有整合不同性别、种族、社区、文化身份等差异性因素，才能实现"辩证的乌托邦"。第四是情境化知识，哈维认为马克思在《路易·波拿巴的雾月十八日》中进行了独特的情境分析，并没有简单套用历史唯物主义的基本概念。"他深刻地理解知识与境况（situatedness）、位置（positionality）之间的关系，虽然他自然最为关心工人阶级的'立场'（standpoint）。"[1] 后现代主义热衷于将情境化知识故意曲解为知识上的相对主义、行动上的机会主义，这种政治困境实际上的结果是将自身边缘化。哈维辩证地理解情境化知识，无论资本主义社会有多异质，这种异质性归根到底是资本主义制度造成的结果。后现代主义认为无产阶级的利益排斥了其他群体利益，但是哈维则认为如果两者之间产生了利益矛盾，在现实中更可能是由资产阶级治理方式的改变所造成的。

二　差异性的都市生活权利得不到尊重

差异性的都市生活权利的政治哲学基础遭到忽视。都市生活权利作为一种集体权利，集体权利并不排斥个体权利，它是在总体性上包容差异性，

---

[1]　哈维：《希望的空间》，胡大平译，南京大学出版社，2006，第12页。笔者对译文有改动。

背后的政治哲学为差异性空间正义观。索亚认为从空间的视角来理解社会正义是从 21 世纪初开始的。空间正义从都市生活权利的概念发展而来，但索亚推崇的空间正义与主流话语的空间生产正义、分配正义不同，它更注重的是边缘群体追寻差异性空间正义的行动过程，这方面是学术界有所忽视的地方。"正义是社会制度的首要德性，正像真理是思想体系的首要德性一样。"① 20 世纪 70 年代以来，罗尔斯在批判功利主义正义观基础上建构的公平正义观，逐渐成为政治哲学的主流话语。罗尔斯的自由平等、差异公正等原则，吸引了大批学者围绕正义问题展开多种角度的论战。不过，社会正义似乎已经被准确概括，是否还需要提出空间正义的概念？在唯物史观上，从整个人类社会历史来看，马克思的社会与历史两个概念具有同一性，两者都根源于物质生产实践。包括都市生活解放学者在内的很多学者不深入马克思提出唯物史观的具体历史背景中，经常把两者视为绝对同一，而事实上，社会包括历史，也包括地理、空间。不过，后者确实是常常遭到遮蔽或掩盖。因此社会正义中自然包括空间正义，想必索亚应该也会同意这点。但是索亚认为必须从本体论的高度出发，才能真正理解空间正义，而非将空间作为视角或作为方法论，形成空间维度的社会正义。历史不是某种一元或二元因素能够决定的，而是在空间、时间、社会存在三维辩证法中展开的。空间是生产关系的具体化的物质形式，时间成为理性精神的持续展开，社会存在也即社会生活的物质方面。社会存在形成空间/时间，但同时也是空间/时间的产物，空间/时间为社会存在提供实践的场所；空间与时间是平行并立的，两者在复杂的社会进程中交叉作用于社会存在。因此，空间、时间、社会存在三者相互作用，共同制约着历史的变化或发展。索亚在吸收结构主义的马克思主义者普兰查斯相关思想的基础上，将空间作为具有优先性的"母体"——类似于实践在历史发展中的优先性，用以突出"空间母体"的创造与转化功能。虽然索亚声称"在空间、时间和社会存在三者之间，或者说在现在可以叫得更清楚一些的人文地理的创造、历史的构建和社会的构筑彼此之间，需要进行一种恰当的阐释平衡"②。但是索亚给空间性以战略性的地位是从策略层面来说的。他始终主张空间、时间和社会存在三者之间没有哪一个要素具有独占权和排他权，三者共同

① 罗尔斯：《正义论》，何怀宏、何包钢、廖申白译，中国社会科学出版社，2009，第 3 页。
② 爱德华·苏贾：《后现代地理学——重申批判社会理论中的空间》，王文斌译，商务印书馆，2004，第 37 页。

构成一种开放包容的关系，即三者相互矛盾但不构成冲突的力量。索亚在一场访谈当中，简要地谈到了正义的空间性和空间的正义性，前者是指正义具有空间维度，后者是说地理、空间具有正义性或非正义性。① 因此，他认为两者的区别不大，一体两面。不过，他更侧重于前者，从地理学和空间视角来探讨正义问题。索亚花了十多年时间撰写了《寻求空间正义》，他将空间正义分为理论构建与行动联盟。在索亚看来，空间正义框架包括六个步骤，"理论化本身；建立新的空间本体论；正义理论化；审视空间正义的历史辩论；聚焦哈维和非正义的城市化；发展和扩张列斐伏尔有关城市权的思想"②。《寻求空间正义》是其前面"空间三部曲"的延续，叙述了空间本体论、认识论在正义研究中的重要性，强调了地理空间维度在制约社会进程中的重要性，吸取了列斐伏尔、哈维的空间生产、分配正义思想。在此基础上，他站在边缘立场上使空间批判理论介入社会政治中，以争取更多人士对差异性的都市生活权利的理解和尊重。

差异性的都市生活权利的具体形式也遭到侵害。索亚差异性的空间正义思想是资本主义都市化过程中源于洛杉矶后大都市的社会实践活动。后大都市的"多元、分散与边缘"的弥散化生活是一个伴随追求差异性空间正义的过程。同时，索亚也是为了回应其他学者认为《后现代地理学——重申批判社会理论中的空间》《第三空间——去往洛杉矶和其他真实和想象地方的旅程》等书中的空间本体论、认识论过于理论化的批评，展开对后大都市行动主义的探索，"这是将空间理念和理论运用到社会和政治问题上的有益尝试"③。洛杉矶是一个典型的受益于资本、技术、劳动力等全球化要素的城市。索亚以洛杉矶为例，向读者介绍了 20 世纪 60 年代之后的将近40 年的追求差异性空间正义的社会运动史，这也是一部都市居民差异性的都市生活权利遭到侵害的历史。20 世纪 60 年代是二战后资本主义世界城市危机的转折点。"索亚将 20 世纪 60 年代的城市危机归因于去工业化与再工

---

① 陈忠、索亚：《空间与城市正义：理论张力和现实可能》，《苏州大学学报》（哲学社会科学版）2012 年第 1 期，第 2 页。
② 爱德华·苏贾：《寻求空间正义》，高春花、强乃社等译，社会科学文献出版社，2016，第64 页。
③ 爱德华·苏贾：《寻求空间正义》，高春花、强乃社等译，社会科学文献出版社，2016，第162 页。

业化的出现、IT 革命、贫富悬殊。"① 去工业化造成以制造业为标志的实体
经济的衰落，产业工人力量的削弱；再工业化以信息密集、组织灵活、空
间重构的新形式，成为城市、区域和国家的主要动力。在索亚看来，再工
业化也预示着资本主义社会由福特主义转向了后福特主义生产体制。后福
特主义的生产体制具有弹性的、全球性的、信息密集性的特征。IT 革命为
后福特主义生产体制提供了技术基础，同时也引起传统的制造业、交通运
输业等的重组。在这 40 年间，全球的新自由主义开始确立，并得到迅速推
广。"在 1970 年和 2008 年的危机中，美国发生的主要变化体现在收入分配
和经济的不平等、非正义的特征这些方面。"② 这些因素的变化导致传统的
相对集中的工人运动的斗争范围扩展到性别、环境、种族、民族等分散的
领域，同时区域主义的空间正义成为联盟的新口号。

　　洛杉矶也基本上重蹈了上面的过程。索亚按照时间线索，具体将其分
为三个阶段：1965～1979 年的社会工会的诞生阶段；1979～1992 年的正义
联盟起始阶段；1992～2001 年的寻求差异性空间正义的阶段。"在第一个阶
段，洛杉矶的劳动运动按照民族和种族划分，第一种是白人和盎格鲁人，第
二种是非裔美国人，第三种是拉美人。拉美人关注住房、教育、有色人种、
妇女权利等移民权利等社区问题。这被认为是开启了社区的工会主义运动。"③
1965 年，在洛杉矶黑人集聚中心瓦茨发生了抗议活动，在这次危机后，出
现了关注黑人和拉美人社区利益的社区发展联盟。这个地方与加州大学洛
杉矶分校的相关学院建立了联系，也与周边地区的组织建立了联合关系。
在第二个阶段，新自由主义开始成为几个主要资本主义国家的主导思想。
放松管制、私有化、市场化等政治经济手段严重影响了工会和社区的利益。
工会和社区逐渐建立起密切的联系，比较有代表性的案例是建立了"阻止
工厂关闭联盟""门卫正义"等组织。在第三个阶段，"正义作为一个具体
明确的目标，似乎比自由、民主、平等更能体现时代的政治精神"④。这场

①　爱德华·苏贾：《寻求空间正义》，高春花、强乃社等译，社会科学文献出版社，2016，第
　　116 页。
②　爱德华·苏贾：《寻求空间正义》，高春花、强乃社等译，社会科学文献出版社，2016，第
　　114 页。
③　爱德华·苏贾：《寻求空间正义》，高春花、强乃社等译，社会科学文献出版社，2016，第
　　125 页。
④　爱德华·苏贾：《寻求空间正义》，高春花、强乃社等译，社会科学文献出版社，2016，第
　　138 页。

正义活动缘于一个非洲裔美国人遭到白人警察的殴打，但是陪审团却宣布无罪的决定。它暴露出很多深层次的问题：种族问题、社区问题、政府无效性等。弱势群体是那些失去土地的农民、失去住房的流浪汉、失去工作场所的工人、受到环境污染的原住民、失去生存空间的移民、少数民族等生存在第三空间的边缘群体。他们的都市生活权利不受尊重，并逐渐意识到仅仅依靠向政府进行口头上的施压是无用的，必须建立新的联合形式，即工人－社区－大学联合会的联盟形式。这个地方政治联盟打破了"无地方化"的城市。索亚分别列举了这种新联盟的不同形式，包括：提高工资的生存工资联盟；公平就业联盟；保障生存工资、提供经济适用房、进行本地雇佣、营造绿色空间的洛杉矶新经济联盟；联合一切可以联合的力量，先反对地方政府，后反对市政议会，将区域主义的联盟上升到国际正义运动、国际城市权力斗争的社会运动。

2008 年欧美金融危机之后，索亚表达了一种"战略上的乐观主义"[1]。这个危机只是标志着新自由主义泡沫的破灭，但是新自由主义的变种并没有终结。在反对新自由主义的过程中，索亚认为空间批判视角能够更好地指导我们的行动。首先是对世界格局变化的分析，他指出以美国为首的资本主义国家仍然占据主导，成为主流，以苏联为首的社会主义国家组成的第二世界已经瓦解，但是中国、印度、俄罗斯、巴西"金砖四国"正在占据这个空缺。索亚特别指出，中国正在以自己的方式打破原有的世界格局，即世界上最多人口的城市化、工业化。当然，索亚也指出中国在重建资本主义世界秩序的过程中处在一个稍难定位的位置，"要么是中国独占，要么是和中印，或其他金砖国家一起分享"[2]。其次索亚从城市空间的视角来理解当今资本主义的经济危机，他同意哈维的判断，2008 年的金融危机是一场城市危机引起的经济危机，即城市化过程引起的房产泡沫、虚拟经济不受监管、次级贷款迅速增加等因素综合造成的结果。换言之，经济危机实质上是城市空间危机。最后，索亚指出差异性的都市生活权利的扩大，他认为关于都市生活权利的斗争不能局限于工人反资本主义这一项斗争，还必须延伸到反种族主义、宗教极端主义、性别歧视等不同方面。都市生活

---

① 爱德华·苏贾：《寻求空间正义》，高春花、强乃社等译，社会科学文献出版社，2016，第185 页。

② 爱德华·苏贾：《寻求空间正义》，高春花、强乃社等译，社会科学文献出版社，2016，第188 页。

权利涉及种族、民族、性别、行业、环境、宗教等方方面面。换言之，差异性的都市生活权利至少需要得到和工人反对资本主义同样程度的重视。因此，"认识到影响社会生产和城市空间的多种力量，会引导新的认识从单一局限的社会运动产生，转向更加横向交叉的同盟的建设"①。都市生活权利涉及区域主义、边缘的网络结构范围，差异性的都市生活权利至少需要得到和反全球主义同样程度的重视。

① 爱德华·苏贾:《寻求空间正义》，高春花、强乃社等译，社会科学文献出版社，2016，第192页。

第三章 都市生活解放的方式

从人类无数历史事件来看，"哪里有压迫，哪里就有反抗"，反抗可滞但终至。当生活压迫成为都市居民面临的突出问题后，都市生活解放的学者提出了人道主义与科学主义两种解决思路。前者从上层建筑出发，运用青年时期的马克思提出的人性、异化、总体性、空间性等人道主义的范畴来反思都市生活方式的异化。例如，列斐伏尔的都市革命与索亚的空间斗争，它们共同的特征是诉诸都市生活解放的意识形态。后者从经济基础出发，立足于成熟时期的马克思提出的资本流通、集体消费等核心范畴，指出制约生活成本问题背后的根源是生产关系。例如，卡斯特的城市社会运动与哈维的城市革命，它们共同的特征是诉诸都市生活解放的科学。两种思路的最终目的仅仅是获取生活权利。

第一节 人道主义的都市生活解放

人道主义一般可以追溯到 14 世纪欧洲的文艺复兴运动。它的主要特征是提倡人的价值、尊严、人性这些超历史的范畴。近代哲学家将主体在经验上进行抽象而获得了人性普遍的本质，建立了以人性中的理性为中心的主体性哲学。启蒙思想家将人道主义中的政治观作为反封建王权与反宗教神权的思想武器，使其成为作为统治阶级的资产阶级的意识形态。主体性哲学与反封建、宗教的政治一起形成了近代人道主义的意识形态的主要组成部分。人道主义的都市生活解放是指在资本主义都市社会阶段，"总体的人"和"第三空间"的都市居民成为主体，通过都市革命与空间斗争等中介方式来反对资本主义的生活压迫，并追求都市的美好生活、公平正义和价值实现的意识形态。

一 都市革命

在早期工业资本主义阶段，制造业的发展在客观上要求集中化的大生产，即大量的机械化生产要素以及工人的生产、生活聚集在工厂及其附近，同时这也直接地造成区域发展的不平衡、区域之间的城乡对立以及工厂内部的劳资冲突等一系列后果。恩格斯在《英国工人阶级状况》中描述了工业资本主义在刻画曼彻斯特的城市空间特征的过程中起到的至关重要的作用。不过，卡茨纳尔逊发现19世纪以来，城市空间内部出现了新的分化现象，"工人阶级生活的组织和空间特点是如何全面削弱了经典马克思主义的阶级意识和战斗性的可能性"[1]。工作场所与居住场所的两地分离导致两地之间的物理距离较长，工人阶级的体力和精力被耗费在漫长的通勤时间上，更为关键的是工人阶级的统一斗争被分裂为围绕着工作场所的为提高工资待遇而进行的斗争，围绕着居住场所的反对商业资本家、金融资本家、土地所有者的重重剥削和占有而进行的斗争。无产阶级集体行动的逻辑受到后马克思主义身份政治的瓦解以及不同身份阶层之间各自利益的冲突、邻近社区的相关组织之间的隔离与冷漠、工人在工作地理空间上的大幅流动性、工人党机构里面的政治分化与一些工人职业转化成新兴的不稳定职业造成工人阶级的质量的退变以及数量的下降的影响。当资本主义社会来到20世纪下半叶，资本主义灵活积累机制的出现造成都市生活解放的领导者由具有凝聚力的共产党组织转变为具有零散性、奇异性、碎片性的临时性组织。资本主义剥削场域的变化造成主要剥削场所从工厂车间扩展到日常生活空间，从生产领域过渡到消费领域。资本主义的剥削场域从一个构成性中心转移到另一个构成性中心。列斐伏尔将这个发展阶段命名为"都市社会"。"资本主义都市社会的到来有利于维护资产阶级的统治：空间的生产与再生产生成的剥削关系有利于资产主义形成稳定的生产方式的阶级；空间的消费有利于形成同质性的生活方式的阶级；空间的认知有利于形成抽象但空洞的阶级观念。"[2]

列斐伏尔敏锐地洞见到了都市社会的新变化不利于工人阶级的阶级斗争，主张用都市革命将其替代。在资本主义空间生产以及都市化的过程中，

---

[1] 艾拉·卡茨纳尔逊：《马克思主义与城市》，王爱松译，江苏教育出版社，2013，第266页。

[2] 刘勇：《都市马克思主义意识形态领域的空间斗争——以列斐伏尔、爱德华·索亚为线索》，《福建论坛》（人文社会科学版）2019年第3期，第80页。

都市居民的都市生活权利受到资本主义私有化以及国家权力的双重损害。出于维护集体利益的目的，他们认为共同参与集体事务并且共享一定社区价值观能够形成共同生活的城市共同体。作为都市革命的主体，城市共同体依托于一定的城市地理范围以及空间形式，依靠城市共同价值观形成社会关系和社会行动。换言之，城市的空间形式能够将不同职业、地域、种族、宗教、信仰等"总体的人"集聚在一起，将地缘与共同体精神结合起来，形成较强的认同感与归属感，并以此作为都市革命的共同的情感纽带。因此，城市共同体能够兼容阶级共同体，都市革命能够兼容阶级斗争。在工厂中形成的资产阶级与无产阶级，在国家领域中形成的统治阶级与被统治阶级，在城市中既面临着资本家在消费、流通、分配领域的剥削，也面临着统治阶级政治权力的干涉。归根究底，城市面临着充当资本家代言人的国家的统治。资本主义国家可以通过制造中心与边缘的分裂来暂时缓解都市生活解放危机，但是本身并没有消除危机。在资本主义城市中，都市居民生活在"放大了"的工厂——城市以及"放大了"的城市——国家的双重压迫中，他们的日常生活受到资本和权力的双重挤压，生活方式的异化是无法避免的。列斐伏尔将都市革命的斗争对象指向了异化的生活方式。

都市革命的"总问题"发生了革命。列斐伏尔像其他西方马克思主义者那样也是比较强调总体性的学者，反对知识上的分裂性和碎片化。然而，他采取了形态学的方法来研究都市现象。列斐伏尔对都市社会形态学的探讨，既着重对都市社会中潜在的现象进行微观分析，也从宏观上将它们视作一个有机的体系。列斐伏尔按照时间性的分类尺度，将人类社会划分为农业社会、工业社会、都市社会三种形态。按照空间性将其分成整体性、混合性、私人性三个层次，整体性对应于国家层次的空间战略，混合性对应于城市层次的位置与情境，私人性对应于私人建筑层次的栖居。就三种社会形态来说，它们既不是独立的有机体，也不是仅仅维持了历史的连续性，也不是一定朝向某种未来的目的发展。它们是在连续性的载体上吸收了非连续性的转变而临时形成的社会形态，而临时形成的社会形态并没有涵盖所有的经验事实，也没有瞄准虚构的乌托邦。也就是说，它只是一个潜在的或可能的理论对象。在三个社会形态中存在着两个重要的阶段。第一个阶段，工业文明占据主导地位，工业文明在形式上和实质上吸纳农业文明。第二个阶段，工业文明从属于都市文明，整体性的国家权力分解成都市的形式、功能、结构的三个有机组成部分，栖居成为都市社会的优先选择。列斐伏尔认为他的理论图式具有颠倒性的作用，都市社会从工业文明的附属走向主导，为海德格尔所倡导但不受关注的栖居化为优先性的都市实践。因此，列斐伏尔的颠倒将抽象的潜在转换为具体的现实而具有能动的"革命性"，而且这也为都市革命的筹划提供了一个方向或一条路线但非某种已经形成的模式。

列斐伏尔的都市革命的性质并不是推翻资本主义统治根基的暴力革命。革命是人类历史上一种独特的社会现象，也是我们目前在日常生活中常用的概念。以前一旦有人谈到"革命"，人们总会联想到流血牺牲、阶级斗争甚至整个社会制度的根本性颠覆，但是现今我们对"革命"有多元化与复杂化的理解。大体来讲，革命可以表示为政治最为彻底的变革，如一个阶级推翻另一个阶级或者推翻不适应经济基础的上层建筑的阶级革命；可以表示为经济革命，如邓小平1978年的改革是一场"生产力革命""革命是要搞阶级斗争，但革命不只是搞阶级斗争。生产力方面的革命也是革命，而且是很重要的革命，从历史的发展来讲是最根本的革命"[1]；可以表示为思想研究范式的重大改变，如康德的"哥白尼式的革命"；可以表示为思维方式或生活方式的重大转变，如文化革命、都市革命；等等。列斐伏尔并非在政治革命意义上来理解"都市革命"，他主要从"去阶级革命话语"的视角来进行总体性的理论建构。"列斐伏尔认为都市革命从根本上不是指暴力革命，但也不排除它。但是列斐伏尔通过一系列反问句的形式来表达他在这个根本问题的焦虑与模糊心理。"[2] "麦利菲尔德一方面认为列斐伏尔是开玩笑式地写下了如上句子，但是另一方面认为他想要煽动的是一场更像巴黎公社的城市革命，葛兰西可能称之为一种流行的与从下到上的历史袭击的'阵地战'。"[3] 这表现了麦利菲尔德在解读列斐伏尔的都市革命思想时的"自相矛盾"。列斐伏尔的解释到底是开玩笑的，还是严肃的？后来，列斐伏尔还认为马克思的斗争战略和策略因时因地而异，"当马克思使用这一术语（不断革命——笔者注）的时候——我们已经注意到它并不是轻易地出现在马克思的笔端——它并不意味着它后来所意味着的：持续暴力的政策，采用一切手段持续不懈地攻击。"[4] 结合列斐伏尔都市革命的重点放在

---

① 《邓小平文选》（第2卷），人民出版社，1993，第311页。
② 列斐伏尔：《都市革命》，刘怀玉等译，首都师范大学出版社，2018，第8页。
③ Andy Merrifield, *Henri Lefebvre: A Critical Introduction* (Routledge, 2006), p. 80.
④ 列斐伏尔：《马克思的社会学》，谢永康、毛林林译，北京师范大学出版社，2013，第125页。

反抗异化的日常生活的消费方式、休闲方式，而非资本主义生产方式，可以推论出，列斐伏尔的都市革命并不是摧毁资本主义统治根基的暴力革命。

都市革命的内容主要包括以下三个方面。首先，实现诗意的栖居和获得进入城市生活的权利。城市规划背后是资本增殖逻辑以及国家权力统治逻辑。前者凸显了使用价值和交换价值的矛盾，而后者凸显了都市生活权利与城市政治权力的斗争，这两者统一于城市资本家的政治经济学。同样，这也是一套城市资本家的意识形态。因此，这里需要左翼知识分子或共产党对工人阶级进行政治启蒙，揭示资产阶级关于城市规划的意识形态，揭露他们所谓的价值中立性，城市规划的旨归应该由为资本与权力服务转向为人的服务。城市是属于人的家园和栖居之所。住房从交换价值回归到其使用价值属性，都市革命反对资本家运用市场对其使用价值的抽离，并且在其中也明确表达了使用价值的优先性。栖居成为都市实践的首要价值，差异性作为目的成为都市社会的主导。栖居的房子是都市居民占用而非占有以使用价值为宗的空间，用以反对其被资本主义市场私有化、商品化与抽象化。它并非资本私有制下的私人占有，而是集体占用。它并非从属于交换价值的生产，而是回归到共同的兴趣去创造使用价值上。它并非工业社会强调的同质性的空间，而是可以按照自身真实需要改造空间用途的异质性的空间。都市居民集体占用，房子的产权归集体所有，并在共同兴趣的基础上创造，按照实际用途去改造空间，都市居民的生活才能实现诗意的栖居。

都市革命还要解决都市生活权利与都市政治权力的问题。如果都市生活权利指涉的是城市里居民享有的权利，那么这里的重点是权利而非城市。列斐伏尔重点要突出的是权利的都市性或空间性。因此，都市生活权利是都市居民获取进入城市的生活权利而非政治权力。空间或城市本身成为资本主义增殖的生产工具，也是获取生活权利的场域。这种观点的实质仍然是将城市或空间视作一种工具理性。但是如果不改变空间或城市的私人性质，而仅仅去争取在城市中享有的生活权利，那么这种方式实质上是功能上的错位。因此，列斐伏尔强调了都市生活权利的集体属性。都市生活权利的集体性是资本家、政治决策者、城市规划者、都市居民等各方力量共同作用的结果。从负面清单来说，它反对政府或国家运用公共政策或政治权力对都市生活权利空间进行压缩，也反对城市规划者对都市居民生活方式进行干涉。同时，都市居民能够参与城市的空间规划、设计、监督以及实施等整个过程，特别是对涉及公共空间的空间规划具有协商、决定的权利，它试图从国家领域分出部分权力返还给城市所属居民，从政治上强调国家权力与都市居民之间争夺城市空间规划的掌控权。"与通过国家机构过滤公民声音的自由民主选举权的性质不同，城市权利将使居民直接贡献出产生城市空间内部的所有决策。"①尽管都市生活权利具有超越资本主义政治权利的政治企图，具有激进地理学的特征，具有理想主义的色彩②，但是需要明确的是都市革命只是自治分权而非夺取整个国家政权。

其次，揭露与反抗消费主义意识形态。资本主义社会已经从工业的无组织社会走向了被组织化的消费社会，它是一个符号的消费与编码成为主导的社会。都市的集中扩张形式为消费的聚集与推广提供了十分有利的条件，都市成为消费的空间平台与景观社会。资本主义推广消费主义意识形态主要是通过都市空间来实现其生产关系再生产的。因此，都市革命必然包含着对消费主义意识形态的揭露与反抗。虽然消费主义意识形态造成都市居民在生活中主体性丧失，甚至成为伪主体，但是我们不能直接从主体性的视角去揭露它，而是要从符号与符码等领域来分析。消费主义意识形态在策略上是通过制造匮乏，用各种消费符号来"内在地"驱动并牵引匮乏的人。它使匮乏感去占领、俘获消费者，制造更高级的消费符号来使消费者保持永不满足的状态，让消费脱离实在的现实指涉物，从而区分不了真实的需求与假装的欲望。正如列斐伏尔所认为的那样，消费主义意识形态通过次体系达到符号－想象的假装倒转或替代真实的目的。"次体系是高度技术化、专业化的活动体系；某些科层等级结构；信息载体。"③从而，假装成为在次体系控制世界中具有符号价值的身份炫耀。消费主义意识形态实现了消费领域的异化，即人与人的社会关系被符码化和等级化，一切社会关系由符号的象征价值来衡量。这样的社会是一个充斥着符号－物体系的符号拜物教社会。由此，我们不仅要认识它，而且还主张拯救它。列斐伏尔主张通过都市的文化革命来反抗资本主义的消费主义的意识形态。

---

① Purcell M, "Excavating Lefebvre: The Right to the City and Its Urban Politics of the Inhabitant, "*Geojournal* 58 (2002): 102.

② Purcell M, "Possible Worlds: Henri Lefebvre and the Right to the City, "*Journal of Urban Affairs* 36 (2014): 141 – 154.

③ 刘怀玉：《现代性的平庸与神奇：列斐伏尔日常生活批判哲学的文本学解读》，北京师范大学出版社，2018，第331页。

他所指认的文化革命"不是建立于文化基础上的革命,也不是文化自身的目标或它的动机……我们的文化革命的目标与方向是创造一种不是制度的而是生活风格的文化;它的基本特征是在哲学精神中来实现哲学"①。列斐伏尔的文化革命是关于都市居民的生活主体性的根本性变革。正如他在《现代世界中的日常生活》中表明的那样,放弃马克思主义的经济基础与上层建筑的决定与被决定的二元关系,反而强调消费——文化在都市生活解放中取代马克思主义首要的物质生产实践的作用。文化革命并不是都市的政治、经济革命的延伸,相反文化革命是其先导。两者需要互补起来,以文化哲学的总体性形式融入都市生活,共同对抗资本逻辑和科层体制的同质空间。文化革命的目标是建立都市社会居民的都市生活主体性。它可以分为个人与社会的否定性和肯定性层面。前者从否定层面来说,在法律和道德风俗的范围内,个人的生活方式能够免受他人干预;从肯定层面来说,个人是自身生活的主导者,能够拥有选择生活方式的自由。后者即所谓的都市法则,它也包括否定性和肯定性两个方面。"一是打破经济量的增长的盲目崇拜,反对权力造成的分化或隔离,否认夸大文化上存在的特殊性冲突。二是尊重社会风俗,创造空间—时间的统一体,反对强制性和同质化的生产与实现企业的区域自治。"②

最后,都市居民对日常生活异化的"自否定"——自我否定对异化的日常生活的认同,重新发现日常生活的鲜活性或创造性。城市规划对都市居民生产与生活的干预,消费主义意识形态对都市居民消费领域的侵蚀,均成了都市生活方式异化的直接来源。前两者最后仍然要落地于对都市居民的日常生活的压制。为了真正发挥效用,上层建筑除了要依靠强力,还必须要依靠都市居民自身的都市自觉性,即自觉认同异化的大都市生活方式。日常生活不是政治或经济领域,而是一个文化心理学领域。它本身充当了都市居民自觉认同异化的大都市生活方式的前提。一旦他们认定了日常生活具有分裂、疏远、孤独、压抑的特性,那么他们便自然而然地接受异化的都市生活的事实。列斐伏尔的思路是让总体性哲学重新发现日常生活的鲜活性或创造性,并提出了"让日常生活成为艺术品"的鼓舞人心的口号。列斐伏尔对日常生活的理解存在着前后期的不同,但是他辩证地指

---

① Henri Lefebvre, *Everyday Life in the Modern World*, trans. by Sacha Rabinovitch (Routledge, 1984), p. 203.

② 列斐伏尔:《都市革命》,刘怀玉等译,首都师范大学出版社,2018,第203~206页。

出了日常生活的消极性与积极性。"一方面，被当做支配手段的日常生活被理解为资本主义组织的异化场所，另一方面，日常生活被理解为通过人的创造性行动推翻压迫，实现一个乌托邦裂痕的可能性，这两方面存在着张力关系。"① 沉沦于异化的生活与走出异化的生活是同一条道路。日常生活是可能性的起点与终点。日常生活批判需要展望历史的瞬间。瞬间是日常生活连续性、重复性的断裂，是差异的普遍性的打破，而日常生活是瞬间滋养的土壤。瞬间在类似于尼采的酒神精神的冲动下，以节日狂欢的形式，走向自我创造和普遍性价值毁灭，并从日常生活中超拔出来，实现感性欲望的解放。日常生活批判则是肯定它的积极性，否定它的消极性，实现向"总体的人"转变。"总体的人"即主体的辩证性。它是黑格尔"异化的扬弃"、马克思的"总体人"、尼采的"超人"的结合体。在列斐伏尔看来，从生产实践的总体性到自然和社会的决定论再到总体的人，它历经"三元辩证法"的环节。这是一个永恒轮回克服人性欲望、生活异化的过程。日常生活批判呼吁日常生活与艺术、审美结合，形成一种具有生机活力的生活，以诗性创造来反抗日常生活异化。艺术的创造是通过对生活和艺术的双重革命，实现生活与艺术的融合，即艺术的生活与生活的艺术。日常生活与审美结合，审美实现了对分裂、疏远、孤独、压抑的瞬间性的升华，即分裂转化成发挥专长，疏远转化成尊重空间，孤独转化成自我省思，压抑转化成积蓄力量。审美也实现了对自我意识与实体、人类与自然界的融合。它体验了周遭的真实，寻求了改变日常生活的实践，实现了审美的生活与生活的审美的统一。总而言之，瞬间、总体的人、诗性创造都要求都市居民对超越资本主义都市社会的生活方式进行自我生产、自我负责、自我决定以及自我创造。

二 空间斗争

对于后大都市居民生活的弥散化，索亚主张通过后大都市解放来应对。但是后大都市直接受到第三空间的影响，第三空间的本体论是后现代地理学。因此，索亚的后大都市解放概念不仅仅只是一个静止概念而已，而是已经发展到比较全面的空间斗争阶段。后现代地理学反对的理论是历史决定论。空间斗争的对象之一是历史决定论。为了反驳历史决定论，索亚借用了福柯、约翰·伯格等人的理论。福柯从空间、知识、权力之间的关系来描

---

① Francesco Biagi, *Henri Lefebvre's Critical Theory of Space* (Palgrave Macmillan, 2020), p. 174.

述历史，丰富了历史谱系的多元性。约翰·伯格主张艺术不仅仅只有时间叙事，还有空间叙事。福柯、约翰·伯格等人均凸显了空间在社会生活中的重要地位。索亚在此基础上进一步来批判历史在社会生活中的霸权地位。"历史决定论心照不宣地将空间依附于时间，而这种时间掩盖了对社会世界可变性的诸种地理阐释，扰乱了理论话语的每个层面。"① 索亚没有将"历史决定论"与"时间决定论"严格区分，而是将时间因素作为历史叙事的主导，将历史事件的发生比附在时间不可逆的关系中线性地演绎，认为发生历史的空间是"僵死的、刻板的、非辩证的"，而且空间依赖于传统的时间叙事。

索亚引用了 20 世纪世界著名马克思主义文化批评家雷蒙德·威廉斯在其《关键词》（1983 年）一书中对历史决定论的三种类型划分，"用过去解释当下的中立型、用历史条件解释事件发生的慎重型与用历史必然性等观念解释一切的敌对型"②。三种类型的共同之处在于把历史解释为时间上的连续性与同质性的过程，并且把时间上的连续性精确地分割成几个阶段。历史上的差异性和断裂性被还原为历史的内在同一。历史决定论的问题在于历史解释的过度语境化，也即从过度决定性意义上突出历史解释的必然性和唯一性，但是它除了排斥了后现代地理学的解释之外，还在于历史决定论背后的政治意图，即反对政治化的空间意识与激进的空间实践。历史决定论将历史与工人阶级的形成理解成一种必然性关系的结果，即资本主义社会一定会形成工人阶级，并发展成工人阶级与资产阶级对立的社会趋势。但是该理解过于简单片面，索亚认为对历史与工人阶级形成理解，需要根植于空间的偶然性，需要将空间的偶然性与形成工人阶级必然性联系起来。③ 空间的偶然性溯源于空间本体论。空间本体论形成了空间、时间、社会存在的三元关系，空间性是核心，但空间性不具有独占性。展开来说，空间本体论分为空间性－社会性的社会－空间的辩证法与空间性－历史性的地理－历史唯物主义。④ 空间性－社会性塑造了空间的偶然性。任何工人

---

① 爱德华·苏贾：《后现代地理学——重申批判社会理论中的空间》，王文斌译，商务印书馆，2004，第 23 页。

② 爱德华·苏贾：《后现代地理学——重申批判社会理论中的空间》，王文斌译，商务印书馆，2004，第 22 ~ 23 页。

③ 爱德华·苏贾：《后现代地理学——重申批判社会理论中的空间》，王文斌译，商务印书馆，2004，第 192 页。

④ 爱德华·索亚：《第三空间——去往洛杉矶和其他真实和想象地方的旅程》，陆扬等译，上海教育出版社，2005，第 92 页。

阶级都是在空间中形成的。如果空间具有偶然性，那么工人阶级的形成必然也具有偶然性。第一自然的空间通常被我们视作物质的客观形式，但是第一自然的空间是一种"语境假定物"，并不是第一自然本身。当我们在使用"第一自然的空间"的时候，我们是在特定社会中使用"空间"一词。显然，我们需要对空间的社会性进行分析。索亚着重研究的是第二自然的空间，即空间的社会性，可以简称为空间性。"历史决定论理解的历史通常是从物质－心理的两重性来理解历史。"① 它从（客观的）物质和（主观的）心理两个层面来解释人类社会过去的事件和活动，这种对历史本身的理解过于简单、机械与狭隘。空间与空间性不仅是自然空间与认知空间，而且是空间生产与再生产的社会产物。它们的引入也融合与转换了物质与心理的自然性，这从而形成了物质空间、心理空间以及社会空间的三维一体的分析图式。空间具有物质性、精神性与社会性，并不必然于其中哪一个因素。因此，从认识论的视角来说，空间具有偶然性。

空间性－历史性也塑造了空间的偶然性。索亚作为洛杉矶学派的主要代表人物，也直接受到过列斐伏尔空间理论的影响。与列斐伏尔追求日常生活领域的总体性类似，索亚孜孜以求的是时间、空间、社会存在三者并置的总体性。历史不是某种一元或二元因素所能决定的，而是在空间、时间、社会存在三维辩证法中展开的。空间是社会关系与结构的具体化的物质形式，时间是理性精神外化的持续性过程，社会存在指社会的物质生活过程。社会存在是形成空间与时间的物质基础，空间与时间刻画了社会存在，并在其上面留下了痕迹，且空间与时间为社会存在提供实践的条件；空间与时间相互依赖，两者在复杂社会进程中交互制约社会存在。因此，空间、时间、社会存在三者相互作用于历史的变迁，三者之间没有哪一个要素具有排他权与独占权，它们共同构成多元、开放、包容的关系。在这种关系中，空间功能的发挥依赖于其他两种元素的存在。因此，从存在论的角度来说，空间具有偶然性。总之，空间性－社会性与空间性－历史性共同塑造了空间的偶然性，而空间的偶然性形成了工人阶级的偶然性，即空间的偶然性在时间演进序列中形成了工人阶级关系的具体形式和具体位置。

---

① 爱德华·苏贾：《后现代地理学——重申批判社会理论中的空间》，王文斌译，商务印书馆，2004，第183页。

空间斗争的对象之二是阶级性优先于空间性。空间性与空间一字之差，但意义有很大不同。空间性强调空间与社会之间的互动关系，而空间一般指的是物理、精神空间。索亚认为空间（自然界）是一种"语境假定物"，将空间视同物质的客观形式，但是如此理解的空间误导了我们对空间性的社会分析，他着重研究的是第二自然的空间性。笔者通过解读《后现代地理学——重申批判社会理论中的空间》，认为索亚在吸收了福柯、列斐伏尔、葛兰西等人的空间思想的前提下提出了空间性的范畴。关于空间性，索亚认为有三种理解角度①。第一种是列斐伏尔、曼德尔对马克思主义的阶级性的挑战；第二种是维护正统或传统的马克思主义的阶级性；第三种介于前两者之间，将空间性与阶级性区分开来。列斐伏尔不同意历史唯物主义将空间性解释为上层建筑的内容，而是认为空间性与经济基础（或生产关系）具有"辩证的交互作用"。社会关系的生产与再生产可以形成空间，但是也受制于空间，两者形成社会与空间的空间性。当资本主义的幸存依赖于社会关系的生产与再生产的时候，也就是说，它依赖于空间生产，那么空间生产对于资本主义的生产关系的调整和完善起到了重要作用。换言之，空间性有助于资本主义调整生产关系，同理，资本主义调整生产关系，促进生产力发展依赖于组织的空间性。而曼德尔不满意传统马克思主义对阶级性优先于空间性的分析，而是认为两者同等重要。显而易见，这些"修正"的观点必将遭到传统马克思主义的维护者的强烈反对。"传统马克思主义的维护者指责这些新马克思主义的城市和地区分析方法实质是修正主义，没有什么实质意义。还有一批学者（包括卡斯特利斯、哈维、弗兰克、阿明等）的观点是对前面两种观点的折中。但是这些学者面临的实际困境是：当他们面临公开表态时，他们会为了阶级性而暂时牺牲空间性。索亚对以上三种观点各有批判和吸收。"②

索亚基于后现代地理学，将空间性分析与阶级性分析结合起来，理解空间性的构建意义，为我们提供了第四种分析路径。索亚对空间性的研究是从社会关系和阶级结构两个方面阐述的。第一个方面继承了列斐伏尔将空间视作社会关系的看法，但更加凸显了对权力与地理、空间之间的互动

---

① 爱德华·苏贾：《后现代地理学——重申批判社会理论中的空间》，王文斌译，商务印书馆，2004，第 122~129 页。
② 刘勇、王平：《索亚对吉登斯时空理论的三重批判》，《马克思主义与现实》2016 年第 5 期，第 122~123 页。

关系的分析。第二个方面相对来说具有一定的创新性。索亚运用后现代地理学思想，以地理空间中的政治、经济、文化等各种因素来解构经济基础的唯一起根本性的决定作用。多层因素共时性地构成一个不稳定的多元结构，其中，因为经济因素在不平衡的结构中的地位随着社会矛盾的改变而改变，所以多元结构的主导地位是变动不居的。换言之，由经济基础直接制约的阶级性在整个结构中占据主导地位是偶然性的事件。索亚虽没有否定阶级性，但也不认同空间性等于阶级性。他认为在工业资本主义阶段，控制时间是获取绝对剩余价值的主要方式，围绕着劳动时间而发生的阶级斗争是必然的现象。在当今资本主义的都市社会阶段，空间的生产与再生产成为其获取剩余价值的主要方式。因此，空间斗争必须是阶级斗争的核心形式，而阶级斗争并不必然是空间斗争的核心形式。索亚的意图很明显，即空间斗争不必最终还原成阶级斗争，也无须遵循阶级斗争的教条形式，空间斗争已然包容了阶级斗争。此外，索亚提示我们需要重视葛兰西对地方、场所以及区域共同体的特殊性研究的前瞻性的贡献。葛兰西认为我们必须关注当时意大利实际的斗争形势，"阵地战"的空间斗争策略需要随着斗争形势的变化而变化。一方面，市民社会中的霸权或领导权由资本主义国家在掌握，因此，有机知识分子应该从日常生活领域来培育群众的革命意识；另一方面，公共消费场所再生产了对工人阶级的剥削文化，也要同时对非生产区域中新社会运动的发动予以关注。葛兰西认为争夺文化领导权在区域革命中发挥着关键作用，它能够与生产与再生产、工作区与生活区的资产阶级文化进行直接斗争，并以争夺空间生产的控制权为目标，"激进的空间实践的目的是公民控制空间社会生产的权力"[1]。

　　索亚还是一位具有形而上学冲动的规划学家，他不仅对空间性进行了上述经验研究，还探讨了空间性的元理论，以凸显空间性在当代西方学术研究中的重要性甚至是决定性。空间母体是空间性的本原，是元空间性。"空间和时间母体的创造和转化建立了一种基本的物质框架，即社会生活的真正本源。"[2] 但是该论点没有理解空间性在当代资本主义社会的幸存与发展中的关键作用，仍然没有凸显空间母体的本体论作用。所谓空间母体，

① 爱德华·苏贾：《后现代地理学——重申批判社会理论中的空间》，王文斌译，商务印书馆，2004，第234页。
② 爱德华·苏贾：《后现代地理学——重申批判社会理论中的空间》，王文斌译，商务印书馆，2004，第180页。

即集中或组织人们进行物质生产实践的形式与关系。空间母体具有创造和转化功能，这一功能能够将资本主义的物质生产和精神生产进行空间化，形成生产的社会空间形式与关系。社会空间形式与关系反过来又构成生产的前提条件。生产关系的性质决定了阶级的性质。就资本主义生产关系来说，占支配地位的生产关系是资本主义私有制，形成了资产阶级与无产阶级的性质。生产关系是生产的重要内容。不是生产关系的生产决定空间母体，而是空间母体集中或组织生产关系的生产，并且持续不断。正是在此基础上，工人阶级的形成具有偶然性。

为了更好地理解空间母体对生产关系的塑造作用，这里面需要避免将空间母体还原成物质性的理论错位，因为这将遮蔽资本主义的社会空间冲突对劳资关系产生的影响，从而忽视空间对阶级的塑造及在此基础上形成的阶级结构。阶级结构是个组合词。判断阶级的标准是是否占有生产资料。生产资料是生产力的一部分，而占有生产资料则是某种所有制形成的条件，也是形成某种生产关系的条件。结构是系统的有机要素。因此，阶级结构是形成生产关系的诸条件。阶级结构塑造了生产关系，定位工人阶级的形成需要放在阶级结构中。传统的工业社会里，城市的资本流动性不强，主要存在着工人阶级与资产阶级的对立。相对来说，阶级结构较为稳定和单一。不过，进入都市社会后，阶级结构变动不居且多元。这里面也需要避免将空间母体还原成一个观念、思维和心理构想的理论错位，因为它脱离了社会关系，特别是其中的权力关系——权力与空间之间互相结合的关系。权力关系是从中心控制边缘与边缘反过来控制中心的关系，这种不平衡的地理表现了价值的地理转移，一些区域剥削另一些区域。一些中心区域具有发达的资本主义生产关系，还有一些边缘区域具有相对落后的生产关系，后者的生产关系依赖于前者。但是随着资本主义中心与边缘的更替，后者的生产关系反过来主导前者。这些不平衡的权力关系加剧了生产关系的不平衡性。因此，权力关系制约了生产关系，理解工人阶级的形成需要从理解中心与边缘的权力关系的更替出发。通过厘清这两个理论错位，笔者认为空间母体的内容包括阶级结构和权力关系，资本主义通过阶级结构和权力关系等空间母体来维持生产关系的生产。定位与理解工人阶级的形成需要理解多元、流动的阶级结构以及颠倒的权力关系，也就是说，要在空间母体中来定位与理解工人阶级的形成。

空间斗争的对象之三是一元文化统治。准确来说，索亚的空间斗争对象很广，一切与主流、中心、秩序、确定、同质等现代性相关的东西都是它所反对的对象，与边缘形成对立的对象也是他所反对的。从这个角度来说，他是站在后现代主义的立场上去解构传统与现代的二元对立关系。这也是他为什么成为"空间转向"的重要旗手之一。后现代主义解构了政治经济学的批判走向了文化批判，索亚的后现代地理学意味着文化空间的批判。他主张多元文化、边缘文化空间反对一元文化、中心文化主导的空间，将封闭的、排斥的地理环境、交通设计、居民分布、社区构成、建筑样式等改造成开放性和包容性的第三空间，以考虑到边缘群体的生活方式。一切人造空间必须考虑到边缘群体的生活方式，否则将可能形成追求城市权利运动、环境正义运动、抵制新自由主义运动、抵制全球化运动等与其生活方式相关的社会行动。换言之，边缘群体的空间斗争对象是强行将它们纳入统一的、秩序的、透明式的人造空间中的生活方式。索亚的空间斗争在价值论上的作用是引发了社会各界关注边缘群体的利益。芝加哥学派将都市斗争解释成城市与乡村文化方式的差异性的产物，列斐伏尔则将都市斗争理解为变革旧的生活方式而产生的自发性的社会运动。而索亚作为与芝加哥学派相对的洛杉矶学派的代表人物，在综合前者的基础上提出了后现代地理学的分析框架。空间斗争作为都市斗争在后现代社会的形式，回归了大都市的文化方式的斗争，但不是芝加哥学派的城乡对立，而是超越城乡对立后的后大都市的文化方式的斗争。空间斗争作为列斐伏尔都市革命的发展，不像列斐伏尔那样注重对城市中心的生活方式的分析，索亚侧重对从边缘到中心的生活方式的社会行动。列斐伏尔谈到的日常生活的异化突出了以城市中心为主导的生活方式的异化，但是即便取代主流生活方式的异化对边缘群体来说仍然是一种异化，因为它自始至终并没有站在其对立面的边缘立场来考虑问题。索亚的空间斗争由列斐伏尔潜存的思想种子成长起来，即立足于边缘群体来建立一种文化主体间性与自觉的边缘性。

索亚指出了第三空间正遭受着主流或中心空间的歧视、排斥、压迫甚至奴役等。因此，他将工厂、城市以及国家尺度的边缘群体指认为空间斗争的主体。在索亚看来，由于社会对抗的复杂性与多样性，无产阶级在政治斗争中并不一定具有主导地位。无产阶级无权代表各种性别、肤色、种族、宗教、不稳定阶级、社区等身份团体的利益，只能代表自身社会身份的利益。何况工人阶级党组织内部的利益分化以及一些工人职业转化成新兴职业，造成了工人阶级的质量和数量的不稳定性。索亚在《寻求空间正义》中甚至将学院知识分子也加入空间斗争的主体行列中去，形成劳工—社群—移民—知识分子的联盟，这一联盟是政治事件发生之后形成的社会行动的松散团体。索亚所主张的空间斗争主体实质上是一个以身份作为为承认而斗争的标志的联盟。尽管他们主张激进的空间斗争，但是他们是在遵守资本主义制度前提下，在遇到经济危机之后作为对抗生活方式的异化而出现的边缘性的政治力量。他们的激进表现为用泛道德主义来解构问题，利用从众心理来制造集体认同以形成压倒敌人的态势，一旦攸关自身的社会问题暂时难以解决，直接或迅速地退守到边缘立场，与主流政治形成对抗，不分主次、不经理性论证便在否定性的激情情绪下做出最终决定。因此，空间斗争的激进地退守实际上为保守——退缩到立场的边缘。然而，这个所谓的非阶级性的社会身份其实是后天形成的标记，并不具有必然性，通过对社会共同身份的认同进而实现社会行动者的集体行动。但是话语接合产生的认同效应导致了这些异质性的身份政治得以实现。也就是说，话语建构了自我认同，资本主义通过中心—边缘的划界话语以及解构—划界—排斥的话语策略建构了民众的自我认同。资本主义空间生产正是制造中心与边缘结构的重要原因，构成性中心与去中心化本身寓于一体（资本主义生产力与生产关系之中）。与空间生产相一致的资产阶级的意识形态解构了工人阶级与其他被统治阶级或阶层中存在着的普遍利益，然后按照身份政治将它们划分开来，最后再实现排斥一个阶级或阶层的目标。总之，索亚的空间斗争实质上是促使边缘群体在社会空间中建立一种文化主体性与自觉性，以反抗资本主义文化霸权或领导权，并没有从根本上反对资本主义的生产与再生产的制度。

最后，空间斗争的对象还包括主流城市社会学的芝加哥学派。以索亚为代表的洛杉矶学派也对芝加哥学派展开了批判。与芝加哥学派将芝加哥作为资本主义工业社会的代表城市类似，洛杉矶学派将洛杉矶视作都市社会的代表。洛杉矶学派主要在城市变迁的动力与城市空间模型方面批判了芝加哥学派。芝加哥学派将生物进化论引入城市发展过程中，认为城市空间演变是一个生存竞争过程，即侵入—抵抗—接替的生态过程，但是洛杉矶学派认为洛杉矶的城市发展是全球资本主义的结果。在全球化的推动下，大量的跨国公司将产业链划分为多元的生产片段，在不同地方进行生产。同时，大量移民也迁入洛杉矶地区。洛杉矶在这个过程中，抓住了经济重构的机会，历经"去工业化"与"再工业化"的过程，重组了产业结构，重点发展生产者服务业以及信息技术产业。在 20 世纪中后期，受"中东石油危机"等的影响，石油价格和能源成本提升，传统制造业利润下降，一些制造业工厂开始裁员、外迁，甚至倒闭，与之相关的服务业也开始衰落。但是与此同时，洛杉矶大都市区成功引进并发展了以高科技为基础的产业以及生产者服务业等，充分利用移民等劳动力资源，转向了后福特主义的弹性生产。为了避免后福特主义的负外部性，这些新兴产业聚集区以建立产业综合体的方式来降低交易成本。芝加哥学派的城市空间模型主要分为同心圆模型及其变种，而洛杉矶学派以分散化模型为特征。"后福特主义时代的社会结构与产业结构的变化引起了城市功能空间布局的变化，在人口郊区化、产业信息化、交通高速化等多要素的综合作用下，中心商业区作用减弱、许多竞争性分散中心崛起。"① 索亚指出了作为中心商业区的内城开始衰落，而郊区等边缘地区开始了区域城市化，这导致异质性因素的产生。后福特主义时期城市在整体上呈现分散、碎片、随机的空间布局形式。不过，由于这些新产业对专业化程度、溢出效应、创新氛围等的要求高，也具有相对的集中性，也有学者将这种空间模型称为弹性生产下的新产业空间。资本主义弹性生产下，洛杉矶的城市呈现整体分散、部分聚集的空间形式。在这样的空间形式中，社会的人口、种族、职业、权力、阶级等分化得更为多元。总之，洛杉矶学派相比于芝加哥学派，注重政治经济学而非人类生态学的分析，具有一定的左翼城市批判色彩，但是它还吸收了后现代理论、女性主义与后殖民理论等，拥抱了后现代主义，提出了后现代主义城市话语，如"弹性城市"、"国际城市"、"扩散城市"、"碎形城市"、"监禁城市"及"拟像城市"。

第二节 科学主义的都市生活解放

关于人性等方面的假设本身产生于特定的社会历史阶段，受到生产关系与社会关系的制约。主体也是处在一定的社会生产关系中从事对象性活动的"现实的人"。意识形态作为观念上层建筑从根本上由经济基础所决定。科学主义的都市生活解放主张运用政治经济学来分析都市居民的生活

① 爱德华·索亚：《后大都市——城市和区域的批判性研究》，李钧译，上海教育出版社，2006，第 233 页。

问题的客观因素，并在此基础上提出解决问题的科学方法。

一　城市社会运动

"先破后立"，卡斯特先批判了列斐伏尔的都市革命。一方面，列斐伏尔对都市的分析具有形式主义的特征，相对忽视了都市的其他内容。尽管卡斯特肯定了列斐伏尔在都市研究上面所取得的卓越成就，"毫无疑问列斐伏尔是当代马克思主义思考城市化最伟大的理论家之一，他为我们提供了最引人关注的城市社会思想论题的'左翼'版本"①。但同时卡斯特着重批判了列斐伏尔对资本主义社会展开的空间形式分析。列斐伏尔的形式主义的分析，受到了当时现象学思想的重要影响。现象学一般采用悬置判断与本质还原的方法，悬置判断暂时摆脱假设，悬置自然的、科学的观点，让我们对问题本身有更深的思考，避免被一些意识形态遮蔽心灵的眼睛。本质还原，否定直观与表象，这和黑格尔辩证法的旨趣具有类似的一面。但是现象学反对黑格尔的思辨，而它想不借助上帝保证也能实现主客统一，那么本质的还原也是本质的直觉，只不过本质是先验的也是直接呈现在意识之中的。通过这个过程，决定意识现象的物质因素全部被抛弃了。现象学重点关注的是现象中的本质，问题是它并不关注这些主观意识如何进行社会生产与再生产。也就是说，它只关注意识中的现象，以实现意识中的主客统一，但这实际上完全否定了辩证法。都市的集中性、分散性与差异性是列斐伏尔运用现象学进行分析的典型例子，他在《空间的生产》中分析资本主义是抽象空间统治时也如此。列斐伏尔对都市空间现象学的主客二分、内外之别的描述有助于以"前反思"的方式分析都市社会意识中的若干现象，并且试图以空间生产来实现都市社会意识中的统一，而非"编织"一套云里雾里的话语。尽管列斐伏尔关注了空间生产的消费社会，但是是从上层建筑出发来分析而不是从经济基础出发来分析与空间生产同时存在的消费或集体消费的都市社会特殊现象，这一点列斐伏尔仍然是站在人道主义的立场上，没有给予集体消费准确关注。换言之，列斐伏尔所言的空间生产是有组织的城市资本化或资本城市化，同样这也是有组织的空间消费——城市的集体消费。空间生产与消费本身就是一体。丢掉辩证法

---

① Manuel Castells, *The Urban Question: A Marxist Approach*, trans. by Alan Sheridan (Edward Arnod, 1977), p. 87.

的现象学只能割裂这种一体的关系。

另一方面，列斐伏尔的都市革命具有无政府主义色彩。"列斐伏尔按照思想、行为和生活方式将人类社会划分为：农业社会、工业社会、都市社会。其社会内容分别对应于需要、工作、休闲。"[①] 在当今西方发达资本主义社会，建筑业与休闲产业很大程度上替代了传统的制造业，资本主义从工业社会向都市社会转变。都市社会成为人类历史"最后"一种形态。都市社会将人从需要的原始状态和束缚的社会状态中解放出来，使人获得了自由创造的价值。都市社会可以说与马克思意义上的共产主义社会有很大相似点，它们都是异化的扬弃与人性的复归。都市社会表征着新的人本主义，一种具体而非抽象空洞的人本主义的到来。都市人自己以自己为目的，自由自在劳动、暂时取用而非占有公共资源、追求使用价值而非交换价值组成了他们在都市的日常生活。在卡斯特看来，这种社会形态的划分违背了历史唯物主义根据生产力与生产关系划分的这一标准，是根据文化来进行分类。列斐伏尔将都市革命的目标锁定在城市权利。这既要求都市居民在政治上从国家权力中争夺城市空间规划的掌控权，又要求都市居民从经济上反对将城市空间的使用价值私有化、商品化、抽象化的资本主义空间生产与再生产方式。这个目标确实宏大，但是列斐伏尔的都市革命本身就存在问题。列斐伏尔主张城市共同体代替无产阶级。城市共同体因空间使用的斗争和日常生活的控制而兴起，工人阶级因都市化陷入分裂而需要再启蒙。但是卡斯特认为列斐伏尔的城市共同体缺少对资本主义社会结构进行的分析。城市共同体是在经济、政治、意识形态的社会结构中产生的。城市共同体实质上是社区利益共同体，代表了都市居民的利益关系，但是制约利益关系的是生产关系。卡斯特主要指向了集体消费。集体消费形成的是跨阶级的组织，它具有具体的、实质的诉求内容，而非按照某种空间形式形成的城市共同体。列斐伏尔主张以城市自治代替无产阶级政党政治。"卡斯特认为这种观点重复了一个世纪以前马克思对无政府主义者对工人阶级的阶级斗争的再批判。"[②] 也就是说，当时的无政府主义者否定政党等组织的权威和权力，否定政党在斗争中的重要作用，认为只通过文化革命就能实

---

① Manuel Castells, *The Urban Question: A Marxist Approach*, trans. by Alan Sheridan (Edward Arnod, 1977), p. 88.

② Manuel Castells, *The Urban Question: A Marxist Approach*, trans. by Alan Sheridan (Edward Arnod, 1977), p. 89.

现共产主义，历史证明这显然是无法实现的空想。马克思多次批判过无政府主义思想。列斐伏尔主张以都市革命代替阶级斗争。卡斯特认为都市革命实现了都市社会的生活方式、思维方式的美好蓝图，但是这个文化革命式的蓝图没有通过政党组织的阶级斗争来实现经济的、政治的、意识形态的革命的实质转型，没有指出重建新的社会关系的具体的过程。因此，卡斯特认为："城市政策的科学分析必须以阶级关系与阶级斗争的历史性考察为前提，它必须同时被理解为剥削和抵抗这种剥削的过程、社会关系的转变与辩证的再生产的过程、阶级政治统治和主导阶级的替代力量的过程。"① 否则，文化或意识形态的革命只是浪漫主义的幻想，违背马克思主义的革命指南。

卡斯特与其他像列斐伏尔、索亚等都市生活解放者不同的是，他并非仅仅进行主观性批判，而是为自己的城市社会运动路径找到了政治经济学解释的科学基础。但是在遭到学界批判以及像阿尔都塞那样经历"批评与自我批评"的理论调试之后，他从"社会现实"中来调整理论，偏重于结构主义的马克思主义中的"结构主义"，研究城市社会运动的基本结构。此外，前文已经指出他的这一变化也与当时资本主义实际情况变化密切相关，工厂斗争与国家革命发生的难度增加，而城市社会运动兴起。卡斯特从空间政治经济学的视角出发，分析了二战后发达资本主义国家城市社会运动现象发生的客观与主观原因。集体消费的缩减抑制了劳动力的再生产，增加了城市居民的生活压力，城市居民将以城市社会运动的形式来反抗；城市社会运动也具有主动性，它是多元的行动主体通过阶级斗争与跨阶级斗争，来实现维护整体利益或部分利益的目的。卡斯特的城市社会运动理论反映了资本主义社会进入"福利国家"历史阶段的劳动力再生产的情况，启发了当代马克思主义学者需要关注城市空间中居民工作之外的生活问题。

卡斯特在1983年撰写的《城市与草根》中认识到集体消费的片面性，以及对城市主导社会结构的因果关系的过度强调，开始分析城市社会运动发生的主观原因。城市社会运动属于社会政治实践之一。按照社会政治实践的基本结构，分为主体、中介与目的。城市社会运动行动主体是多元的，中介是阶级斗争与跨阶级斗争，目的是维护整体利益或部分利益。城市社会运动也具有主动性功能。卡斯特分析其主观原因的背后立场发

---

① Manuel Castells, *City, Class and Power*, trans. by Elizabeth Lebas（The Macmillan Press Ltd., 1978）, pp. 43 – 44.

生了较大转变，"行动多于结构，主体主义多于客体主义，韦伯主义多于马克思主义，明显是演员们演绎了这幕戏剧，而非这台戏剧演绎了演员们"①。

首先，集体消费消减是导致城市社会运动的客观原因。集体消费问题的出现彰显了发达资本主义的城市危机，特别是城市消费政治的危机。城市是国家推动集体消费提供劳动力再生产的最为有效的空间组织形式，城市的集体消费在整个社会结构中占据主导，决定了国家必须具有提供集体消费品的功能。即便提供集体消费的资本周转时间长，承担国家的行政职能的政府必须加强干预以促进城市劳动力的再生产。政府通过财政支出能够保障劳动者的基本生活权利，促进劳动力的再生产，从而为资本积累创造稳定的环境，但是也将会导致财政赤字、公共债务、通货膨胀等一系列危机。这里并不是说，消费供给危机就一定导致城市社会运动。② 遇到这些危机后，政府往往通过开源节流——提高税收或减少支出，提高税收往往导致资本外逃与富人不满，损害资本家与富人群体的利益，而不得不搁浅。况且国家要求私人垄断资本承担"社会责任"的时候，通过财富再分配的形式将利润转移到与政府密切相关的私人垄断资本企业，这又将易导致政府出现合法性危机。普通劳动者只是处于基本生活水平，政府实行减少公共支出的紧缩政策，削减集体消费支出，必然导致都市居民的生活成本的提高，从而引发城市社会运动。也就是说，"当有限的计划内税收不足以填补持续扩大的集体消费赤字时，伴随劳动力再生产能力的式微，发轫于城市工薪阶层的反抗及其引发的社会大规模动荡就在所难免"③。例如，新冠疫情发生之前，法国当局提出微调燃油税，但是结果导致了油价暴涨，增加了法国民众的燃油成本。这一政策遭到普通工薪阶层的激烈反对，直接引发法国的"黄马甲"运动。

其次，城市社会运动的行动主体是多元的。在《城市与草根》一书中，卡斯特集中探讨了城市社会运动。城市社会运动是一个有行动主体的过程，并且它是多元的行动主体。"空间形式将被人类行动所生产。它根据一定的生产模式和具体的发展模式来表达和执行统治阶级的利益。它将被特定历

① Andy Merrifield, *Metromarxism: A Marxist Tale of the City* (Routledge, 2002) , p. 129.
② 高鉴国:《新马克思主义城市理论》，商务印书馆，2006，第141页。
③ 温权:《发达资本主义社会的集体消费危机与国家干预限度——曼纽尔·卡斯特的马克思主义城市政治经济学批判》，《国外理论动态》2018年第10期，第36页。

史阶段社会的权力关系所制约，被性别主导关系以及国家介入的家庭生活所形塑，被统治阶级、受压迫群体和受虐待妇女的抵抗所标记。"① 城市实践不是一个由结构性关系决定的无主体的过程，这种结构性关系是维护统治阶级利益的关系。既然这里存在着统治和压迫，也就存在着城市实践主体的抗争。卡斯特后来认为考虑到城市社会运动本身与特定的社区空间、区域空间相互关联，这些多元的行动主体可以分为围绕着集体消费而展开的获取城市空间的使用价值和公共服务的行动主体，围绕着文化认同而展开的维护社区文化的认同的行动主体，围绕政治上的自我管理而展开的寻求地方上的自治的行动主体等。

再次，城市社会运动的行动主体的中介是阶级斗争与跨阶级斗争。"前者联合的结果提出一种异质于统治阶级利益及价值的方案，后者分离的后果则是城市居民寻求社区认同以及对城市空间的使用价值的最大化。"② 因而，它能够产生如下作用，即工人阶级及其政党领导的阶级斗争与跨阶级的城市社会运动能够走向联合，发动跨阶级的政治动员，从根本上挑战资本主义财产占有关系和权力结构。受到法国"五月风暴"的影响，卡斯特乐观地认为发达资本主义国家存在着城市起义的可能性。将城市社会运动与工人阶级的阶级斗争联合起来，建立反资产阶级的社会基础；将城市的特殊议题与社会的普遍议题联系起来，形成反抗城市机制与社会机制的行动者联盟。但是"五月风暴"之后，围绕着"集体消费"的城市社会运动并没有出现，更为重要的是，工人阶级并没有与其他阶级或阶层形成团结的利益共同体。相反，一些生态运动、女性运动、性别运动、种族运动等新社会运动却方兴未艾。③ 这一方面源于 20 世纪 70 年代末以来，主要资本主义国家慢慢调整了原先的凯恩斯主义经济政策和福特主义生产模式，接受了新自由主义经济政策和后福特主义生产模式。后者鼓励灵活积累的生产方式、个性化的消费方式，这不仅造成工人阶级的阶级斗争的去阶级化更为明显，其他阶级和阶层的新社会运动也日益分散化、碎片化、去中心化。因此城市社会运动最终走向了分离，只为获取当前利益和局部利益，

---

① Manuel Castells, *The City and The Grassroots: A Cross – Cultural Theory of Urban Social Movements* (Edward Arnold Ltd, 1983), pp. 311 – 312.

② 王志刚：《曼纽尔·卡斯特的结构主义马克思主义城市理论》，《马克思主义与现实》2014年第 6 期，第 94 ~ 95 页。

③ 冯仕政：《西方社会运动理论研究》，中国人民大学出版社，2013，第 266 ~ 268 页。

即城市居民寻求社区认同以及对城市空间的使用价值的最大化。也就是说，城市社会运动的这种主动性实质上了依附了新自由主义经济政策和后福特主义生产模式。

最后，城市社会运动的行动主体的目的是维护整体利益或部分利益。城市社会运动的斗争对象更多指向了地方政府的权力及其具体的消费政策而非资本家，既能够通过联合城市各阶层来维护整体利益，也能够分化阶层利益来阻碍其产生，维护部分利益。从源头上说，卡斯特吸收了法国哲学家列斐伏尔都市革命的思想与社会学家阿兰·图海纳（Alain Touraine）行动社会学的思想，引入了"城市社会运动"的术语。列斐伏尔是将马克思主义与城市问题相结合的首创者，他提出的都市革命主要是从排除了阶级革命话语意义的角度出发进行的总体性的理论建构，具有都市乌托邦色彩。不过，卡斯特并没有完全放弃阶级革命。阿兰·图海纳在两个意义上使用该术语，在限定性意义它指的是城市和社会层面的权力发生了根本上的变化，在一般意义上通常指一种对于实现城市的结构转型有潜在的而不是实际的影响，城市社会运动具有参与度更广泛、权利更新兴或新型、追求其他"非物质"目的的特征。[1] 城市社会运动因城市政治事件而偶然发生，事件之后的形成的比较松散的群体主体，如果规模小、影响小，唤起不了其他社区群体的支持和呼应，那么它的作用将不显著。左翼政党和工会意图将城市社会运动组织起来，并纳入资本主义民主政治框架中，通过政党选举等制度化的形式展开利益斗争，以获取政治利益。同时，城市社会群体中有不同地域、性别、种族的城市居民，他们之间的利益摩擦也需要政党和工会组织来协商。城市社会运动的跨阶级联盟与阶层协商并不以无产阶级的阶级实践作为联结方式，也不再是以劳资对立的形式出现，它斗争的对象更多指向了地方政府的权力及其具体的消费政策而非资本家。如果城市社会运动被纳入制度化的框架中，只诉诸反对切身于自身利益的特殊议题以及相关机制，那么它实质上已经蜕变为国家主导的利益整合的参与机制的手段。当然，城市社会运动增加了城市结构与社会结构的不稳定性，也影响了地方政府政策，间接迫使城市资本家做出一定程度的让步。总之，城市居民主动以城市社会运动来维持自身劳动力再生产，调整社会

---

[1]　Chris Pickvance, "From Urban Social Movements to Urban Movements: A Review and Introduction to a Symposium on Urban Movements," *International Journal of Urban & Regional Research* 27 (2003): 102 – 106.

关系，影响政府政策，一定程度上能够降低生活成本。

二 城市革命

城市居民的生活成本还与地租和房价有关。工人通过阶级斗争可以提高基本工资，但如果地租、房价过高，那他们的阶级斗争的实际作用便微乎其微。传统的马克思主义关注生产过程中的阶级斗争，这本身符合当时的时代特征。但是资本流通过程中的危机，决定了我们应该对价值实现过程中的城市革命予以更多关注。哈维后来将阶级斗争与为城市权利而斗争两者合称为城市革命。哈维作为城市科学的代表人物，他的城市科学从空间政治经济学出发，考察了资本积累与城市革命的关系。城市科学从引发城市革命的经济基础出发，而非停留于对都市生活解放的意识形态的批判上，坚持资本流通领域的阶级斗争的立场，而非滑向都市革命、空间斗争。哈维支持结构主义的马克思主义所强调的异质性或差异性的凸显，但是城市革命需要穿透异质性或差异性的重重迷雾，找到异质性或差异性的政治联盟和重叠共识。

第一，城市革命的主体由反资本主义的人士组成。城市革命的关键在于重新发现集体劳动的阶级力量以及将共享资源保留在生产者自己的手上。争取城市生活权利的斗争与阶级斗争具有相容性，争取城市生活权利的斗争正成为阶级斗争的前沿，两者统一于哈维所说的城市革命。在哈维看来，巴黎公社既是一场阶级斗争，也是一场争取城市生活权利的斗争。传统工厂的无产阶级已经逐渐"式微"，取而代之的是各种类型的"无产阶级"——没有稳定工作，没有组织起来的城市化的生产者。他们是建筑工人、交通工人还有流动性的工人联盟等。工人运动取得胜利需要当地其他组织的支持与补给，也需要建立起自己组织的工作场所，更为重要的是能够将工作场所与生活空间联系起来形成合力。在哈维看来，需要重新阐释传统马克思主义关于阶级和工作的概念，建立城市斗争的组织联盟，将阶级政治与民族、性别等身份政治结合起来，将工作场所与生活空间结合起来以最终形成一种内部有歧见但对外有共同的斗争目标的社会团结的激进形式。所谓的共享资源是介于国家公共空间（或公共物品）与私人空间的城市共同性。它既包括土地、水、森林等自然公共资源，也包括文化、知识、智能、古迹遗产等社会公共资源。前者受到稀缺性逻辑的影响，后者受制于贬值和平庸化（banalization）的逻辑。① 国家的公共空间和公共物品并非城市的共享资源，只有居民基于共同目的，表达政治观点，采取政治行动去占领它们，它们才会成为共享资源。国家并不直接生产公共空间和公共物品，只是对其进行分配与管理，直接生产它们的是全体公民个人。整个城市的共享资源是由城市公民集体创造的，使用共享资源的权利属于城市公民。为此，需要反对国家的资源分配与管理体制，同时对此进行改革以及组织城市居民创造、保护、占用非私有化再生产的共享资源。

第二，城市革命仅仅以获取城市生活权利与城市自治分权为目的。哈维大致同意列斐伏尔的上述观点，不过，哈维在此基础上进一步挖掘城市权利的哲学基础，凸显它的政治哲学维度。城市生活权利是一种动员一切可以团结的力量来进行反资本主义的包容性的集体权利。"一个发生在美国的很好的例子就是在城市权利的名义下，联合共产主义团体、工人组织、争取住房权利的组织者、环保行动者、移民以及少数团体来反对新自由主义的经济和城市政策、各种社会不同形式的非正义。"② 城市居民参与争取城市生活权利的城市革命能够引发更多公众关注这个问题，推动城市空间生产的民主化，也能够迈出全面革命运动第一步。城市生活权利是差异性权利。哈维认为在阶级主体上需要引进城市激进的主体，甚至认为将被传统马克思主义所排斥的没有组织的群体（或称为"城市暴民""流氓无产者"）也纳入进来。城市生活权利是特殊主义权利。哈维所推崇的城市权利是对现存事物的解构，重新建构社会主义政治体制的城市权利。这一点也是哈维与列斐伏尔的重大区别。城市生活权利是一种与资本主义性质完全不同的政治权利。城市生活权利是规模政治权利。"市场正义"成为资本主义世界的普遍性的意识形态，但是以性别、种族、社区、文化身份等差异性因素为标志的新社会运动却只是组成了各自为政的"阶层联盟"。资产阶级通过分化瓦解和有机接合的方式可以有效治理"阶层联盟"。因此哈维认为必须建构城市生活权利的适当规模，以统一反对资本主义世界逻辑。阶级联盟不仅是从生产过程的经济基础来批判资本主义的市场（分配）正义及其权利，而且从政治联合的上层建筑找到了对抗资本主义的市场正义及其权利的政治途径。建构城市生活权利的适当规模试图从国家领域分出部

---

① 大卫·哈维、王行坤：《解释世界还是改造世界——评哈特、奈格里的〈大同世界〉》，《上海文化》2016年第2期，第57页。

② 详见 P. Marcuse, "From Critical Urban Theory to the Right to the City," *City* 13 (2009): 185–197。

分权力返还给城市所属居民，从政治上强调城市的自治分权。城市生活权利是情境化权利。尽管马克思无疑始终关注无产阶级及其人类的利益，但是马克思同样对无产阶级利益实现的不同情境给予具体关注，特别是在《论犹太人问题》中强调了具体的历史的人权。相反，资本主义却一直停留在自由、平等、博爱的"普遍利益"的抽象的宣称上。哈维认为这些右翼意识形态的正义观受特定时空阶段下物质基础和生产方式的制约。因此哈维的城市革命特别关注时空阶段特征下的"差异地理学"以及延伸出的具体的、历史的权利。

第三，目标决定手段。城市革命以政治抗议的和平方式为主，辅以暴力方式。其中和平方式是通过政治融合与文化融合来建立反资本主义的联盟。传统马克思主义认为阶级斗争主要集中在工厂及其剩余价值生产阶段，这意味着传统工人阶级在围绕剩余价值的实现的斗争中不占据中心位置。政治融合的领导权必然要落到无产阶级先锋队组织身上是偶然性的问题。政治融合要求阶级政治与其他如身份政治等非阶级政治具有平等的地位。哈维以奥尔托的民主理论为例，指出政治融合的形式有三种：街区协会、行业协会以及传统工会。① 这种政治融合实质上是融合了地方主义、民粹主义以及工会主义等意识形态，克服左翼政治的边缘化或自我边缘化，以形成对新自由主义中心化的全面对抗。政治融合需要接合其他一切可以团结的力量，包容差异性，以形成反资本主义联盟。如果实现了政治融合，那么也意味着城市形成了一种团结一致的市民意识。市民不仅仅具有工厂中工人的阶级意识，而且还有城市生活中的本土意识。正是市民意识将两者联系起来，形成了对生产与生活压迫的团结形式。一旦文化融合运转起来，转变成不同层次和规模的城市革命，那么它将会形成一个"叛逆的城市"，这将对资本主义的阶级力量产生重大影响。不过，政治融合与文化融合要取得实效，必须以剩余价值的实现为中心团结力量，否则会陷入议会和宪法的改良主义的旧圈。城市革命以和平方式为主，属于政治斗争的策略，这本身被接合或收编在资产阶级的战略当中。资产阶级的战略可以分为三类：对于共产主义人士进行镇压和监控；对于左翼及其支持者利用分化瓦解的方式来消解多元斗争的统一性；对于中间派与右翼力量展开意识形态

---

① 哈维：《叛逆的城市——从城市权利到城市革命》，叶齐茂、倪晓辉译，商务印书馆，2014，第 149～151 页。

的教化、质询等，使之认同资本主义并自觉维护资本主义。这些战略导致城市革命具有城市乌托邦的色彩。

第四，城市革命的革命对象最终围绕着剩余价值的实现展开。二战后，特别是发达资本主义国家确立了"华盛顿共识"之后，世界银行主张让土地、房地产进入自由市场，建立相关的私有产权制度保护个人的利益，加速资本积累以最终惠及弱势群体。事实上，面对着不平等的地理格局，新自由主义的神话很快就破灭了。流动性的土地、房地产市场以及投机性金融之间的关系十分密切。在市场经济条件下，土地产生地租最大化的政策将许多低收入者或中等收入者驱赶出城市中心。房地产市场在国民生产总值中所占比重越大，金融资本与建筑环境的联系越密切，越有可能产生经济危机。哈维提示我们需要对信用以及虚拟资本有新的理解，在信用和利率层面深化马克思的理论。如果将信用制度与资本运动规律结合起来，那么必然衍生出虚拟资本。虚拟资本的扩张与土地和房地产市场密切相关。部分虚拟资本参与了价值创造，当代的资本主义的资本积累越来越依赖于虚拟资本的作用。总的来说，城市资本家通过住宅市场上的占有和剥夺实现了在生活场所的阶级剥削。城市资本家新的策略是从商品与货币的流通环节中而不是直接从生产环节获取剩余价值。在城市化过程中，城市空间为剩余价值的实现提供了主要场所，城市资本家对城市劳动者的总体性剥削也无时不有、无处不在。因此无论是城市革命中的身份政治还是阶级政治，无论是工作场所还是生活场所都必须围绕资本积累过程中剩余价值的实现展开。

第五，城市革命的性质是流通领域的阶级斗争。40 年讲授《资本论》、研读马克思的经典著作的经历以及观察甚至参与全球劳工运动的经历促使哈维对马克思主义的信仰更为坚定。尽管 20 世纪 60 年代资本主义出现了新的变化，但是哈维并没有像其他都市生活解放者那样过度从意识形态角度对资本主义展开批判，而不研究制约意识形态生产与再生产的经济关系和社会关系。正好相反，哈维从空间政治经济学视角，复兴了对马克思《资本论》第二卷的研究，揭露了资本积累、阶级斗争与城市化的复杂关系。"通过一般意义上的空间生产和特殊意义上的城市化来吸收剩余价值和剩余产品对维持资本积累起了关键作用。"[1] 在哈维看来，意识形态批判并不能

---

[1]　大卫·哈维：《跟大卫·哈维读〈资本论〉》（第二卷），谢富胜、李连波等译，上海译文出版社，2016，第 297 页。

取代阶级斗争，阶级斗争必须将剩余价值的实现作为反资本主义运动理论的重心。同时，"阶级斗争也需要与资本主义不平衡地理发展结合起来，把这些斗争目标综合起来，并随着新的斗争地形的变化而变化"①。哈维曾经在指出资本积累与阶级斗争是一体两面的同时，也指出"资本积累的迫切性造就了生产和资本的集中，也扩张了得以实现利润的市场。结果，'空间里的流动'明显增加"②。这意味着资本积累带来的空间扩张必然产生资本流通问题，而且哈维也把主要焦点放在资本的流通领域。因此，哈维理解的阶级斗争也主要指资本流通领域的阶级斗争。这被马克·戈特迪纳称为"被稀释过的阶级冲突"③。资本流通领域的阶级斗争的最大特征在于它在日常生活中的流动性与偶然性，难以形成固定的组织形式。"工人阶级只是历史的旁观者，至多起着回应作用，而资本由于不断地积累给自己造成了伤害。"④ 桑德斯的这一批判不无道理。当然，我们也应该从更为广阔的人类发展史来看资本主义这一历史阶段。相对于人类历史其他社会形态，资本主义的发展史是最为短暂的历史现象。我们仍然处于资本主义占据主导的时代，但是资本主义有明显的衰退迹象，社会主义明显走出低谷、重新振兴。就前者来说，发达资本主义国家的生产出现一定问题，如经济增长率较低，但是发达资本主义国家为了加快资本积累，"以时间消灭空间"，这就导致了资本主义的流通领域的阶级斗争是这一时期较为明显的时代特征；就后者而言，由资本主义过渡到社会主义，劳资之间阶级斗争仍然占据主导，具有世界范围内的普遍性，但是也不能排斥其他形式的特殊性的斗争，即重新组织统一反对资本主义的阶级力量，包容各种形式的城市革命。"这表明，哈维唤起了发生在马克思主义本身内部的辩证法，即在激进的特殊主义与批判性和全球性的观点之间。"⑤ 哈维借鉴了所谓"文化唯物主义"的代表人物雷蒙德·威廉斯所提倡的"斗争的特殊主义"的概念来命名这种新的斗争形式。但是我们需要清楚的是，"阶级分析不应该理解为建立在假设和价值的基础之上的阶级身份的文化分析，也不应该将阶级分析理解

---

① 哈维：《正义、自然和差异地理学》，胡大平译，上海人民出版社，2015，第492～497页。
② 哈维：《资本的空间》，王志弘、王玥民译，群学出版有限公司，2010，第358页。
③ 马克·戈特迪纳：《城市空间的社会生产》（第二版），任晖译，江苏凤凰教育出版社，2014，第98页。
④ 彼得·桑德斯：《社会理论与城市问题》，郭秋来译，江苏凤凰教育出版社，2018，第243页。
⑤ N. Castree, D. Gregory (eds.), *David Harvey: A Critical Reader* (Blackwell Publishing, 2006), p. 53.

为阶层分类的实证社会学分析，而应该理解为更为激进的阶级斗争"①。

总之，哈维从城市空间的激进性视角来理解城市革命。一方面，这反映出资本主义出现了新的时代特征变化，即资本主义由工业社会进入城市社会的阶段。也就是说，资本主义社会的性质没有发生任何改变，然而其阶段特征发生了变化。它表现为资本主义城市化过程中也存在着剥削。剥削从工厂空间扩张到整个城市空间。城市资本家通过对城市土地市场、住宅市场等的占有和剥夺实现了在生活场所的阶级剥削，从商品与货币的流通环节中而不是直接从生产环节获取剩余价值。"工人在工资上得到的任何让步都能被作为整体的资产阶级（商业资本家、房地产主，以及在当代条件下的信贷贩子、银行家和金融家）窃取和夺回。"② 总而言之，在城市化过程中，城市空间为剩余价值的实现提供了主要场所，围绕生活而展开城市空间的斗争将是必然现象。城市革命启发在发达国家的工人阶级及其政党需要密切关注当前存在的城市空间的剥削，并做好城市空间的阶级斗争的长期规划。

第三节 都市生活解放的两种路径

都市生活解放的两种路径的思路受到阿尔都塞科学与意识形态二分的影响。阿尔都塞为了反对将科学的马克思主义意识形态化，提出了"认识论的断裂"的著名判断，即以 1845 年为界，马克思在思想实验过程中，前期为"意识形态"阶段，后期才为"科学"阶段。③ 阿尔都塞无疑把握了马克思思想的阶段性与复杂性，但是阿尔都塞强调意识形态与科学的完全断裂，这一判断本身充满着谬误性，割裂了马克思的整体性思想。对于马克思是否存在意识形态与科学的两个阶段评述，本书将在第四章进行讨论。但是意识形态与科学的二分，并非阿尔都塞的绝对对立，对于我们认识都市生活解放的两面性是有积极意义的。

意识形态也是一种意识。作为意识的意识形态已经不是单纯的意识了，

---

① Imogen Tyler, " Classificatory Struggles: Class, Culture and Inequality in Neoliberal Times, "*Sociological Review* 63 (2015): 493 – 511.

② 哈维：《叛逆的城市——从城市权利到城市革命》，叶齐茂、倪晓辉译，商务印书馆，2014，第 130 页。

③ 阿尔都塞：《保卫马克思》，顾良译，商务印书馆，2010，第 15 ~ 23 页。

而是在一定形态下由历史性社会所决定的意识，其虽有意识的内容，但却是一种观念形态。① 意识形态的概念在诞生之初被拿破仑贬斥为虚假的"意识形态"。意识形态往往成为"虚假"的代名词。人们认识上的虚假，除了有个人认知偏差的原因，还有自身观念上对思维与存在的颠倒的原因。但是认为"观念支配世界"的颠倒观念，本身是统治阶级在维护阶级统治而实行的意识形态操纵的结果。在古代、近代社会，意识形态家常常认为公众是无知的、容易受到欺骗的"群氓"，因而他们主张对公众进行简单的观念灌输以及直接的思想教化。受到主客观条件的限制，大部分公众会对此"信以为真"。受教育程度提高与实践广度与深度增加，使得公众对信息的来源、传播、筛选等都有所存疑；现代技术包括人工智能和大数据技术的运用，使得公众将数据转化成信息，将信息转化成讯息，将讯息转化成知识的判断能力得到了提升；现代社会的风险性和不确定性特征置社会公众于一种普遍的自反性或反思性之中。也就是说，在现代社会，公众接受了多元的信息或知识，提高了在实践中的分辨能力，也增强了自身整体的反思能力。因此，公众对包裹在信息帷幕之后的意识形态的虚假性有很大警觉。这主要表现在公众会怀疑意识形态家所预设的片面的理论前提，所附带的"前见"甚至"偏见"，所考虑到背后的各种公私利益。

这也显示出公众的理性具有促使意识形态从虚假走向"科学"的潜能。换言之，公众初步知觉到意识的内在性在观念上造成"颠倒"的意义，利益在生成虚假意识形态的重要作用，从而进入"反思的意识形态"之中。但是它仍旧仅有科学的"潜能"，未必成为科学的"现实"。因为"反思的意识形态"凭借这种人本主义的批判方式是难以穿透意识形态的层层迷雾的，反而会越来越陷入虚假观念的陷阱中，所以它仍然处于由意识形态蜕变成科学的"蝉蛹"过程之中。具体来说，"反思的意识形态"从个人的反思出发，看似是考虑到了正反两面，将意识形态视作"有机整体"，但是从性质上依旧是意识世界的虚假的辩证法。因为"反思的意识形态"使反思关系变成了"思辨主体"，它以表象对象的方式将认识对象与现实对象混淆。尽管它看似遵循了"思辨主体"同一性的原则，但是它无法认识到思维在认识对象中的能力源于物质生产活动，无欲上升到无产阶级的阶级意识，更无力发展成改造社会的实践性。意识形态本身蕴藏着科学的因子，

---

① 户坂润：《马克思主义意识形态论》，郭莉译，长春出版社，2021，第15页。

并不是如阿尔都塞所言的绝对断裂。

一　都市生活解放的意识形态

意识形态最早由启蒙运动和法国大革命时期的哲学家德·特拉西提出来，它被称为一种"观念科学"（观念学）。"观念学的主要任务是研究认识的起源、界限和认识的可靠性的程度。"① 也就是说，特拉西的意图在于以科学的方式重建认识论，即通过为一切观念的产生奠定一个科学基础，以纠正人们头脑中的错误观念达到启蒙之目的。深受法国机械唯物主义影响的特拉西将观念还原成感觉，从感觉中分析观念的起源。感觉中产生的观念并不独立于理念世界而具有主观性，意识形态被认为是对认识世界的想象或理解图式。意识形态作为观念科学，是伦理、道德、政治的基础，也为意识形态的实践提供了规范。资产阶级的意识形态推动人类从神学或形而上学时期走向科学规范时期。观念科学是观念和理性的统一，启蒙运动时期的自由、平等、博爱的意识形态既是观念，也是理性。这决定了它必然要对封建专制、宗教势力精神独裁进行批判。特拉西后来成为当时法国最高学术机构——法兰西研究院的一员，与其他大部分知识分子一样崇尚资产阶级的自由主义，希望借助于国家力量对国民展开自由、理性、科学的启蒙教育，但是拿破仑的专制统治与此相悖。因此，后来拿破仑取缔了法兰西研究院伦理道德与政治科学部，指责那些爱批评他执政的学者为"意识形态家"，意识形态从抽象的哲学层面被拉回到现实政治中。

意识形态这个术语在整个人文社会科学的盛行与马克思、恩格斯的批判密不可分。马克思、恩格斯认识意识形态也经历了一个过程。从马克思的各种传记来看，马克思在博士时期暂时还没有面临城市物质生活匮乏的困境。但是作为一名为人类服务的有志青年首先直面的是自己的精神生活危机。柏林集中了一大批从四面八方来的优秀青年，而马克思的精神生活危机也是发生在这座城市里。城市精神生活"危中有机"。马克思自豪地成了黑格尔的学生，兴奋地加入青年黑格尔派的"博士俱乐部"，后来又决然而然地割席，并在费尔哈巴唯物主义的基础上对他们展开了猛烈批判，最终与恩格斯一起创立了历史唯物主义。当时德国经济、政治处在落后于英法的历史阶段，但新兴的资产阶级哲学与文学比较繁荣。在反对封建君主

---

① 俞吾金：《意识形态论（修订版）》，人民出版社，2009，第28页。

权力和教会神权上，包括马克思在内的青年黑格尔派均有相对一致的意见。但是批判的武器不能代替武器的批判，宗教批判、向德国制度开火、法哲学批判只是批判的武器，震撼人心的语词在反动统治面前收效甚微。出路何在？一方面，费尔哈巴的唯物主义借助于作为感性直观的实践，实现了所谓的"主语与谓语的颠倒"。"费尔巴哈从这一起点出发进而对黑格尔的形式主义以及意识的内在性进行了批判。"① 但是费尔巴哈并没有真正克服黑格尔哲学的弊端，反而抛弃了黑格尔哲学的辩证法，显得"粗疏浮浅"。从德国古典哲学史上看，"费尔巴哈颠倒"确实对马克思产生了较大影响，但是费尔巴哈仍然是更为神秘的观念论者——从抽象逆转成具体，从精神逆转成物质，以一种观念代替另一种观念，这种观点仍旧停留在某种用感性直观来批判绝对精神的观念论上。因为从根本上来说，费尔巴哈所诉诸的感性直观的实践具有消极性和被动性，不具有能动性和创造性。"费尔巴哈想要研究跟思想客体确实不同的感性客体，但是他没有把人的活动本身理解为对象性的活动。"② 也就是说，费尔巴哈仅基于认识关系来理解实践关系，而马克思是基于实践关系来理解认识关系，并将认识的主体与客体关系理解为改造与被改造关系，它既是一个主体客体化的过程，也是客体主体化的过程。因此，马克思认为实践的本质是"对象性活动"。另一方面，黑格尔的唯心辩证法看上去是思辨的，但是这种抽象思辨的"颠倒"把抽象概念的演绎过程视作优先于具体的实在的自生过程，把"实在"或"实在主体"理解为思维运动的结果。而马克思意义上的"实在"或"实在主体"是物质或作为实践的物质活动。马克思从物质或实践活动出发来理解德意志意识形态，这意味着在根本上是从物质生产方式或物质生产实践出发来认识意识形态，那么意识形态成为由经济基础所制约的上层建筑。支配物质生产方式或物质生产实践的阶级是统治阶级，它同时支配着精神生产，意识形态是为了维护统治阶级的利益而生产出来的。资产阶级作为统治阶级起初是以整体利益的方式与无产阶级共同反对封建势力，但是资产阶级与无产阶级之间的矛盾成为主要矛盾之后，资产阶级利用整体利益的意识形态来获取自身的部分利益。

就笔者目前了解的文献情况来看，国内外学术界尚未有人明确指出都

---

① 吴晓明：《形而上学的没落——马克思与费尔巴哈关系的当代解读》，人民出版社，2006，第 235~252 页。
② 《马克思恩格斯选集》（第 1 卷）（第 3 版），人民出版社，2012，第 133 页。

市生活解放存在意识形态与科学之争。不过，卡斯特是最早指出在马克思主义的城市研究中存在着城市意识形态与科学①的区别的一位学者，这为本书的继续研究提供了一定借鉴。笔者沿着卡斯特的分析逻辑进一步研究都市生活解放内部的思想矛盾，将以列斐伏尔为代表的存在主义的马克思主义分析和以索亚为代表的后现代地理学分析合称为人本主义分析框架；将以卡斯特为代表的结构主义的马克思主义分析和以哈维为代表的空间政治经济学分析合称为科学主义分析框架。卡斯特认为："城市意识形态是这样一种特定的意识形态，它把社会组织的模式和方式看作社会进化的阶段性特征，而这些特征又与人类生存的技术——自然条件紧密相关，最终则与环境紧紧联系在一起。"② 卡斯特批判的都市意识形态主要是指作为主流社会学学派的芝加哥学派。芝加哥学派将城市问题还原为环境问题，而环境主要是指城市文化环境，即城市文化环境使得其与乡村文明的差异性凸显，也使得城市的生活方式独树一帜。城市中出现的社会冲突现象是由城市文化环境导致的，解决环境问题的关键在于城市规划专家与技术官僚，从而赋予了"城市规划专家的意识形态高于经济控制论和阶级斗争理论的理论和政治上的优先权"③，这显然陷入技术主义的意识形态，完全符合资产阶级城市政府通过技术手段来缓和城市阶级矛盾的政治意图。此外，卡斯特还批判了列斐伏尔的人道主义的都市意识形态，"最关键的，它存在于人们的头脑中，甚至渗透到了那些对城市化的社会形式进行批判性思考的人们的思想中"④。因为这些批判性思考看似批评了主流的城市社会学，但是它主要从抬高青年马克思的地位，将人性、异化理论和总体性理论视作解释城市问题的核心范畴，诉诸都市居民的自发性运动——都市革命来解决城市问题。列斐伏尔的人道主义以一种想象性的体验方式遮蔽人与世界的真实关系，其背后的意识形态更具有欺骗性或误导性。

---

① 也可以翻译成都市意识形态和城市科学。列斐伏尔和索亚倾向于使用都市或空间，而卡斯特和哈维倾向于使用城市。笔者根据语境调整使用这两个词，总的来说，在全书中以使用都市为主，城市为辅。

② Manuel Castells, *The Urban Question: A Marxist Approach*, trans. by Alan Sheridan（Edward Arnod, 1977）, pp. 73 – 74.

③ Manuel Castells, *The Urban Question: A Marxist Approach*, trans. by Alan Sheridan（Edward Arnod, 1977）, p. 2.

④ Manuel Castells, *The Urban Question: A Marxist Approach*, trans. by Alan Sheridan（Edward Arnod, 1977）, p. 86.

正如第一章所言，都市生活解放是 20 世纪 60 年代以来西方资本主义国家出现的都市居民通过都市斗争改变都市的物质生活需要的经济条件，获取都市的生活权利，形成社会主义的生活方式的新实践形式。都市生活解放的意识形态并没有从资本主义社会的经济基础出发来解释现实与改造现实，而是仅仅从观念上对其进行批判。正因为它没有从根本上深入决定意识形态上层建筑的经济基础层面，不得不转求于意识形态本身。它从普遍的意识形态来反思特殊的意识形态。普遍的意识形态是特殊意识形态概念的扩展结果，它并非仅仅从认识论的角度来分析科学与虚假，而是从本体论来质疑整个社会观念结构。意识形态发展到普遍的概念阐释的阶段或非评价性的思考方式的阶段，意识形态理论则发展成了曼海姆所称的具有描述性意义的知识社会学。"随着意识形态总体概念的一般阐述方式的出现，单纯的意识形态理论发展成为知识社会学。"① 意识形态的发展过程表明论辩双方从起初的对于特殊意识形态的无意识过渡到具有普遍的意识形态的反思性的自我意识。自我意识分化为人性、异化、总体性、空间性等人道主义的范畴。人性是脱离并高于具体历史条件而独立存在的实体。人性在都市社会之前是美好的，在之后异化了。人只有克服了异化，才能获得总体性。总体性同时也是一个规范性和充满人文眷注的概念，它意味着历史发展的基本价值指向和目标，即克服人的片面和分裂状态，实现人的整体发展，达至人心的和谐和整全。② 总体性不仅包括从异化回归到自然状态的历史过程，而且也包括人与地理环境、城市和谐相处的空间性。人道主义的马克思主义以此来反思都市生活方式的异化，然后人道主义的马克思主义又以特殊的意识形态来反对普遍的意识形态，即以都市居民特殊的都市性反对工人阶级普遍的阶级性，意识形态仍然会陷入"情境性"或"循环性"相关的争论，陷入某种"坏的无限性"当中而无法达成共识，从而，陷入了知识上的相对主义。总之，都市生活解放的意识形态存在着反思与自反的张力，并以此作为自主自立的前提，使得它的意识形态性进一步被确证。

在持有都市生活解放的意识形态立场的学者看来，都市生活解放的意识形态的主体是城市运动中分化出来的作为"总体的人"的新社会阶层或"第三空间"中的边缘群体。从西方城市史看，都市生活解放的起点和重心

---

① 卡尔·曼海姆：《意识形态与乌托邦》，黎鸣译，商务印书馆，2000，第 79 页。
② 贺来：《辩证法的生存论基础：马克思辩证法的当代阐释（修订本）》，北京师范大学出版社，2021，第 373 页。

在城市。在古希腊罗马时期，作为政治、经济、文化中心的城邦实则是古代具有自治权的城市政府；中世纪的一些意大利城市因发展工商业、外贸业，反对教权和王权，开启了城市自治运动，从教廷和国王那里获取城市管理权。尽管在 14 世纪，黑死病、瘟疫等传染性疾病的盛行给城市以沉重打击，但是 15 世纪，西欧城市经济开始重新复苏，人口开始增加。英国通过工业革命，城市化进程迅速推进。其城市人口比重超过农村，而且城市规模不断扩大。其他欧洲国家也陆陆续续开启了工业革命，城市化水平得到显著提升。欧洲城市人口占总人口的多数，城市已在国民经济和社会发展中占主导地位。但是在城市经济发展"高歌猛进"的时候，城市的无产阶级却陷入相对贫困的境况。城市遇到经济危机的时候，城市的金融资产阶级能够得到国家的救济，而城市工人群体要么背负更多的债务，要么被迫选择破产，甚至死亡。20 世纪 60 年代以来，发达资本主义国家的城市社会结构出现了新的分化，即分化出新中间阶层和边缘群体。它们具有职业分散、相对独立性强、对工人阶级的认同感低、遭受社会排挤歧视的特征。新社会阶层的出现使得传统的劳资二元对立阶级趋向于多级分化，新社会阶层在城市空间呈现多元化的特征。如城市的种族、移民问题，城市的犯罪问题，都市居民的心理健康问题，城市女性权益问题，城市生态问题，旧城区衰败问题，等等。为了解决这些复合问题，必须要有"总体的人"出现。都市生活解放的领导者并非由无产阶级及其先锋队来领导，而是由具有左翼或左翼倾向的知识分子和青年学生等更具有中立性的非政府组织来组织，以吸引中间阶层、边缘群体以及反体制人士的参与。传统的阶级概念在利益聚合和利益动员的功能上远不如相同职业、行业、区域以及兴趣组织强大，而后者在城市中更认同当前利益与部分利益。

都市生活解放意识形态的对象是资本主义异化的生活方式。斗争的对象不再处于剩余价值的生产领域，而是处于城市日常生活领域、社会边缘领域。与生产领域中的生产方式相对的是生活领域中的生活方式，都市生活解放的对象是资本主义生活领域中的生活方式，可简称为资本主义的生活方式。都市生活解放对夺取资产阶级政权持悲观态度，他们希望建立与资本主义制度相平行但生活方式迥异的社区。社区是一种类似于"小国寡民"的城邦，它实行参与式民主，反抗社区之外异化的生活方式，以创造、赋予、整合成与资本主义旧文明不一样的生存方式。也就是说，都市生活解放关注的是文化、价值观、意识形态等后物质主义的非制度的再生产与重建。20 世纪 90 年代以来，全球化急速推进。都市生活解放已经越来越不是民族国家的特定现象，它日益超越民族国家的界限，成为一个全球性的现象。全球城市化使得地球上的各个城市之间的政治、经济、文化、军事、社会等相互渗透、互相依存。一个城市内发生了都市生活解放斗争，不仅受制于所属城市的问题，而且与其他城市的经济政策、政治政策、文化政策等密切相关。换言之，全球都市生活解放的对象变得更为错综复杂。

都市生活解放意识形态的功能是体验式的都市斗争。在这些都市生活解放者看来，革命陷入低谷，马克思主义意义上的阶级斗争已经不合时宜了。都市斗争所秉持的理念并非科学社会主义而是个人主义。都市斗争形成的相对独立的小团体，本身就具有一定的自主性，没有强制性的纲领或章程，个人可以随时加入、参与、联合、分离。换言之，都市斗争具有平等性、参与性、开放性的特征。都市斗争采取多元的、总体分散的、灵活的斗争形式，游离于政党、工会之外，并且在合法和暴力的手段之间游移不定。不过，2008 年金融危机以来，都市斗争具有一定的组织性和计划性，左翼政党、工会以及社会团体等试图重新激活列斐伏尔的"城市权利"思想以实现超越阶级、身份政治联盟的形式来组织活动。体验式的都市斗争的性质使得其斗争手段主要为对资本主义的城市的现代性以及城市的工具理性进行批判，都市革命、空间斗争是都市生活解放的意识形态的表征。

最后，都市生活解放的意识形态以获取都市生活权利为最终目的。都市生活权利能够在一定程度上动员都市居民通过都市革命来维护自身利益，但是真正的城市权利从根本上指向了"由谁来控制城市化和剩余价值生产之间的内在联系和使用"①，显然，列斐伏尔的都市革命并不力主这样一种彻底的方法。列斐伏尔的空间生产与再生产实质是社会关系的生产与再生产，但是制约社会关系的生产与再生产的内在矛盾体现在塑造空间形式的过程中，而空间形式归根结底不是具有独立性或自主性并且处于决定地位的经济基础。塑造空间形式的过程实际上是资本积累和阶级斗争的过程。资本积累推动了空间生产与再生产，它是塑造空间形式的根本动力。在资本积累过程中，为了保持积累的连续性，资本家必须不分昼夜地将剩余价值资本化，进而为了获得更多的剩余价值将部分利润再转化为各种形式的

---

① 哈维：《叛逆的城市——从城市权利到城市革命》，叶齐茂、倪晓辉译，商务印书馆，2014，第 26 页。

资本，而劳动者为了生存和生活被迫组成一个阶级以反抗资产阶级的阶级剥削。因此，剩余价值资本化的过程必定内含着阶级斗争，"资本积累与阶级斗争实质上是一体两面"①。虽然列斐伏尔"通往未来美好社会的地平线"的都市革命似乎在一定程度上能够解决当今资本主义城市的日常生活危机，但是他对资本积累与阶级斗争这一根本问题赋予了某种意识形态的意义。列斐伏尔在《都市革命》第二章特意阐述了"盲域"这个重要的定义，"我们用眼睛去观察事物，用概念去概括现象，但是我们的眼睛和概念已经为资本主义工业社会所同化"②，我们见不到资本主义历史断裂的空隙和缺口。"盲域"与潜意识没有关系，它的出现主要与意识形态的遮蔽和元语言的剩余有关，但是列斐伏尔真是被这些隐藏的表象蒙蔽了吗？事实上，列斐伏尔在"盲域"概念上的认识论立场本身就是资本主义的话语逻辑的一个分支。因此，列斐伏尔作为首位将马克思主义与城市相结合的学者，将城市中的资本积累与阶级斗争阐释为空间生产与城市权利就不难理解了。生产方式是人们为了维持自己的生存而通过生产劳动向自然界谋取所必需的生活资料的方式。都市生活解放的意识形态均没有指向资本主义的生产方式以及从根本上维护这种生产方式的政治权力。它们诉诸的斗争主体，与其说是新社会阶层，还不如说是被"体制化"的政治参与的利益群体。利益群体通过组建自治性的城市组织，按照既有的制度框架，实行多元激进民主或区域空间自治，以实现都市生活权利或空间正义。总之，都市生活解放的目的是反对资本主义城市化的某些结果而非原因，而这些结果可以通过争取进入城市的资格、获取城市人身份、享受城市文化、参与城市管理、影响城市政策来取得。

二　都市生活解放的科学

与科学相对应的词语有英语的 science 和德语的 Wissenschaft。一般认为，科学是人类对自然现象和社会现象做出的具有客观性、系统性、一致性的解释的理论。从目前的学科体系来说，我们通常将其分为自然科学与人文社会科学。不过，阿尔都塞以及法国现代哲学对科学的理解区别于英国经验论和大陆唯理论。如果说英国经验论认为科学的主要特征在于证实性，大

---

① 大卫·哈维：《资本的城市化：资本主义城市化的历史与理论研究》，董慧译，苏州大学出版社，2017，第 1 页。
② 列斐伏尔：《都市革命》，刘怀玉等译，首都师范大学出版社，2018，第 33 页。

陆唯理论则认为科学的主要特征在于融贯性，那么法国现代哲学则认为科学的主要特征在于建构性。法国现代哲学对科学的研究从让·卡瓦耶斯，经过巴什拉、康吉莱姆、阿尔都塞发展到福柯、德勒兹、拉图尔等。尽管法国数位哲学家对科学的认识有一定差异，但是他们大多从历史中来理解科学。科学是一种历史过程或历史现象。也就是说，法国现代哲学家提倡从科学史的角度来理解科学。人类的科学史到底是进步的，还是倒退的？这避免不了产生对科学史的规范性分析。倘若不借助于规范性分析，科学史的研究会成为空洞无味的资料整理工作。法国现代哲学对科学的理解与科学史、规范性分析分不开。在其内部有一部分哲学家持有科学史是连续性的立场，即经验与科学密不可分，科学是渐进发展的结果。也有一部分哲学家持有间断性的立场，以巴什拉为代表。他们认为科学与非科学之间存在质的中断，至少存在部分质的中断。它是从科学到科学的意识形态再到新科学的序列演变。科学既不是日常生活经验，也不是外界客观世界。科学是科学家通过经验观察、实验操作，运用一套逻辑连贯的语言来描述事实与反映客观实在，但是这本身是科学家建构的产物。当然，不能仅仅从建构性本身来理解科学，而应从产生科学的实践观来理解——以科学的方式来理解科学性，即它是实践、认识、再实践、再认识的具体的历史的过程。

都市生活解放显然是人类历史阶段中产生的社会现象。从常识上，我们经常以意识形态来分析社会现象，但是都市生活解放的社会现象是否有科学性？换言之，我们是否可以对都市生活解放的社会现象做出客观、系统、一致的科学解释？答案是肯定的。都市生活解放的意识形态的内容只是资本主义社会现象界的反映，而都市生活解放的科学是其本质的反映，是以都市生活解放意识形态的经济基础来解释。两者并非绝对"断裂"。也就是说，都市生活解放的科学对都市生活解放的意识形态的批判不是停留在意识形态层面，而是深入意识形态背后的经济基础。只有在其科学批判的基础上，都市生活解放的科学与都市斗争意识形态才能划界。诚然，青年时期的马克思提出的人性、异化、总体性、空间性是都市生活解放的意识形态核心范畴，均是人道主义在都市生活解放上的体现。这些形形色色的观念论所派生出的都市革命和空间斗争的社会行动，实质上是一种唯意志主义的行动哲学。因为它们仅仅对资本主义的现象界进行批判，仅仅诉诸道德和伦理上的奔走呐喊，看不到制约资本主义的生活方式是生产方式，看不到生产资本主义中心与边缘结构的是资本主义的生产与再生产关系。它们立足于对城市中心生活方式的批判，立足于边缘群体的生活方式的利益诉求，一言以蔽之，立足于都市生活解放的意识形态。但是持有科学立场的都市生活解放者认为，成熟时期的马克思提出的资本积累、集体消费才是核心范畴。都市生活解放只有建立在城市科学的基础上，才能够找到科学路径并取得真正胜利。

在持有都市生活解放科学立场的学者看来，都市生活解放的科学的主体是跨阶级的联盟组织。在经典马克思主义时代，城市中阶级斗争的主体无疑是无产阶级。但是进入都市社会时代，城市资本家通过空间规划将工厂的一部分工人"分拆"或"区隔"到边缘，甚至将他们体面地"赶出"城市。通过消费主义等意识形态将一部分收入较高的工人吸纳到城市的中心，"心甘情愿"地完成相对剩余价值的生产，但是他们面临的是商业资本家、土地所有者与租金占有者的剥削和占有。还有一部分收入水平中等的工人阶级在城市资本家的利益分配中摇摆不定，受到了资产阶级"恩赐"的"工作伦理"及其价值观的影响。其他身份、职业、性别、种族、宗教的社会关系和阶层结构分化了工人阶级的阶级性。将城市放在全球格局中，在全球城市化的驱动下，资本在全球城市体系中开启了逐利运动，这也带动了工人阶级的移民活动。移民运动造成了地区保护主义的抬头，也给城市无产阶级以及全球城市体系的无产阶级联合造成了障碍。显然，面对着资本主义强大的统治力量，新社会阶层和边缘群体是难以独立承担起反抗资本主义的使命的。问题的复杂性在于，传统的无产阶级是革命的主体，但是它在资本主义的新阶段的局限性日益突出；新社会群体似乎具有较高的革命热情，但是各自为政，相互排斥。哈维和卡斯特并没有主张抛弃工人阶级与阶级斗争，而是承认其是资本主义社会冲突的一条线索。与此同时，无论是城市革命还是城市社会运动都必须回应社会发展的突发事件，包容其他形式的社会运动，以利益协商、利益整合等的形式来动员基层群众。因此，从都市生活解放的科学立场出发，都市生活解放的主体必然是跨阶级的反资本主义的联盟。

都市生活解放科学的对象是资本主义的空间生产带来的生活成本压力。空间生产既包括社会关系的再生产，也包括"社会再生产的物质过程"。换言之，空间生产既生产了社会关系，也生产了社会关系的物质载体。空间生产出复杂的社会和空间结构。资本主义进入城市化阶段，城市空间规划是城市资产阶级获取政治、经济利益的重要手段，也是资本主义摆脱经济危机的重要政策。城市空间规划在整个空间生产过程中起到首要作用，也就是说，空间生产的前提是从宏观上干预空间资源配置。资产阶级的城市空间规划的初衷是避免市场失灵，但是它仍旧遵循着资本增殖逻辑，这就决定了它会不断地制造空间分异/区隔，引起区位争夺和贫困等不平衡地理发展。空间生产的具体过程还包括旧城改造或更新、新城建设。开发商利用历史或文化资源来装饰旧城，其目的在于提升土地的交换价值，获取剩余价值。新城建设包括城市基础设施建设，它是资本建构加快资本积累步伐的历史—地理景观的主要手段。这个过程也伴随土地租金的不断上涨。空间生产的主要动力来源于国家权力、金融资本与土地所有者三者的结合，即"政府—金融市场—不动产市场"的联合。当城市空间生产由实体企业生产决定转向由虚拟企业的金融所决定时，土地和建筑物是被虚拟资本纳入进来的具有高利润率的商品，地上、地下的空间全部成为资本私有化、市场化的场域，在"创造性破坏"的过程中必然激起都市居民的反抗。总而言之，"城市政治的斗争和张力围绕着是否以及如何将城市的土地和空间变成商品而展开"①。与此同时，国家为了防止空间生产过程中出现完全破坏性的结果，维护社会的稳定与发展，除了要在空间规划中做局部调整外，还必须提供集体消费品，如涉及公共利益的住房、社会公共设施、休闲服务等。从政府和企业的角度来说，它是空间生产的结果，从都市居民个人的角度来说，它也是集体消费品。如果空间生产的集体消费品满足不了都市居民的日常生活需要以及对高质量产品的需求，那么长此以往，必将引发城市社会运动；如果空间生产对都市居民进行空间剥夺、空间规训等，那到了事件临界点，也必将引发城市革命。

都市生活解放科学的功能在于揭示都市生活解放的客观性。只有认识都市生活解放的意识形态，才能走向都市生活解放的科学。都市生活解放的意识形态沉迷于主体或臣民的激进性，希望通过体验式的都市斗争就能实现都市乌托邦的目标。但是这种体验式的都市生活解放流于城市斗争经验，忽视了城市资本家在塑造城市空间、制造城市冲突方面所起的基础作用，而且其以生活方式作为斗争对象，忽视了资本主义生产方式的决定作

---

① 安东尼·奥罗姆：《政治社会学导论》（第 4 版），张华青、何俊志、孙嘉明等译，上海人民出版社，2014，第 159～160 页。

用。因此，都市生活解放科学的功能在于对都市生活解放的意识形态的表象结构进行加工，从资本主义的流通方式与消费方式中理解都市生活解放的主体、对象、功能与目的，以此来阐释规制都市生活解放的客观的社会结构，即资本的流通和消费关系。

都市生活解放科学也是以获取都市生活权利为最终目的的，不过，它更注重流通和消费过程。资本城市化成为城市生活权利的物质基础。资本为了获取最大利润，通过资本积累的三级循环改造城市景观和结构。资本在流通过程中形成了形式各异的城市生活权利，但是都市居民无权享有、参与并监督这些城市生活权利，因此，城市生活权利日益落到了城市资本家手里。城市生活权利触及资本城市化的系统工程，它是城市资本家、金融家、政府决策者、城市规划者等各方复杂力量共同作用的结果。因此，它不是简单地使都市居民享有某种进入城市的资格或对某一环节的调整，而是整个社会系统的变革。实现城市生活权利必须对资本的空间生产的整个过程进行有效监督与管理。同时，空间生产的整个过程中，剩余价值的实现也是重要环节。因此，城市革命以剩余价值的实现为核心，城市生活权利的实现才得以可能。城市生活权利并非一句抽象的空洞口号，而是切实与都市居民的生活息息相关。由城市政府提供的集体消费品是城市生活权利的实物形式之一，集体消费品作为公共产品具有投资的长期性、规模性，但是企业是以获取短期效益和利润为目的的。城市的资本利润最大化无疑剥夺了大多数都市居民的消费权利。但与此同时，为了确立资本的主导地位，资产阶级又必须以城市跨阶级的公共政策的形式来解决劳动力再生产的危机。资产阶级在维护自身特殊利益的同时也在维护自己的合法性。此外，在消费结构中，不同的阶级或阶层为争夺政府提供的集体消费品产生利益摩擦或斗争，这导致整个城市系统的结构性冲突。因此，都市生活解放的矛头之一指向了政府的消费政策以及消费认同，从而城市的阶级问题被转化为消费问题。都市生活解放的消费领域的冲突是福利国家的新的冲突形式。城市生活权利成为都市居民与政府讨价还价、利益协商的有力筹码，也成为争取社区文化认同和局部利益的重要手段。

第四章　都市生活解放的路径批判

都市生活解放内部在路径上形成了意识形态和科学之争，源于西方马克思主义内部的理论实践，即以列斐伏尔为代表的人道主义与阿尔都塞的科学主义之间的"理论上的阶级斗争"。尽管都市生活解放的理论实践也是基于一定的社会现实，但是它的性质仍然是"前历史唯物主义"理论而非历史唯物主义的理论。总的来说，他们的都市生活解放路径的实践逻辑都忽视了马克思主义的生产实践，弱化甚至放弃了生产领域的阶级斗争的立场。因此，本书立足于马克思主义的生产领域的阶级斗争的立场，从空间生产、生活权利、都市斗争三个角度予以具体批判。

第一节　都市生活解放两条路径的历史渊源

都市生活解放的两条路径吸收了西方马克思主义的"理论上的阶级斗争"思想，将阶级斗争理解得更为"观念化"，而且将经典马克思主义的阶级斗争的科学理论直观地理解为在城市平台中发动革命。都市生活解放通过这样"理论联系实际"的观念化操作，从而"接合"而不是"结合"成了都市生活解放的理论实践。"理论上的阶级斗争"的概念是阿尔都塞20世纪60年代提出的专业术语。阿尔都塞在此基础上，从政治与哲学上对列斐伏尔等学者的人道主义的马克思主义展开了批判。与此同时，对以列斐伏尔为代表的人道主义的马克思主义也予以了回击。

一　政治与哲学

都市是世界中的都市，也是世界体系的有机组成部分。20世纪60年代后出现的都市生活解放的两条路径与当时紧张的两极世界格局密切相关。在二战后的一段时间内，法国共产党（简称法共）在欧洲属于人数最多、力量最为强大的政党，一度作为议会第一大党参加戴高乐政府。法共参与了资产阶级政府事务，但是对法国政府联美抗苏的国家政策持有反对立场。法国政府为了获取美国"马歇尔计划"的援助，从各方面对法共进行了排挤和打压。法共受到了来自法国体制内的巨大压力。此外，法共与同为工人阶级政党组织的法国社会党在指导纲领上也存在着重大分歧。"法国左派的政治舞台由人数众多、立场坚定的法国共产党所支配，虽它无疑是工人阶级的主要组织并对法国资产阶级构成了重大威胁，但同时又是一个刻板的官僚化的指挥系统，对自己的战略排斥任何理论上的辩论或做布尔什维克的阐述。"① 法共主张以马克思列宁主义为指导思想，反对形形色色的修正主义，并以苏共高度集中的政治经济体制为榜样。但法国社会党则以第二国际的思想为宗，接受民主社会主义和社会主义的人道主义。两党在历史上分分合合，但从未有真正形成统一性的政党。正好相反，两党在议会上经常相互竞争、彼此掣肘。

从国际局势看，当时正处于冷战格局，"在法国政府的总体配合下，美国心理战略委员会制定专门的计划来削弱法共在法国的影响力"②。1956 年 2 月 24 日，苏共二十大闭幕。当天深夜，赫鲁晓夫突然向大会的代表们作了《关于个人崇拜及其后果》（《秘密报告》）的报告，全盘否定了斯大林，要求全党全国肃清个人崇拜在各个领域的流毒和影响。赫鲁晓夫的《秘密报告》对共产主义运动产生巨大的影响。中国对这个报告展开了针锋相对的论战，"中苏论战加剧了法共内部意识形态的斗争，造成了内部的分裂"③。法共内部部分高层仍然维护苏共权威及其领导，保持共产主义运动的团结性，但是法共内部的年青一代则认为需要进行党内体制改革，并把重点放在欧洲事务上。虽然反资本主义是学生运动最显著的意识形态基础，④ 但是 1968 年席卷法国境内的"五月风暴"反而加剧了法共内部分裂主义的情绪。一方面萨特、马尔库塞、列斐伏尔等西方马克思主义理论家积极支持学生运动。另一方面阿尔都塞洞察到了法共在自发的学生运动面前表现出的保守性、依附性。即使有不同意见，但作为法共成员的阿尔都

① 佩里·安德森：《当代西方马克思主义》，余文烈译，东方出版社，1989，第 41 页。
② 赵继珂、贺飞：《冷战初期美国对法国的心理战研究——以 PSBD - 14c 的制订与实施为例》，《史学集刊》2015 年第 2 期，第 122 ~ 128 页。
③ 高嘉懿、沈志华：《思维的惯性和改革的开启——中苏分裂下的法国共产党》，《上海行政学院学报》2016 年第 2 期，第 107 页。
④ 唐纳德·萨松：《欧洲社会主义百年史：二十世纪的西欧左翼》（上册），姜辉、于海青、庞晓明译，社会科学文献出版社、重庆出版社，2017，第 608 页。

塞最终还是对此保持了沉默。"法共追随苏联认为学生运动一旦失控将给美国进行政治的甚至军事的干预提供借口,尽管当时法国工人掀起了罢工运动,但是法共没有组织工人参与学生运动。"① 总之,法国政府的高压政策、左翼联盟内部的"兄弟阋墙"、美国的心理战、赫鲁晓夫的《秘密报告》、中苏分裂以及法共饱受诟病的自主性与官僚制等问题的重重叠加造成本身立场便犹疑不决的法共在思想上、政治上的更大混乱与分离。

马克思曾言:"工业革命对英国的意义,就像政治革命对法国,哲学革命对德国一样。"② 17 世纪是以英国工业革命为显著特征的时代,18 世纪是以法国大革命为显著特征的时代,19 世纪是以德国哲学革命为显著特征的时代。法国人似乎既不热衷于在经济上忙前忙后,也不热衷于在纯粹哲学中兜圈子,而是对现实政治充满迷恋。20 世纪下半叶,特别是 20 世纪 60 年代是法国哲学理论多产、创造力迸发的年代。梅洛 - 庞蒂、列维 - 斯特劳斯、萨特、波伏娃、加斯通·巴什拉、卢卡奇、列斐伏尔、福柯、德里达、列维纳斯、阿尔都塞、拉康等人的作品成为那个云谲波诡时代的见证,他们本人也参与了那个时代或明或暗的思想斗争,更与当时的政治情势保持着纷繁复杂的联系。事实上,这一时期法国哲学的兴盛与当时政治事件的突然发生密不可分。列斐伏尔和阿尔都塞作为曾经参加法国共产党的知识分子,战争、政治与哲学使他们卷入难以摆脱的斗争之中。阿尔都塞批判的理论对手太多,目前并没有证据显示,阿尔都塞单独从其中抽出来直接地批判列斐伏尔。不过,列斐伏尔却对阿尔都塞的结构主义的马克思主义颇有微词。"因为他提出了对马克思的新解读,成为了列斐伏尔的主要批判对象,尽管列维 - 斯特劳斯和福柯也遭到批判。"③

列斐伏尔(1901～1991 年)是法国著名的西方马克思主义哲学家和社会学家,被誉为"把马克思请来(法国)的人"④。他出生在法国与西班牙两国交界的比利牛斯山脉的小镇阿热特莫(Hagetmau)。他在日常生活批判、空间的社会生产、城市权利、辩证法等诸多领域取得了突出的成就。

① 阿尔都塞:《来日方长:阿尔都塞自传》,蔡鸿滨译,上海人民出版社,2013,第 243～247 页。
② 《马克思恩格斯选集》(第 1 卷)(第 3 版),人民出版社,2012,第 101 页。
③ Stuart Elden, "Some Are Born Posthumously: The French Afterlife of Henri Lefebvre," *Historical Materialism* 14 (2006): 185 – 202.
④ 于斯曼主编《法国哲学史》,冯俊、郑鸣译,商务印书馆,2015,第 540 页。

他的一生直接或间接地见证了俄国十月革命、两次世界大战、古巴导弹危机、"五月风暴"以及柏林墙的倒塌等 20 世纪发生的诸多历史大事件。他既是哲学家和社会学家，"也在巴黎做过开了几年出租车的司机，还做过直接参与学校教育、供水、供气与街道照明决策的市议会议员"①。他一生的理论作品丰富，涉及话题广泛，代表作有《空间的生产》《都市革命》《日常社会批判》等。罗伯·希尔兹对列斐伏尔的知识生涯进行了划分，"他早期集中在个人的自我解放上，后来转向了共产主义承诺的实现和自治管理的社会主义的形式，他对人类解放及其所处境况有持久的兴趣"②。列斐伏尔于 1928 年加入法国共产党，在 1940 年他出版了一本反对斯大林主义的书《辩证唯物主义》。该书以马克思青年时期的人道主义哲学和异化理论为武器，极力主张与法共内部教条主义作斗争，甚至加入党内具有"反对派"性质的左派俱乐部。"其中两位理论家列斐伏尔和罗杰·伽罗迪（Roger Ga-raudy）是 20 世纪 50 年代首屈一指的马克思解释者，但列斐伏尔的著作危险地滑向并越来越靠近黑格尔。"③ 因此，法共认为列斐伏尔是异端，并于 1958 年将其开除出党。但是在 20 世纪 50 年代末形势突转急下，主要受到赫鲁晓夫的《秘密报告》的影响，再加上"他是一个马克思主义者，他将整个人道主义的马克思主义引入到法国"④，列斐伏尔一跃成为法共最为支持去反对斯大林主义和阿尔都塞的结构主义的马克思主义的知识分子及政治评论家。

列斐伏尔对很多结构主义的思想家进行了褒贬不一的评判，唯独在政治与哲学上对阿尔都塞的批判不留情面。他指出，阿尔都塞将其他思想资源混入马克思主义，但是他却批判其他学者将人道主义引入马克思主义中的做法。这种"容己责人"的批判方式是不公正的。尽管像阿尔都塞、福柯、德里达批判人道主义，但是他们的批判缺乏新意，而且容易陷入新的虚无主义中去。列斐伏尔认为马克思和尼采不仅早就对这种人道主义进行过批判，而且还尝试提出解决问题的方法。马克思诉诸无产阶级革命来推

① Lukasz Stanek, *Henri Lefebvre on Space: Architecture, Urban Research, and the Production of Theory* (University of Minnesota Press, 2011), p. 5.

② Rob Shields, *Lefebvre, Love and Struggle: Spatial Dialectics* (Routledge, 1999), p. 1.

③ David MacGregor, "Day for Night: Marxism in France," *Canadian Journal of Political and Social Theory/Revue canadienne de theorie politique et sociale* 8 (1984): 131.

④ Andy Merrifield, *Henri Lefebvre: A Critical Introduction* (Routledge, 2006), p. xxi.

翻资本主义制度，尼采期望"超人"来引导世人走出现代性的困境。当然，这两者在当时也确实出现了问题。因此，列斐伏尔认为需要重新思考与重塑人道主义，"主张用新人道主义、新实践、另一种新'超人'、新的都市社会替代传统的人道主义——自由主义的混合体"①。阿尔都塞的结构主义的马克思主义主张历史是一个无主体的过程，这实际上取消个体的主观能动性，个体只能为"新君主"的诞生"献祭"。阿尔都塞对自发性的学生运动冷漠而不支持，却对国家的官僚主义视而不见，相反还试图为官僚统治和技术统治而辩护。这显然陷入一种傲慢式的被动情势当中，认为分析学生运动与工人运动、国家的官僚主义之间的差异性毫无意义。

阿尔都塞（1918～1990年）是一位马克思主义意识形态家。② 他出生在当时还是法属殖民地的阿尔及利亚。学生时期成绩优异，后来在巴黎高等师范学院从事哲学研究工作。1940年，阿尔都塞被德军俘虏，不得不中断学习计划。他被迫在纳粹集中营度过了五年的艰难岁月，这给他带来了巨大的身心伤害。在牢狱生活中，他认识了一些共产主义的战士。他们的英勇精神带给了他一丝力量。后来在巴黎高等师范学院受到了其妻子的影响，阿尔都塞在1948年加入法国共产党。赫鲁晓夫的《秘密报告》以及整个共产主义出现的危机让法共领导人伽罗迪、官方理论家列斐伏尔等追随苏共开展反教条主义、个人崇拜的斗争。与此同时，资产阶级也打着马克思早期思想的幌子来宣传所谓的马克思主义的人道主义，当时法共"尤其不容易顶住现代'人道主义'意识形态的传播以及资产阶级意识形态对马克思主义的其他攻击"③。对于法共"基层"的积极分子阿尔都塞来说，马克思主义的科学或科学的马克思主义正面临着思想上的内外夹攻。"阿尔都塞既不赞成青年卢卡奇、萨特和葛兰西把人作为历史主体加以强调的人道主义的马克思主义，也反对被他视为传统辩证唯物主义所固有的那种简单化的经济主义。"④ 在马克思主义伟大信仰的召唤下，阿尔都塞打算从下到上、从内到外发动一场"理论上的阶级斗争"来捍卫马克思主义的科学性。

---

① Henri Lefebvre, *Writings on Cities*, trans. by E. Kofman, E. Lebas (Blackwell, 1996), p. 149.
② 关于阿尔都塞的生平大事以及与他直接或间接相关的人物、地名、概念的条目，具体请参考阿尔都塞《来日方长：阿尔都塞自传》，蔡鸿滨译，上海人民出版社，2012，第379～432页。
③ 阿图塞：《列宁和哲学》，杜章智译，远流出版事业股份有限公司，1990，第19页。
④ 麦克莱伦：《马克思以后的马克思主义》（第3版），李智译，中国人民大学出版社，2017，第398页。

阿尔都塞反对列斐伏尔等人所说的马克思是"理论上的人道主义"的立场。"理论上的人道主义"的认识论基础是经验主义的认识论。经验主义认识论是主体性哲学在认识论上的体现，在认识论持有经验主义立场的逻辑必然是在政治上走向人道主义。具体来说，人道主义听起来是一个"善"的名词，它取代了神性和封建的价值标准，而成为资产阶级社会衡量一切行为的新的"神"。资产阶级的人道主义"是从人的本质，从自由的人类主体、需要、劳动、欲望的主体，道德和政治行为的主体出发去解释社会和历史的那一类理论企图"①。人道主义从人的主体和人的本质出发，或者说以人性来解释社会和历史。"人道主义存在着两个发展阶段：一个是'理性加自由的人道主义'，一个是费尔巴哈的'共同体'的人道主义。"② 前者将自由和理性视作人的本质。人皆生而自由，即便他不自由也是自由地在行使"不自由"的权利。人的自由不是随意而为的自由，正如启蒙哲学家康德、费希特所言，自由需要遵从自身的理性，整个国家和法律都以理性的形式而存在，它们都是人性的体现。公民服从国家和法律，也是服从自身的理性，而服从自身的理性，也是一种更符合人道的自由。后者将"类本质""类意识""共同体"看作人的本质。理性国家并没有实践它的理性，相反，普鲁士政府以自由主义的面具掩盖着其专制主义的事实。由此，费尔巴哈批判了"理性加自由的人道主义"。不是个人主义的人性决定了国家，正好相反，是共同体内的人决定着国家。国家是理性异化的产物。只有在真正的共同体中，才能实现人的自由与理性。只有人在实践中消除了异化，人性才能够得到真正解放，才能生成总体的人。只有无产阶级才能承担起消除异化的历史责任，对无产阶级实现自我否定，才能实现人道的共产主义。人道主义从人的主体和本质出发将马克思理解的社会和历史归结为非异化—异化—回归非异化的过程。在阿尔都塞看来，将异化纳入马克思主义理论的中心，用青年时期马克思的思想来取代成熟时期马克思的思想，这些都是对马克思主义的思想进行的人道主义的误读。

阿尔都塞承认了青年时期马克思的思想是意识形态或是人学的马克思主义，但是批判了列斐伏尔等人道主义马克思主义意识形态家们对马克思从意识形态向科学的根本性"裂变"的忽视。马克思在"认识论的断裂"

---

① 陈越编《哲学与政治：阿尔都塞读本》，吉林人民出版社，2003，第213页。
② 阿尔都塞：《保卫马克思》，顾良译，商务印书馆，2010，第218~222页。

之前是人道主义阶段。但是马克思后来完全抛弃了人道主义的总问题，而重新确立了新科学——历史唯物主义的总问题。"马克思同一切哲学人本学和哲学人道主义的决裂不是一项次要的细节，它和马克思的科学发现浑成一体。"① 马克思在 1845 年实现了对意识形态的革命——对人性这个总问题的抛弃。阿尔都塞将这个总问题视作一个互相咬合的假定构成结构。"即从经验上设定存在一种普遍的人的本质；将这种本质唯心地理解为抽象的个体。前者被阿尔都塞称为概念的经验主义，后者被称为主体的唯心主义。"② 资产阶级意识形态家认为主体在经验上进行抽象而获得了人性普遍的本质，比如说自由和理性这样的概念，但是虚假的"抽象力"本身又脱离了与主体相对的客体，甚至客体也可以被这种"抽象力"观念化，被观念化的客观事物也是主体的产物，显然这又陷入主体的唯心主义当中。同样，无论主体是洛克意义上的主体还是康德意义上的主体，经验主体和先验主体最后获得人的本质是与主体绝对对立的普遍性概念。因此，无论如何，马克思都不可能基于人道主义的立场将人的本质当作他切入现实的出发点。马克思完全抛弃了人道主义的总问题，而重新确立了新唯物主义的总问题。马克思在《德意志意识形态》中用生产力、交往方式替代了人性这些抽象的累赘，而且马克思用科学的实践取代了费尔巴哈的关于实践的意识形态。马克思不是从人、人性出发，而是从一定的社会关系和生产关系出发。交往方式相对于生产方式及交往关系相对于生产关系是"准"历史科学的术语。不过，交往方式与交往关系是形成生产方式与生产关系的动态基础，越来越具有一定的独立价值。生产关系是在生产力的基础形成的不以人的意志为转移的经济关系，经济关系是社会关系的基础，个人是其所处的一定的生产关系与社会关系的承担者与执行者。个人自主参与社会政治实践受到一定的生产关系和社会结构的制约。

阿尔都塞也给出马克思主义相对清晰的定位——"理论上的反人道主义"。不仅资产阶级意识形态家借助于人道主义来削弱马克思主义的科学性，而且在赫鲁晓夫的《秘密报告》发布后，法共党内理论家列斐伏尔等人也用社会主义的人道主义来改造马克思主义的思想，挽救马克思主义的危机。因此，当时苏联、东欧以及法共内部这种声音仍然是不绝于耳。如

---

① 阿尔都塞：《保卫马克思》，顾良译，商务印书馆，2010，第223页。
② 阿尔都塞：《保卫马克思》，顾良译，商务印书馆，2010，第224页。

果说对资产阶级的人道主义，阿尔都塞持明确否定态度，但是对社会主义的人道主义，阿尔都塞的态度比较复杂。这也从客观上反映了当时政治局势以及社会形势变化的复杂性。资本主义历史发展到美苏争霸的两极格局阶段，冷战思维成为主流。阿尔都塞认为苏联和东欧流行的人道主义思想仍然是一种意识形态，它的功能在于"拒绝和揭露"。它拒绝苏联式的无产阶级非理性的、非人性的专政，拒绝滥用这种专政导致的"个人崇拜"。阿尔都塞说："通过社会主义的个人人道主义，苏联自己承认无产阶级专政的时期已经过去，反对并谴责无产阶级专政在'个人崇拜'时期所出现的'弊端'，以及它的荒唐的和'罪恶的'形式。"① 从这里可以看出，阿尔都塞认为苏联应该施行无产阶级理性的、人性的专政，以保障苏联人民的社会权利。苏联不仅要步入一个拒绝剥削、暴力、歧视的共产主义社会，而且也有责任同帝国主义的"非人道"作斗争。苏联特别是在斯大林时期需要承认这些问题的存在。当然在这个时期，很多问题往往被人为地掩盖了。列斐伏尔等党内高层理论家借用青年时期马克思所使用的概念来为这种掩盖提供哲学上的理论支撑。阿尔都塞认为这种理论上的依据的做法是将对理论的需要作为理论本身，实则是通过理论回溯来向意识形态求救。但是这并不能解决问题本身，反而容易陷入资产阶级意识形态的陷阱之中。也就是说，苏联的人道主义灾难，尽管任何有良知的人都不愿它发生，但是这种历史事件确实真真实实地发生了。既然已然发生，我们需要接受这种"既与的"结构，从而寻找到更好的方法来避免它再次发生。因此，阿尔都塞认为："要制定出社会主义国家处于无产阶级专政消亡或者已经过时的阶段里所应实行的政治生活、经济生活和意识形态生活的新的组织形式。"② 此外，针对斯大林的个人崇拜的批判，人道主义的马克思主义者经常使用一些性格上、心理上等主观范畴的语词，阿尔都塞认为他们的批判是丢弃了马克思主义的基本术语、基本方法。只是去简单地描述历史事件，而不去分析这一事件产生的复杂原因，更没有找到科学的方法来解决这些问题。简言之，阿尔都塞认为我们需要使用马克思主义的科学方法来解决问题，而非用意识形态的办法。

　　总之，"理论上的阶级斗争"的出场是由当时政治与哲学上的斗争而推

---

① 阿尔都塞：《保卫马克思》，顾良译，商务印书馆，2010，第234页。
② 阿尔都塞：《保卫马克思》，顾良译，商务印书馆，2010，第236页。

动的理论事件。马克思主义正面临着西方资本主义国家所宣传的人道主义的威胁，而这种人道主义借着社会主义的面具为论战作掩护，像人道主义的马克思主义的知识分子列斐伏尔等用黑格尔、尼采、海德格尔等这些资产阶级的理论来"补充"成熟时期的马克思的思想，抬高青年时期马克思在整个马克思革命和理论生涯中的地位。在阿尔都塞看来，所有这些"理论上的人道主义"都严重威胁到了马克思主义的科学性与革命性。因此，"他极力倡导回到马克思，以系统重构辩证唯物主义和历史唯物主义"①，并以理论上的阶级斗争的方式拨乱反正。阿尔都塞和列斐伏尔两人当时虽属于法共党员，但是在内外巨大压力的旋涡中，分别代表法共高层的列斐伏尔和基层的阿尔都塞产生了一场论战。两位代表都是理论造诣深厚的知识分子。因此，这场论战不仅仅具有很强的政治色彩，而且也具有很强的哲学色彩。

二　主体和结构，两个对象

"理论上的阶级斗争"从政治上源于当时美苏两种政治制度激烈对抗造成的社会主义意识形态的"变形"，从理论上源于意识形态与科学，即青年时期马克思的思想与成熟时期马克思的思想之间的"对立"。阿尔都塞对理论上的阶级斗争的主体与对象展开了具体分析。阿尔都塞批判了资产阶级人道主义的主体哲学。主体哲学的关键在于理解何为主体。阿尔都塞将个体被传唤（interpeller）为主体的过程分为以下阶段："把个人传唤为主体；个体对绝对主体的臣服；各种主体之间的普遍承认，绝对保证的奖惩阶段。"② 一方面，个体将自己想象为主体并认同绝对主体。个体在想象中认为自己是不依附于他者的独立主体，在日常生活实践中可以自主决定，主体镜像式地将绝对主体的主导权投射到自身，从而保证了个体的主体意识。个体被建构成主体后，其目的在于服从统治阶级的绝对命令，个体在社会中的角色和职业是由社会分工按照规则与位置决定的，从而能够维持社会关系的再生产。另一方面，这又是资产阶级意识形态国家机器操纵的结果。意识形态国家机器通过教会、学校、家庭等促使个体质询为臣服于统治阶级的主体，促进统治阶级内部革除与当前的统治利益不相符合的意识形态，

---

① Gregory Elliott, *Althusser: The Detour of Theory* (Brill, 2006), p. xiii.
② 阿尔都塞：《论再生产》，吴子枫译，西北大学出版社，2019，第495~498页。

促进资本主义的生产关系的再生产。在阶级社会，主体依附于绝对主体，其他主体自我依附，这看起来是一个自主自由的过程，但是依附关系的主导权主要是占有权力的一方享有，占有权力的一方根据自身的利益变化调整依附关系。意识形态与主体是相互建构的关系。构建主体范畴，有助于意识形态发挥作用；建构意识形态的质询，有助于个体生成主体。资产阶级人道主义的主体哲学是彻彻底底的意识形态，因而遭到了持有科学主义立场的阿尔都塞的强力反对。

阿尔都塞试图用科学的社会结构来替换意识形态的主体的概念。在经典马克思主义的视野中，社会结构由经济基础和上层建筑组成。经济基础决定上层建筑，上层建筑反作用于经济基础。意识形态是上层建筑的一部分。但是阿尔都塞认为经济基础和上层建筑是社会结构的形式，而其内容是由经济、政治和意识形态三种要素构成。经济、政治与意识形态三类领域的社会结构决定并支配着个体。"同一切表面现象相反，真正的主体不是天真的人类学的'既定存在'的事实，不是'具体的个体'，'现实的人'，而是这些地位和职能的规定和分配。所以说，真正的'主体'是这些规定者和分配者：生产关系（以及政治的和意识的社会关系）。"① 从科学层面来理解主体，原先理解的主体成了伪主体或臣民。换言之，建构主体范畴只是一种幻象。主体是一直缺席的，在场的是伪主体或臣民。历史过程的真正主体不是作为生产关系承担者的个人而是社会结构。在历史发展中的个人只是社会结构的代理人或如马克思所说的劳动和资本的人格化，人格化的个体绝不是主体。阿尔都塞持有反还原论的立场，即他不认同将生产关系还原为人与人之间的关系，人与人之间的关系最后还原为具体的现实的个人。生产关系是非主体化的社会结构，它不包括人的概念。社会结构排除了个体的主观性，即没有主体参与下的一种纯粹的客观性。阿尔都塞甚至认为，马克思走向科学正是他抛弃了近代哲学的主体范畴。从这个意义上说，意识形态和科学的对立要点在于主体。

后来虽然阿尔都塞进行了批评与自我批评，对自己的理论有所调整，但是仍然反对以人道主义的意识形态去解释主体，而是将主体视作经济作用的承担者。不过，他初步意识到主体与非意识形态——科学的社会结构

---

① 阿尔都塞、巴里巴尔：《读〈资本论〉》，李其庆、冯文光译，中央编译出版社，2008，第164页。

连续性之间的偶发性事件的发生相关。阿尔都塞为了捍卫马克思的辩证法的"唯物性",提出了"偶然相遇的唯物主义"的概念。"直接导致阿尔都塞提出'偶然相遇的唯物主义'的根源是 1968 年的西方青年学生运动、'欧洲共产主义'思潮的兴起和苏联模式的社会主义实践。"① 马克思主义在遭遇到上述政治危机和哲学危机后,阿尔都塞思索苏联社会主义道路是否是马克思主义的唯一道路的问题。这对阿尔都塞来说,既是一个政治问题,也是一个哲学问题。或者准确来说,这是一个总问题。苏联马克思主义,特别是斯大林主义基本上垄断了马克思主义的所有可能性,苏联马克思主义的道路是其他社会主义国家或共产党组织的"圣经"和教条。一旦与此不一,必将受到苏联的严厉制裁或孤立排挤。苏联垄断马克思主义的全部真理,但是并不随着时代的变化而发展它,反而使其陷入唯物的经济决定论、历史目的论的泥潭之中。阿尔都塞所捍卫的辩证法的唯物性,并不重在像形而上学那样探讨世界的本原是唯物还是唯心,而是立足于当下的现实条件,探讨历史发展道路的可能性。因此,他援引了历史上注重偶然性、差异性的理论家的思想,从伊壁鸠鲁、马基雅维利、斯宾诺莎、卢梭、马克思、海德格尔甚至像拉康这样的精神分析学家。不过,他重点选择了马基雅维利、斯宾诺莎的思想作为其理论主要架构。马基雅维利之所以吸引阿尔都塞的目光在于马基雅维利将虚空、偶然与政治实践结合起来。对于马基雅维利来说,统一意大利是当时最为迫切的任务。如何实现政治统一是他思考的重大问题。马基雅维利的政治直接与传统形而上的道德的分立。后者回溯到最高的善,它是"绝对开始的幽灵:从那里某种政治的东西得以开始、诞生"②。但是马基雅维利认为其出发点或本原并非某种最高的善,而是一种"虚空",这也实际上取消了本原和目的。只有具有强大政治能力的人——新君主或绝对君主才有可能占据这个空位,即摆脱传统束缚,重建一个新世界。但是仅仅有这种能力还不够,还需要某种"时势"或"机遇"。"只有前者和后者相结合,才会真正发生相遇。"③ 但是"相遇"不像马克思在资本积累部分强调的资本家与自由劳动者的必然相遇,而是事件对连续性的打破的偶然相遇。斯宾诺莎的哲学也是阿尔都塞用来反对本原

---

① 王雨辰:《阿尔都塞的马克思主义理论研究》,中国人民大学出版社,2018,第 76 页。

② 路易·阿尔都塞:《政治与历史:从马基雅维利到马克思(1955—1972 年高等师范学校讲义)》,吴子枫译,西北大学出版社,2018,第 279 页。

③ Louis Althusser, *Philosophy of the Encounter: Later Writings, 1978 – 87* (Verso, 2006), p. 172.

和目的论的又一重要思想资源。一旦偶然相遇并不在起点和终点，那么它将停留在观念化之前的尚无形式的社会现实，而斯宾诺莎的实体正是此类不动的实体，即没有主体意识而无法展开社会实践的实体。斯宾诺莎通过直观知识（阿尔都塞称之为第三类知识），即关于实体的真观念，来把握未被观念化而没有形式的社会现实。阿尔都塞认为只有借助于第三类知识才能将使相遇得以发生的虚空作为对象。只有在各种"时势"或"机遇"应激而成的"相遇"，才得以产生主体。

　　然而，列斐伏尔对阿尔都塞的意识形态和科学的对立展开了进一步研究，并认为阿尔都塞的理论实践是一种对现状的沉思而非主体改造。列斐伏尔考察了意识形态的定义。意识形态可以理解成一种模糊的、暧昧的概念，即对世界的结构的图像化、观念化以及再现；也可以理解成准确的定义，即它的目标和意义在于用一种虚假的方式或"自然的"方式来掩盖现实利益的冲突。列斐伏尔对意识形态概念本身与意识形态做了深入研究。如果将意识形态理解成一个动态的过程，那么意识形态就像社会水泥在社会上层建筑结构中灌注流动。意识形态不会仅仅停留在静止的层面，它必须随着社会运行的变化而变化。从这个角度来说，静止的意识形态概念是一个运动过程的结果，而不是具体的历史的运动。换言之，意识形态的概念不是意识形态实践。意识形态实践分为认识的生产与意识形态的生产。列斐伏尔批评了阿尔都塞只注重认识的生产而忽视了意识形态的生产。在列斐伏尔看来，因为阿尔都塞否定了真实与虚假的辩证关系，有意掩盖他"科学"的理论实践的意识形态性，"生产"出了一个无主体的主体，一个孱弱的主体、一个禁欲的主体，所以"看上去"阿尔都塞的理论实践是一个自足自立的过程。"当结构主义者声称亲属关系系统、语言、认识论是无主体的结构，它们没有探寻主体的异化，没有探寻主体通过直接或间接的阶级冲突而发生的失控情形，而是简单地宣告他们发现的既定性（givenness）。"[①]马克思的生产包括产品的生产、社会关系的生产与作品的生产等，列斐伏尔认为阿尔都塞对马克思的意蕴丰富的生产概念理解得过于简单，所有这些生产的时间和空间并不是自然的，特别是社会劳动时间和劳动的空间分工。阿尔都塞的结构主义的马克思主义忽视了社会劳动的时间和历史性，

---

① 马克·波斯特：《战后法国的存在主义马克思主义：从萨特到阿尔都塞》，张金鹏、陈硕译，南京大学出版社，2015，第 231 页。

是一种空间的意识形态。如果将意识形态理解成一种对真实情况的再现，那么这种再现就是意识形态的，即意识形态的概念是意识形态的，所有的观念都是一种再现。何以如此？因为它必须通过不停地回溯或向前来解读这些信息，始终停留在解释意义和价值上。但是正如狗的概念不会吠。意识形态的概念不是意识形态的生产。像阿尔都塞那样误将意识形态的生产视作意识形态的概念，实际上还是停留在再现的观念当中。问题是观念是如何在资本主义条件下被生产与再生产出来的。因此，阿尔都塞的意识形态仍然是对马克思所说的解释世界的另一种脚注。

列斐伏尔通过将马克思《1844 年经济学哲学手稿》翻译成法语来理解主体，同时他也借用了存在主义、尼采的强力意志等思想来阐释马克思的辩证法。因此，列斐伏尔视野中的主体具有辩证性，即他所说的总体的人。列斐伏尔的辩证法框架是黑格尔"异化的扬弃"、马克思的"总体人"、尼采的"超人"的结合体。在反对苏联立足于自然物质本体论将马克思的辩证法解释成机械决定论的方面，列斐伏尔和阿尔都塞持有相同的立场。列斐伏尔认为人与自然的关系有两种，一种是占有性的关系，一种是取用性的关系。物质生产劳动的实践形式将自然纳入人类社会，从而人与自然的关系变成了占有与被占有的关系。人在占有自然资源的基础上，与之进行斗争并对其加以改造。人的主观世界也在丰富，表现在人的抽象思维能力在提升。但是唯心主义哲学只是从观念上去理解这种实践，并只重视实践的形式而忽视了内容。因此，列斐伏尔认为马克思的辩证法并非自然辩证法，而是以实践为基础的总体性的辩证法。这和早期西方马克思主义者如卢卡奇等人的看法大致相同。唯心主义哲学片面地发扬了纯形式的抽象、虚构的抽象，但是这本身是总体性辩证法的一个环节，也就是说，"是一个不断地通过抽象化而克服抽象化从而实现自我总体化的辩证扬弃过程"①。总体性辩证法与知性思维方法有重大区别。知性思维方法将实践的形式与内容分开，将思维变成一种技术分析和智力活动，仅仅满足主体的实用主义和功利主义的需要，这显然难以达到对整全的理解。对整全的理解也是直观论哲学的旨趣，但是直观论没有继续推进"从抽象到具体"的

---

① 刘怀玉：《现代性的平庸与神奇：列斐伏尔日常生活批判哲学的文本学解读》，北京师范大学出版社，2018，第 95 页。

辩证过程，缺少知性分析的直观论理解的整全是混沌的整全。① 而总体性辩证法理解的整全是具体的整体，形成具体的整体观念是由创造人类历史整个生产实践的总体性所决定的。

列斐伏尔认为总体的人是推动总体性的解放的主体。他分析了社会上出现的将马克思的辩证法理解成机械决定论的观点。这实质上是一种对其进行的静止化、抽象化、封闭化的指认。正如上文所言，自在自然与人的关系除了是被占有和占有的关系，还有一种被取用与取用的关系。后者是一种和谐共生的关系。这并非一种被动的关系。或者说，无论人类是主动还是被动，它就存在在那里。但是有了人类之后，它的存在就打上了人类的印记。将自在自然拔高到自然物质决定论的高度，这是从直观上理解自在自然，割裂了自在自然向人化自然转变的实践关系。也就是说，实践是自在自然向人化自然转变的中介。况且自然物质决定论的观点本身是脱离社会关系而形成的一种片面抽象力的结果。同理，社会存在决定论也是一种在人类社会中的决定论，类似自然决定论。社会存在限定了人的实践广度、深度，但是人的需要、创造性是无限的，是一个不断与自然匮乏和社会作斗争的过程。在这个过程中，人的异化无法避免。在列斐伏尔看来，异化既包括马克思意义上的劳动异化，也涵盖人的日常生活、政治生活的异化。显然，解决异化，不能仅仅依靠政治解放、经济解放与文化解放，还应依靠总体性的解放。列斐伏尔认为马克思所说的总体的人能够超越全面的异化。总体的人高于尼采的"超人"—— 一个具有生命意志、权力意志的主体。如何实现总体的人？需要通过艺术和审美实现。艺术摆脱了工业资本主义的异化劳动，而审美实现了零碎、分化的瞬间性统一。总体的人将尼采的超越性与马克思的革命性熔于一炉。列斐伏尔认为生产实践的总体性、自然和社会的决定论、总体的人历经肯定、否定、否定之否定的三个环节，这是一个永恒轮回的过程。

紧接着争论的话题是，阿尔都塞的理论上的阶级斗争的对象是区分"两个马克思"，一个是意识形态的马克思，一个是科学的马克思。阿尔都塞将理论上的阶级斗争运用到解读马克思的思想上，必然会出现"认识论

---

① 直观与直觉的英文单词是 intuition。不过，在汉语语境下，两者之间有些许差别，直观侧重于人在空间性中"观"的动作行为，直觉侧重于人在时间性中"觉"的心理状态。中国哲学比较推崇直觉法，而以黑格尔为代表的西方哲学家则批判这种直觉法，两种哲学传统在这个问题上产生了争锋。

的断裂"。换言之，会出现两个马克思，一个作为认识对象的马克思，一个作为现实对象的马克思。前者是科学的"理论实践"的产物，因此，它是科学主义的马克思，而后者只是"直观和表象的材料""直观或表象的结构"，或者至多是"综合了的原料"，是人道主义的马克思。因此，阿尔都塞的结构主义的认识论的重点不在于它提出了与"常识不符"的结论，而在于他具体运用了所谓的"理论实践"的方法，得出了马克思存在着"认识论的断裂"结论。

在《马克思主义与人道主义》中，阿尔都塞探讨了一般意识形态的概念。"这里并不需要对意识形态下一个深刻的定义。我们只要粗浅地知道，意识形态是具有独特逻辑和独特结构的表象（形象、神话、观念或概念）体系，它在特定的社会中历史地存在，并作为历史而起作用。……作为表象体系的意识形态之所以不同于科学，是因为在意识形态中，实践的和社会的职能压倒理论的职能（或认识的职能）。"① 在阿尔都塞看来，意识形态的对象是形象、神话、观念或概念等表象。但是科学的对象不是表象的对象，也不是直观的对象。在了解科学的对象之前，我们需要了解阿尔都塞如何理解科学。在阿尔都塞看来，科学是理论实践的结果。"理论实践"是将意识形态的认识（一般甲）与生产资料（一般乙）生产加工成科学认识（一般丙）。阿尔都塞认为马克思区分了认识对象与现实对象。"马克思反对这种混同，坚持把现实对象（现实具体，即在现实具体的认识的生产前后'始终独立地存在于头脑之外的'现实整体）同认识对象区别开来。"② 由此出发，阿尔都塞的结构主义的马克思主义认为科学的认识是一个"理论实践"的过程，即运用一定的方法，对已有的理论认识进行生产加工，最后得出新的认识的过程。阿尔都塞将认识活动视作生产活动而非抽象活动，论证了"思维"与"现实"的分裂，其目的在于反对将"认识对象"与"现实对象"混为一谈或将"认识对象"看作"现实对象"的内在部分等经验主义的认识论的观点。所谓现实对象，即在主体认识之外而不依赖其的现实整体。但是现实整体不能通过理性主义的透明性镜像呈现，而需要通过理论实践来认识我们加工后的现实整体。阿尔都塞强调了我们关于现实的思维依赖于关于思维的现实，同时，关于思维的现实的过程，是对

---

① 阿尔都塞：《保卫马克思》，顾良译，商务印书馆，2010，第 227~228 页。
② 阿尔都塞、巴里巴尔：《读〈资本论〉》，李其庆、冯文光译，中央编译出版社，2008，第 36~37 页。

"直观和表象的材料""综合了的原料""直观或表象的结构"的批判过程。也就是说，这个批判过程是对认识对象的认识而非对现实对象的认识。科学的认识对象不是一般甲，因为它只是理论实践的原料，还处在"一堆事实"的直观当中，属于意识形态的性质，它属于加工对象。同时，科学的一般对象也不是一般乙，"'一般乙'是特定科学的'理论'，而作为一种'理论'。它是全过程的结果……它是一个真正的演变过程……它在形式上表现为能够引起真正质的中断的突变和改组"①。"一般乙"是一种形式上的理论，即包括思维的理论、方法、经验的或其他的技术的理论生产资料。最后"一般丙"作为具体的科学一般，是从抽象到具体中形成的思维具体。因此，它是科学的认识对象。从一般甲到一般丙的过程是"认识论的断裂"。阿尔都塞指出两者的性质根本不同，而且分属于不同的总问题。

阿尔都塞还区分了科学、哲学、技术。科学不是哲学，因为哲学没有实证意义上的理论对象，且哲学以理论的方式进行政治介入的实践。科学的对象是现实，科学只具有科学的理论职能而没有实践职能。科学也不是技术，因为技术只具有某个特定的对象，而没有构成整个科学事实。技术表现了技术实践的自发性与外在性，而科学表现了自觉性和内在性。"无论如何，技术与知识的关系是一种外在的关系，而不是互为补充的关系，它完全不同于科学与知识之间的那种内在的、互为补充的关系。"② 特别是工业革命以来，技术实践的意识形态成为资产阶级占统治地位的科学，甚至马克思的历史唯物主义也遭到技术决定论的入侵和威胁。这些意识形态的错误在于它们没有弄懂马克思的唯物辩证法。在阿尔都塞看来，技术主义的问题在于其目的与手段循环式的"恶的圆圈"。从没有人去怀疑这种目的本身而且事实上它仍然是经验主义认识论。但是科学不是通过经验主义的认识论得出来的，或者像上面说的那样，阿尔都塞的科学是反对经验主义的认识论。

与此同时，列斐伏尔对阿尔都塞的理论上的阶级斗争的对象展开了批判。第一，在列斐伏尔的理解中，只要证明了马克思不存在"认识论的断裂"，就能反驳阿尔都塞的两个对象的划分以及将一般丙指认为科学对象的观点。阿尔都塞的认识论断裂难道比马克思的政治革命更为激进和彻底吗？

---

① 阿尔都塞：《保卫马克思》，顾良译，商务印书馆，2010，第181页。
② 该段引文是一条注释。具体参见阿尔都塞《保卫马克思》，顾良译，商务印书馆，2010，第162~163页。

阿尔都塞的认识论断裂看似比较激进，以科学主义的马克思主义来替代人道主义的马克思主义，割裂马克思和黑格尔、费尔巴哈的关系，但是这与斯大林的教条主义在理论立场是一致的，甚至说阿尔都塞实则是维护了教条主义的理论立场。因为斯大林的教条主义也同样认为成熟时期马克思的思想超越了青年时期马克思的思想，主张它们之间存在不仅是"断裂"的，而且是后者的经济基础（政治经济学的研究对象）决定上层建筑（意识形态等）。马克思在《黑格尔法哲学批判》《哥达纲领批判》中完成了与黑格尔的国家理论的决裂。在列斐伏尔看来，阿尔都塞的认识论断裂遮蔽了马克思对黑格尔以及受黑格尔影响的拉萨尔的革命性。阿尔都塞的理论实践实际上是拒斥马克思意义上的革命实践的。先不说阿尔都塞的理论立场是依附于、服务于斯大林的教条主义，沦为权力的奴仆。阿尔都塞把理论实践变成知识分子的小圈子的理论活动，已经远远脱离于革命实践，导致阿尔都塞主义对"五月风暴"等自发性的社会实践漠不关心。这些都足以证明阿尔都塞是理论上的禁欲主义和保守主义。

第二，列斐伏尔认为阿尔都塞对"两个马克思"的解读缺乏文本依据。"列斐伏尔在 20 世纪 60 年代和 70 年代的有关马克思主义方面的主要工作是反对阿尔都塞的结构主义，他认为阿尔都塞的结构主义是对语言的迷恋，错误地将早期的马克思的思想与后来的被认为是《资本论》中的'科学'的马克思的思想分离开来。"① 阿尔都塞认为马克思在 1857 年之后的作品才开始走向成熟，《哥达纲领批判》和《评阿·瓦格纳的〈政治经济学教科书〉》已经丝毫没有黑格尔哲学的色彩了。但是列斐伏尔认为"即便在成熟时期的《资本论》中也有黑格尔主义的因素。《1844 年经济学哲学手稿》包含着黑格尔主义的因素，同样《大纲》也如此"②。从《大纲》到《资本论》蕴含着马克思与黑格尔主义作思想斗争的痕迹。况且列宁和毛泽东都认为马克思的思想中有黑格尔的色彩。如果完全抛弃黑格尔，那么就像把"马克思婴儿"与"黑格尔的洗澡水"一起倒掉。列斐伏尔质疑阿尔都塞及其学生是否真正完整读过马克思的《资本论》。马克思经历过阅读黑格尔、拒绝黑格尔、再到重新发现黑格尔的辩证运动，根本不存在阿尔都塞所谓的"认识论的断裂"。

---

① Bruce B. Janz (ed.), *Place, Space and Hermeneutics* (Springer International Publishing AG, 2017) , p. 230.

② David McLellan, *The Thought of Karl Marx* (Macmillan Publishing, 1980) , p. 72.

　　第三，列斐伏尔认为阿尔都塞的区分"两种对象"的方法与马克思的科学方法——从抽象到具体的方法存在根本不同，而且犯了颠倒性的错误。阿尔都塞区分的两个理论对象的关键在于何为"科学对象"。阿尔都塞将认识对象指认为科学对象。在"抽象"的认识对象之外与之保持着绝对对立的还存有一个现实对象，科学的对象是"认识对象"而非"现实对象"。但是列斐伏尔认为马克思并没有说"认识对象"与"现实对象"可以分离，而且科学的对象最终指向作为存在的实在主体，而非是作为意识的一般丙。马克思在《〈政治经济学批判〉导言》中提出"政治经济学的方法"。他刚开始否定了由 17 世纪经济学家开创的"从具体到抽象的方法"，即"完整的表象蒸发为抽象的规定"。① 马克思认为科学的道路正好相反，它是"从抽象到具体"，即"抽象的规定在思维行程中导致具体的再现"。② 不过，马克思为了区别他的"从抽象到具体"的方法与黑格尔的思辨哲学方法的根本不同，特别强调"从抽象上升到具体的方法，只是思维用来掌握具体、把它当作一个精神上的具体再现出来的方式。但决不是具体本身的产生过程"③。在马克思看来，从抽象到具体是一个思维的过程，而非具体是由其产生出来的，或者说，实在是由思维产生出来的概念。这只是马克思批判黑格尔陷入意识形态幻觉的第一个层次。接着，马克思着重对"具体"做了历史唯物主义的解释。从抽象上升来的具体，已经不是当初那个混沌的表象，或者说，不是停留在从具体到抽象那个阶段的"具体"了。因为此时的具体是对表象和直观加工后的概念，即具体总体。马克思强调具体总体并不仅仅说它是思想总体、思想具体，而是要表明此思想具体是与实在主体的性质不同，前者是思维，后者是存在，存在决定思维。因此，马克思才说："实在主体仍然是在头脑之外保持着它的独立性；只要这个头脑还仅仅是思辨地、理论地活动着。因此，就是在理论方法上，主体，即社会，也必须始终作为前提浮现在表象面前。"④

　　阿尔都塞则把对认识对象与现实对象的二分归为马克思从抽象上升到具体的方法中提出了思维具体和实在主体的二分。马克思是将两者统一起来，思维具体来源于实在主体，并且通过思维具体可以认识实在主体。但

① 《马克思恩格斯全集》（第 30 卷）（第 2 版），人民出版社，1995，第 42 页。
② 《马克思恩格斯全集》（第 30 卷）（第 2 版），人民出版社，1995，第 42 页。
③ 《马克思恩格斯全集》（第 30 卷）（第 2 版），人民出版社，1995，第 42 页。
④ 《马克思恩格斯全集》（第 30 卷）（第 2 版），人民出版社，1995，第 43 页。

是阿尔都塞认为承认认识对象和现实对象的现实同一就是一种经验主义的错误，因为正如他所言那样会走向意识形态。认识对象的科学性源自客观认知结构依靠正确的方式生产出来。认识对象的科学性不在于它是对现实对象的直观和表象的认识，因为没有任何现实对象是具体的、简单的，任何现实对象都是早已综合了的原料。这就决定了认识对象的科学性在于对综合了的原料所形成的客观认知结构的概念。而客观认知结构的概念确保了个体形成正确认识的前提。此外，阿尔都塞认为认识对象之外与之保持着绝对对立的还存有一个现实对象，科学的认识的是"认识对象"而非"现实对象"。阿尔都塞的言下之意在于我们只能认识自己的认识而非产生认识的具体的历史的过程。这非常类似于康德说的我们只能认识现象而非背后的"物自体"观点。阿尔都塞显然是陷入先验主义和怀疑论的幻觉中，认为人类凭借思维就能够创造现实的幻觉或我们只要取消了科学的"认识对象"就等于取消了"现实对象"，似乎我们只能认识思维而非存在。难道阿尔都塞所预设的科学的认识不是对物质的反映吗？认识对象和现实对象就是一个对象，就是对物质的反映而获取的认识，无非一个是感性认识，一个是理性认识。感性认识中有理性认识，理性认识中有感性认识，但它们只是一个认识的两个阶段，而非阿尔都塞所言的两个认识。

三 再生产

阿尔都塞认为理论上的阶级斗争的功能是揭示意识形态具有维护政治统治与生产关系再生产的双重目的。阿尔都塞着重对理论上的阶级斗争的意识形态进行了分析，即资本主义的意识形态具有体验的功能。意识形态不是主要指人类同人类社会的认识关系，而是一种虚假性的代名词。不是人去认识人类社会，而是人类社会的结构强加于人的意识之上或者说人的意识处在表象体系当中。在这种关系当中，认识关系为体验关系所替代。"在意识形态中体验自己的行动，而这些行动一般被传统归结为自由和'意识'。"[1] 但是阿尔都塞与众不同的是他将这种体验关系理解为一种无意识的意识，即在意识形态当中的人意识对象之时实质上这是无意识导致的结果。在体验性的意识形态当中，既有真实关系，也有想象关系。在这种复杂关系当中，呈现为多元决定的统一的辩证法关系。无论是在想象中去追寻真

---

[1] 阿尔都塞：《保卫马克思》，顾良译，商务印书馆，2010，第230页。

实，还是真实中去发挥想象，它都将意识形态的能动作用展现出来。所谓能动作用，阿尔都塞将其理解为意识形态的工具性。在阶级社会中，意识形态同样存在着多元决定的辩证法关系。"占统治地位的意识形态是统治阶级的意识形态。"① 阿尔都塞肯定了马克思、恩格斯在《德意志意识形态》中的这句名言。但是阿尔都塞还有自己的解读，即占统治地位的意识形态不仅统治着被统治阶级，也"统治"着统治阶级。不过，如果它的确是统治阶级，为什么还需要一种意识形态的"统治"？如果它也被统治，那它在何种意义上说它与其他被统治阶级的差别呢？在阿尔都塞看来，这里并不存在矛盾。以资产阶级与无产阶级为例。无产阶级作为被统治阶级受到资本主义社会占统治地位的意识形态的操纵，这是一种真实关系。其中占统治地位的意识形态，以自由、平等、博爱等人道主义意识形态赋予无产阶级以真实的权利，这是一种想象关系。无产阶级将这种想象关系体验为真实关系，而将真实关系体验为想象关系。同样，资产阶级除了用想象关系来冒充真实关系以欺骗无产阶级，资产阶级还像无产阶级用想象关系来体验真实关系那样体验自己作为统治阶级的统治性。总之，资本主义的意识形态具有维护阶级关系再生产的功能。意识形态的功能除了体验功能外，还有实践的、社会的功能。意识形态的实践的、社会的功能体现在作为上层建筑的意识形态对经济基础起到了干预作用。一方面，意识形态发挥作用必须以经济基础的最终决定作用为前提；另一方面，意识形态中的观念上层建筑与政治上层建筑具有相对自治和相互作用的关系。政治上层建筑中的国家是按照一定观念建立起来的，它是阶级统治的暴力性的国家机构。但与此同时，阿尔都塞认为还存在着意识形态国家机器。意识形态国家机器包括各种私人性的机构，如教会、政党、工会、家庭、学校、文化期刊等。意识形态国家机器是政治国家统领市民社会的思想武器，它在进行直接生产的工厂之外，依靠劳动力和生产关系的再生产来实现对现存制度以及文化领导权的服从，其最终目的在于促进资本主义剥削关系的再生产。在分析意识形态功能的过程中，科学的功能才能呈现。因此，阿尔都塞并没有否定意识形态的作用。意识形态是社会总体的有机组成部分。人类只有在承认并体验意识形态时，才会去影响它、改造它，使它成为人类历史发展的中介。人类可以改造意识形态，使其向科学转化。只有科学在与意

---

① 阿尔都塞：《保卫马克思》，顾良译，商务印书馆，2010，第231页。

识形态的斗争中，并经过认识论的断裂，意识形态才蜕变成科学。阿尔都塞用断裂而非连续或循环来概括两者的对立关系，表明了其结构主义的马克思主义思想中隐藏着解构主义的历史观，这对后马克思主义思潮产生了重要影响。总之，科学的功能在于揭示这种虚假体验关系，指出意识形态具有维护政治统治与生产关系再生产的双重目的。

但是列斐伏尔认为阿尔都塞提出理论上的阶级斗争的功能是对马克思的整体思想的拆解。阿尔都塞对《资本论》的解读类似于解构、重组或切割、装配的工作，而这是一种以阅读者的主体性替代了文本的自身逻辑的独断行为。马克思的《资本论》本身有自己的逻辑，即从交换、交换价值出发，按照类似于黑格尔的辩证逻辑形式行文布局，但是《资本论》同时深入制约形式的内容，即私人劳动与社会劳动。但是阿尔都塞竟然认为需要跳过私人劳动与社会劳动相关内容，不把其当成整个逻辑的开始。列斐伏尔认为阿尔都塞在肢解和摧毁马克思的大厦的基础。另外，列斐伏尔提醒我们马克思的《资本论》有双重含义，一是对政治经济学的"部分科学性"的批判，二是对其中隐藏的意识形态的批判。但是苏联马克思主义者和阿尔都塞将其解释成经济主义和政治优先，以及将两者接合而成的所谓的科学的"政治经济学"。列斐伏尔认为我们应该在马克思的基础上进一步思考商品市场、劳动市场、资本市场的统治，以延续甚至完成马克思未竟的事业，而不是像阿尔都塞那样根据自己的意图来剪裁马克思的材料、重构马克思的思想。因此，《资本论》的商品章显得极其重要，它为马克思原来的六册计划提供了基本的思路。在此思路中，列斐伏尔认为我们需要推进世界市场的分析，以及剩余价值的形成、实现、再分配研究。同时，我们需要知道阅读《资本论》的目的，明确为谁而读。如果忽视了这些就容易变成阿尔都塞那样的文字游戏。阿尔都塞所谓的注重文字中的沉默、缺失、空白甚至疏漏的"症候阅读法"是没有内容的形式，一种知识分子的精神分裂。阿尔都塞的科学对象不是别的对象而是将自己分裂为一种差异的对象，也就是说，阿尔都塞的科学对象不是具体内容，而是断裂的形式，它以先验主义和经验主义的悖论方式摧毁了主体与对象的关系。对象依附于主体，而对象又被各种政治的、经济的与文化的相互接合"超决定"，结果导致对象的消亡。"如果阿尔都塞真的阅读过《资本论》的第二章的第一段，那么他应该意识到这本书包括的部分信息不仅需要解密，而且它本身就是对商品世界类似于象形文字的解密。"① 马克思的思想虽然难以理解，但是思路是清晰的，阿尔都塞及其弟子们的解读让它更加晦涩，而且使它变成了"一种文学，写作游戏，学术练习"②。形式、功能、结构共同构成了一个概念的意识形态成分，三者在本体论上是一样重要的。如果像阿尔都塞那样仅仅重视结构，那么必然将忽视人的实践、人的理性、人的非理性等其他方面。《资本论》具有特定的形式、功能及其结构，阿尔都塞及其合作者们偏狭地理解为结构主义，并将社会内容和逻辑形式人为地分开，这类似于在结构主义语言学中排除了对言语体系的内容，即"交流和言语的行为分析，而只是为了注重对语言的形式分析"③。总之，列斐伏尔认为阿尔都塞批判人道主义的认识论基础在于过度推崇"结构"而忽视了形式与功能，这导致其没有真正理解马克思的总体性。

阿尔都塞提出理论上的阶级斗争的目的在于捍卫马克思主义的科学性与革命性。科学的目的是与意识形态断裂而非绵延。柏格森所提的绵延是无间断性的流，保持了绝对的连续性。巴什拉则反对柏格森的绵延说，认为科学的发展是连贯的且间断性的。阿尔都塞对断裂的理解比其师巴什拉更为激进，断裂是绝对的间断性而非巴什拉所说的连续性与间断性的统一。从旧科学向新科学转变是一种"断裂"，而且是同时进行的。从意识形态到科学是一个动态的过程，也是通过总问题发生"场所变换"进而实现的循环断裂的过程。换言之，新科学的产生是对原有的总问题与认识对象的根本改变，同时认识对象的变化必然产生同现实对象相联系的新的认识。阿尔都塞为了反对将科学的马克思主义意识形态化，提出了"认识论的断裂"的著名判断，"即以 1845 年为界，马克思在思想实验过程中，前期为意识形态阶段，后期才称之为科学阶段"④。在阿尔都塞看来，马克思从意识形态走向科学，源于马克思既研究了德意志意识形态的总问题，也研究了如何思考当时德国的现实和历史对德意志意识形态的总问题的规制。与此同时，马克思根据意识形态环境和社会现实提出了新的总问题与认识对象，得出了科学的理论。

列斐伏尔批判阿尔都塞的理论上的阶级斗争的实质是"新斯大林主

---

① Stuart Elden, *Understanding Henri Lefebvre: Theory and the Possible* (Continuum, 2004), p. 25.
② Stuart Elden, *Understanding Henri Lefebvre: Theory and the Possible* (Continuum, 2004), p. 25.
③ Stuart Elden, *Understanding Henri Lefebvre: Theory and the Possible* (Continuum, 2004), p. 26.
④ 阿尔都塞：《保卫马克思》，顾良译，商务印书馆，2010，第 15～23 页。

义"，它的根本目的在于继承并维护斯大林主义。阿尔都塞发动理论上的阶级斗争，将历史唯物主义的内核从马克思主义中拆解出去，将辩证唯物主义作为马克思主义的唯一因素，其目的在于捍卫马克思主义的科学性。而斯大林主义也主张"历史唯物主义就是把辩证唯物主义的原理推广去研究社会生活，把辩证唯物主义的原理应用于社会生活现象，应用于研究社会，应用于研究社会历史"[1]，但是这并不符合马克思主义以及马克思本人思想发展的实际。因此，列斐伏尔认为在政治上，"结构主义是一种在国家中占据主导地位的意识形态得以正式表达的思想工具，它宣称从意识形态中实现'认识论的断裂'，以捍卫知识的纯洁性"[2]。在列斐伏尔看来，阿尔都塞的结构主义代表了维护上层地位的意识形态。一方面，因为它极端排斥异化。在列斐伏尔的思想中，异化是对抗包括新斯大林主义的国家政治哲学的政治斗争工具。异化揭示了人们面临的种族的、肤色的、性别的、职业的、殖民的、生态的处境，凸显了思想的自反性或反思性的批判作用，在理论与实践之间、意识与生活之间发挥了中介作用。一旦异化的概念激发起群众的自我意识，这些自我意识将会演变成自发性。群众的自发性将会与政党的组织性、国家的绝对性产生矛盾。另一方面，阿尔都塞没有客观全面地看待当时社会主义阵营的政治与思想情势。赫鲁晓夫完全地"去斯大林化"导致了当时的马克思主义者面临着艰难的选择，即选择新民主主义（民主社会主义），还是继续坚持斯大林主义。不仅如此，在后斯大林主义的时代，苏联仍然实行的社会主义将整个社会置于威权国家之下。结构主义的马克思主义在 20 世纪 60～70 年代与国家官僚主义、技术统治以及国家主义密切相关，并主导了这一时期的思想进程。因此，阿尔都塞提出的"意识形态国家机器"更适合解释东欧、苏联等国家的生产模式。阿尔都塞关于"意识形态国家机器"的文章在双重意义上是神秘的，"它掩盖了苏联的国家机构对马克思主义的意识形态化，以及作为国家资本主义一方的主导意识形态的结构主义"[3]。列斐伏尔认为马克思是主张消灭国家的，阿尔都塞的结构主义是继承了斯大林教条主义而非经常说的列宁主义。因为是斯大林将前马克思主义和马克思主义转变为"哲学上的断裂"，即从意识形态到辩证唯物主义，而阿尔都塞的保卫马克思正是支持了这个学说，并

---

① 《斯大林选集》（下卷），人民出版社，1979，第 424 页。

② Stuart Elden, *Understanding Henri Lefebvre: Theory and the Possible* (Continuum, 2004), p. 23.

③ Stuart Elden, *Understanding Henri Lefebvre: Theory and the Possible* (Continuum, 2004), p. 26.

最终成为一种"新教条主义和新斯大林主义"。① 因此，列斐伏尔最终认为阿尔都塞是一个"新斯大林主义的理论家"，结构主义是"维护现状的意识形态"。②

第二节 都市生活解放两条路径的理论逻辑

都市生活解放学者将西方马克思主义的理论实践应用到都市生活解放的社会领域，形成了都市生活解放的理论实践。尽管它的理论逻辑也是基于一定的社会现实，但是它的性质仍然是"前历史唯物主义"的都市生活解放理论。

一 两条路径的同一性

尽管我们可以从前面章节中看到都市生活解放的意识形态与科学路径存在着较大对立性，使得都市生活解放内部存在着两种话语体系，但是这两条路径都指向获取生活权利这一目的，而生活权利背后反映的是利益关系，这也是都市生活解放意识形态与科学路径的同一性所在。都市生活解放的意识形态与科学在追求现实利益的目的方面具有同一性，但是两者在主体、对象、功能方面的看法则具有对立性，即都市生活解放意识形态的主体是作为"总体的人"的新社会阶层或"第三空间"内边缘群体，对象是资本主义的生活方式，功能是实现体验式的都市斗争；都市生活解放科学的主体是跨阶级的联盟组织，对象是资本主义的空间生产带来的生活成本压力，功能在于揭示都市斗争的客观性。前者陷入了主观主义的利益观中，没有理解经济基础支配和制约着利益的形成与发展；而后者则陷入形而上学的观点当中，片面地、机械地将两者对立起来，不能将都市生活解放的意识形态与科学统一起来。

都市生活解放的科学反映了都市居民在都市实践领域的求真知识，而都市生活解放的意识形态反映了人类在实践中普遍的生存价值和利益要求。两者的差别在于都市生活解放的科学制造了反对意识形态的自主的话语体系，而两者在与现实的关系上是一致的，都市生活解放的科学在都市生活

---

① Stuart Elden, *Understanding Henri Lefebvre: Theory and the Possible* (Continuum, 2004), p. 26.

② Stuart Elden, *Understanding Henri Lefebvre: Theory and the Possible* (Continuum, 2004), p. 26.

解放的意识形态之中，都市生活解放的科学是另一种形式的意识形态。都市生活解放的意识形态和科学都是都市居民获取现实利益的方式。只有将其利益关系视作基础，揭示出权力主体与权利主体之间的支配关系（这里并非马克思意义上的阶级剥削关系），意识形态才能被看作"科学"。都市生活解放的意识形态具有揭示现实利益关系的科学洞见，都市生活解放的科学将"合理化"标准应用到社会现实表征着都市实践的意识形态。都市生活解放的生活权利只是利益观在城市空间上的具体表征之一。

一方面，经济基础支配和制约着利益的形成与发展，这远比都市生活解放的意识形态路径的利益观更为深刻。无论是意识形态还是科学，都是由背后的利益所推动的。"'思想'一旦离开'利益'，就一定会使自己出丑"①，利益使得都市生活解放的意识形态与科学回到现实。换言之，都市生活解放路径的话语体系的生产与再生产并非一个自足自立的过程，而是受到背后现实的利益关系的制约。都市生活解放强调现实利益基础之上的都市权力主体与权利主体之间支配与依赖关系，彰显了意识形态的利益基础，但是建立在利益基础之上的都市权力与权利关系的生产与再生产，从根本上来说是由经济基础所决定的。换言之，现实利益观在根本上只是前历史唯物主义的观点。马克思的思想史从"物质利益难题"与国家权力关系到市民社会决定国家再到经济基础决定上层建筑，是一个理论不断成熟的过程。按照黑格尔法哲学的精神，国家权力分为立法权、王权与行政权。人民的立法权是普遍性的权力，应该凌驾于代表个别性的王权与特殊性的行政权之上，但是实际上马克思通过"林木盗窃法"来看，发现后者反过来凌驾于前者之上。国家维护的是王权与行政权以及背后的私人利益。私人利益对国家权力具有支配作用。普列汉诺夫曾说："他们认为，人们的利益本身也依赖于他们的意见，并且随着这些意见的变化而变化。这样解释利益的意义，乃是唯心主义运用于历史时所取得的胜利。"② 显然，马克思对物质利益的理解与这些唯心主义者根本不同。马克思注重意识形态再生产的现实利益关系，在《德意志意识形态》中指出了意识形态的普遍利益与特殊利益之争。但是马克思并没有从主观经验的角度来直接理解利益，而是从政治经济学来研究。私人利益并不能直接实现自身，而是间接通过

① 《马克思恩格斯文集》（第1卷），人民出版社，2009，第286页。
② 普列汉诺夫：《论一元论历史观的发展问题》，王荫庭译，商务印书馆，2012，第131页。

拥有私人利益的市民社会实现。因为市民社会中存在着需要体系，劳动及其分工，保护财产关系和其他契约关系的司法体系，还有维护市民社会秩序稳定的警察和同业公会。当然，"旧唯物主义的立脚点是市民社会，新唯物主义的立脚点则是人类社会或社会的人类"①。尽管他们与以黑格尔为代表的唯心主义之间的哲学立场是不一致的，但是在政治立场上是一致的。市民社会是对资本主义社会的现实写照，并非整个人类社会。市民社会中私有财产权以及决定财产权的私人所有制关系是人类社会的定在。私有财产成为市民社会"普遍"的意志主体是沦为客体的工人阶级异化劳动的根源。与此同时，私有财产使得交往形式越来越普遍化，推动世界历史的展开。市民社会具有哲学的思辨性。马克思以政治经济学的方法来解剖市民社会的思辨结构。思辨结构中无论是微观的异化劳动，还是宏观的普遍交往和世界历史，都是建立在资本主义的物质生产实践的基础之上，并由其所推动。物质生产实践包括人与自然的交往关系，表现为一定阶段的生产力及人与人之间的经济关系，表现为一定阶段的生产关系，生产关系的总和是经济基础。

理论成熟的标志是历史唯物主义的发现。利益背后是客观的社会经济结构，决定意识形态与科学等上层建筑的是经济基础而非现实利益。物质生产实践作为实践中最基本的活动，只有基于物质生产实践才能对利益有具体的历史理解。现实利益实质上反映了主体迫切实现一种社会化的需要。尽管这种获得了非自然的需要反映了个人和群体直接的主体性，但是现实利益必须借助于整个社会中的物质生产和精神生产来予以实现。历史的生产力水平从根本上制约着人们的物质和精神生产的分工。也就是说，利益的实现必须借助于非个人化与非群体化的社会途径来实现，这在客观上也反映了历史阶段上人们的普遍化的生产水平。利益背后反映了人们之间的社会关系，而社会关系是围绕着各种直接或间接的利益展开。物质生产是进行其他社会关系生产与再生产的基础，以物质生产为主要内容的经济关系是利益关系的基础。因而，经济基础支配和制约着利益关系乃至其他社会关系的形成与发展。因此，马克思说："人们在自己生活的社会生产中发生一定的、必然的、不以他们的意志为转移的关系，即同他们的物质生产力的一定发展阶段相适合的生产关系。这些生产关系的总和构成社会

①　《马克思恩格斯选集》（第1卷）（第3版），人民出版社，2012，第136页。

的经济结构，即有法律的和政治的上层建筑竖立其上并有一定的社会意识形式与之相适应的现实基础。"① 总之，现实利益构成了意识形态与科学发展的直接动力，但是经济基础是根本动力。

另一方面，马克思主义的阶级斗争建立在科学的实践观基础上，能够实现意识形态与科学的统一，并以变革资本主义社会的生产方式为目的，这远比都市生活解放的科学路径更"科学"。科学主义的都市生活解放认为都市生活解放的意识形态与科学路径不能统一起来，这种观点是形而上学的思维观。马克思主义的辩证法从对立统一中看待问题，科学与意识形态能够统一。在《唯物主义和经验批判主义》一书中，列宁明确使用了"科学的意识形态"的提法，"任何意识形态都是受历史条件制约的，可是，任何科学的意识形态（例如不同于宗教的意识形态）都和客观真理、绝对自然相符合，这是无条件的"②。意识形态批判仍然属于意识形态的范畴。这表明马克思的阶级斗争观也是一种意识形态，但是马克思提出了科学的阶级斗争观，这同样表明，马克思主义的阶级斗争是科学的意识形态。马克思主义的阶级斗争从哲学意识形态的视角批判了将阶级斗争视作绝对精神的外化的客观唯心主义意识形态，批判了排除阶级斗争的外在条件和环境变化而一味强调"为斗争而斗争"的机械唯物主义的意识形态，还批判了忽视阶级斗争是源于私有制和社会分工到一定阶段而主观认为阶级斗争只是社会达尔文主义在阶级上的体现的主观唯心主义的意识形态。马克思主义的阶级斗争从政治意识形态上批判了资产阶级"虚假的普遍利益"。"共产党人不屑于隐瞒自己的观点"③，不承认有所谓的超党派利益，进而批判了资产阶级所谓的"普遍利益"或"普世价值"。资产阶级宣称存在自由、民主、人权的"普遍利益"。"普遍利益"建立在抽象的人性需要基础上，它声称能够超越一切国家、民族的差异性而具有适用的普遍性。实际上，它仅仅反映了资产阶级私有制掩盖剥削的根本要求，反映了资产阶级平等剥削劳动力的特殊利益，反映了资产阶级将特殊性的价值表述为全人类普遍性的共同价值的欺骗性与虚假性。马克思主义的阶级斗争从整体上批判了阶级斗争的理论理性优先于阶级斗争的实践理性的意识形态。马克思主义的阶级斗争并不把哲学、政治意识形态从资本主义社会中单独抽出来加

① 《马克思恩格斯文集》（第 2 卷），人民出版社，2009，第 591 页。
② 《列宁选集》（第 2 卷）（第 3 版），人民出版社，2012，第 96 页。
③ 《马克思恩格斯选集》（第 1 卷）（第 3 版），人民出版社，2012，第 435 页。

以反思，进而主观地从社会意识推导出社会存在，而是将作为理论对象的阶级斗争的意识形态放在阶级实践过程中。在阶级社会中，改造社会的科学实践的主要表现为阶级实践。阶级实践是认识的基础，对认识具有决定性作用。意识形态与科学归根到底不是独立的实体，它必须立足于整个资本主义的经济基础决定上层建筑的结构中。资本主义生产力与生产关系的不相适应达到一定阶段必然导致无产阶级的阶级实践的结果，而改造资本主义的经济基础也在于阶级实践。资产阶级的阶级实践及其产生的意识形态与整个人类的普遍利益相违背，它是无产阶级阶级革命实践的对象。无产阶级的"实践的批判"能够能动地改造客观世界，优先于"理论的批判"。

成熟时期的马克思在唯物史观的指导下，运用当时政治经济学的科学话语展开了对资本主义的批判。他批判了资产阶级古典政治经济学和庸俗政治经济学。古典政治经济学从经验唯心主义出发，只是去描述、解释既定给予的经济事实，而非去理解产生这些经济事实的经济基础，只是去用物与物的关系的经济事实来掩盖人与人的关系的社会现实。相比于庸俗政治经济学，古典政治经济学相对准确地分析了资本主义上升时期的社会现实，庸俗政治经济学作为保守的资产阶级经济意识形态依靠描述直观的经济现象为资产阶级统治辩护，这种欺骗性更为明显但是也更为拙劣。马克思的政治经济学从资本主义生产方式出发，科学地分析了生产力与生产关系、经济基础与上层建筑之间的不平衡关系，揭露了无产阶级与资产阶级之间的阶级对立的经济根源，论证了无产阶级成为革命主体的必然性，通过无产阶级的政治解放实现全人类的解放、通向共产主义，得出了无产阶级推翻资产阶级的阶级斗争是资本主义基本矛盾的发展的必然结果。因此，作为《资本论》的"一大发现"的剩余价值理论，揭示了无产阶级斗争的客观因素与主观因素，这不仅证明了马克思主义阶级斗争的科学性，更公开了其意识形态性。马克思主义阶级斗争是科学与意识形态的统一。这种统一性是包含有差别的同一而非绝对同一，是不能分割的整体。马克思主义阶级斗争意识形态与科学只是从属于这一同一性之下，是马克思主义阶级斗争的规定性与自身等同。

"人的思维是否具有客观的真理性，这不是一个理论的问题，而是一个实践的问题。人应该在实践中证明自己思维的真理性，即自己思维的现实性和力量，自己思维的此岸性。"① 意识形态的科学性不仅仅只是一个理论问题，更是一个实践问题。换言之，马克思主义的阶级斗争不能停留在抽象的真观念里，否则它的意识形态性将陷入西方（都市）马克思主义的"理论主义"当中进而脱离无产阶级的实践。它并不具有使后天经验得以可能的先验性，必须通过无产阶级扬弃自身的抽象性并获得具体的历史的规定。它必须借助于无产阶级的革命实践来消灭抽象的真观念，使它的意识形态的威力真正让资产阶级世界震惊与畏惧。总而言之，无产阶级阶级斗争的意识形态最大的特质在于指导无产阶级自觉进行改造现实的革命实践——变革资本主义社会的生产方式。

二 两条路径的理论基础

都市生活解放意识形态与科学路径的同一性与对立性，是都市生活解放意识形态与科学路径的理论实践，而其基础可以直接追溯到阿尔都塞的理论实践。本小节将集中批判阿尔都塞的理论实践，在紧接下来的一节将围绕都市生活解放的意识形态和科学的理论实践的具体内容展开论证。

首先，阿尔都塞的理论实践是以理论介入实践，是实践的理论，并非感性的实践。阿尔都塞将"理论"与"实践"组合起来，逻辑论证看似严密，但是这实则是具有一种迷惑式的伎俩，根本不是参与社会实践而是用理论介入实践。用理论介入实践只是实践的理论，终归是理论的一种形式。无论是阿尔都塞所说的大写的理论，还是小写的理论，理论终归是理论。阿尔都塞将科学的理论实践与意识形态的理论实践分开的目的在于开展所谓的"理论上的阶级斗争"。而理论上的阶级斗争更为直接地暴露出阿尔都塞的语言游戏与政治意图。这个概念看上去既是一个实践的又是一个理论的存在，或者说其不敢直接提出阶级斗争，所以在前面加入一个修饰词，以防止对手和朋友的误解。对于阿尔都塞的理论对手来说，理论上的阶级斗争象征着语言上的强硬、理论上的专制、思想上的压迫，但是它毕竟没有实践中的阶级斗争那样真实，理论上的阶级斗争往往反映了实践中阶级斗争的形势。因此，阿尔都塞的理论对手将会诉诸理论批判与现实揭露，而不是如马克思那样在《〈黑格尔法哲学批判〉导言》中直接向德国封建制度开火。马克思主义赋予了阶级斗争以重要意义，阶级斗争是马克思主义

---

① 《马克思恩格斯选集》（第 1 卷）（第 3 版），人民出版社，2012，第 16 页。

的重要武器，马克思主义讲的阶级斗争不仅仅只是经济斗争，还包括政治斗争、思想斗争。但是一旦在其前面加上"理论上的"修辞，这个重点将由经济斗争、政治斗争、思想斗争转变为统摄上述三个方面的理论斗争，即观念上的政治斗争、经济斗争与思想斗争。因此，阿尔都塞的理论朋友将会诉诸对经济斗争、政治斗争、思想斗争方法的理论化，正像阿尔都塞那样对马克思主义看似中立实则是褒扬理论贬低实践的理论批判。无论是阿尔都塞的对手还是朋友，都会将理论上的阶级斗争视作这不过是理论批判而已。阿尔都塞的理论实践的内核是理论，作为自诩为保卫马克思主义的基层共产党员，看似捍卫马克思主义（认识上）的科学性，实则贬低了马克思主义的实践性，忽视了马克思主义的物质生产实践的根本决定作用，并将马克思主义的关于阶级斗争的实践以理论的形式形成理论上的阶级斗争的概念，因而其所谓的科学的理论实践只是理论的科学而非科学的理论。

其次，阿尔都塞的理论实践具有理论主义或主观唯心主义的色彩，没有树立科学的实践观，低估或较少参与遵循客观规律的物质生产实践。只有从根本上批判了阿尔都塞的理论实践，才能真正批判都市生活解放的理论实践。阿尔都塞将社会实践划分为三类：生产实践、政治实践和理论实践。这三类实践形式对应于经济、政治、文化三个领域。阿尔都塞认为生产实践"就是现有的人在一定的生产关系范围内、通过有计划地使用一定的生产资料、把一定的实物（原料）加工成为日常用品的那种实践"[1]。阿尔都塞在分析社会实践的时候，轻描淡写地提到了生产实践——在其中最后起决定作用的实践。[2] 等到他分析多元决定结构时，再次提到了生产实践归根到底起决定作用意味着"通过经济、政治、理论等交替起第一位作用或者是按过程的阶段为转移而实现的"[3]。按照阿尔都塞的理解，生产实践对理论实践、政治实践的归根究底的决定作用是偶然性的事件，或者更为直接地说，是生产实践的必然性必须在其他社会实践的偶然性当中产生作用。言下之意在于，没有理论实践或政治实践的因素，生产实践的决定作用是不会发生的；而即便有了理论实践或政治实践，生产实践的决定作用也是偶然起作用的。阿尔都塞真正浓墨重彩的是理论实践与政治实践，即哲学与政治的互相介入关系，而认为生产实践的决定作用是偶然相遇的现象。

---

① 阿尔都塞：《保卫马克思》，顾良译，商务印书馆，2010，第158页。
② 阿尔都塞：《保卫马克思》，顾良译，商务印书馆，2010，第158页。
③ 阿尔都塞：《保卫马克思》，顾良译，商务印书馆，2010，第208~209页。

阿尔都塞认为马克思主义关于阶级斗争的政治实践也是如此，因为它同样也没有将政治实践的方法理论化。马克思主义的理论实践还没有"上升"到阿尔都塞意义上的"理论水平"，但是阿尔都塞却指出了历史学家的理论实践和革命家理论实践的本质区别：前者思考的是过去的既成事实，而后者思考的是具体的展开的历史。恩格斯认为马克思的第一身份是革命家，马克思以巴黎公社为例，昭示了他是如何分析政治实践的。马克思对巴黎公社发生前、中、后产生了三种不同形式的看法，即"绝望的蠢举""工人阶级的政权""城市起义"。巴黎公社是一次前无古人的政治探索，没有现实的方案可供借鉴。尽管马克思主义在巴黎公社中不占据主流，也没有马克思主义政党来领导巴黎公社，但是事件的发生是客观的历史事实。也就是说，历史事件发生之后，我们的理论是基于历史事件的判断，而非先入为主地用一套理论框架来裁剪事实。马克思数易其稿并且在数十年间对巴黎公社性质的判断，其实也折射出马克思力求对客观事件的真实反映。巴黎公社的现实结果是形成了以无产阶级为主导的联合小资产阶级、资产阶级的专政形式。因此根据当时的客观条件以及工人阶级自身的历史需要，巴黎公社的革命目的是建立无产阶级为主导的联合专政。因此，马克思称之为"城市起义"。马克思关于阶级斗争的政治实践是以理论与实践相结合、理论要正确反映实际的方式来展开，并非阿尔都塞简单所言的具体的展开的历史，何况没有人能对将来未卜先知且将其具体展开。

阿尔都塞大力分析的是理论实践，"理论实践"是将意识形态的认识（一般甲）与生产资料（一般乙）生产加工成科学认识（一般丙）。不过本章第一节也对其理论实践做了具体分析，这里不再赘述。此处将其总结一下。理论实践分为狭义的理论实践（科学的理论实践）与广义的理论实践（还包括意识形态的实践）。意识形态的实践也在加工自己的作为对象的意识，从而形成前科学的认识结果。它是科学的史前时期，并非科学本身。或者说，意识形态的实践所认识的只是自己意识出来的意识，它却信以为真说这是科学。因此，意识形态的实践表现为从主体的感觉、经验、观念、意志出发的唯意志论、现象学、存在主义等主观唯心主义哲学。无论如何加工虚假意识，其结果永远是自欺欺人的虚假意识而非科学。这是源于制约主体各种意识的既与的社会结构。阿尔都塞没有进一步深入社会结构的经济关系，而是沿着既与的主体各种意识来分析何为科学和意识形态这个次阶问题。阿尔都塞没有完全在意识形态与科学之间划出一条鸿沟，而是认为科学的理论实践可以从意识形态当中生产出科学。科学的理论实践，即理论自身的生产过程，将作为概念的"原料"加工成作为知识的"产品"的生产过程。也就是说，科学的理论实践加工的是概念而非直观和表象之类的原料，而生产出来的产品——知识则是科学，在概念与知识之间必然存在着质的"断裂"。意识形态的实践与科学的理论实践分野源自主观主义与客观主义、人本主义与科学主义的分立。阿尔都塞站在科学的理论实践立场，指认有"两个马克思"的存在，一个是意识形态的马克思，还有一个是科学的马克思。一旦戴上这个"有色眼镜"看待世界，马克思主义就被肢解为片段。同样对于科学的马克思来说，仍然还能继续分成两类，即理论实践的理论状态和理论实践的实践状态。"他们知道（恩格斯、列宁——笔者注），马克思的辩证法在《资本论》中存在着，但它只是以实践状态存在着。他们也都知道，马克思没有给我们留下以理论状态出现的'辩证法'。"[①] 阿尔都塞在哲学上的理论主义甚至主观唯心主义就明显地被昭示出来了，他晚年也展开了自我批评与修正之前的"矫枉过正"。但这只是阿尔都塞一生理论游移不定的现象，批判现象的关键在于找到现象中的本质。他的本质是什么呢？阿尔都塞没有树立科学的实践观，低估或较少参与遵循客观规律的物质生产实践。就理论而言，阿尔都塞没有真正理解马克思所言的"对象性活动"与他所谓的"一般甲＋一般乙＝一般丙的加工活动"的本质区别。对象性即人（主体）具有客体相对而存在的"对象"的性质。只有人是对象性存在，其他动物不具有这种特质。人的对象性存在，相对于其他人来说是"定在"，人与人之间互为对象性存在。这种对象性就发展为"人与人的社会关系"而非之前的主客关系。人与人的对象性源于人们从事了"对象性活动"。"对象性活动"是人所固有的物质的辩证运动，其基本形式是人类社会存在以及历史展开的物质生产实践，即现实的工业与商业活动。而阿尔都塞的"加工活动"对马克思的"对象性活动"的理解主要存在三大问题：其一，过于简单直接，"加工活动"将"对象性活动"简化为单方面做事情或想事情，直接去做或直接去想而没有考虑到这件事的规律性的内容；其二，过于机械，"加工活动"将"对象性活动"的唯物辩证法拆解了，后者包含了主体—客体—主体的人与人的关系，这也是否定之否定的过程，而前者只考虑主体—客体的二元关系，没有创造性地将其他

---

① 阿尔都塞：《保卫马克思》，顾良译，商务印书馆，2010，第 166～167 页。

主体纳入其中；其三，走上唯我论，"加工活动"没有考虑到客观的规律性，也没有考虑到其他主体的主体性，走上了唯我论是必然的结果。总之，就理论而言，阿尔都塞对马克思"哲学革命"的实践观理解存在较大偏差。阿尔都塞反而被卷入复杂的现实情势之中，当然这一点不是他个人的悲剧。

最后，阿尔都塞的理论实践一定程度上解构了马克思主义的生产实践。阿尔都塞的初衷是好的，即论证马克思主义的生产实践的决定作用不是一元经济决定论等形形色色的机械的决定论，但是他认为马克思主义是多元决定论显然是矫枉过正。多元决定论的哲学基础实则是结构的因果性的概念。结构的因果性区别于一个因素决定另一个因素的笛卡尔机械因果性，它将原因视作一种实体，也区别于莱布尼茨的表现性因果观——整体可以还原为简单的内在本原，而整体的部分是这一简单的内在本原的表现，将原因视作一种内在本原。阿尔都塞的结构的因果性是指在不同要素的交错组合中形成的一种多元决定的构型，整体性对局部性结构具有主导作用，而局部性具有独立性与反作用；原因内在于结果，结构功能发生在整体性当中。它将原因视作关系。"在这个整体性当中，整体历经矛盾的转移—压缩—重组三个阶段"①，最终形成对整个社会结构的全面改造。因为矛盾的交替、转移和压缩，形成了不平衡性，推动了多元决定的结构的运动，进而导致了"多元决定"的偶然性。多元决定论的因果观将经济基础的决定作用阐释成经济、政治、文化体系等共同起作用，经济基础的决定作用在整个结构中占据主导地位是偶然性的因素。偶然性表现为事件的发生原因是由经济、政治、文化体系相互链接而产生的不平衡的结果。事物的发生是多种原因相互链接或嵌入的结果，没有哪一种是主要原因或根本原因。阿尔都塞的因果性分析将原因理解为关系，从关系或联系的观点而不是分离地看待事物的因果，具有一定的可取之处。但是这种关系是实践基础上形成的范畴。物质生产实践是满足人们物质生活需要，是最为基本的实践方式。物质生产实践形成的经济关系或生产关系是一切社会关系的基础。因果关系是对经济关系或生产关系的反映。阿尔都塞的因果性分析没有深入经济关系是其他社会关系的基础而仅仅突出经济关系与其他社会关系的联系，显得过于浅显。

阿尔都塞的结构主义的马克思主义与人本主义的马克思主义在这一点

---

① 矛盾的不平衡性推动了多元决定的结构的运动，进而决定了"多元决定"的偶然性。阿尔都塞将毛泽东的矛盾的不平衡性分为矛盾的交替、转移和压缩。它随着各种环境和条件的变化而改变，并与之结合成统一的、内嵌式的整体。

上合流并一致对外——反对经济基础的决定作用。恩格斯早在批判巴尔特等人把马克思主义误解为"经济决定论"或"机械决定论"时，就提出了意识形态的"第二性"作用。其中"第二性"作用并没有否定经济基础的决定作用，"物质存在方式虽然是始因，但是这并不排斥思想领域也反过来对物质存在方式起作用，然而是第二性的作用"①。阿尔都塞的多元决定论的逻辑是将多元决定和经济的归根到底的决定作用替代马克思主义意义上的经济基础的决定作用与上层建筑的反作用。尽管阿尔都塞并没有像后马克思主义者那样将其理解成经济基础与上层建筑（政治、文化等）在等同链条上的相互决定，也没有把经济的归根到底的决定作用的本质主义思维最终去除掉，但是阿尔都塞的多元决定论存在的问题是仅仅诉诸解释历史发生的情境，或者说仅仅是对一种历史的既与性的描述。阿尔都塞的多元决定论无疑陷入一种理论主义的困境当中。因为它指涉自身，难以证伪，它不能对事件的发生原因给出明确的判断而与后现代主义的非确定性特征相吻合。列宁在《怎么办》中说："没有革命的理论，就不会有革命的运动。"② 显然阿尔都塞的多元决定论并不是革命的。或者说，这种理论满足于对历史进程的"科学"解释而介入，但是它没有锚定历史的真正主体——无产阶级的革命位置，因此它对革命的发生是无效的、赘余的解释。

另外，阿尔都塞的多元决定论还存在的问题是排斥了人改造社会形态的意志，从而缺少实践的主动性与自觉性。马克思主义的因果分析坚持辩证决定论，即将唯物辩证法应用到决定论当中，处理好一元与多元的决定关系。尽管恩格斯晚年指出，非经济因素能够作用于历史变迁，但是归根究底是经济基础的决定作用。恩格斯在给德国大学生约瑟夫·布洛赫的信中说："……根据唯物史观，历史过程中的决定性因素归根到底是现实生活的生产和再生产。无论马克思或我都从来没有肯定过比这更多的东西。如果有人在这里加以歪曲，说经济因素是唯一决定性的因素，那么他就是把这个命题变成毫无内容的、抽象的、荒诞无稽的空话。"③ 因此马克思主义的因果观坚持辩证决定论。无论是经济结构，还是非经济结构，它们是一个矛盾整体。但是经济结构是矛盾的主要方面，经济结构决定着社会形态的性质，这是一元的决定关系。恩格斯举出了德国的例子，来证明经济结

---

① 《马克思恩格斯选集》（第4卷）（第3版），人民出版社，2012，第598页。
② 《列宁全集》（第6卷）（第2版）（增订版），人民出版社，2013，第23页。
③ 《马克思恩格斯选集》（第4卷）（第3版），人民出版社，2012，第604页。

构归根到底是历史创造的前提和条件。社会形态中存在着经济结构、政治结构与观念结构等多元结构。经济结构处于决定地位，但是它处于不平衡的关系的"深层结构"。也就是说，经济结构需要借助于人类多元的意志，形成总的合力或总的平均数，才能浮现于社会现实之中。恩格斯强调了经济结构与人类多元的意志之间的相互作用，它是必然性与偶然性的相互结合，共同决定着社会形态的发展。阿尔都塞以及卡斯特等人误解了恩格斯的"合力论"，而将其曲解为经济结构与上层建筑的合力。显然，无论经济基础与上层建筑如何"合力"，人的意志不主动与自觉地实践出来，那么无论如何也不能共同决定历史发展。

总之，西方马克思主义内部的两种思潮看似立场对立，方法各异，但是它们在最为关键之处的观点是相同的，即解构历史唯物主义最为核心的基础，并从文化、意识形态着手来实现总体性的革命或理论上的阶级斗争。它们所谓的总体性的革命或理论上的阶级斗争，不敢真正反对资本主义的生产方式，表现出西方左翼知识分子的软弱性。西方马克思主义在新自由主义和保守主义的联合围攻下，在苏联马克思主义的批判下，孤立无援、四分五裂，从整体上走向了后马克思主义。西方马克思主义越来越脱离实践、脱离工人阶级，变成孤芳自赏的学院派的思维游戏，表现出一种机会主义。总而言之，马克思主义的实践是对象性活动与非对象性活动的统一，即体现着主观能动性和客观物质性的统一。阿尔都塞的理论实践只是以主观的观念把握客观对象，通过一种理论主义的体系来反映世界，以理论介入政治旋涡当中，但是这并非改造世界的科学实践。

三 理论实践的现实依据

都市生活解放路径的理论基础是阿尔都塞的理论实践，在此基础上形成了都市生活解放的理论实践。都市生活解放的理论实践的现实依据主要包括都市社会、空间生产以及生活问题等三个方面。都市社会是都市生活解放者对时代阶段特征的重大判断，也对西方左翼的战略和策略产生重要影响。这一判断的实质层面的依据资本主义的生产已经由空间内的生产向空间生产转变，争夺生活权利的社会阶层已经超出了传统的劳资二元对立阶级。他们认为资本主义生产关系和阶级关系表现出了新的形式，代表资本主义发生了本质变化。都市生活解放者敏锐地发现了资本主义的空间生产对资本增殖、政治统治、文化领导以及全球发展的不平衡性产生的重要作用。其统治的空间尺度包括城邑、城市、都市、国家与全球。列斐伏尔将空间生产的本质指认为社会关系的生产和再生产，索亚从其中析出了社会关系中的权力关系以及在权力关系中形成的阶级结构，哈维与卡斯特意义上的空间生产分别指的是资本的流通与消费的再生产。我们知道马克思论述的资本主义生产方式在全球范围内扩张理论、列宁的帝国主义论，它们背后都隐藏着资本追逐剩余价值的增殖过程，而资本增殖过程必然伴随空间扩张、重组、塑造过程以及流通与消费的再生产。空间生产提升了资本增殖的速度，而资本增殖扩大了空间生产的空间。不过，列斐伏尔等人认为空间生产还包括了都市化等实现剩余价值的方式。哈维在此基础上指出了资本的三次循环，特别是第二次循环中城市空间生产发挥了重要作用。城市空间生产涵盖了城市物质空间、社会空间、生活空间的生产。城市空间生产是实现资本主义矛盾转移、获得幸存的重要手段，其目的在于维护资本主义统治，因此，它具有政治的和意识形态的功能。

　　都市生活解放者按照空间生产来对阶级关系进行划分。马克思主义意义上的阶级是政治经济学的范畴。西方马克思主义者如卢卡奇等人认为阶级意识是生成阶级的主要因素，汤普森也持类似观点。还有一部分西方学者，如韦伯认为决定阶级的关键因素是在市场交换与利益分配中的能力和机遇，并非生产要素。解构马克思主义的生产与阶级的有机联系的观点还有很多，包括政治与意识形态的标准，利用政治精英与意识形态领导权的阶级来替换资产阶级；或者政治权力标准，利用享有和分配政治权力的阶级来取代资产阶级；或者掌握知识、技术的能力标准，利用知识阶级来否定资产积极，这些标准不一而足。都市生活解放者认为它们都过于片面，没有抓住资本主义社会的总体性特征。在资本主义社会，资产阶级可以在政治、经济、文化、军事、社会等各方面来统治和管理社会，只是从某一方面来划分阶级关系的视野太过狭窄。我们看到，资产阶级已经从工厂空间的剥削走向了更为中观的城市空间，国家权力的延伸从公共生活走向了密集的私人的城市日常生活。所有的都市居民都受到工厂资本家的剥削和国家权力的控制，同时也受到城市资本家的规训与压迫，而规训与压迫并非在哪个单一层面进行的活动。都市社会的日常生活方式既有来自工厂资本家对都市居民非工作时间的日常生活的筹划，也有来自国家权力的空间规划的同质性对都市居民实质差异性的发展的干预，还有城市资本家通过土地租金、房地产等形式对都市居民的实际收入的盘剥。因此，都市居民的生活方式、生活成本以及生活权利受到工厂、城市以及国家资本家的三重压迫,都市社会被统治的新社会阶层和边缘群体尤其对这三重压迫更为敏感。

都市社会中出现的新社会阶层和边缘群体主张利用都市斗争来取代阶级斗争。在都市生活解放者看来,被寄予厚望承担历史使命的工人阶级也面临人数变少、组织性下降、阶级意识淡化、阶级认同模糊等问题。在现实利益面前,他们常常顾及自身利益而忽视整体利益和长远利益。而都市社会出现的这些阶层和群体不属于经典马克思主义意义上的资产阶级与无产阶级,不能纳入二元阶级对立当中。这些新社会阶层和边缘群体基于共同的生活地域和文化价值观,从社区走出,汇集到街道、广场以及具有象征性意义的空间,有组织地向当局提出群体性诉求。为此,他们还成立各种专门协会、联盟之类的临时性组织向当局讨价还价以达到其目的。作为都市生活解放的新社会运动也具有以上共性,但是其斗争对象还具有自身的特征。

生活方式的异化与生活成本的压力成为社会竞争、冲突的新形式。列斐伏尔关注大都市生活中占据主导的消费方式,都市居民的精神空间已经被消费主义所控制。消费品的身份象征和符号意义成为城市消费者考虑的主导因素。消费异化导致了生活方式的异化。都市居民沉迷于过度开发、包装、炫耀式的生活方式。现代都市"建筑环境"的特征实则是空间商品化,以及人类活动和经验的"隐退"。"城市囚禁了生活在社会底层的人们,并把它们推向广阔的社会边缘。"①都市居民的生活领域面临着城市规划对空间用途的筹划以及资本主义组织对日常生活的控制。索亚关注了后大都市的生活弥散化,一种与大都市的一元、中心与主流相异的生活方式。它光怪陆离、前卫时髦,呈现出边缘性、混杂性、分散性、碎片性、虚拟性、开放性的特征。但是有多少人是主动选择这种生活方式的?有多少人认为这种生活方式是值得向往的?又有多少人认为是值得为之奋斗的?尽管在生活方式的异化方面还存有争议,但是生活成本上升带来的压力确实是不争的事实。列斐伏尔认为,空间的生产引起了"城市的急速扩张,社会的普遍都市化,以及空间性组织的问题等各方面的结果"②。城市的扩张、重组、更新等城市化运动推动了城市土地、房地产的商品化与金融化。"哈维将土地与住房的金融化的实质性成就不是生产财富和收入,而是对财富和

---

① 哈维:《希望的空间》,胡大平译,南京大学出版社,2006,第10页。
② 包亚明主编《现代性与空间的生产》,上海教育出版社,2003,第47页。

收入再分配。"① 同样，政府对居民的集体消费支出也以再分配的形式出现，一旦集体消费减少，城市社会运动将难以避免。

生活权利变得日益突出。工业社会时代，人们的呼声是"我们要生产，我们要工作"，都市社会时代，呼声变成了"我们要消费、休闲、娱乐……我们要生活、更好的生活"。但是在为资本增殖所主导的都市化进程中，部分都市居民被"绅士化运动"② 体面地"请出去"，部分外来人口或移民因无力负担起城中高额的房价或房租而被排挤在城市的边缘，几乎清一色的门禁社区让社区像一座座孤岛，还有在生活住所和工作地点之间的通勤距离的隔离。正如格拉夫梅耶尔所言，"这三重隔离是由居住地点和质量造成的隔离、由生活设施造成的隔离、由住所和工作地点的距离造成的隔离"③。部分私人力量利用手中的资本和权力将公共空间据为己有，而部分服务于政治与民主讨论的公共空间则为大型商业中心所取代。因城市空间的属性、用途、发展前景等方面的巨大差异部分都市居民产生分歧与对立，城市出现了隔离性、碎片性与冲突性的问题。这些问题对都市居民生活权利的影响更为突出。在都市生活解放者看来，在当前条件下，生活权利在现实中似乎是一个比整个人类解放更具有吸引力和号召力的词语。生活权利可以分为参与和取用的城市权利、差异性生活权利等。因此，不能将生活权利简单地理解成重新在城市生活的权利，生活权利是在都市化过程中，都市居民享有从生产到分配以及享有与主流生活不一样的多元的生活权利。

第三节　都市生活解放两条路径的实践批判

马克思主义的生产领域的阶级斗争是科学性与意识形态性的统一。经

---

① 哈维：《希望的空间》，胡大平译，南京大学出版社，2006，第 183 页。
② "绅士化运动"（gentrification）由英文单词"gentry"引申而来，这个概念最早由英国社会学家格拉斯（Glass）提出，主要描述了中产阶级家庭置换贫困下层阶级社区的过程，该过程实现了原先住宅的物理空间、社区的经济、社会结构以及相应的人口流动和身份转换等诸方面的改变，也被称为"传统绅士化"。但是随着全球城市或世界城市的出现，控制跨国公司的高管及其金融家们等更高收入群体形成了将一般富裕的中产阶层的居住位置换成商业区或商住合一区，这也被称为"超级绅士化"。城市绅士化运动是发达资本主义国家的城市在经历了城市化、郊区化及逆城市化阶段后，再城市化的一种空间政治经济学现象。
③ 格拉夫梅耶尔：《城市社会学》，徐伟民译，天津人民出版社，2005，第 30～31 页。

过对都市生活解放的三大关键理由的分析，笔者认为其客观依据、主观目标以及实现目标的方式均存在着科学性和意识形态性的问题。都市生活解放理论没有真正揭示资本主义生产关系与生产力、经济基础与上层建筑的基本矛盾，而是局限在资本主义城市空间生产与生活权利上面。也正因为他们把焦点放在后者身上，他们的都市生活解放的革命性不够彻底，这反而是对马克思主义的阶级斗争的科学性的一种新的解构。

都市生活解放的意识形态和科学路径的分立正是建立在阿尔都塞的理论实践基础之上，而都市生活解放的理论实践同样是忽视生产实践的决定作用。都市生活解放的意识形态路径从主观唯心主义出发，分别从都市的中心与边缘实施都市革命与空间斗争，以实现都市生活方式的革命；都市生活解放的科学路径从形而上学出发，分别从资本的流通和消费来分析城市的资本化与政治化，诉诸城市革命与城市社会运动，以实现都市生活成本的革命。尽管都市生活解放的意识形态与科学两条路径以获取生活权利为目的，但是并不以变革资本主义的生产方式，推翻维持资本主义的生产与再生产的政治权力为目的。即便持有科学立场的都市生活解放者论述了分配、交换和消费等广义的生产关系的范畴，但是仍然没有涉及更为关键的生产范畴及其辩证关系。都市生活解放者视野不同、方法论也有所不同甚至存在对立，但是他们的共同点是都忽视了城市的物质生产，脱离了马克思主义生产领域的阶级斗争实践，不以夺取资产阶级城市政治权力，获取社会主义城市的生活权利为目的，从理论上违背了经典马克思主义的核心要义，而在现实中并没有出现像法国巴黎公社与俄国苏维埃政权的无产阶级政权，并沦入"不知往何处去"的困境中。因为都市生活解放未从物质生产实践出发，其性质上与马克思主义的阶级斗争存有根本差异。所以都市生活解放的理论实践归根究底是一种解释都市社会现象的理论，并非马克思主义所主张的改造世界（都市社会）的实践。有学者也指出了他们"只知道守卫自己狭小的生活世界不被外界侵犯，只知道保守自己的独立和自主，缺乏创造历史和改造世界所需要的愿景和主动性"①。当然，西方马克思主义主张理论介入政治但不直接参与政治的理论实践，而都市生活解放力图直接参与社区政治、获取生活权利但不从事改造现实的阶级实践，两者在实质上是相同的。总之，都市生活解放背后持有着前历史唯物主义

① 冯仕政：《西方社会运动理论研究》，中国人民大学出版社，2013，第 279 页。

思想。

一 首要的斗争矛头必须指向资本主义私有制

资本主义空间生产标志着资本主义从工业社会进入都市社会，这只是表明资本主义社会呈现都市社会的阶段性特征，没有改变资本主义社会的根本性质。哈维、卡斯特等都市生活解放者均提出了空间生产的关键范畴。尽管空间生产从字面上有"生产"二字，但是实际上主要指向流通、消费、分配等非生产领域，从而导致生活方式、生活成本、生活权利的改变，这并没有对资本主义生产方式本身产生实质影响。空间生产不是脱离资本逻辑的自在之物，而是资本条件。[①] 换言之，资本增殖逻辑在都市社会中主要表现为空间生产。空间生产只是资本主义私有制的自我调整，没有改变资本主义的私有制的性质，更没有改变资本主义生产方式。资本主义私有制是空间生产的前提与既成事实，空间生产是资本主义生产方式的一种新形式而非新方式，而都市生活解放将空间生产的生产形式视作生产方式本身，并没有将都市生活解放的斗争矛头指向资本主义私有制。总之，都市生活解放把斗争矛头集中于资本主义的空间生产所直接导致的生活问题，但是他们仅仅就生活问题谈生活问题，没有进一步追问都市生活问题出现的根本原因。

一方面，生产决定生活。生产是生产力与生产关系的同一。生产力的变化引起生产方式的改变，而又引起生产关系的变化，生产关系的变化又引起社会关系的变化，生活方式也必然发生变化。从不同社会形态来说，不同的生产方式代表了不同生产力与生产关系的水平，而生产力和生产关系的水平也直接制约着生活方式与生活成本的水平，进而制约着生活权利的发展。前者的改变也会推动后者做出相应改变。生产与生活的矛盾是非均衡的，生产是生活的基础，在矛盾体系中处于支配地位，对事物发展起决定作用，生活在矛盾体系中处于从属地位，对事物发展起次要作用。具体来说，资本主义生产从根本上决定着生活权利、生活方式与生活成本。资本主义的生产方式以私人占有生产资料为主要形式，以资本增殖而非以增进人民福祉为目的，其结果则必然形成资本主义的私人所有制。所有制

---

① 张亮、孙乐强等：《21世纪国外马克思主义哲学若干重大问题研究》，人民出版社，2020，第263~291页。

在法律上的表现形式是所有权，资产阶级通过法律的形式来保障资本主义生产方式的所有制形式，而资本主义生产方式的所有制形式是以机器大生产为物质条件，以生产资料的私有制为基础的主要特征。资本主义的生产关系直接形成了所有权，但是究其根本仍然是由生产方式所决定的。资本主义所有权主要形式表现为资本的私人所有权，而私人占有的所有权必然延伸出分配、交换、消费权力。其中分配权力利用分配正义来引导不同阶层相互争夺日常生活中的公共产品，交换权力则利用自身的信息优势来赚取差价、佣金等，消费权力利用消费主义的意识形态来操纵人的消费观、幸福观甚至价值观，这些非生产性权力直接影响着人们的生活权利、生活方式与生活成本。因此，生产方式从根本上规定了生活方式、生活成本与生活权利。资本主义的生活方式指向了人们的衣食住行，而衣食住行本身是人的生活成本的主要来源，并构成了当时历史阶段的生活权利。生活权利也具有历史和道德因素。马克思并没有严格区分生活方式、生活成本与生活权利，三者统一于生活本身。

另一方面，生活是生产的目的。生活本身是为生活而生产。马克思在《资本论》"劳动过程"一节中讲到了目的，这对于我们理解"生活是生产的目的"大有裨益，"最蹩脚的建筑师从一开始就比最灵巧的蜜蜂高明的地方，是他在用蜂蜡建筑蜂房以前，已经在自己的头脑中把它建成了。劳动过程结束时得到的结果，在这个过程开始时就已经在劳动者的表象中存在着，即已经观念地存在着。他不仅使自然物发生形式变化，同时他还在自然物中实现自己的目的，这个目的是他所知道的，是作为规律决定着他的活动的方式和方法的，他必须使他的意志服从这个目的"①。目的是在人的大脑中以主观形式预先存在的观念，这个观念是将来实践活动要改造的对象并想取得的成果。那预先存在的观念从何而来？是否如康德所言，目的只是一个先天概念，是人欲做事所预定的悬拟。还是如亚里士多德所说的任何存在都以追求"好或善"为目的。目的作为预先存在的观念不是凭空产生的先天观念，而是在实践、认识、再实践、再认识的过程中形成的关于阶段性任务的观念，并按照人自己的尺度和需要，发挥并确证人的本质力量。人的本质力量表现为（劳动）生产、生活方面。具体而言，人终究不是没有目的的机器，或者说机器的目的也是人所设定的。生产对人固然

---

① 《马克思恩格斯全集》（第 23 卷），人民出版社，1972，第 202 页。

重要，但是人终究也不是没有目的的动物，不可能为生产而生产，不去反思生产对人的价值与意义。人是有意志的动物。生产为生活创造更好的条件，但它不能与条件本身相混淆，更不能与生活本身相混淆。人的生产总有一定的目标或目的，都追求"好或善"，即美好生活的目的。但是在资本主义生产关系中，资本主义生产的目的是使少数人生活得更好，其代价是大多数人在雇佣劳动中生产与生活遭受剥削与压迫。这反而激发了大多数人对美好生活的热情和反抗资本主义的意志。无论是少数人，还是多数人的生产都以美好生活为目的，但是在阶级社会少数人的美好生活是以多数人的不美好生活为代价的。生产与生活也是统一的关系。因此，都市生活解放归根究底要对生产进行"革命"，即对资本主义的私有制进行革命，同样也需要都市生活解放所提倡的生活革命。对资本主义的私有制进行生产革命是第一位的，而生活革命是第二位。都市生活解放路径的实践逻辑犯了颠倒主次的错误。

尽管当今资本主义已然和马克思生活的时代发生了很大变化，从自由资本主义到垄断资本主义，再到现在描述的"金融帝国主义"等，但是资本主义的私有制性质没有发生根本改变。都市生活解放的科学路径并没有将首要的斗争矛头指向资本主义私有制，而是在其范围内陷入改良主义和空间拜物教陷阱之中。我们以卡斯特和哈维的城市社会运动与城市革命为例进行具体分析。卡斯特在《城市问题：马克思主义的视角》中着重分析了城市社会运动的客观原因，侧重于运用结构主义的马克思主义中的"马克思主义"。在《城市与草根》中主要探讨了城市社会运动的主观因素，偏向于运用结构主义的马克思主义中的"结构主义"。而《城市、阶级与权力》这本书是两者过渡时期的作品。卡斯特对城市社会运动发生原因的分析反映了资本主义社会进入所谓的"福利国家"阶段的劳动力再生产的情况，启发了当代马克思主义学者需要关注城市空间中居民劳动生产之外的生活问题。但是其理论解释存在两个问题。

一方面，卡斯特城市社会运动中的集体消费理论并不彻底，并具有历史性。卡斯特在分析城市的经济体系中生产、消费以及交换要素，并将消费要素作为主导要素。但卡斯特不仅忽视了分配要素，而且没有理解和把握马克思所言的生产、消费、分配与交换的辩证关系。资本主义的集体消费领域并非单独能够存在的领域，它根本上从属于资本主义的生产方式及其生产的私有制。生产决定消费，其中消费自然包括集体消费。马克思说：

"一定的生产决定一定的消费、分配、交换和这些不同要素相互间的一定关系。"① 单一的生产力或生产关系不能决定消费、分配、交换和这些不同要素相互间的一定关系，此处的生产需要理解为生产方式。生产方式决定集体消费水平、消费结构与消费方式。马克思理解的生产方式主要是资本主义生产方式，资本主义的物质、精神生产方式为集体消费提供了各种外在材料和对象。与此同时，马克思也能够辩证地看待生产与消费的关系。"生产直接是消费，消费直接是生产"②，从而消费和生产具有直接同一性。生产直接是消费，这是指生产要素的消费；消费直接是生产，这是指产品的消费。生产与消费是一体两面。在资本主义社会的物质生产实践中，消费是对产品的消费，消费为生产提供现实对象与内在目的。生产的重复性与连续性决定了生产实质是再生产，生产出来的商品只有消费完，才能实现再生产。消费是再生产的一种形式，即生产着生产。生产与消费是生产关系的两个环节，而生产关系的核心是所有制，即首先要确定为谁生产和谁享有生产的成果。换言之，不能脱离生产关系及其所有制来奢谈消费或集体消费。具体而言，资本主义国家通过提供不以赢利为目的或低赢利的集体消费品，促进维持居民生活水平及其以上的劳动力再生产，以减少城市社会运动，这似乎是主动的"资本贬值"，做了一些私营企业不愿意或较少承担的工作，国家干预一定程度上能够解决整个资产主义一般利润率下降的问题。而且集体消费与城市社会运动的互为因果关系，从客观上要求资本主义国家加强国家干预，提供集体消费品。国家干预——国家支付了城市劳动力再生产的成本，促进了资本主义生产关系的再生产，集体消费表面上看似带有"集体主义的性质"，但它实质上是来自对工人实际工资的变相扣除，甚至在整个过程中仍然能够对居民生活进行再次剥削。而且政府通过财富再分配的形式将利润转移到与政府密切相关的私人资本企业，最终获得剩余价值的却是私人资本。这样日积月累，必然造成国家财政赤字，进而引发集体消费的危机。国家为了解决危机，往往通过税收等经济手段进行调节。资产阶级加强国家干预，促进集体消费，其功能是将一种创造新的社会需求、新的消费方式加以确立、推广并主导城市空间的日常生活领域，这本质上仍然是要再生产资本主义生产关系，进而维护资本主义私

---

① 《马克思恩格斯文集》（第8卷），人民出版社，2009，第23页。
② 《马克思恩格斯全集》（第46卷）（上册），人民出版社，1979，第28页。

有制。当政府面临财政赤字过大的情况，削减集体消费支出，从而造成城市社会运动的结果，这自然成为当代资本主义国家的常见现象。因此在资本主义社会的发展历程中，必须要将私人资本，甚至是私人垄断资本引入城市社会运动中。私人资本的价值增殖仍然为主导动力，资本主义国家始终维护资本主义生产的私有制。卡斯特将城市结构"束集"于集体消费，但集体消费只是二战后资本主义福利国家用来缓和阶级矛盾的城市公共政策。在资本主义社会出现之前，劳动力再生产以自给自足的家庭劳动为主。在资本主义社会阶段，劳动力再生产由一些市民社会中的慈善团体和热心人士承担，后来才由政府承担以缓解阶级矛盾。资本主义的物质生产实践集聚在城市政治当中，才形成了促进城市资本增殖的集体消费。因此像卡斯特那样将城市空间截取为一个片段空间，而不顾城市空间是作为物质生产实践塑造的典型的历史结果，显然忽视了导致城市社会运动的集体消费的历史性。总之，集体消费只是反映了资本主义社会进入"福利国家"历史阶段的劳动力再生产的情况，但是问题不仅仅只是反映或认识世界，而是改造世界。

另一方面，城市社会运动作为"改造世界"的一种类型，具有改良主义特质。城市社会运动的本质是消费者工联主义或工团主义。"卡斯特坚持将'消费'理论化为'再生产'，反映了马克思主义城市理论的基本前提，即生产组织在塑造社会进程中发挥着决定性作用。"[①] 卡斯特意在将消费的社会生产组织独立出来，它能够弥合不同消费群体的分歧，从而建立起文化上和利益上的集体行动的逻辑。集体消费涉及城市各个阶层的生活方式，覆盖到都市居民的生产、生活、休闲娱乐方式等方面，并不直接投射到工人阶级上面。这就意味着集体消费并不直指资产阶级与工人阶级的阶级对立。卡斯特以为集体消费能形成具有共同利益的城市居民，它们能够跨越阶级，实现城市社会运动的联合。这从理论上来说具有意识形态的欺骗性。从上文我们可以得出，资产阶级为了维护私人资本的局部利益，借用国家力量来加强干预，从而推动了集体消费。"掩盖相关群体的利益和诉求，将特殊的东西普遍化，误将部分当作整体"[②]，这具有维护政治统治与生产关系再生产的资产阶级意识形态目的。在实际中，因消费延伸出不同的相互

---

① 彼得·桑德斯：《社会理论与城市问题》，郭秋来译，江苏凤凰教育出版社，2018，第206页。
② 列斐伏尔：《马克思的社会学》，谢永康、毛林林译，北京师范大学出版社，2013，第50页。

对立的消费阶层，形成了追求象征和意义的消费圈子。其中富裕阶层因其生活方式或消费方式趋同，形成了自身圈子内独特的"文化趣味或品味"，而"文化趣味或品味"满足了他们"高贵身份的想象"，以区别于其他社会低端阶层；而贫困阶层被规划到生活在交通不便，基础设施不完善，环境比较恶劣的边缘空间。出于自我保护的安全需要与公共土地的私人住宅化，富人区雇佣越来越多的安保人员，使得非体面人流者不得入内。两个阶层之间物理距离和心理距离越来越远，他们很难因集体消费就能形成阶级。在发达资本主义国家的现实中，集体消费中的住房问题，反而造成工人阶级的分裂。也就是说，阶级斗争与城市社会运动是可以相互分离的。因此，它的本质是一种有限的、零星的、活跃的、局部的团结一致的消费者工联主义或工团主义，但是它对资本主义实质没有任何改变。① 此外，这种消费者工联主义或工团主义的主体性是被驯服的主体性，是一种伪主体性。虽然后期卡斯特认为城市社会运动从客观的自发性走向了主观的自觉性，但是我们看到它仍然是对集体消费的功能反应。也就是说，城市居民以城市社会运动来获取集体消费品，以维持劳动力的再生产。既然仅仅是为了获得集体消费品，那么可控的合理性冲突本身是有助于资本主义对生产关系进行调整与生产关系的再生产的。以美国地方都市为例，城市社会运动被纳入资本主义公共政策的制定过程中来。"社区人民共同行动"和"圣路易斯联合都市圣会"与美国 15 个类似组织具有相同的组织过程、相同的话语以及相同的战略。它们都特别注重组织的过程的民主化，注重公民能力的训练，注重获得政治成果。② 马克思的阶级斗争不是仅仅获取集体消费品，而是要消除决定集体消费的生产关系。无论是经济体系，还是非经济体系，它们是一个矛盾整体。但是经济体系是矛盾的主要方面，经济体系决定着社会形态的性质，这是一元的决定关系。社会形态中存在着经济、政治与观念体系等多元结构。虽然经济体系处于决定地位，但是它处于不平衡的关系的"深层结构"。也就是说，经济体系需要借助于人的多元意志，形成总的合力或总的平均数，才能浮现于社会现实之中。人的意志，从个体来说是"现实的个人"的意志；从集体来说，是无产阶级及其人民群众的意

---

① 彼得·桑德斯：《城市政治：社会学角度之阐释》，夏家驷、时汶译，商务印书馆，2021，第 118 页。

② 杰克·戈德斯通主编《国家、政党与社会运动》，章延杰译，上海世纪出版集团，2015，第 80 页。

志。同样，也需要将人的意志纳入经济基础与上层建筑的社会结构中来思考。经济体系与人类多元的意志之间的相互作用是必然性与偶然性，合规律性与合目的性的相互结合，共同决定着社会形态的更替与发展。马克思主义突出了经济体系的内在矛盾在历史发展中的决定性作用，经济体系的内在矛盾在阶级社会主要表现为阶级斗争，无产阶级的阶级斗争是阶级社会发展的直接动力。换言之，无产阶级的阶级斗争是对资本主义生产关系的根本性革命，是生产领域的阶级斗争带来的制度更替。它是无产阶级的自在自为的主体性，是建立在从资本主义生产发展的状况、社会基本矛盾的客体性出发的主体性，是真理化身的主体性。

卡斯特也指出了阶级斗争与城市社会运动的联系，但城市社会运动是消费领域的阶级斗争，具有改良主义的色彩。"对城市政治的科学分析必须以对阶级关系、阶级斗争的历史性关照为开端。"[1] 集体消费品的供给根源于城市资本家资本增殖的需求，而与工人阶级的切身利益相关的集体消费品的供给又受到数量和质量的限制。因此，工人阶级的阶级斗争仍然是城市社会运动的方式之一。"虽然阶级斗争的辩证法被政治性地压缩在国家领域当中，但通过所有领域以及一系列国家政治事务的特殊过程表现出来。比如资本积累、生产力的发展与劳动力的再生产、社会关系再生产、社会冲突、国家机器的内部动态等各个方面。"[2] 言下之意，阶级斗争覆盖到多样化的领域，并不一定就仅仅在生产领域。有学者批判卡斯特"脱离了资本主义的生产关系看待阶级冲突和阶级斗争，无形中弱化了和稀释了劳资之间基于生产资料所有制的根本对立和斗争"[3]，卡斯特的城市社会运动仍然是阶级斗争的多种形式之一，他并没有将两者对立起来。城市社会运动是围绕着消费领域的跨阶级斗争而展开的城市政治。"城市社会运动正成为独立于劳资阶级斗争之外的社会力量。"[4] 因此，上述分析最后落脚在阶级斗争与城市社会运动之间的关系，或者是阶级与城市之间的关系。阶级是城市中的阶级，城市是阶级实践的城市。阶级斗争中的"斗争"不是片面

[1] Manuel Castells, *City, Class and Power*, trans. by Elizabeth Lebas (The Macmillan Press Ltd. , 1978), pp. 43 – 44.

[2] Manuel Castells, *City, Class and Power*, trans. by Elizabeth Lebas (The Macmillan Press Ltd. , 1978), pp. 44 – 45.

[3] 牛俊伟：《城市中的问题与问题中的城市——卡斯特〈城市问题：马克思主义的视角〉研究》，社会科学文献出版社，2015，第 254 页。

[4] 艾拉·卡茨纳尔逊：《马克思主义与城市》，王爱松译，江苏教育出版社，2013，第 110 页。

地与其对方对立，而是实现。"当理性谈论不同于它自己的一个他物时，它所说的事实上只是它自己本身；所以在这里它并没有跳出它自己以外去。——这场与对方的斗争，因此本身就兼含着这样的意义：它的斗争也就是它的实现。因为所谓实现，恰恰就是把环节发展出来再把它们接收回去这样一个运动"①，黑格尔用了一句比较生动形象的话来形容，即"把环节发展出来再把它们接收回去这样一个运动"。其中"发展"有分离、否定、排斥之意，而"接收回去"有结合、肯定、吸引之意。黑格尔理解的斗争的含义更为丰富和准确了。马克思对斗争的理解也吸收了黑格尔的见解，但是是基于唯物辩证法的基本方法来理解斗争的实现。"两个相互矛盾方面的共存、斗争以及融合成一个新范畴，就是辩证运动。"② 这意味着，马克思认为要在唯物辩证法的基础上来理解斗争，在对立和统一中理解辩证法的核心。马克思主义的阶级斗争是为了解决生产社会化与资本主义生产资料私有制之间的矛盾，实现人类解放的最终目标。这一矛盾的空间尺度的布展包括农村、城市乃至全国各个领域，从区域主义到全球主义，覆盖到社会生产总过程，并不单单局限于城市领域。马克思主义坚持无产阶级生产领域的阶级斗争立场的同时结合不同空间的具体情势，以推翻资本主义私有制，实现共产主义为目标。卡斯特的城市社会运动强调城市居民的文化认同与利益协调，这直接是源于发达资本主义城市的集体消费的文化属性和政治属性。文化属性和政治属性能够对资产阶级的公共政策产生一定的影响，多元主义的民主政治能够在不破坏现行制度的前提下，促进资本主义体制机制的完善。即便卡斯特后来认为将民众的自发性与政党的组织性结合起来向政府施压本身就是资本主义民主政治的组成部分。总之，卡斯特的城市社会运动的出发点既没有从资本主义生产着手，也没有将其目的指向推翻资本主义私有制，反而在追求偏狭的社区文化认同。即便城市社会运动中有阶级斗争，但它也主要坚持城市消费领域的阶级斗争或跨阶级斗争立场。归根究底，城市不能仅仅被卡斯特那样视作促进劳动力再生产的集体消费的空间，并把它作为理论演绎的前提。因为资本主义最早的城市是工业革命的产物。工业城市是资本主义的既定城市类型，后来的消费城市类型本身也是由资本主义生产方式塑造的一种空间类型，所以卡

---

① 黑格尔：《精神现象学》（下卷），贺麟、王玖兴译，商务印书馆，1997，第86页。
② 《马克思恩格斯选集》（第1卷）（第3版），人民出版社，2012，第225页。

斯特最终仍然是没有进一步触及决定其背后的资本主义私有制根源，至多只是对资本主义城市及其社会的体制和机制部分改变。消费领域的阶级斗争背后的指导思想是不消灭资本主义私有制的小资产阶级的社会主义，且具有改良主义特质，而非科学社会主义。因此，马克思主义的无产阶级生产领域的阶级斗争理论比卡斯特更为彻底，更具说服力。

综上所述，卡斯特的城市社会运动理论站在结构主义的马克思主义立场，批判了资产阶级城市社会学芝加哥学派。它将劳动力再生产相关的集体消费的空间单位作为研究对象，从资本主义的消费方式出现的新阶段出发，将集体消费结构与国家干预功能结合起来，揭示了现代资本主义制度对城市劳动力的直接与间接的统治机制，对我们认识发达资本主义的城市危机及其消费政治具有重要的指引作用。在资本主义生产过程中，资本家除了受到无产阶级工作场所的斗争，而且在城市生活的消费过程中还面临着生活成本的巨大压力，这都无疑拓宽了马克思主义社会研究的视域。无论资本主义发展到哪个阶段，资本主义私有制依旧存在于社会的方方面面，资产阶级作为统治阶级依旧主导国家政权，资产阶级在城市化过程中仍然在继续剥削无产阶级，这就决定了马克思主义必须坚持无产阶级生产领域的阶级斗争的根本立场，以推翻资本主义私有制为最终目的。因此，马克思主义仍然是当代以及未来资本主义国家工人阶级社会运动的实践指南。同时，我们必须立足于马克思主义哲学与政治经济学，对卡斯特的空间政治经济学理论予以批判纠正。

哈维的城市革命也是从空间政治经济学出发，研究了发达资本主义的城市化的现实，把握了城市空间生产的内在矛盾与冲突，但是笔者认为当哈维考虑资本的流通时，资本的生产在他的视野之外了。因此，笔者根据马克思所言的从抽象上升到具体的方法来批判哈维的流通领域的阶级斗争——城市革命。

首先，哈维基于自身的历史地理唯物主义立场，将马克思《资本论》三卷的逻辑结构"创造性"地改造成资本积累的三级循环理论。一方面引发了国内外学术界对《资本论》第二卷与第三卷的重视，但是另一方面它违背了马克思所言的从抽象上升到具体的科学方法。马克思在《〈政治经济学批判〉导言》中批判了古典政治经济学方法，并且特别凸显了他自己的政治经济学方法与及其性质差异，马克思称之为从抽象上升到具体的科学方法——从具体到抽象的研究方法与从抽象到具体的叙述方法的统一。在

《资本论》第一卷中，尽管商品是最简单最直观的概念，但也是最为抽象的规定，它包含了资本主义社会一切具体矛盾的萌芽。从商品章出发，马克思找到了一种充当一般等价物的特殊商品——货币。商品和货币章，初步建立了劳动价值理论。商品和货币理论在之后的篇章中有条理地具体展开。当货币持有者购买了一种特殊商品——劳动力商品，货币转化为资本，货币持有者转变为资本家。资本家购买了劳动力进行直接生产，它包括绝对剩余价值生产和相对剩余价值生产，这个过程揭示了资本的生产的目标——获取剩余价值。剩余价值如何转化为资本，就是资本积累。第一卷分析的是剩余价值的生产问题。资本作为一种自行增殖的价值，不仅在生产过程内运动，而且也在流通过程内运动。第二卷在第一卷的基础上，论述了资本的流通过程，资本流通过程可以分为单个资本或社会总资本的循环和周转。第二卷分析的是剩余价值的实现问题。第三卷考察了资本的生产和流通过程相统一的总过程。资本生产的总过程实质是剩余价值的生产、实现与分配过程。前两卷分别论述了剩余价值的生产、实现过程，第三卷着重分析剩余价值的分配过程，研究了资本的各种具体形式，不仅仅包括第二卷所分析的产业资本，还包括如商业资本、生息资本、农业资本等，并研究了剩余价值在各种资本具体形式下的分配问题。剩余价值分配问题也是剩余价值转化问题。以上是三卷《资本论》从抽象上升到具体的叙述方法。与此同时，马克思根据大量的事实材料，先完成了从具体到抽象的研究。我们可以从《资本论》及其三大手稿中看出来。

哈维构建出了资本三级循环理论。"《资本论》关于资本积累的动态提出了三个主要的'模型'。每一个都反映了三卷《资本论》的每一卷建构这个'理论对象'的方式。"① 与《资本论》——对应，哈维建构了三个资本积累模型，也就是前面所言的资本积累的三级循环理论。哈维的初级循环对应于马克思的资本的生产理论，马克思预设了暂时撇开资本的流通、价值实现不存在问题的前提。哈维的次级循环对应于马克思的资本的流通理论，马克思暂时撇开了剩余价值的分配的前提。哈维的第三级循环对应于马克思的资本生产的总过程，马克思必须将剩余价值的生产与实现都纳入进来。第一卷、第二卷与第三卷预设的前提正好是矛盾的关系。这在哈维来看，里面是存在着理论问题。就现实来看，《资本论》第二卷、第三卷中

① 大卫·哈维：《资本的限度》，张寅译，中信出版集团，2017，第263页。

揭示的价值实现与分配问题在现在金融资本主义的空间生产方面表现得比生产问题更为突出。从发展马克思主义的立场来说，哈维关注资本主义的新变化是值得肯定的事情。但是哈维没有将价值生产与价值实现与分配问题结合起来分析资本主义新变化，而是把马克思的有机整体理论经验性地化为"三块"资本积累的总体性理论。总体性是西方马克思主义的传统观点，只不过哈维的"三块"资本积累的总体性理论比早期西方马克思主义更为具体和现实。这里面的关键是哈维没有理解《资本论》中的唯物辩证法思想。马克思在《资本论》中做出了看似相互矛盾的假设，但是这本身是反映资本主义生产方式的规律的假设。资本的生产、流通与总过程本来是一个辩证的矛盾过程，但这对资本主义来说也是必不可少的过程。而马克思所预设的理论前提恰好反映这个矛盾过程，当然马克思也承认这个反映是近似于或无限接近于生产方式的规律，"我们在理论上假定，资本主义生产方式的规律是以纯粹的形式展开的。实际上始终只存在着近似的情况；但是，资本主义生产方式越是发展，它同以前的经济状态的残余混杂不清的情况越是被消除，这种近似的程度也就越大"①。此外，哈维将"从抽象上升到具体"的抽象理解成"去生产"的普遍性的资本逻辑，将具体理解成资本主义空间生产等新变化。在此基础上，哈维将抽象的东西视作具体东西的根本原因，如此意义上哈维的"从抽象上升到具体"就具象化为流通领域的城市革命。但是依此方法既不能科学理解《资本论》中的唯物辩证法的理论，也不能科学理解资本主义空间生产等新变化的现实。

其次，哈维认为城市建成环境的流通是城市革命的主要原因，但是他将流动资本与流通资本混淆了，没有考虑到流动资本及其活劳动创造价值。城市建成环境所需要的产品生产的过程必须借助于原材料在空间上的流通。同时，原材料的流通本身也表现为直接的生产。城市建成环境的流通空间有助于产品向商品的转化，物理空间（距离）要素为产品向商品的转化提供了外部环境。城市建成环境的流通与生产是同一的。换言之，一方面资本的普遍化趋势是获得剩余价值，它通过道路交通、信息网络等基础设施建设来缩短流通时间，克服空间（距离）障碍，加快交换速度；另一方面基础设施建设本身也成为资本家获取利润的重要途径，基础设施建设也改变了传统的物理景观，日益形成一个有利于建成环境流通的空间。不过从

① 《马克思恩格斯全集》（第46卷）（第2版），人民出版社，2003，第195～196页。

文本上看，马克思并不是从剩余价值生产的"技术"角度而是从剩余价值实现的流通的视角来看待固定资本，马克思正确理解了固定资本的相对独立性。换言之，前者是剩余价值"有没有"的质的问题，后者是一买一卖"有多少"的量的问题。而哈维从剩余价值实现的流通的角度对作为固定资本的建成环境进行阐释，只是考虑了流通资本的量的问题。哈维以建成环境的流通过程掩盖了流动资本及其内部的可变资本，以流通过程中价值量的变化掩盖了价值增殖过程中剩余价值的产生。简言之，哈维将流动资本与流通资本混淆了。

关于流通资本与流动资本的区别，最早可以追溯到斯密、李嘉图古典政治经济学家。恩格斯在《资本论》第二卷中创造"流通资本"，以解决马克思想要区分但没有完全区分的概念。[①] 斯密以利润取得方式的差异来区分固定资本和流动资本，但是实际上是混淆了流通资本与流动资本。流动资本是生产资本的内在组成部分，而流通资本是与生产资本相对的资本形式。李嘉图在此基础上，以"价值周转方式"来区分固定资本与流动资本，但是仅仅以流通过程而不包括生产过程来理解流动资本，流动资本的可变资本的价值增殖部分被掩盖起来，给我们的印象就是流通资本在经过商品资本与货币资本，就执行了生产资本的职能，获得了价值增殖。如此的话，流通资本就等于流动资本了。哈维在这点上与李嘉图类似。哈维仅仅以流通过程而不包括生产过程来理解建成环境的流通，即在购买阶段，城市资本家购买土地与共享资源等，以获取阶级垄断地租；在售卖阶段，城市资本家出售住房等商品，以实现价值和剩余价值。似乎作为固定资本的建成环境的流通，只要经过商品资本与货币资本，就能实现剩余价值。这实际上是哈维把建成环境的流通资本当作了流动资本，流动资本中的活劳动是能生产剩余价值，但是实际上这个资本循环过程唯独缺少生产阶段，即建成环境的生产。哈维在其资本积累的三级循环理论中的初级循环谈到了建成环境的生产的准备条件，即资本主义在空间里的生产存在着过度积累与达到均衡的空间基础。等谈到建成环境的生产，他只是论述了固定资本与消费基金，但这是建成环境的流通了，因此终究还是没有重点谈到建成环境的生产。在建成环境的生产过程中，一部分价值寓于其实物形态，还有

---

① 赵玉兰：《恩格斯为什么在〈资本论〉第二卷中创造"流通资本"一词?》，《哲学研究》2015 年第 1 期，第 19~24 页。

一部分转化为货币，所以它属于固定资本而非流动资本。固定资本的流通并不是没有组织性或完全脱离整个生产链条的扩张运动，固定资本在市场中的扩张性是由当时生产力的发展水平所决定的，也就是说，包括作为固定资本的建成环境的流通依据的是当时当地的劳动生产过程制约。在资本主义城市化过程中，城市化建设的工人阶级物质劳动与非物质劳动创造了固定资本与剩余价值，而这部分剩余价值为阶级垄断地租的利益方占有并分配。

再次，哈维从物的视角来理解固定资本，造成了空间拜物教的意识形态的后果，城市革命陷入"物与物关系"的革命当中，无法实现"人与人关系"的革命。在彼得·桑德斯看来，"建成环境或人造环境的经验对象不符合'固定资本'和'消费基金'的理论类别"①。本书不同意这个观点，建成环境或人造环境是固定资本的重要内容。在工业革命时代，固定资本主要体现为机器与机器体系；而在城市社会时代，固定资本当然包括工厂中的机器与机器体系，还包括围绕机器与机器体系而扩展的建成环境，如城市基础设施、楼宇住房、土地、医院、学校等。因此，我们需要以发展的眼光来把握马克思所说的固定资本的含义。我们知道，马克思借鉴并批判了斯密、李嘉图等古典政治经济学家在固定资本与流动资本这两个概念上的错误观点：主要在于混淆固定资本与不变资本。固定资本并非由其物理不动性等物理属性所决定，而是由价值周转方式的不同引起的；不变资本之所以"不变"，主要指它在生产过程中价值量不变。流动资本与固定资本并不是两个资本，而是同一个资本在流通过程中（而非生产过程）的两种不同价值周转方式，它不涉及价值增殖问题。"固定资本不是一件东西，而是资本通过对物质对象的使用——如机器的使用——来流通的过程。"②哈维将关注的焦点聚焦于城市化过程中的固定资本的流通上，也即是资本主义的建成环境作为重点研究对象。这源于固定资本在流通过程中进行空间生产与再生产，具有延缓资本主义过度积累、维持资本主义幸存的功能。固定资本是资本进行空间生产后的产物，也是资本主义进行空间生产的重要条件与前提。固定资本的生产本身就是不断增加剩余价值，但与此同时它又积累更多的剩余，为资本价值的丧失积聚力量。因此，固定资本的流

---

① 彼得·桑德斯：《社会理论与城市问题》，郭秋来译，江苏凤凰教育出版社，2018，第244页。
② 大卫·哈维：《资本的限度》，张寅译，中信出版集团，2017，第334页。

通存在着难以克服的内在矛盾，即"资本越是以固定的形式流通，生产和消费的体系就越是被封锁在特定的、与固定资本的实现相适应的活动中"①。简言之，固定资本在流通过程中存在着流动性与固定性、过度积累与价值丧失之间的矛盾。资本家为了解决这个矛盾，必须通过科技创新来有计划、有步骤地用五年、十年或更长时间来淘汰固定资本。这样反而促使单个资本家为了追求超额剩余价值而逐渐过渡到整个资本家的相对剩余价值生产，客观上防止了利润率下降的危机。

资本固定在流通中某一个环节而成为固定资本，同时作为固定资本在整个资本主义社会生产关系一直处于流通之中。固定资本只有经过流通，才能缓解过度积累危机，整个过程完成了一定程度上的"空间修复"。但是固定资本的流通不仅仅是哈维地理、社会空间意义上的流通，这方面很多学者包括哈维不太理解马克思的深刻含义。"这种使用价值可以在和一般不动产相同的意义上流通——作为权利流通，而不是作为使用价值流通；不是在物体上流通。"② 马克思在这里讲的"权利流通"背后指出了固定资本的生产关系属性以及增殖方式。固定资本并非仅仅进行使用价值的流通，而是作为交换价值的流通，而后者关涉到"所有权或占有权通过交换行为发生让渡③"。所有权和占有权关系是经济关系的法律意志表现，属于上层建筑的内容，而所有制在经济关系中处于最根本的决定位置。固定资本体现的是所有权和占有权的关系，固定资本的流通过程中对空间的处置权、交换权、消费权，表征着人与物的交换关系。资本主义私有制规定了固定资本的性质，固定资本作为一种死劳动对活劳动的统治与支配。而马克思在《资本论》中旨在揭示生产这种社会关系的内在机制，即在空间生产过程中一个阶级对另一个阶级的剥削关系，它表征着人与人的劳动关系。由此，人与人之间的劳动关系被人与物之间的交换关系所掩盖。但是哈维是从地理、社会空间来理解固定资本的流通，这样它反映的人与人之间的劳动关系不仅为物与物的交换关系所掩盖，更重要的是哈维径直越过资本主义"生产关系"中的生产，物与物的交换关系被视作像地理空间那样物的自然属性，哈维的空间拜物教意识形态凸显出来。人与人之间的劳动关系被物与物之间的交换关系所掩盖，直接简化为物与物的关系与物的自然属

① 大卫·哈维：《资本的限度》，张寅译，中信出版集团，2017，第355页。
② 《马克思恩格斯全集》（第31卷）（第2版），人民出版社，1998，第140页。
③ 《马克思恩格斯全集》（第31卷）（第2版），人民出版社，1998，第75页。

性，城市革命陷入"物与物关系"的革命当中，无法实现"人与人关系"革命。换言之，反抗高地租与高房价的城市革命陷入"物与物关系"之中，"物与物关系"掩盖的是阶级垄断地租下城市居民与土地与房产所有者、资本家的人与人之间的关系。

最后，城市革命具有城市乌托邦的色彩。城市革命的主体是反资本主义的跨阶级的联盟组织，但是缺乏一个强有力的中心来领导或主导。如前文已述，进入资本主义城市社会时代，城市资本家通过空间规划将工厂的一部分工人"分拆"或"区隔"到边缘，甚至体面地将他们"赶出"城市。通过消费主义等意识形态将一部分收入较高的工人吸纳到城市的中心，"心甘情愿"地完成相对剩余价值的生产，但是他们面临的是商业资本家、土地所有者与租金占有者的剥削和占有。还有一部分收入水平中等的工人阶级在城市资本家的利益分配中摇摆不定，受到了资产阶级"恩赐"的"工作伦理"及其价值观的影响。其他身份、职业、性别、种族、宗教的社会关系和阶层结构分化了工人阶级的阶级性。如果将城市放在全球格局中，在全球城市化的驱动下，资本在全球城市体系中开启了逐利运动，这也带动了工人阶级的移民活动。移民运动造成了地区保护主义的抬头，也给城市无产阶级以及全球城市体系的无产阶级联合造成了障碍。显然，面对着资本主义强大的统治力量，仅仅依靠工厂工人难以应付。哈维并没有主张抛弃工人阶级与阶级斗争，而是承认其是资本主义社会冲突的一条线索。城市革命必须回应社会发展的突发事件，包容其他形式的社会运动，以利益协商、利益整合等的形式来动员基层群众。城市革命具有一定的自主性，没有强制性的纲领或章程，个人可以随时加入、参与、联合、分离。也正因如此，他们以城市中的不同标签来划分群体，但由于他们缺乏一个强有力的中心来领导或主导，显得各自为政且易被分而治之。

城市革命的对象是建成环境流通过程中带来的生活成本压力，但是居民的消费问题反而掩盖了资本主义生产关系的私有制，成为资本主义体制内解决的问题。建成环境流通过程中既生产了社会关系，也生产了社会关系的物质载体。开发商利用历史或文化资源来装饰旧城，其目的在于提升土地的交换价值，获取剩余价值。新城建设包括城市基础设施建设，它是资本建构加快资本积累步伐的历史—地理景观的主要手段。这个过程也伴随土地租金的不断上涨。建成环境流通过程中主要动力源自国家权力、金融资本与土地所有者三者的结合，即"政府—金融市场—不动产市场"的联合。当建成环境流通过程由实体企业生产转向由虚拟企业的金融所决定时，土地和建筑物是被虚拟资本纳入进来的具有利润率高的商品，地上、地下的空间全部成为资本私有化、市场化的场域，在"创造性地破坏"过程中激起了居民的反抗。换言之，"城市政治的斗争和张力围绕着是否以及如何将城市的土地和空间变成商品而展开"①。建成环境对城市居民来说也是集体消费的对象。集体消费品作为公共产品具有投资的长期性、规模性，但是企业是以获取短期效益和利润为目的的。城市的资本利润最大化无疑剥夺了大多数居民的消费权利。但与此同时，为了确立资本的主导地位，资产阶级又必须以城市跨阶级的公共政策的形式来解决劳动力再生产的危机。资产阶级在维护自身特殊利益的同时也在维护自己的合法性。此外，在消费结构中，不同的阶级或阶层因争夺政府提供的集体消费品的数量和质量而产生利益摩擦或斗争，这也导致整个城市系统的结构性冲突。因此，都市生活解放的矛头之一指向了政府的消费政策以及消费认同，从而城市的阶级问题被转化为消费问题。都市生活解放的消费领域是福利国家的新的冲突形式。城市权利成为都市居民与政府讨价还价、利益协商的有力筹码，也成为争取社区文化认同和局部利益的重要手段，但是这成为资本主义体制内的生活问题。

城市革命的目的不是获取城市及国家政权，其手段以和平方式为主，这无疑是对资本主义的认同与自觉维护。资本城市化成为城市权利的物质基础。资本在流通过程中形成了形式各异的城市权利，但是都市居民无权享有、参与并监督这些城市权利，因此，城市权利日益落到了城市资本家手里。城市权利触及资本城市化的系统工程，是城市资本家、金融家、政府决策者、城市规划者等各方复杂力量共同作用的结果。因此，它不是简单地使人们享有某种进入城市的资格或对某一环节进行调整，而是涉及整个社会的系统变革，实现城市权利必须对资本的空间生产的整个过程进行有效监督与管理。但是关键之处在于城市权利是国家公共权力确定的社会成员在城市日常生活中获取自身利益的资格，本质上是社会利益分配关系。掌握国家公共权力是获取城市权利的关键。哈维的城市革命仅仅将目标指向了城市权利，且不以破坏旧的国家机器为前提。目标反过来制约着手段。

---

① 安东尼·奥罗姆：《政治社会学导论》（第 4 版），张华青、何俊志、孙嘉明等译，上海人民出版社，2014，第 159~160 页。

因此，城市革命采取的以和平方式进行政治斗争的策略本身就被接合或收编在资产阶级的战略当中。资产阶级的战略可以分为三类：对于共产主义人士进行镇压和监控；对于左翼及其支持者利用分化瓦解的方式来消解多元斗争的统一性；对于中间派与右翼力量展开意识形态的教化、质询等程序，并使之认同资本主义，自觉维护资本主义。

在自由资本主义阶段，马克思主义关注价值生产过程中的阶级斗争，以工厂中的劳资关系为核心。但是在金融资本主义的都市社会阶段，城市化为资本积累与剩余价值的实现提供了平台和场所，为资本主义阶级关系的生产与再生产提供了基本条件。这也意味着城市居民不仅受到了工厂资本家的压迫，也受到城市资本家的规训。即便工人在工厂中可以拿到更多的工资，但如果城市中的房价或影响工人生活质量的物价增长过快的话，那他们实际上还是"一无所有"。何况现在大部分工人的高工资是建立在长时间、高强度、大压力的劳动基础上。哈维和其他都市生活解放者将工厂的视角扩展到城市视角，这一视域的转化，切合了资本主义的发展现状，把握了资本主义发展的局部时代特征。哈维所言的城市革命，也启发在发达国家的工人阶级及其政党需要密切关注当前城市空间的剥削，并做好城市空间的阶级斗争的长期规划。总之，哈维的都市生活解放科学以空间政治经济学的方法，分析了当今资本主义过度积累的危机，并进而提出了解释其时代特征的资本积累的三级危机理论。但是城市革命是一个没有工人阶级的生产主体、一个不能根本解决城市"人与人关系"的方法、一个不能实现目标的乌托邦，仍然像卡斯特那样忽视了生产领域的阶级斗争。

二　根本目的是获取社会主义城市的生活权利

都市生活解放者认为都市生活解放的根本目的是获取生活权利，它包括从空间生产到分配，从中心到边缘的都市生活权利，但是生活权利是享有国家公共权力者赋予都市居民的一定的生活资格。因此，我们需要先理解生活权利与国家公共权力之间的关系。都市生活权利代表居民的公共利益，能够激发人们参与都市政治的积极性，一定程度上能规范国家公共权力主体，推动社会政治向制度化、责任化的方向发展。但是都市生活权利是国家公共权力确定的社会成员在日常生活中获取自身利益的资格，本质上是社会利益分配关系。都市生活权利本身需要国家公共权力对自然权利的确认并体现它的意志和要求。获取都市生活权利也需要以国家公共权力作为必要条件和力量后盾。国家公共权力是分配利益关系的主体，按照合法的、强制的方式，规定了人们的生活权利边界；国家公共权力通过调整生产关系，促进社会生产力的发展，反过来增加生活权利的"存量"；国家公共权力对社会文化、价值观的塑造，也能够引导居民的生活权利观；国家公共权力覆盖到日常生活的方方面面，维护并制约着生活权利的发展。总之，掌握国家公共权力是获取生活权利的关键。都市生活解放仅仅将目标指向了生活权利，且不以破坏旧的国家机器为前提。本部分将着重对哈维的城市革命予以具体分析。哈维通过城市革命获取的生活权利主要是指掌握空间生产的控制权与反对"集体符号资本"的权利，而非掌握国家政治权力。

哈维的都市生活权利主要是指掌握空间生产的控制权，但空间生产的控制权并不能主导整个剩余价值的生产，从而不能掌握决定国家公共权力的经济基础或生产关系，因为它没有考虑到剩余价值生产的时间限制。"资本只有一种生活本能，这就是增殖自身，创造剩余价值，用自己的不变部分即生产资料吮吸尽可能多的剩余劳动"①，资本增殖逻辑贯穿于资本的生产、流通、再生产的总过程当中。资本的总过程的本质是剩余价值的生产、实现、分配过程。显然，空间生产并不独立于剩余价值的生产过程，相反它是其中的一种形式或一个过程。与列斐伏尔将空间生产理解为社会关系不同的是，哈维的空间生产更多地指向资本积累的次级循环，也即是价值的实现过程。资本积累的次级循环在整个资本三级循环理论中占据主导。换言之，哈维侧重于资本流通过程的生活权利，分析生活权利的政治经济学基础。资本积累既要求在空间上扩大流通领域，又要在时间上加快流通速度，而两者的前提是资本积累必须进行剩余价值的生产。哈维对资本流通的空间界限没有考虑到剩余劳动时间及其生产。这就导致其理解的阶级斗争也主要指资本流通领域的阶级斗争。资本流通领域的阶级斗争最大的特征在于它的流动性与偶然性，其主要表现形式为城市革命。城市市民在资本流通过程的生活权利，事实上并不能独立自主，极易成为资产阶级意识形态建构的对象性存在。因此即便是流通领域的城市革命也要围绕着生产领域的阶级革命而展开，这样才能抓住阶级斗争的主次矛盾。马克思不仅分析了资本逻辑中资本生产过程中的价值形成的过程，也分析了资本流

---

① 《马克思恩格斯全集》（第44卷）（第2版），人民出版社，2001，第269页。

通过程中资本的价值实现过程。相对来说，前者主要涉及的是资本的时间界限，而后者则是资本的空间界限。资本的逻辑是追逐剩余价值，并力求"一步到位"——以最短的时间和空间（距离），将生产出来的商品出售给消费者。但是实际上资本并非万能，它受制于很多客观和主观因素，并不能在"想象中"实现价值增殖。因此，马克思才提出"以时间消灭空间"看似与"科学常识"相悖的判断。"以时间消灭空间"中"空间"的含义可以初步理解为物理距离。"在这里，资本 a 实现自身价值所需的时间较长，是由于资本在生产过程结束以后作为 W 来同 G 交换时必须经过的那段距离较远。"① 但是，物理距离与资本之间没有必然关系。因此，更为准确地说，资本关注的是运动的时间和费用，并力求两者的最小化。② 这就是说，物理空间（距离）增加了流通时间，并进而增加资本的流通费用，对资本生产来说成为障碍或界限。一方面资本的普遍化趋势是获得剩余价值，它通过道路交通、信息网络等基础设施建设来缩短流通时间，克服空间（距离）障碍，加快交换速度。另一方面基础设施建设本身也成为资本家获取利润的重要途径。基础设施建设也改变了传统的物理景观，日益形成一个人造环境或人造空间。不过从文本上看，马克思并没有像激进地理学家那样对这些人造空间或建成环境（工厂、楼宇建筑、城市等）过多地进行阐释，而是对流通中的空间和时间进行了深入分析。

马克思将空间算作流通的生产费用，时间要素的费用属于流通费用。"从经济学的观点来看，空间条件，把产品运到市场，属于生产过程本身……时间要素。这本质上属于流通概念。"③ 马克思将时间要素看成流通概念这一观点容易理解。马克思相对区分了商品的两段时间，一是在商品转变为货币以前的时间，二是商品转化为货币之后的时间。对于前者，此时商品仍旧是商品，因为它没有在市场上出售，所以不是现实的价值。对于后者，这个流通时间表现为资本的本质过程。也就是说，资本的本性实际上都要成为流动资本。"资本实质上是流动资本。"④ 无论是商品、货币还是资本，它本身都需要资本流通的连续性来决定，而其中的连续性表现

① 《马克思恩格斯全集》（第 30 卷）（第 2 版），人民出版社，1995，第 518 页。
② 大卫·哈维：《跟大卫·哈维读〈资本论〉》（第二卷），谢富胜、李连波译，上海译文出版社，2016，第 294 页。
③ 《马克思恩格斯全集》（第 30 卷）（第 2 版），人民出版社，1995，第 532～533 页。
④ 《马克思恩格斯全集》（第 31 卷）（第 2 版），人民出版社，1998，第 28 页。

为资本的流通速度或时间。马克思进一步将时间要素分为劳动时间和流通时间，而劳动时间可分为必要劳动时间和剩余劳动时间。流通时间和劳动时间相比，实际上流通时间增加了工人的必要劳动时间，限制了资本的生产时间以及资本的价值增殖速度，因此，流通时间不是创造价值的积极因素，时间要素的费用属于流通费用。但是马克思认为空间要素是资本流通的生产费用这个观点较难理解。这里可以分为两种类型，一是空间要素为零，这个情况下省去了中间环节，那么产品的生产与消费位于同地，可以将其理解为生产费用。二是空间要素不为零，这个空间要素由交通工具与物理距离组合而成。在价值生产过程中，交通工具在运输路程中，一部分价值寓于其实物形态，还有一部分转化为货币，所以它属于固定资本而非流动资本。这个情况下产品被运往市场的运动的形式由当时生产力的发展水平所决定，产品的流通并不是没有组织性的或完全脱离整个生产链条的运动，这个环节被马克思视作经济活动的外部条件，因此马克思将其算作流通的生产费用。马克思进一步解释了原因。首先，流通与生产是同一的。产品生产的过程必须借助于原材料在空间上的流通。同时，原材料的流通本身也表现为直接的生产。其次，流通空间有助于产品向商品的转化，空间要素为产品向商品的转化提供了外部环境。最后，比较而言，作为剩余价值生产的时空要素，绝对剩余价值的获得是通过时间要素，而相对剩余价值的获得是通过空间要素。"换句话说，新的技术、分工的加强、新机器的使用等，都会带来生产资本的重新选址，并且形成了非常多样的和空间上的独特的资本循环。"① 空间要素影响着相对剩余价值的生产，因而空间要素属于流通的生产费用。

如果仅仅将资本流通的时间、空间当作外部限制，这无异于将时间、空间形而上学化，即时间、空间似乎可以脱离出资本的生产和流通过程。"我们在谈资本流通的速度时假定，妨碍从一个阶段向另一阶段转变的只是外部限制，而不是生产过程和流通本身产生的限制（像在危机、生产过剩等情况下那样）。"② 马克思并不把时间、空间仅仅看作与生产、与流通无关的外部限制，而是当作生产与流通过程中的内在限制。众所周知，物质不能够脱离时空而单独存在，资本关系的生产与再生产也不能脱离时空要素

---

① 德雷克·格利高里、约翰·厄里编《社会关系与空间结构》，谢礼圣、吕增奎等译，北京师范大学出版社，2011，第 31~32 页。

② 《马克思恩格斯全集》（第 30 卷）（第 2 版），人民出版社，1995，第 537 页。

而独立运动。马克思反复强调了资本的内在限制："（1）必要劳动是活劳动能力的交换价值的界限；（2）剩余价值是剩余劳动和生产力发展的界限；（3）货币是生产的界限；（4）使用价值的生产受交换价值的限制。"① 这四个部分的内在限制表明了价值增殖过程中资本内在的、不可克服的规定性，即资本总的趋势是增加剩余劳动时间，减少必要劳动时间，达到生产力的极限，造成工人的交换能力降低，最终导致资本陷入生产过剩危机。资本的本性将看似"客观中立"时间和空间都纳入生产与实现剩余价值的轨道上，资本主义的再生产也塑造着新的时空关系或时空结构，而时空因素将成为资本主义生产体系危机的界限。马克思并没有将时间和空间视作资本主义发展的外部限制，并进而将物质生产与时空要素对立起来。马克思将时空视作资本生产与流通过程中的内在限制。马克思不仅分析了资本生产过程中价值增殖的过程，也分析了资本流通过程中资本的价值丧失过程。相对来说，前者主要涉及的是资本的时间界限，而后者则主要涉及资本的空间界限。当然两者的划分不是绝对的。资本的空间界限指资本在流通过程中不能顺利实现交换而成为生产力以及在价值中对象化的劳动的障碍。资本通过不断进行空间的生产来打破空间界限，包括对世界上各个区域的物理空间、精神空间以及社会空间的生产与再生产，这最终导致形成统一的、完全竞争的世界市场的结果。因此，资本主义全球化的最终结果又重新回到了马克思在《资本论》第一卷所构想的理论预设，即世界上绝大多数国家和地区成为资本主义世界经济体系的一部分，并最终形成全球化的世界市场。资本达到其普遍性的同时，也面临着内在孕育的雇佣劳动的对抗的极限。这是剩余价值生产最终的时间限制，都市居民生活权利才能真正实现。

另外，哈维认为城市居民的生活权利是拥有反对"集体符号资本"的集体权利，集体权利实质上是从文化上呼吁塑造对城市空间的集体记忆，但是它会面临着"话语与行动的矛盾关系""城市权利与城市制度的关系"。② 前者指的是城市生活权利上的理论与实践矛盾。如果城市生活权利仅仅表示一种普遍的、抽象的价值诉求与道德宣讲，那么任何组织和个人都可以宣称这是他们的生活权利观。也即是说，这样的分析是一种对权利

① 《马克思恩格斯全集》（第 30 卷）（第 2 版），人民出版社，1995，第 397 页。
② 陈忠：《城市权利：全球视野与中国问题——基于城市哲学与城市批评史的研究视角》，《中国社会科学》2014 年第 1 期，第 100～101 页。

话语的自由主义分析，也是一种利己主义分析。但是关键问题是分析之后呢？如何行动？包括哈维等都市生活解放者的理论看上去那么"精致"，但是对长期的无产阶级的革命与眼前的城市问题产生多大作用是值得反思的。后者涉及生活权利话语的根本问题，即将其理解为生产正义还是分配正义的问题。从分配正义的视角来理解生活权利，生活权利是一种物，进一步来说，这种观点实则接受了资产阶级分配作为物的生活权利的行为的合理性的大前提。但是马克思主义对分配生活权利的制度本身提出了质疑。如果决定分配生活权利制度的生产方式本身不正义，那么分配生活权利的理论将沦为维护资产阶级利益的意识形态。马克思主义认为权利具有阶级性。作为物的生活权利本身并不能自发生产，它在资本主义生产方式的制度下，生活权利实质表现了一种以雇佣关系为核心的社会生活关系。生活权利的发展是对资本增殖逻辑导致城市出现的现代性问题的被动回应。如果不能驾驭资本的增殖逻辑，不能触及生产权利话语的资本主义生产方式，那么生活权利将会蜕变为资本主义的自我调适的功能反应，反而将进一步加剧实质上的劳资不平等的关系。资本主义生活权利在一定程度上能够动员都市居民来实现自身利益，但是它本身是在给定的经济、政治框架中——资本主义形成的结果。城市居民追逐生活权利无可厚非，但是它并非无产阶级政治解放、社会变革的核心任务，更不是改造资本主义社会的全部任务。即便是在资本主义的民主制度中，城市居民依法享有生活权利。其中政治生活的权利被严格限定在政治领域，但是在形式上遮蔽了经济领域生产关系实质的不平等。也就是说，表面上的经济平等反映了资产阶级平等剥削劳动力的特殊利益，实际上仍然掩盖了生产过程中人与人之间不平等的社会关系。城市居民即便是获得了部分生活权利，一定程度上改变了生活方式，但是这也只是对整个资本主义的体制机制的改观。因为它没有触及资本主义的生产方式，没有诉诸阶级斗争的形式，这也就决定了它不可能从根本上撼动资本主义制度。

同样是在城市里发动革命，如何才能获得社会主义城市的生活权利？巴黎公社在这一点上产生了原则分歧。巴黎公社不仅破坏旧的国家机器，而且还为了实现共产主义，创造出新的国家机器来进行无产阶级专政。更为关键的是巴黎公社将城市权力与国家权力作为手段，是为了为绝大多数人而非某一个城市的人谋利益，让大多数普通人能获得社会主义城市的生活权利。"3 月 18 日的人进行战斗并最终战胜敌人，其目的是为了使法国所有的公社以及公社之上的区和省在今后能得到和保有这种独立，并通过一个真正的全国性公约彼此联合起来，使共和国永远有一个坚实的基础。"①这也清楚地显示了巴黎公社以建立无产阶级为主导的联合专政为革命目标。马克思在《法兰西内战》中指出，"公社的真正秘密就在于：它实质上是工人阶级的政府，是生产者阶级同占有者阶级斗争的产物，是终于发现的可以使劳动在经济上获得解放的政治形式"。"行胜于言"，基于巴黎公社采取了有利于维护工人阶级利益的措施，马克思认为巴黎公社的性质是工人阶级的政府。1891 年恩格斯在此基础上进一步指出，巴黎公社就是无产阶级专政的样子。②不过，1881 年马克思在书信中指出，巴黎公社"不过是在例外条件下的一个城市的起义，公社中的大多数人也根本不是社会主义者，而且也不可能是社会主义者"③。城市起义是一个更宽泛的概念，从而给后来的一些西方左翼学者留以口实。但是马克思这则回信并没有否定他在《法兰西内战》中对巴黎公社本质的基本判断，只不过是更准确地指出巴黎公社的工人阶级受到非社会主义思想的影响。事实情况也确实如此，当时在工人阶级中盛行的是小资产阶级的社会主义。巴黎公社的政权有资产阶级与小资产阶级的加入。由于巴黎公社只存在 72 天，并具有保护小私有财产的历史局限性，它的经济政策总的来说是限制而非彻底消灭资本主义私有制。马克思对此也表达了一种遗憾，即公社是想要消灭阶级所有制……是想要剥夺剥夺者……是想要实现个人所有制。④不过，在现实条件下是不可能实现这些目标的。巴黎公社的现实结果是形成了以无产阶级为主导的联合小资产阶级、资产阶级的专政形式。因此根据当时的客观条件以及工人阶级自身的历史需要，巴黎公社的革命目的是建立无产阶级为主导的联合专政。

马克思、恩格斯认为阶级斗争的功能是发动城市革命，夺取国家政权。马克思、恩格斯主张的社会主义革命"同时胜利论"与列宁的"一国胜利论"在城市革命上是一致的。"大城市是工人运动的发源地，在这里，工人首先开始考虑自己的状况并为改变这种状况而斗争；在这里，首先出现了无产阶级和资产阶级的对立；……如果没有大城市，没有大城市推动社会

---

① 《巴黎公社公报集》（第 1 集），李平沤、狄玉明译，商务印书馆，2013，第 288 页。
② 《马克思恩格斯文集》（第 3 卷），人民出版社，2009，第 111~112 页。
③ 《马克思恩格斯文集》（第 10 卷），人民出版社，2009，第 459 页。
④ 《马克思恩格斯文集》（第 3 卷），人民出版社，2009，第 158 页。

智慧的发展，工人决不会进步到现在的水平。"① 列宁说："作为单独一个地方的彼得堡并不存在。彼得堡是全俄国的地理、政治革命中心。全俄国都注视着彼得堡的动静。彼得堡的一举一动，都是整个俄国遵循的榜样。从这种情况出发，就不能把彼得堡委员会的活动当作地方性的活动?"② 虽然彼得堡不在资本主义先进国家，但是它是落后国家的大城市。大城市是"同时胜利论"与"一国胜利论"的最大公约数。大城市造成人口的集中与阶级关系的分化。一方面，城市化吸收了大量农村人口，为城市革命提供了后备军；另一方面，资本主义生产的私有制导致城市内部出现了工人阶级与资产阶级分化与对立。列宁的焦点既不在工厂的微观层面，也不在国家的宏观层面，而是在作为中观的城市空间。列宁的城市革命既符合马克思、恩格斯的革命理论，也符合俄国当时的国情。

列宁不仅以发动城市革命作为起点，从城市走向国家，夺取国家政权，而且还主张依靠国家政权力量对城乡进行社会革命，即对城市进行社会主义改造与建设，保障社会主义城市的生活权利。俄国是帝国主义链条下的薄弱环节，它的统治力量主要集中在国内几个大城市，而且在不同城市间隙中存在着"空白"的地方。布尔什维克在俄国城市做了广泛的政治动员，获得了各大城市工厂中工人阶级及其他阶级的支持。城市是工厂革命与国家革命的连接点和堡垒，它能够将不同城市工厂的工人阶级联合起来，也能够得到其他国家城市工人阶级的支持和援助，从而让城市的星星之火，渐成燎原之势。城市革命从马克思、恩格斯到列宁是一以贯之的思想。不过，列宁与马克思、恩格斯不同的是还扮演建设新生的社会主义城市的领导角色。

在国家建设中，如何解决城乡分立仍旧是一大难题。因为资本主义私有制的存在，资产阶级是不可能解决城乡对立问题的。马克思、恩格斯主张从制度上消除城乡对立，这一战略无疑是"釜底抽薪"，他们就如何消除城乡对立、实现城乡融合给出的措施是"均衡布局大工业和人口的平均分布"，不过，他们并没有给出十分具体的手段或策略。解决城乡对立的政治前提是无产阶级政权的建立。政权建立之后，俄国面临着国内反动势力的反扑以及国外资本主义国家的武力威胁，两者的勾结更是使新生的社会主

① 《马克思恩格斯文集》（第1卷），人民出版社，2009，第436页。
② 《列宁全集》（第30卷）（第2版），人民出版社，1985，第194页。

义国家内外交困。因此，列宁不得不推行战时共产主义政策以维持国家和社会稳定。此时的城市仍然具有浓厚的革命色彩，对城市实行军事化管制，城市的私营企业全部收归国有。从总体上，城市和乡村的自主权逐渐为政治国家所收回，国家拥有调配城市的人、物、财的权力，城市的权力不允许大于国家的权力。战时共产主义政策造成了城市经济萎缩和部分城市工人以及其他阶层的反抗，城乡关系一度加深对立。为了解决当时日益严重的与城市与乡村危机，1921 年列宁又推行了新经济政策。在城市中，以租赁制代替先前的国有国营的制度，在农村中，则以农业税代替余粮征集制，这仅仅是按照市场的办法来暂时复苏城乡经济。但是解决城乡对立的根本举措还是围绕着马克思、恩格斯提出来的"均衡布局大工业和人口的平均分布"战略而展开，"使工业同农业结合起来，其基础是自觉地运用科学，集体劳动的联合，人口的重新分布（一方面消灭农村的偏僻状况及与外界隔绝的未开化状态，另一方面消灭人口大量集中在大城市的反常现象）"①。经过战时共产主义政策和新经济政策，国家掌握了整个工业经济的命脉，这为实现合理布局大工业提供了经济基础，使俄国有能力按照计划的方法建设新城市。新城市的建设需要大量劳动力的支持，列宁主张动员广大农村人口流向城市，同时也将都市居民派往农村以支持农村建设。在列宁执政的七年时间里，俄国城市化水平先降后升，"1917 年城市人口占总人口的比重这个比例是 18%，之后下降到 1920 年的 15.3%。在新经济政策实施之后，这个比例缓慢回升，到列宁去世两年后的 1926 年恢复到 18%"②。

斯大林执政后，他通过制定社会主义城市规划加速推进"消除城乡对立"的进程，来保障城市居民的生活权利。尽管斯大林也指出苏联需要通过经济上、文化上的城乡融合，即将农业与工业、乡村和城市结合起来，使得工业和城市分别领导农业和乡村；通过文化教育事业，提升国民的科学文化素质。但是这个过程过于缓慢，难以在短期内实现工业化目标。斯大林在与布哈林争论后，取得了党内领导权与话语权。斯大林认为布哈林是"右倾投降主义"，不是站在工人阶级的一边而是站在富农的一边。在斯大林看来，受惠于新经济政策的富农反对苏维埃政权。以上情况的出现，使得斯大林极力主张利用行政手段的方式制定社会主义城市规划，改造城

---

① 《列宁选集》（第 2 卷）（第 2 版），人民出版社，1972，第 599 页。
② 高佩义：《中外城市化比较研究》，南开大学出版社，2004，第 53 页。

市。为了加快工业发展，特别是军事工业的发展，苏联提出了优先发展重工业的战略。重工业的发展也需要农业提供原材料的支持，农业集体化的政策也被提上议事日程。斯大林在 1934 年提出，"创立了各种新的生产部门，……几千个完全现代化的新工业企业建成并开工生产了，……成立了二十多万个集体农庄和五千多处国营农场，并为它们建立了新的区中心和工业区。在几乎是荒野的地方出现了居民众多的新的大城市。旧的城市和工业区也大大发展了。……国家投入国民经济各部门的六百多亿卢布巨额基本投资……开始产生果实了"①。不过，苏联的工业、农业的经济战略给城市秩序造成较大影响。众所周知，重工业吸引的就业人数有限，加上农业机械化的使用，解放了农民的劳动力，大量农民涌入城市，给城市秩序带来了很大压力，所以苏联提出"限制大城市规模"政策也顺理成章了。"自1932年起，禁止在大城市尤其是在莫斯科、列宁格勒建设新的工业企业。"② 为了控制大城市规模，还建立城乡身份户口制度以及采取强制迁移人口到边缘地区等措施。"在整个斯大林时代，苏联两个最大的城市的人口增长率约等于甚至低于全国城市人口的增长率，这个时期大城市的人口增量被比较均匀地分布在二十个左右的城市里，而不是集中在几个最大的城市里，这体现的正是限制大城市规模的国策。"③

城市规划不仅在资本主义国家出现，而且也在社会主义国家出现。但是社会不同的生产关系能够生产不同的空间。苏联的社会主义城市规划是一种社会主义的生产关系，能够生产出不同于资本主义的城市空间。两者的性质并不一样，社会主义城市规划体现出实质差异性。社会主义城市规划不是政治中立的国家政策，而是以工人阶级或人民群众的公共利益为先，这为增强城市居民生活权利提供了政治保障。社会主义城市规划是要废除资本主义住房等方面的私有制，改善城市居民的物质生活环境，塑造社会主义的都市居民日常生活。新中国成立后，中国废除了住房私有，将一些住房分配给工人阶级，同时为工人阶级修建职工宿舍，产权归集体或国家所有；在城市兴建工人俱乐部、工人体育场等基础设施，以改变工人阶级工作之外去教堂的生活习惯；设置纪念碑、历史人物的雕像、烈士陵园等，

---

① 《斯大林全集》（第 13 卷），人民出版社，1956，第 271~272 页。
② 《苏联共产党和苏联政府经济问题决议汇编（1929—1940）》（第 2 卷），中国人民大学出版社，1987，第 344~358 页。
③ 邓杰：《斯大林和苏联限制大城市规模的缘起》，《党政研究》2018 年第 1 期，第 65 页。

供居民凭吊追思、寄托精神；兴建公共食堂、托儿所与幼儿园等，将妇女从家务劳动中解放出来；将之前以促进消费主义的城市规划改造成生产性的城市规划。这些政治政策或措施都是符合都市工人阶级或人民群众的利益要求的。当然，我们也要承认社会主义城市规划是新事物，需要在探索中积累经验。

我们可以看到，斯大林在列宁的基础上，进一步突出了城市的中心地位和工业的主导作用，甚至以牺牲农村、农业、农民的利益为代价，保障了社会主义城市的生活权利，但是损害了社会主义农村的生活权利。而在城市化与工业化的优先秩序中，斯大林认为城市化为工业化提供了廉价劳动力的场所，必须服务于工业化。尽管农民进入城市后在数量上为苏联工业化增加了工人阶级的力量，但是大量农民遭遇到熟练工人和都市居民的竞争和歧视，他们并没有享受到与城市工人同等的待遇，也并没有与城市及其无产阶级真正融合，这也导致这些"新苏维埃人"的阶级意识淡薄。与其说是农民城市化，还不如说是城市"农民化"。工业化高于一切，而工业化的推动力在于国家意志，即工业化是在国家通过行政手段来实行的经济战略，这样导致城市中形成了高度集中的政治经济体制，这一体制在促进工业化和城市化飞速发展的同时，积累了很多社会问题和矛盾，而且这种体制成为包括苏联和当时其他社会主义国家制度的典型特征。

不过，苏联、东欧社会主义国家在城市建设过程中，城市居民的生活权利受到一些党员干部高度集中不受监督的政治权力，甚至是腐败的侵袭，而且以美国为首的资本主义阵营将资本主义城市的生活权利渗透到苏联等社会主义国家的城市居民当中。况且社会主义国家的生活权利本身需要一个物质、经济、文化、社会以及生态的基础，是一个需要不断进行理论创新与实践创新的探索过程。一旦停止探索，危机将随时到来。苏联、东欧社会主义国家的城市居民最终纷纷倒向了国内的反对派，这也是苏联、东欧"改旗易帜"的重要原因之一。

三 科学方式是无产阶级先锋党领导的总斗争

都市生活解放的主体是新社会阶层或边缘群体及其跨阶级的联盟。尽管他们具有激进性，甚至革命性，但是他们只是各自为政，易被"分而治之"。而马克思主义主张阶级斗争的主体是城市无产阶级及其联合体。都市生活解放的客体突出了城市和非生产的重要性，而马克思主义的斗争领域从工厂、城市再到国家，覆盖到社会生产总过程，后者比前者更为全面和深刻。总之，都市生活解放的主体、客体存在着革命性和科学性的问题。因此，它的科学方式是无产阶级先锋党领导的总斗争。

都市生活解放的主体从根本上放弃了无产阶级及其政党的统一领导和组织。资产阶级将私人占有与社会化生产之间的根本矛盾"分拆"在工厂、城市、国家等空间尺度，覆盖到生产、分配、交换、消费四个环节。企图通过碎片化的、可控的方式来消解多元斗争的组织性。阶级之间的冲突也被有机接合到现存的制度上来，资本主义依靠制度的局部调整来实现否定阶级矛盾的目标。面对着资产阶级"分而治之"的统治策略，边缘群体即便是在寻求多元斗争的统一性，但是在资本主义新自由主义阶段中仍然在实质上是各自为政的。边缘群体成员利益诉求各不相同，难以达成一致共识，但是实际上不自觉地接受了给定的前提——必须承认资本主义的制度的永恒性。边缘群体对推翻资本主义制度始终动力不足、力量不够、更不彻底，只为获取自私自利的局部利益，难以承担起人类解放的崇高使命。《共产党宣言》明确指出，"过去的一切运动都是少数人的或者为少数人谋利益的运动。无产阶级的运动是绝大多数人的、为绝大多数人谋利益的独立的运动"①。无产阶级是工业革命的必然产物，无产阶级的先锋党代表了被剥削的最广大劳动人民的根本利益。这既是无产阶级政党的本质特征，也是无产阶级政党区别于其他政党的显著标志。无产阶级的政治解放是整个人类解放的根本途径。无产阶级的先锋党能够将全体被剥削劳动群众组织起来，将分散化的形形色色的空间斗争转变成统一的阶级斗争，以共同反对资本主义制度。因此，无产阶级及其政党必须在阶级联盟中掌握主导权。只有掌握了主导权，才能将自发的革命转变为自觉的革命。一言以蔽之，无产阶级是彻底革命的阶级，通过现存世界的革命化，实现人类的整体解放。

列斐伏尔认为生活方式或思维方式的都市革命能够兼容阶级斗争，索亚认为空间斗争是阶级斗争的核心形式。都市生活解放的意识形态的共同点在于陷入都市或空间乌托邦当中。列斐伏尔之所以对都市革命与阶级斗争的暴力形式含糊其词，是因为他看到了资本家的占有方式以及国家用法权来保障这种占有方式，但是他没有看到资本主义意识形态国家机器背后

---

① 《马克思恩格斯选集》（第 1 卷）（第 3 版），人民出版社，2012，第 411 页。

还有镇压性国家机器的无条件的强制作用。列斐伏尔试图与暴力割席，使得都市革命既显得"彬彬有礼"又富有斗争精神，这当然不失为既保持左翼姿态也随时势而动的有效策略。列斐伏尔所推崇的都市革命，不是推翻资本主义统治的战略，而是属于政治斗争的策略。策略本身恰好是资本主义发展到新自由主义"分而治之"的统治逻辑。新自由主义的统治逻辑可以分为三类：对于共产主义人士进行镇压和监控，对于左翼及其支持者利用分化瓦解的方式来消解多元斗争的统一性，对于中间派与右翼力量展开意识形态的教化、质询等程序使之认同资本主义并自觉维护资本主义。因此，列斐伏尔的都市斗争的人道主义批判思想在遭遇到资产阶级的资本与权力结盟之际，这个如梦如幻泡影便会被无情戳破。对于尚未执掌政权的城市新阶层来说，资产阶级不可能把政权和平让渡给他们。不抓住生产领域的阶级斗争问题，不坚持无产阶级的领导地位，都市革命根本难以取得胜利。晚年的恩格斯既认为利用普选权和议会斗争等形式反抗资产阶级是一种与时俱进的斗争形式，同时提醒工人避免陷入后来第二国际所主张的民主社会主义的陷阱中去，继续呼吁工人展开阶级斗争，恩格斯始终没有抛弃阶级革命的斗争形式，并将无产阶级的革命视作在资本主义进入新阶段中仍然存在的一种新的权利，"须知革命权是唯一的真正'历史权利'——是所有现代国家无一例外都以它为基础建立起来的唯一权利"①。总之，空间生产与城市权利本身是资本主义私有制的自我调整的产物，列斐伏尔的都市革命不仅没有主张用这样一种彻底的方式来反抗资本主义的私有制，而且它本身被接合或收编在资本主义私有制当中。因此，列斐伏尔的都市革命具有城市乌托邦的色彩。

我们不可否认城市共同体的意识确实存在，它基于城市的空间形式将不同职业、地域、种族、宗教、信仰等的人群集聚在一起，将地缘与共同体精神结合起来。同样，我们也不能否认的是城市人、财、物的流动性对城市共同体意识的冲击。没有较长时间的融入，我们很难说他们有较强的认同感与归属感，并以此作为都市革命的共同的情感纽带。此外，城市高楼林立、道路纵横，城市社区与社区之间的联系为门禁社区所隔断，都市居民相互隔膜。没有共同生产与共同工作，都市居民之间难以形成共同价值观和一致的社会行动。而且我们不能否认的是城市的生活是建立在工厂

---

① 《马克思恩格斯选集》（第4卷）（第3版），人民出版社，2012，第395页。

的生产基础之上的，国家是为整个生产、生活提供稳定秩序的坚强后盾以及社会再生产的关键力量，国家形成了立体式空间。没有工厂的生产以及国家对生产与再生产的维护，都市居民的生活和工作便是无源之水与无本之木。在工厂中形成资产阶级与无产阶级，在国家领域中形成统治阶级与被统治阶级。城市中既存在着资本家在消费、流通、分配领域的剥削，也存在着统治阶级政治权力的干涉与异化。归根究底，城市由充当资本家代言人的国家统治。因此，城市必然会出现都市生活解放。资本主义国家可以通过制造中心与边缘的分裂来暂时缓解危机，但是本身并没有消除危机。在资本主义城市中，都市居民生活在"放大了"的工厂——城市以及"放大了"的城市——国家的双重压迫，一言以蔽之，国家生产方式所带来的压迫。因此，日常生活的异化是无法避免的现象。列斐伏尔在《论国家——从黑格尔到斯大林和毛泽东》中确实预言了新自由主义国家的到来。列斐伏尔仅仅将都市革命的斗争对象指向了异化的生活方式，缺少了对工厂的生产方式以及国家维护生产与再生产的方式的否定环节，而且误解了马克思、恩格斯的国家消亡学说。

索亚将空间斗争的矛头指向了历史决定论、阶级性优先于空间性、一元文化统治。他作为规划学家对空间的偏爱是可以理解的，但是认为历史唯物主义仅有时间而无空间，将其指为历史决定论的说法过于直观而简单。历史唯物主义不是历史决定论，也非索亚理解的分析空间、时间、存在三位一体的社会本体论。历史唯物主义理解的历史是人类实践活动的产物，人类的历史事件可以最终从物质生产实践中找到依据，"从直接生活的物质生产出发来考察现实的生产过程，并把与该生产方式相联系的、它所产生的交往形式，即各个不同阶段上的市民社会，理解为整个历史的基础"①。索亚将其理解为"对社会生活和社会理论的一种过分历史语境化"②。历史必然要发展到现在，现在就是历史的目的。将历史因素观念化之后作为现实事物发展的决定因素，而非将现实作为一个打破历史连续性的事件。历史唯物主义认为经济基础决定上层建筑，历史作为上层建筑之一，是由一定社会的经济基础所决定的。马克思指出人类历史是有普遍规律的历史，这也是马克思从分析生产力与生产关系，经济基础与上层建筑的矛盾中总

---

① 《马克思恩格斯选集》（第1卷）（第3版），人民出版社，2012，第43页。
② 爱德华·苏贾：《后现代地理学——重申批判社会理论中的空间》，王文斌译，商务印书馆，2004，第23页。

结出的科学规律。索亚将历史唯物主义直接指认为历史决定论显然是简单的"贴标签"式的评价，他并没有深入了解历史唯物主义的实质内容。当然，索亚真正批判的是历史发展的一元论，即历史由单一因素所决定。因此，他苦心孤诣地提出了历史在空间、时间、社会存在三维辩证法中展开，并且由三种因素所决定。不可否认的是，历史发展需要这三个条件，但是没有劳动人民从事物质生产实践活动，仅有这三个条件仍然不能说明历史的发展。劳动人民的物质生产实践是在既定的社会物质条件下进行的活动，他们不能随意选择自己的生产力。同样，他们的物质生产实践必须随着时间、空间的变化而发生变化。他们在改造客观时空的过程中，也改造着自己主观的时空。索亚经常列举"在洛杉矶寻求空间正义"的行动策略在根本上解决不了资本主义内部普遍性的矛盾。索亚的空间性也非资本主义最初的"行规定者"。因为无论是权力关系还是阶级结构都并不是自然而然的过程，它是由资本主义社会中生产力与生产关系的不平衡结构以及将其结合起来的生产方式决定的。只有变革资本主义生产方式，才能真正实现索亚所孜孜以求的空间正义。总之，列斐伏尔和索亚分别侧重从中心边缘、构成性中心与去中心化的角度来批判资本主义，但是殊不知，资本主义私有制的空间生产正是制造中心与边缘结构的根本原因。

索亚强调了空间、地理、区域、空间性等在促进资本主义生产，维护资本主义统治上发挥着重要作用，其背后更为深刻的理论意图是依靠建构空间本体论来突破经济决定论的链条。针对这个问题，索亚基本继承了列斐伏尔都市革命的思路，提出通过唤醒人们的空间批判意识，即通过文化意识上的革命来对抗日常生活的异化。索亚吸收了列斐伏尔差异空间思想，反对资本主义抽象权力对社会空间的同质化策略，主张走向社会行动的差异政治学，依靠对边缘性知识的认同和想象，联合区域性的斗争重构整个城市空间，甚至是全球正义空间。索亚积极建构空间本体论，退缩到营建反抗资本主义的理论大厦之隅，实际上是空间拜物教的意识形态的一种类型。这并不是一条空间解放之路，而是在给定的新自由主义的框架下，意图探求与当今资本主义进入与都市社会阶段的发展节奏相适应之路。在索亚看来，空间斗争的核心形式不一定是阶级斗争，而空间斗争必须是阶级斗争的核心形式。索亚企图通过这种双重否定或拒绝，以后现代主义地理学的空间性化解阶级性，以空间斗争替换阶级斗争，以空间正义的口号将不同边缘性群体纳入形成集体的社会行动中去，最后从边缘来争夺对城市中心空间的控制权。但是他寄予厚望的第三空间正是资本主义空间生产在边缘领域的扩张，或者说第三空间的性质还是资本主义空间的性质。只要在根本上不反抗制约资本主义空间生产与再生产的私有制，资本主义空间也维持着与第三空间相同的多元的、包容的与开放的姿态，而且它也确实随着都市斗争形势变化而不断调整自身。换言之，立足于第三空间的索亚既反抗资本主义，又服从反抗资本主义的大逻辑。

索亚的空间斗争将身份作为为承认而斗争的标志，而马克思主义以阶级斗争作为推翻资产阶级统治的物质与思想武器。无产阶级联盟吸收了天然同盟军——农民阶级，同时也吸收了具有反资本主义的阶级意识的阶级。当然，无产阶级先进文化代表的先锋党需要运用共产主义思想对工人阶级以及其他阶级展开启蒙教化，并对其他小资产阶级或无政府主义等思想进行批判和改造，以适应无产阶级革命的实践需要。在马克思主义看来，社会的中心与边缘的对立归根究底是资本主义政治经济的不平衡造成的，资本主义的文化霸权是资产阶级的政治经济的统治地位在文化领域的延伸。无产阶级联盟并不是以激进的姿态示人，也并不是仅仅反对资本主义的文化霸权，而是以立场坚定的阶级革命取代软弱松动的文化认同的空间斗争。索亚试图以脱离工人阶级、绕开工人阶级及其领导的空间对抗方式消解马克思主义的阶级斗争的理论基础并不牢固，而且在实践中是对斗争形势的破坏，特别是 2017 年以来右翼民粹主义赢得了大量蓝领阶层的支持证明了这一观点。哈贝马斯也指出，"左派应该反省为什么右翼民粹政党能够成功地赢得受压迫的、弱势工人群体的信任"①。索亚的空间斗争实质上是促使边缘群体在社会空间中建立一种文化主体性与自觉性，以反抗资本主义文化霸权或领导权，并没有触及资本主义的生产与再生产。但是对资本主义文化霸权的批判仅仅立足于观念上层建筑的批判，这仍然是在观念意义上的克服和在伦理道德意义上的呐喊上面兜圈子，并没有取得任何实质上的进展。

马克思主义主张阶级斗争的主体是富有革命性的城市无产阶级及其联盟。西方国家的城市化开启于工业革命，持续了数百年的时间。恩格斯在 1842 年 11 月至 1844 年 8 月在英国居住期间，根据亲身观察和可靠材料，研究了英国无产阶级的生活条件。后来为了指导当时工人阶级实践，在 1844

---

① 宋奇光编译《哈贝马斯谈如何对右翼民粹主义釜底抽薪》，《文汇报》2016 年 12 月 9 日。

年 9 月至 1845 年 3 月写成了《英国工人阶级状况》。该书指出了工业资本主义塑造了曼彻斯特的城市空间特征。不过，此时恩格斯更多的是基于哲学共产主义或前历史唯物主义来看待英国阶级斗争的主体。后来，马克思、恩格斯创立历史唯物主义，能够科学、全面地理解阶级斗争的主体。

首先，英国工业化城市及其工人阶级是工业革命的产物。恩格斯通过"田野调查"、档案材料查阅、文献分析，认为工业化城市及其工人阶级并非"社会进化"的产物，而是生产力发展的必然结果。在英国的工场手工业阶段，织工以家庭小作坊的形式进行生产活动。他们的主要任务是纺纱织布、闲时耕种。待到遍布于城市周围的家庭作坊织好布之后，再由中间商负责收购，织工们从中获取报酬。收入不多，略有结余。但是分工、水力（主要指蒸汽机的应用）、机器的使用，根本上改变了工场手工业的局面。机器代替了手工，工厂代替了作坊，雇佣关系代替了师徒关系。由于机器的使用，整个纺织行业以及其他行业产生巨大变革。传统的家庭作坊远远满足不了市场扩大的需求，由于缺乏市场竞争力，纷纷破产。这样财富和资本集中在率先进行技术革新的工业资本家手中，而原先的师傅与帮工成为无产者。生产规模越扩大，它所需要的劳动力就越多。而且机器、土地、厂房的购买需要大量资金，大部分小土地所有者、佃农、手工业者小厂主、小商人等中间阶级无力承担如此高额的成本，被迫加入无产者的行列中来。这导致城市发生了社会关系的重大重组。城市里的工厂提供了相对较多的工作机会与心理上的自由，吸引了一批生存困难的农民流向城市谋生。还有一批大佃农租种大量荒废的土地，并且采用机器大工业的生产方式，他们的产品在短时间抢占了整个市场，那些小自耕农不得不成为"农村无产者"，成为贫雇农。一旦他们生存难以为继，便不得不背井离乡进入城市。广大"农村无产者"与"城市无产者"集中于工厂附近，慢慢形成了工业村镇，恩格斯把工业化初期的工业村镇称为"工厂城市"，即"在农村中建立的每一个新工厂都含有工厂城市的萌芽。假若工业中的这种疯狂的竞赛还能这样继续一百年，那末，英国的每一个工业区都会变成一个巨大的工厂城市"①。尽管农村和工业村镇存在着竞争，但是工业村镇会越来越大的趋势不可逆转，规模效应越来越明显。"村镇就变成小城市，而

---

① 《马克思恩格斯全集》（第 2 卷），人民出版社，1957，第 301 页。

小城市又变成大城市。城市愈大，搬到里面来就愈有利。"① 资本主义的工业城市的发展，也促进了各个城市之间的交通运输、商贸往来、通信技术等的发展。

其次，资产阶级的阶级压迫导致工人阶级阶级意识的觉醒。城市对于资本家是人间天堂，但是对于工人阶级却是人间炼狱。恩格斯通过自己的实际调查与亲身体验描述了曼彻斯特等城市工业无产阶级在卫生健康、住宅保障、教育培训等方面的恶劣境遇，揭示了造成大量工人酗酒纵欲，甚至犯罪的深层的制度原因，批判了资产阶级及其辩护的学者的残酷与虚伪。城市无产阶级大多居住在城市贫民窟。这里居住空间狭小逼仄，气候潮湿，各种生活用品杂乱无章地摆放着，与臭水沟、垃圾池近在咫尺，这使得街道空气混浊。不仅如此，工人群体的身体还受着各种假冒伪劣产品的侵害。过度劳动而无任何社会保障，大量工人职业病缠身。同时，流行病的发生也夺取了不少人的生命。资本家的房子在空间格局上与工人阶级泾渭分明。资本家给工人建造的房子质量远远差于给自己建造的房子，房子的通风采阳效果差。工人的房子被规划到城市的边缘地区，在建造的时候偷工减料，被周边建筑围得密不透风。房子质量差，但是房租不低。当时，没有实行义务教育的政策，学费昂贵，工人子弟去读书的不多。大多数家庭为生活所迫，不得不在家里做工或进入工厂打工。这种代际转移必然继续固化阶级。能够上学的适龄儿童受到了教会鼓吹的"仁爱"教育，顺从忍受以为来世升入天堂，否则就不仅会受到现实的法律、警察等暴力机关的制裁，而且来世堕入地狱。工人群体面前存在着或是饿死，或是自杀，或是偷盗犯罪这几条路。恩格斯认为工人阶级悲惨的遭遇从根本上是由资本主义私有制造成的，但是空想主义者及其人道主义者却将之归于资本家人性上的自私自利与道德上的冷酷无情。这些对工人阶级具有同情的人道主义者和空想主义者看上去悲天悯人、乐善好施，但并不能消除城市问题的制度根源，反而认为无产阶级的道德堕落以及阶级斗争是作奸犯科。这实质上是从唯心史观来理解工人阶级及其阶级斗争的体现。恩格斯批判了这种资产阶级人道主义的观点。另外，恩格斯认为："解决住房问题的唯一的方法是解除资产阶级土地拥有者对房地产的拥有权。"② 恩格斯批判了资产阶级及

① 《马克思恩格斯全集》（第 2 卷），人民出版社，1957，第 301 页。
② 丹尼尔·约瑟夫·蒙蒂、迈克尔·伊恩·博雷尔、林恩·C. 麦格雷戈：《城市的人和地方：城市、市郊和城镇的社会学》，杨春丽译，江苏凤凰教育出版社，2017，第 111 页。

其规划师不仅不能在根本上通过城市规划解决住房问题，而且这些住房规划反而造成土地价格上涨，带给工人阶级房租压力，甚至使工人被赶出自己的家。总之，工人发明并创造了机器，无产阶级创造了社会财富的绝大部分，无产阶级代表了先进生产力，但是资本家却占有了社会上的绝大部分财富，并使用机器来剥削工人。因此，资产阶级的残酷压迫导致无产阶级的阶级意识——成为资产阶级的掘墓人的意识的觉醒。

再次，工人阶级的阶级斗争的长期目标是实现人类的整体利益。如果说城市无产阶级存在特殊利益的话，那么就是实现人类的普遍利益。资产阶级人道主义宣称通过"爱"来解救世人于水深火热之中。通过"博爱"调解资产阶级与无产阶级的矛盾。一方面，要求资产阶级慈悲为怀；另一方面，要求无产阶级顺从忍受，双方互爱互助。这种"精神上的鸦片"为恩格斯所极力痛斥，无产阶级"可以走的路只有两条：或者饿死，或者革命"①。无产阶级和资产阶级的根本矛盾是不可能通过精神上的力量就能消除的，它根源于生产资料归谁占有、为谁服务。寄希望于资产阶级的"明智"和"克制"是一种空想。工人阶级的阶级斗争不是从理论上、道德上对资产阶级进行批判，而是从实践上展开阶级斗争。工人阶级的阶级斗争随着革命进程的发展，是一个从自发到自觉、从经济斗争到政治斗争、从解放自己到解放全人类的过程。工人阶级的罢工行动是实践中的阶级斗争的鲜明体现。比如说，英国工人阶级的宪章运动，它将各行各业分散的工人阶级组织起来，要求推翻资产阶级政权。只有在工人运动中，工人阶级才能获得理论上和经验上的积累。恩格斯认为工人阶级要警惕"旧工联主义"的思想，部分工人为了获取局部利益、短期利益而不惜放弃整个工人阶级的整体利益和长远利益，这部分工人已经沦落为"工人贵族"。因此，工人运动必须要与社会主义、共产主义结合起来，才能发挥它的真正效力。恩格斯认为，"在原则上，共产主义是超越资产阶级和无产阶级之间的敌对的"②。"在原则上""超乎"这样的语词表明了当时恩格斯对共产主义运动的理解比较"温和"。同时，恩格斯认为工人阶级的阶级斗争需要借助于法国人的经验——克服革命中野蛮成分并防止热月九日的重演。③ 共产主义是某种哲学原则的实现，具有某种"超阶级性"。不过恩格斯的哲学共产主义

---

① 《马克思恩格斯全集》（第 2 卷），人民出版社，1957，第 584 页。
② 《马克思恩格斯文集》（第 1 卷），人民出版社，2009，第 497 页。
③ 《马克思恩格斯文集》（第 1 卷），人民出版社，2009，第 498 页。

将哲学与政治结合起来，将费尔巴哈的人道主义和赫斯的实践人道主义结合起来，从哲学原则出发能够推演出共产主义的历史必然性。

最后，马克思、恩格斯认为阶级斗争的主体是无产阶级，领导力量是共产党，同时主张团结一切可以团结的力量。我们知道，马克思在《共产党宣言》中既着重批判了资产阶级自由主义的意识形态，也批判了形形色色的打着社会主义旗号的社会思潮，同时也为无产阶级及其先锋党组织指出了一条争取一切可以团结的力量来对抗资产阶级及其保守势力的斗争道路。"总之，共产党人到处都支持一切反对现存的社会制度和政治制度的革命运动。"① 无产阶级运动取得胜利需要建立起自己正式的先锋党组织，也需要获得当地其他组织的支持与补给。不过，阶级斗争的组织领导权必须掌握在无产阶级及其先锋党组织手中，这是由无产阶级的阶级地位及其政党性质所决定的。无产阶级是资本主义社会化大生产的产物，它代表了社会中最先进、最革命的力量，承担着消除阶级剥削、消除两极分化、消除资本主义的历史使命。同样无产阶级将自己的社会意志凝聚成先锋党的政党意志，因此，先锋党本身是无产阶级中最先进、最革命力量的精华。先锋党成为无产阶级阶级斗争的决策、动员中心，它完全有责任、有能力将阶级意识灌输到无产阶级队伍中去，成为反抗资本主义意识形态的"排头兵"，促进工人阶级由自发阶级向自为阶级转变。只有工人阶级成为自为阶级，才能具有获得胜利和实现革命的最高目标的政治威力。

以巴黎公社为例，巴黎公社的主体是以工人阶级为主导的联合政府。起初，受到爱国主义和反封建立场的驱使，巴黎公社革命主要是由工商业资产阶级领导，小资产阶级与工人阶级参与的革命，后来随着工商业资产阶级在公社中的退出，主要由工人阶级来领导而其他阶级参与。"巴黎公社政权就其政治派别而言，是以工人阶级为主体的多数派联合执政的统一战线的政权。"② 法国在第二帝国时期，已经完成了工业革命，但是工业生产还处于较为初级的阶段，经济还未达到充分发展的程度，这也就意味着工商业资产阶级与无产阶级的阶级对立还没有尖锐化，两大阶级存在一定的"温和"时期，存在着共同反对反动政府的可能性。但是梯也尔政府卖国求荣、镇压革命的举动，激发了革命。在城市中，由工商业资产阶级承担起

---

① 《马克思恩格斯文集》（第2卷），人民出版社，2009，第66页。
② 高放：《社会主义运动：从理论到实践的转变（1848—1917）》，北京师范大学出版社，2018，第176页。

了短暂的历史使命——动员巴黎人民与领导巴黎公社运动。不过，工商业资产阶级的代表人物后来退出了公社，造成了公社委员的缺额，因此公社进行了补选。虽然补选后的巴黎公社成分复杂，但是主要可以分为两个阶级，即工人阶级与小资产阶级。从人数上和颁布的措施来看，工人阶级发挥了主导作用。但是巴黎公社工人阶级的指导思想较为多元，有蒲鲁东主义、布朗基主义、新雅各宾主义，还有马克思主义。前三种思潮代表了小资产阶级的社会主义。尽管他们对法国现状不满，但是他们仍然是小生产者或小私有者。这就决定了他们不可能真正提出消除资本主义私有制的问题。马克思主义提出了解决问题的科学方案，但是受到马克思主义的影响的公社委员并没有话语权。此外，巴黎公社没有建立起工农联盟的原因较为复杂，但是归根究底是巴黎公社的领导阶级没有真正重视农民阶级，也没有从根本上提出解决农村土地问题的方案以吸引、动员他们加入。工人阶级在巴黎公社存在的短短72天中掌握着主导权。从革命开端来看，工人阶级在阶级斗争中掌握着主导权。工人阶级内部存有分歧与差异，但是在面对梯也尔反动政府时，工人阶级表现了一致对外的团结以及勇敢无畏的精神，赢得了巴黎其他阶级的支持和认同，有利于公社组织巴黎人民进行反抗，推动革命事业的发展。从革命过程来看，工人阶级在管制巴黎中掌握着主导权。巴黎公社采取了政治、经济、文化与社会等措施来维护巴黎共产主义的稳定和发展。从革命结果来看，工人阶级在管制巴黎中也掌握了主导权，能够在一定时间段内维护革命果实与团结、教育广大人民群众。

在资本主义社会，资产阶级成为统治阶级，其力量异常强大，势力范围覆盖到政治、经济、文化、社会等领域以及全球各个区域。无产阶级及其先锋党在社会现实中并非抽象的群体，而是由具有不同身份、性别、种族特征所构成的群体组织。这些差异性本身不能证明具有差异性的群体组织不能形成一个阶级。因为无论有多不同，他们的共同特征在于在资本主义的私有制成为现实的情况下，没有占有生产资料，只能出卖自己的劳动力。即便是出现了所谓的生产者服务业的"白领工人"，他们绝大部分仍然没有占有生产资料，只不过比起过去的"蓝领工人"更多的是出卖自己的劳动力中的脑力部分，以专业技术和管理才能等因素来获取工资收入，但是不容忽视的是他们也承受着巨大的精神压力和由精神压力导致的身体健康损伤的风险。一言以蔽之，无论他们自己是否承认，具有差异性的社会群体在根本上是资产阶级的对立面。无产阶级的概念本身不能被资产阶级及其知识分子观念化，认为马克思的无产阶级是排斥性的概念完全不符合马克思、恩格斯的本意。马克思在《共产党宣言》中强调了社会结构分化为无产阶级和资产阶级，但是无产阶级的来源与形成是多元的，无产阶级的概念是在阶级斗争中形成的科学概念。马克思、恩格斯运用唯物辩证法的观点来理解阶级斗争。阶级斗争的主体是处于自为阶段的无产阶级，而无产阶级在阶级斗争中，团结并兼容其他阶级和阶层的差异性。注重运用无产阶级的阶级意识来教育工人群众以及其他群众，同时与工人阶级及其群众的错误观点进行不懈斗争来促进阶级的团结。另外，资本增殖是具有不断突破地理空间制约的现实运动，区域资本主义必然延伸出全球资本主义。全球资本主义发展中因为不同国家或地域之间存在压迫与剥削的空隙，并将这种空隙作为资本主义生产与再生产的空间。各国人民的生产关系、交往关系都被卷入全球资本主义体系当中。无产阶级除了受到本国资产阶级的剥削，还受到全球资本主义的剥削。"以各国工人的兄弟联盟来对抗各国资产者的兄弟联盟"①，因此，马克思、恩格斯主张团结世界无产阶级力量，以联合行动来实现政治解放。"联合的行动，至少是各文明国家的联合的行动，是无产阶级获得解放的首要条件之一"②，无产阶级实现联合行动以反抗本国资本家的同时，也获得了世界意义，并成为深化共产主义世界历史的一部分。因此，"无产阶级的解放只能是国际的事业"③。

都市生活解放的客体突出了城市和非生产（流通和消费）的重要性，而马克思主义的阶级斗争的对象覆盖到生产领域的工厂，交换、分配、消费领域的城市，资本主义总生产的国家当中。城乡对立及其都市生活解放问题是人类历史发展到资本主义阶段必然会出现的社会现象，解决问题的关键在于找出导致这种社会现象背后的制度原因。不过，对此存在着两种倾向：一是等待生产力发展到一定程度，城乡对立"自然地"走向城乡融合，都市生活解放的种子被扼杀；二是通过阶级斗争或革命而来推翻资本主义私有制，重建个人所有制，建立共产主义城乡关系。前者是机械的唯物主义态度，而后者是辩证唯物主义的态度。也即是说，生产力的发展不能自行打破旧有的生产关系，而是必须借助于阶级斗争的力量，从而生成无产阶级先锋党领导的总斗争。

① 《马克思恩格斯选集》（第1卷）（第3版），人民出版社，2012，第316页。
② 《马克思恩格斯选集》（第1卷）（第3版），人民出版社，2012，第419页。
③ 《马克思恩格斯全集》（第39卷），人民出版社，1974，第87页。

  首先，资产阶级与无产阶级的对立最开始形成于生产领域的工厂中。生产力的发展为阶级形成提供了物质基础，阶级形成于私有制和社会分工阶段。同时，对剩余劳动的无偿占有为阶级的形成提供了生产关系条件，而且这种占有是一种社会权力关系。资本家在生产过程中，占有生产资料，组织工人在工厂中从事生产，以获取剩余价值为目的。而工人在生产中，没有生产资料，只能出卖劳动力来获取工资和积累部分财产，处于相对贫困的状态。资本家与工人处于支配与被支配的关系之中。马克思、恩格斯通过从生产力与生产关系的矛盾来研究阶级和阶级斗争。他指出："如果我，例如，抛开构成人口的阶级，人口就是一个抽象。如果我不知道这些阶级所依据的因素，如雇佣劳动、资本等等，阶级又是一句空话。而这些因素是以交换、分工、价格等等为前提的。"① 工业革命促进了资本主义生产力的极大发展，但是享受生产力发展带来的成果却是占有人口少数的资本家。资本家凭借各种法律和纪律等手段将工人束缚在工厂中，凭借支配地位来奴役工人群众，增加劳动强度，提高劳动时间，削减工资……因此，资本积累的逻辑必然引发无产阶级的阶级斗争。阶级斗争开始围绕着工作时间、工资待遇展开。无产阶级通过在生产时间和空间上开展阶级斗争来反抗资产阶级的全面统治，如围绕商品的使用价值和交换价值、货币的中介作用等，但是这些都停留在资本主义的现象界，没有上升到更具有规定性的资本逻辑的本质界。资本逻辑是指资本主义进行剩余价值生产和实现的逻辑。马克思将剩余价值生产分为绝对剩余价值和相对剩余价值。前者往往导致工人阶级罢工、拒绝劳动、争取八小时工作制、改善工作环境等斗争。而后者采用分工和机器大生产的形式来进行。分工造成工人的片面化发展，这样进一步导致工人群体的在经济上反抗某个资本家。但是机器大生产取代部分工人劳动力，产生大量相对过剩人口，工人失业。失业的出现导致工人从相对贫困到绝对贫困。大量工人群众被迫组织工会、政党与资本家抗衡。随着斗争形势的变化，工人贵族主张的工联主义要求取消阶级斗争，这些工人阶级中出现的支流思潮遭到了马克思、恩格斯的坚决批判。此外，对于工人群体中出现的"流氓无产阶级"，马克思、恩格斯也进行了坚决的否定，"流氓无产阶级是旧社会最下层中消极的腐化的部分，他们在一些地方也被无产阶级革命卷到运动里来，但是，由于他们的整个

---

① 《马克思恩格斯全集》（第30卷）（第2版），人民出版社，1995，第41页。

生活状况，他们更甘心于被人收买，去干反动的勾当"①。与此有别，马克思、恩格斯认为工人阶级是具有革命性和政治性的阶级。

其次，资产阶级与无产阶级的对立也形成于交换、分配、消费领域的城市中。交换涉及生产要素的交换以及生产与消费品的交换。前者指劳动能力和劳动资料的交换，它能够直接用于生产消费品，内在于生产过程中。但是到了以货币为中介的交换的阶段，获取货币成为交换的主要目的。也就是说，进入使用价值转化为交换价值、具体劳动转化为抽象劳动、私人劳动转化为社会劳动的商品经济阶段。但是交换的前提是社会分工，社会分工为交换提供了基础和动力。在社会化大生产条件下，企业之间正是经过交换过程才形成一个有机的整体。自发的分工意味着生产的产业链形成的初级阶段，如果一个企业能够生产全产业链的商品，那么它的成本无疑巨大。因此，这制约着企业必须进行分工生产，也促使企业进行各种商品、信息、人员、资金等交换。通过这种交换，它本身能够在其中获利。社会分工是生产力发展到一定阶段的反映，因此，生产决定了交换的方式和水平。

"是什么使雇佣工人、资本家、土地所有者成为社会三大阶级的成员？"② 资产阶级的经济学家从工资、利润和地租三种收入把社会"人口"分为三大阶级，以最终收入分配划分阶级是经验主义的做法。这样的结果导致工人阶级斗争仅仅在于提高收入而非去废除资本主义生产的私有制。从这里我们可以看出，《共产党宣言》中马克思、恩格斯将社会分成两大直接对立阶级，到《资本论》第三卷中认为三大阶级的形成仍是符合资本主义生产方式的发展规律。我们也要同时注意到，一定时期内，剩余价值的总量相对是有限的，但是资产阶级内部都想争夺利益最大化，这意味着工资、利润和地租的分配比例是变动的，也意味着在分配领域无产阶级与资产阶级依然存在着矛盾，但是显然矛盾的根源不在分配领域。因为生产决定了分配的对象，倘若没有剩余价值的生产，工资、利润、地租的分配便无从谈起。资本家占有生产资料剥削雇佣工人创造的剩余价值是资本主义生产关系的本质。工资、地租、利润均为资本主义生产关系在分配上的表现。生产决定了分配水平和分配比例。工人在生产过程中处于被支配的地

---

① 《马克思恩格斯文集》（第2卷），人民出版社，2009，第42页。
② 《马克思恩格斯文集》（第7卷），人民出版社，2009，第1002页。

位和不平等的关系决定了他们的工资总额在分配中所占份额最少。生产决定了分配方式。机器大生产的分配方式制约着生产工具的分配，表现为生产资料所有制形式。在初次分配后，还要进行再分配。资本主义国家要征收各种赋税，城市资本家和土地所有者还要提高地租、房租。尽管工人的工资看似"有所提升"，但是从收支对比上看实际上仍然保持着相对贫困，甚至绝对贫困。

消费是对需要的生产。生产和消费包含着直接的同一性。一方面，国家主动提供消费品，通过消费来引导社会需要，个体成为消费主体成了资产阶级意识形态的幻象。"消费阶级"的理念是伴随着现实中消费阶层的出现而出现的，工人消费的是工资品，而资本家消费的是奢侈品。城市的商品世界看似平等，只要有货币就可以购买他想要的任何商品，但是残酷的现实摆在人们面前，工人工作几辈子也不能买到那些昂贵的房子，不得不依靠借贷来购买房、车等超前消费品。而资本家及其子弟们却在社会上肆意挥霍，在消费上区分"三六九等"。工人阶级的自尊心、社会地位更加激发了工人阶级的阶级意识。住宅消费在工人阶级消费中占据大头，与生活质量密切相关。《论住宅问题》是恩格斯自觉运用历史唯物主义的基本观点来研究工人阶级住房问题的力作。恩格斯批判了蒲鲁东主义者（小资产阶级）企图通过住房供应来解决住房问题的短视，又批判了资产阶级企图在不消灭城乡对立的情况下解决住房问题的伪善。同分配一样，消费领域也存在着工人阶级与资产阶级对立的矛盾，但是正如恩格斯理解的那样，解决矛盾的关键不在消费领域，而依然在生产领域。因为生产决定了消费对象、消费水平和消费结构。消费对象即各种消费品，而消费品是生产出来的。生产的水平决定了消费的水平。传统社会的消费结构以消费农业品为主，机器化大生产的消费大宗是工业品，进入发达资本主义的都市社会阶段，城市消费主要是高昂的住房消费和与之牵连的都市情感消费等。但是无论是物质的消费品还是精神的消费品总是服务于剩余价值生产的需要。

最后，资产阶级与无产阶级的对立也形成于调解资本主义生产的总过程的国家统治当中。在资本主义私有制的条件下，受到资本积累逻辑的控制，生产必须无限扩大，表现在生产的无政府状态，社会再生产的条件遭到严重破坏。同时，生产的实现受到交换的交易成本、对抗性的分配关系、有限的社会消费能力等因素的阻碍。前面已经涉及交换、分配和消费环节，但是它是个别资本的生产与再生产过程。社会资本是个别资本的更为抽象的形式。资本的生产过程与流通过程的统一形成了社会资本的总过程。马克思在《资本论》第三卷着重研究了整个社会资本与社会资本的总过程。社会资本是如何形成的？或者说剩余价值是如何转化成不同形式，并且在不同的统治集团进行分配的？剩余价值转化成利润，利润转化成平均利润。产业资本和商业资本家从平均利润中分割的企业利润，生息资本家从平均利润中分割的利息，土地所有者从高于平均利润的超额利润中分割并转换成地租。如果我们把这种分配结构看作一个统一体，我们可以看到产业资本家和产业工人之间也存在着矛盾，产业资本家和生息资本家、土地所有者在分割剩余价值上面也存在矛盾。前者是资本主义社会的主要矛盾，起着决定性作用；后者是次要矛盾，起着辅助性作用。当前者的矛盾突出的时候，资产阶级内部将会统一起来共同压迫工人阶级，当前者矛盾暂时缓和的时候，在利润率下降的压力下，资产阶级内部将会出现矛盾激化。剩余价值转化成利润，利润再转化成平均利润，平均利润再转化成企业利润、利息和地租，然后这些积累起来的资本重新被投入生产，又产生商业资本、生息资本、农业资本的资本形式。这是个周而复始、循环往复的连续的转化过程。社会资本的总过程已经突破了工厂和城市的空间尺度，资本主义国家的军队、法律、警察以及意识形态国家机器等构成"维持这一连续过程"的重要影响因素。因此，国家在根本性质上是统治阶级进行阶级统治的工具，并非调节资产阶级与无产阶级利益冲突的中立的政治机构。

第五章　都市生活解放的全球视野与中国实践

　　地方都市居民的多元抗争路径忽视了马克思主义的生产实践，弱化甚至放弃了生产领域的阶级斗争的立场。在整体上陷入唯意志主义、机会主义、悲观主义的境地以及整体性的低谷情势。一言以蔽之，它停留在前历史唯物主义的阶段，没有坚持历史唯物主义的基本原理。因此，它要想从颓势中走出来，必须"守正"马克思主义的都市生活解放，对当前城市的物质生产实践展开政治经济学分析，分析都市社会的主要矛盾，抓住生产领域的阶级斗争的关键问题。同时，也要抛弃"刻舟求剑"思维，结合 20世纪 90 年代至今的全球都市的形势而"创新"，走向全球都市的科学解放。地方照亮了全球，都市生活解放的空间尺度已然从地方扩展到全球了。都市生活解放的空间尺度源于人类的实践活动范围及人的移动速度。都市空间生产的一体化以及都市处于快速移动的全球城市网络中，意味着全球都市空间生产的争夺日益白热化，决定了都市生活解放的必然结果是走向西方全球都市的生活解放的都市政治本体论。"新马克思主义把城市政治视为全球资本主义力量和本地需求之间的权力斗争，这是一种绝对垂直、等级森严的政治本体论。"[1] 纽约、伦敦和东京等西方全球都市的小圈子，引领着世界城市生活发展走向。本书认为西方全球都市的生活解放的科学道路是坚持历史唯物主义的基本原理，分析其社会主要矛盾，寻找生产实践的主体而非返回到"主体形而上学"，坚持生产领域的阶级斗争而非其他形式的斗争。另外，在城市中发动革命对欧洲部分国家的社会主义建立政权起到了关键作用，在中国，城市革命的路线和经验没有考虑到中国的特殊性而宣告失败。但是中国农村革命的特殊性并不违背马克思主义的普遍性真理。20 世纪建立了社会主义政权的中国以及中国马克思主义的城市生活实

---

[1]　布德罗：《全球城市政治：国家的非正规化》，杨春丽译，江苏凤凰教育出版社，2019，第 57 页。

践，在共产主义世界历史上具有重要作用，为推动都市生活解放向前迈出了重要一步。中国式城市化是生活解放的重要推动力，走在超越资本主义都市文明的道路上。"美好生活"是 21 世纪全球都市生活解放问题的中国方案。总之，中国马克思主义都市生活解放在整体上是走在科学道路之上的，是实现共产主义的必然要求。

第一节　西方全球都市生活解放

关注我们所处的时代问题与阶段特征，才能更好地开展各项实践活动。我们仍然生活在"资本主义向社会主义过渡的时代"。习近平对时代问题的判断是："时代在变化，社会在发展，但马克思主义基本原理依然是科学真理。尽管我们所处的时代同马克思所处的时代相比发生了巨大而深刻的变化，但从世界社会主义 500 年的大视野来看，我们依然处在马克思主义所指明的历史时代。这是我们对马克思主义保持坚定信心、对社会主义保持必胜信念的科学根据。"① 习近平从马克思主义的历史分期理论以及全球化的视野对马克思主义的时代性做出了基本判断，这一基本判断将对未来整个社会主义力量产生重要影响。我们身处于资本主义占据主导的时代，即"资产阶级时代"这一时代性质没有改变，但有明显的衰退迹象；在和平与发展的环境中，以中国为代表的社会主义的力量正在振兴。我们身处于"金融帝国主义"这一阶段，但是"从资本主义过渡到社会主义"具有长期性、艰巨性与必然性的特征。前者是主要矛盾，而后者是次要矛盾，两者在一定条件下相互转化。

当代包括都市生活解放学者在内的左翼思想家的共同之处在于忽视物质生产实践，而一味地推崇唯心主义哲学的主体斗争实践或"实践的唯心主义哲学"。唯心主义哲学的主体斗争实践是"去无产阶级"的主体，它们的斗争只是陷入为斗争而斗争的意识形态中，它们的实践实则是理论实践，也就是在实践中放弃了历史唯物主义的无产阶级的阶级斗争。全球都市是在 20 世纪 90 年代至今的全球化和新一轮的国际劳动分工的联合推动下形成的对全球经济的运作具有控制能力的顶级都市，目前全部分布在西方国家。中国的上海与北京是最有潜力进入全球都市前列的东方城市。本节内容主

① 《习近平谈治国理政》（第 2 卷），外文出版社，2017，第 66 页。

要研究对象是西方国家的全球都市。如果西方全球都市的生活解放沿袭主体斗争实践思路，那么也会重蹈覆辙并迷失方向。因此，西方全球都市的生活解放需要回到历史唯物主义上来，深入研究西方全球都市社会的主要矛盾，寻找西方全球都市生产实践的主体，坚持西方全球都市生产领域的阶级斗争。

一　分析西方全球都市社会的主要矛盾

全球都市社会的主要矛盾是社会基本矛盾的具体体现和都市表达。全球都市社会的基本矛盾即生产力与生产关系、经济基础与上层建筑的矛盾。全球都市的生产力基本要素是劳动资料，首要的是生产工具。不过，在此之前首先要确认全球都市有没有生产。在工业社会时代，我们能够在工厂中直观地看到商品生产以及经验到与之相关的社会关系。吊诡的是，我们在当今的全球都市中心区域很少发现工业生产的痕迹，映入眼帘的是高楼大厦、都市白领、灯红酒绿与艺术长廊，工作在这里的工人不再像恩格斯在《英国工人阶级状况》中描述的那般悲惨，他们似乎只需要动动三根手指就能完成一整日的文字、数据、图表等工作，新一代的人工智能像美国OpenAI公司研发的ChatGPT甚至都能帮助他们处理一些常见的类似工作。不过，或许郊区能够找寻到工业生产的气象，蓝领工人正加班加点进行生产以满足需要。随着整个产业结构的转移，逆都市化等一系列现象的出现，郊区的工业也进一步被迁移到距离中心城区更远的地区。我们发现整个全球都市似乎不进行像马克思所生活的年代那样的在工厂中的工业生产，它可能只是进行局部的先进制造业的生产。如果全球都市主要没有进行工业生产，那么谈何进行生产领域的阶级斗争呢？或者说全球都市的主要功能是与生产相对的消费，那么是否只需要凭借消费领域的阶级斗争就能实现目标呢？卡斯特的理论图式无疑证伪了这一点。因此，问题的关键回到了全球都市到底有没有生产。

哈特和奈格里将作为都市发展的高级形态的大都市称为生产共同性（the common）的工厂，"大都市是生命政治生产的场所，因为它是共同性的空间，是人们共同生活、共享资源、相互交往以及交换商品和观念的空间"①。共同性中的人工共同性也是非物质劳动。两位学者着重研究的是作为都市

---

① 〔美〕哈特、奈格里：《大同世界》，王行坤译，中国人民大学出版社，2015，第194页。

生产的质料的非物质劳动。"20世纪的最后十年，工业劳动失去了统治地位，代之而起的是'非物质劳动'。"① 这对于其他城市来说未必如此，但是对于全球都市来说，非物质劳动成为主导劳动形式。非物质劳动的霸权地位是建立在质的维度上，而非量的维度上。都市新兴的信息产业和知识产业一定程度上取代传统的工业或制造业，劳动形式发生了重大变化。全球都市的非物质劳动的影响力比物质劳动更大。哈特、奈格里将非物质劳动划分成三种类型："第一种指存在于已被信息化的大工业生产中的通信技术服务劳动，通信技术的普遍应用使得生产与服务逐渐融为一体，生产的非物质倾向日益凸显。第二种指分析符号、解决问题的互动式劳动，既包括智能与创造性的控制，又包括日常的象征性任务。第三种指身体模式上的劳动，包括虚拟的或实际的人际交往，即社会的互动与合作。"② 可见，资本主义的非物质劳动已经从生产领域渗透到生活等各大领域。

哈特、奈格里抓住了全球都市中非物质劳动的主导性。不过，他们两人进一步从生命政治学来理解新的劳动形式。非物质劳动能够在资本生产主体和社会关系的过程中滋生出一种内在化的合作机制的生命权力。它既能生产出物质财富，也能生产出知识、信息、情感、交际等精神财富。而精神财富，既不再受到稀缺性的制约，也难以受到剩余价值的榨取。这源于非物质劳动外在于资本，内在于劳动。也就是说，资本没有组织非物质劳动的合作关系，而是由精神财富的共同性而生产出来的。生命政治生产的目的在于实现马克思以"个人所有制"为特征的共产主义。哈特、奈格里既反对资本逻辑的控制，也反对国家的干预，认为生命政治生产本身蕴藏着解放的潜能，同时它的生产要求自由、平等与民主的制度，促进共有或共同性的发展。在他们看来，私有和公有分别是资本主义和社会主义的特征，而共有是共产主义的特征。我们知道，个人所有制是马克思在《资本论》中按照否定之否定规律推导出来的结论。在否定之否定阶段，个人所有制是劳动者自己占有生产资料与生活资料，并拥有对劳动产品的所有权。劳动者共同生产即劳动者共同占有。一方面它肯定了共同生产与共同占有方式，这就不存在阶级斗争。另一方面它肯定了在个人所有制下，个人的积极性对生产力的作用，分工是按照个人的意愿和兴趣来选择自己的

---

① 奈格里：《超越帝国》，李琨、陆汉臻译，北京大学出版社，2016，第137页。
② 哈特、奈格里：《帝国——全球化的政治秩序》，杨建国、范一亭译，江苏人民出版社，2003，第279页。

工作部门和职业，而非社会强制分工。它比否定阶段的肯定更高阶。只有在否定之否定阶段，才能实现每个人自由而全面的发展。马克思意义上的共同生产即共同占有，它是从政治经济学的视角来理解的科学结论，而哈特、奈格里理解的生命政治的生产与共有是从伦理建构主体来阐发的意识形态。资本在社会关系与主体性的再生产中，并非空无一用，它凭借私人占有获取了剩余价值或劳动成果。资本与非物质劳动的关系变成了寄生与被寄生的关系。因此，非物质劳动反映了主体性的关系，即劳动者与劳动者之间的合作关系，但是资本家与劳动者的关系被排除在外。这种逻辑无异于"掩耳盗铃"，以为自己听不见，别人也不会听见。非物质劳动生产的自主合作关系是一种非物质形式，但是在资本主义社会，全球都市的资本或资产者必然会介入这种合作关系中，并且在劳动关系中居于支配地位，与其说是在工作中培养工人维持资本主义生产方式的生活方式，还不如说是在生活中培养他们维持资本主义生活方式的生产方式。

全球都市的非物质劳动，促使它成为一个总都市工厂。全球都市也在进行生产，是非物质劳动主导的生产。非物质劳动的概念是从反面说这不是物质劳动，但是并没有从正面说这是什么形式的劳动，所以这个概念本身具有模糊性。它只是相对工业社会的物质劳动的生产物质产品而言，强调社会关系和主体性的生产。后来他们也用生命政治这个概念，用以凸显非物质劳动的主体性维度。但是非物质劳动中哪些行业是主导产业呢？是制造业，还是从制造业内生出来的生产者服务业？我们从《德意志意识形态》中来看，城市的产生是社会分工协作的产物，而全球都市也是国际经济分工协作细化和深化的产物。经济全球化为全球都市形成提供了动力。经济全球化是一个分散与集聚相生的过程。跨国公司充分利用各国优势，在各国之间进行分散生产。与此同时，跨国公司全球总部或区域总部按照全球价值链的国际分工将各国生产链统一起来，而统一起来的产业基础在于萨森所称的生产者服务业，特别是围绕资本运营的金融业以及金融垄断资本领域。它更多的是在都市而非国家之间进行专业职能分工，形成了部门、企业、区域总部与全球总部之间以生产者服务业为主导的社会、经济、文化等网络体系，并日益在全球都市产业结构之中占据较高比重。依托于生产者服务业的国际大都市逐渐演变成全球都市，并成了"全球性服务中心"，它并不需要直接生产工业产品，而只需要为其积累和扩张提供国际服务。全球都市既是国内经济中心，也是世界城市网络体系的核心节点，生产者服务业具有能够统筹国内国际两个市场的功能。生产者服务业是全球都市的经济基础，竖立其上的是都市帝国的上层建筑，纽约、伦敦和东京组成的小圈子的全球都市权力控制着全球化进程。全球都市成了控制和指挥生产的决策中心，突出了生产的空间网络与世界的联结，凸显了全球都市经济体系的"生产"性质。

生产者服务业包括劳动者、劳动资料与劳动对象。全球都市作为都市帝国借助于跨国公司的剥削实现了从民族国家到全球的布展，制造了全球生命政治的劳动者。劳动者作为全球都市解放的主体，其内部按照收入水平来分，包括分差极大的两部分群体。本节第二部分内容将对此进行具体介绍。劳动者在从事非物质劳动时是如何被剥削和支配的，这触及全球都市的生产关系。生命政治生产的特征，即非物质性、认知性和情感性，它们的共同特征在于难以量化。因为生命政治的生产重新构造了它的时间性和空间性，而时间性和空间性不再是以传统的工业时间和空间为经验，而是使这种经验成为可能的网络形式。生命政治的生产超出了量的规定性，不再受到资源稀缺性的制约，超出了私有财产被私人占有的框架。生命政治的生产，包括社会关系或主体性的生产，它表现出自主性的潜能与共同性的特征，具有脱离资本控制、建构新社会的功能。然而都市帝国对此也采取了相应措施，或者从内部和外部加强对非物质劳动的监控与规训，或者在时间、空间上造成劳动力的"相对贫困"，并进而对生命政治生产的产品进行租金化——对信息、知识、代码、情感等非物质产品设置排他性的专利权和版权，以租金的方式获取专利费和版权费。这显然是资本主义私有制与社会化大生产在全球都市生产者服务业领域的基本矛盾，基本矛盾在全球都市社会中体现为具体的主要矛盾，即生产者服务业中金融垄断资本家与劳动者和世界城市体系中劳动者的阶级矛盾。由于生产者服务业的非物质劳动包括主体性的生产，也是主体性的危机。都市帝国利用"使人活和让人死"生命权力来统治生命政治的生产，在非劳动时间与非工资性雇佣关系领域强制推行相关规定与秩序，也遭到了以生命政治生产形式的劳动者的对抗。

全球都市中由于生产者服务业的生产本身依赖于高度发达的信息通信技术与交通运输网络，因此，它们也成为全球都市物质生产的劳动资料。就行业来说，服务业内部已经实现信息化和虚拟化，它们开展服务活动需要人工智能、大数据等信息技术的支持与处理；同样，将制造业的各项活动整合起来，打破物理空间的限制，将其扩散到全球各地，也需要以信息处理技术与交通网作为支撑。不过，仍然有很多信息等需要面对面交流，为此，全球都市已经开启了铁路提速、机场扩容等交通基础设施建设。由发达的信息通信技术与交通运输网络构成的信息产业从生产者服务业中分离出来，并且在全球都市产业转型的过程中逐步发展为支柱产业之一。它促使全球都市成为全球信息网络的重要节点。生产者服务业的生产需要在卡斯特后来所称的信息化都市才能够进行。信息化都市既能够促进生产的分散化，提高生产的灵活性，同时也能够提升生产的集中性和统一性。由信息网络组成的虚拟空间也是全球都市的重要特征。卡斯特后来将介于虚拟和现实的空间称为流动空间，全球都市成为流动空间的核心与节点。生产者服务业主要是高端服务业，它们可以借助于信息技术网络进行全球性布局。然而，它们与依赖于地理邻近性的购买者的消费者服务业不同，而是需要在空间上靠近其他提供配套服务的公司以形成"联合生产"的区位优势。因为跨国公司交易通常需要法律、会计、金融、保险、公关、广告、管理咨询等多种专业服务公司的共同参与。正是源于它是金融与生产者服务业的主要场所，也是在世界经济格局中具有控制其他都市经济的力量，它既是先进产业的创新地，也是产品创新的发源地，还是以知识产出为标志的非物质产品生产中心。全球都市本身不是国际关系的独立行为主体。不过，作为国际资本和跨国公司所在地，国家权力向全球都市适度集中，全球都市具有强大的对外辐射能力，这使得全球都市成为次国家政府。它既受到主权国家的宪政约束，也具有相对自由。这些因素决定了全球都市在世界城市体系中的支配和控制地位。从这个意义上说，国内全球都市的危机，也是全国甚至全球危机。全球都市是发挥"高度聚合的指挥功能"的"巨型工厂"。萨森对全球都市的理解具有较强的结构功能主义色彩，即全球都市在全球经济体系中处于关键节点的位置决定了全球都市具有支配和控制世界经济的功能。因此，萨森实质关注的是全球都市的权力的生产。跨国公司通过分包等形式进行物质劳动生产，集中专业服务公司进行联合的非物质劳动生产，拿走了绝大部分增殖的分配利润，获取了全球价值链的控制权。但这是跨国公司的控制世界经济的能力，而非全球都市的能力。也就是说，在世界城市体系中的主要行动者是跨国公司，而非全球都市。而在这些跨国公司中，生产者服务业公司成为具体执行者。全球都市是由公司与公司之间的关系组成，而非由某一个公司所主导。同理，全球都市网络并非一个"全球都市"的网络，而是全球都市之间形成的网络系统。在全球都市网络中，跨国公司的生产是网络化的形式。如果我们误将跨国公司理解为权力的生产的全球都市，那么从都市生活解放走向全球都市生活解放，仅仅意味着我们必须去反抗某个跨国公司的控制权，殊不知这只是一种意识形态的幻象。反抗某个跨国公司的控制权并非真正意义上的全球都市生活解放，全球都市生活解放必须是对全球都市内的所有的跨国公司的生产制度的斗争，而这种斗争形式显现为网络化的形式。

全球都市的网络化生产形式包括三个方面：网络、节点、次节点。网络是信息技术构造起来的流动空间。"卡斯特更为突出网络的社会结构、内在的逻辑关系以及其中复杂的关系组合。"① 全球都市是一个把地方的生产、消费、服务中心融入某个整体网络中的过程。因此，全球都市必然是网络都市。节点是全球都市，次节点是跨国公司与生产者服务公司。次节点与节点的关系并非一种静态关系，它往往随着政治、经济局势的变化而变化。维持两者的关系依靠的是世界经济网络化、都市间互动关系、跨国企业与生产者服务公司提供的专业服务。世界经济网络化得益于各生产要素的流动网和交通网，连接各类都市，组成一个点、线、面紧密联系的全球都市体系。在这个世界经济网络化中，都市之间经过商品流、信息流、资金流和人才流的流动。只有在全球都市网络中通过竞争，少数节点都市才能成为全球都市，并在一定时间内形成相对稳定的等级和结构。跨国公司或生产者服务公司在都市竞争中扮演了重要角色，这也是全球都市纷纷给它们以落地优惠政策的重要原因。跨国公司将劳动密集型生产业务向其他都市转移，而生产者服务公司则向跨国公司提供这些都市生产的咨询管理服务，跨国公司并非把所有的咨询管理服务外包给生产者服务公司，它一般有自己的内部的服务部门，以承担不宜外包的业务。在全球都市体系中都市生产的特征，即它并非平滑的网络格式，而是有凸起的金字塔形或钟形形式。这也充分说明到了都市社会时代都市生产的网络—等级形式。全球都市的网络—等级形式大致可以划分为两种类型，一种以亚洲的东京为代表，东京受到民族国家的管制，它的跨国公司以本土企业为主，对移民有相对严格的限制；还有一种以纽约、伦敦为代表，它们是跨国公司与生产者服务业的联合体，对外来移民的限制相对放松。

---

① 卡斯特主编《网络社会——跨文化的视角》，周凯译，社会科学文献出版社，2009，第46页。

　　全球都市的劳动对象是生产要素。生产要素包括土地、劳动力、资本、技术、数据五种。全球都市是国内国际顶端人财物的集聚之地，决定着这里的土地高度稀缺并具有高价值。全球都市均在加强土地资源规划与开发。全球都市的土地资源开发历经三个阶段：单中心的快速城市化阶段到多中心逆城市化阶段，再到"一主多元"精细化的城郊互动阶段。全球都市的空间生产主要在"一主"上展开争夺，同时在"多元"上竞争也较大。全球都市的政府利用"一主"中心区的集约土地，以更优惠的政策吸引跨国公司总部落户，发展生产者服务业。跨国公司能够跨越国境，推动生产、贸易、金融等要素大规模的跨国流动与配置，以实现资本效率的最大化，获取超额利润。生产者服务业的从业者可以为跨国公司提供全方面的优质服务，而且有些跨国公司本身就从事生产者服务业。"多元"分中心土地为"一主"中心区提供住房、生态资源供给。全球都市的劳动力是全球流动的特殊商品。一部分从事生产者服务业的人获得了高工资，一部分从事机械性服务业的人获得了较低工资，两种行业之间的收入差距比工业社会阶段的工人之间的要大。全球都市的政府设置了不同形式的有形和无形的门槛以阻挡"低端人口"的涌入，与此相反，利用各种政策和氛围吸引各种"高端人口"的加入。全球都市的资本受到国际金融垄断资本的把控。不分国内外，不考虑民族、宗教等因素，它们通过借贷资本形式获取超额利润，通过利息形式分割实体经济的剩余价值。全球都市越来越依靠技术创新来实现技术私有化甚至技术垄断的目标之一。它通过人工智能等技术创新来控制、改造、重组其他行业。现在越来越多的城市使用大数据来进行城市治理，建设智慧城市。全球都市作为城市的总数据库，则利用各种数据对其他等级城市进行治理，制定数据国际标准来规范城市生活。全球都市成为决策中心的重要原因是它掌握了大量的相关城市数据。在新国际劳动分工的推动下，全球都市通过吸引其他都市的优秀人才、大量资本、高端产品的聚集，掌握全球价值链的顶端，将其他都市的经济、政治、文化纳入自己生产体系中，其最终目的在于获取超额利润，其他都市依此逐次分配利润。全球都市将这五种生产要素进行全球配置，创造出各项优质商品和服务，涉及管理咨询、设计、营销、公关、广告、信息技术、贸易、金融、投资、运输、仓储、会计、法律、保险等方面，并以此来引领全球发展方向。需要指出的是，获取超额利润不是传统的工厂或企业所能做到的。因为传统的工厂或企业获取超额利润的方式主要是提高劳动生产率，使得自己商品的个别价值低于社会价值而多得的那部分剩余价值。但是全球都市依靠跨国公司的经营能力能够提高全要素的生产率，而非仅仅只是依靠提高技术生产率。

全球都市生产着生产者服务业产品，特别是金融业产品。但是受到全球都市控制和指挥的其他第三世界的节点都市仍然生产着物质劳动产品、消费性服务业产品等。全球经济把所有城镇和城市都串在了同一个波动节律中，同步增长与衰退、扩张与收缩、投资与撤资。新加坡、锡拉库扎、纽约、台湾、托莱多、俄亥俄被全球经济串联并捆绑在一起。① 也就是说，对于全球都市体系来说，全球都市的资本家对其他节点都市的工人阶级（包括白领阶层与蓝领阶层）以及其他阶层的生产存在剥削的客观事实不容否认。这从侧面可以看出全球都市的资本家与本国的实体经济的资本家、国外资本存在着矛盾，它是全球都市社会的次要矛盾。但是在共同剥削的都市的工人阶级是存在共同利益的。全球都市生产的形式是网络化的形式，我们不能仅仅从一个全球都市或其他节点都市来看待其生产，而是需要全面地理解它的网络化形式的生产，即网络—等级形式的生产。全球都市生产实行网络化形式的生产，全球都市资本家对整个工人阶级的剥削形式日益网络化，并呈现为网络—等级的结构。经典马克思主义的"城乡对立"在全球化时代的表现是全球都市与其他边缘都市的对立越来越明显，"南北"都市之间的对立并没有消除，这导致都市和乡村被纳入网络化的形式当中，世界上不同地域的阶级或阶层都无不处在这个网络节点当中。总之，全球都市社会的主要矛盾表现出生产者服务业中金融垄断资本家与劳动者和世界城市体系中劳动者的阶级矛盾。本书认为尽管矛盾较为复杂多元，但是仍然是资本主义私有制下的矛盾，从根本上是要依靠无产阶级的主体作用，以生产领域的阶级斗争为中介，同时结合全球都市的具体实际来解决。

二　寻找西方全球都市生产实践的主体

从都市生活解放走向全球都市生活解放将不可避免地会遭遇国家主权的干预。马克思、恩格斯主张工人没有祖国，全世界无产者联合起来。部分西方马克思主义者呼吁本国无产阶级政党需要保持自己的独立性。都市

---

① 肖特：《城市秩序：城市、文化与权力导论》（第 2 版），郑娟、梁捷译，上海人民出版社，2015，第 91 页。

生活解放以生活权利的口号来统一都市居民的生活解放，这股思潮在全球
范围内蔚为壮观。但是都市生活解放以城市、地理、空间而非阶级作为斗
争武器，以都市居民而非城市劳动者（其中坚定的阶级是无产阶级）作为
斗争主体，至多能够实现一定的城市区域自治。实现城市与城市之间的联
合已实属不易，更何况凌驾于城市政权之上还有达摩克利斯之剑——国家
主权。国家是享有主权并且在其领土内合法使用暴力的垄断权的政治实体。
"国家在其领土内，拥有使用合法暴力的垄断权力、法律和货币主权、对各
种制度（包括私有产权）的监理权，以及征税和重新分配所得与资产的权
力。"① 一旦城市自治主义或分离主义过度膨胀，都市生活解放超出了社会
秩序的界限，那么国家主权将会因应出场。同时，还辅之以法律的、经济
的、政治的弹性治理方式。因此，都市生活解放内部极易从联合走向分离。
除此之外，从都市生活解放走向全球都市生活解放的过程中民族、宗教、
性别等非阶级因素，消费、分配、流通等非生产因素成为阻碍因素。当然
换一个角度，这些因素也可以成为生产领域的阶级斗争的"温床"。也就是
说，它们的目的指向了生产领域的阶级斗争，其实现方式考虑到城市的政
治、经济、文化等的差异性。无论阻碍因素如何，都需要学者对于全球都
市的生活解放的客观形势展开科学分析。但是当代许多国外马克思主义者
与左翼思想家对资本主义的政治经济发展缺乏深入了解，仍然沿袭着西方
马克思主义在阶级意识的一贯思路，仍然在主体性上进行思考。不过，有
所损益，即从阶级意识到阶级主体。在无产阶级"缺位"的情况下，革命
主体成为国外马克思主义思考问题的主要方向。但是当代国外马克思主义
的革命主体不过是阶级意识的"道成肉身"，仍然是主体的意识，说到底是
将个体启蒙或质询为主体的意识形态。主体的认识对象是关于对象的意识，
即关于自然界与人类社会的意识的意识。只不过是自我意识的变种。主体
的作用之一除了成为上帝的奴仆，显示上帝的荣耀之外，其他重要作用在
于具有批判现实的精神劳动的功能。主体斗争的目的不是发展与实现自身，
而是为了保持个体与世界的先验的斗争性。当代国外马克思主义的主体斗
争实践的关键点还是在找寻革命主体。似乎一找到革命主体，革命就会到
来，革命就会成功。这些或显或隐的意识是不是对资本主义客观环境的真
实反映？他们总是以为观念化的物质生产领域就代表了能动的、现实的改

---

① 哈维：《资本社会的 17 个矛盾》，许瑞宋译，中信出版社，2016，第 169 页。

造人与自然、人与社会的关系。要言之，他们的斗争方式在本体论上仍然是基于唯心主义哲学的主体斗争实践。

从西方马克思主义的创始人卢卡奇等人不断拔高主体的阶级意识的地位到法兰克福学派指认文化工业对主体意识的消弭，主体似乎没有社会上的革命行动，仅剩学院派的批判精神。人道主义的马克思主义将主体理解为脱离于革命实践的自我意识，实则是一种受到资产阶级迷惑的意识形态。它仍然是笛卡尔"我思"的继续，即自我怀疑革命是否具有真理性，而正是这种怀疑让自我不敢走出"我思"的封闭性。不过，当代哲学确实在主体上有较大突破。主体不是实体性存在而不需要不证自明，而是趋向于客体的意向、活动与行为的交互主体或类主体或潜在主体。阿尔都塞认为意识形态的功能就在于让个体呼唤为主体，而这种主体意识形态正是阿尔都塞提出历史是一个无主体的过程，个体是结构关系的承担者的首要原因。纯粹的自然界是与人无关的无，谈不上发不发展，但是人类历史如何发展呢？阿尔都塞的多元决定为历史发展提供了解释。阿尔都塞强调的是客观主体性而非主观主体在历史发展中的作用。因此，阿尔都塞的学生巴迪欧认为阿尔都塞的客观主体性实则是没有主体的主体性。基于"五月风暴""结构不上街"的口号，巴迪欧重新阐述了主体斗争理论。他在早期的著作《主体理论》中认为主体包括具有破坏性的主体化与具有建构性的主体进程两个方面，后来在《存在与事件》中思考事件发生之后的主体问题，《世界的逻辑：存在与事件 2》对主体的性质进行了更为细致的划分。

就早期的《主体理论》来说，巴迪欧的主观唯心主义色彩较为浓厚。"他将主体化分为焦虑与勇气两项，主体进程分为超我和公正两项。"[1] 这四项组成了主体的矩阵，"焦虑与超我构成了主体生成的 Ψ 模式，勇气与公正构成了 α 模式，将焦虑与公正联系起来的是怀疑主义，将勇气和超我联系起来的是教条主义"[2]。具体来说，焦虑代表了主体在推翻旧秩序时持有歇斯底里的激情情绪，而勇气一定程度上克服了这种焦虑的情绪体验，同时还希望重建新秩序。超我是代表着严格地遵循权威和规范，公正代表了公平和正义。Ψ 模式是一种极端，即从坚决破坏到坚定服从；α 模式象征着重建新的公正的秩序。教条主义即用超我来规训勇气，而非从勇气走向公正，

---

① Bruno Bosteels, *Theory of the Subject* (Continuum, 2013), pp. xxxv – xxxvi.

② 艾士薇：《阿兰巴迪欧论主体化和主体进程》，《湖北大学学报》（哲学社会科学版）2017 年第 4 期，第 44 ~ 50 页。

最终实现超我。而超我对事物发展的矛盾的特殊性以及事物变化的情况不了解，只是用超我的道德框架裁剪现实。怀疑主义由焦虑的情绪构成，即便有法律的实施，但是它对公正的实现存有反思、犹疑。巴迪欧吸收了列宁主义以及毛泽东思想中的政党思想，无产阶级政党发挥了主体作用，即政党主体对资本主义结构的"脱位"作用。他将这个模型用来分析政治革命，即政党与阶级斗争代表主体化，无产阶级专政与共产主义代表主体进程。在政党展开阶级斗争过程中，既具有焦虑性质的骚乱－运动，也具有勇气性质的起义－战争；无产阶级专政即严格按照马克思主义的精神消灭一切阶级剥削，直至消灭一切阶级，而共产主义是无产阶级专政后才能实现的公正的目标。Ψ模式即从骚乱－运动到无产阶级专政，α模式即从起义－战争到共产主义。我们可以看出，巴迪欧的主体主要是政党主体或阶级主体，它是一种集合性的主体。它们通过政党组织阶级斗争展开集体行动。其斗争对象指向了资本主义国家，并通过无产阶级专政的功能予以实现，其最终目标是实现共产主义。

但是随着政党与国家之间相互嵌入并重叠，两者之间的距离日益消失，巴迪欧认为需要寻找新的主体，即从精神分析的主体到事件之后的主体。巴迪欧后来在《存在与事件》中从主观唯心主义走向了客观唯心主义，"但是他仍然热衷于形式化的数学语言或公式，即类性延展的数学公式 $S \rightarrow S$（♀）"[1]。♀代表无法辨识的子集，S代表原先的情势状态，S（♀）代表了事件发生后新情势下无法辨识的辨识可以辨识。从 $S \rightarrow S$（♀）的过程，必须有主体的参与。主体通过调研和忠实运算之后，产生了不可辨识之物♀。主体通过命名将♀统摄到对情势S之中。主体行动是有意识的介入，尽管它不是决定性的介入，但是它的介入能够造成暂时的结构性的危机。不过，事件发生之后，有的主体在自发主义、状态主义、教条主义的引导下，走向了错误的方向。自发主义将事件的发生归咎于事件的参与者，否定了事件自身的联系，教条主义和自发主义相反，它将事件的发生归结于事件之间的肯定性联系，而状态主义是自发主义和教条主义的综合，它是肯定性与否定性联系的统一。这些错误的方向，使得主体无法辨识事件发生的痕迹，也无法形成新的集合。

---

① 蓝江：《从主体理论1.0到主体理论3.0——巴迪欧的主体理论概述》，《国外理论动态》2016年第3期，第22页。

巴迪欧在《世界的逻辑：存在与事件 2》中对这三种错误思想形成的主体的性质进行了更为明确而具体的划分，即忠实主体、反动主体、蒙昧主体。忠实主体是巴迪欧最为倚重的主体，它宣告事件的发生，推动事件的继续发展，忠诚于革命精神的指引。只有主体忠实于共产主义运动，才能够实现共产主义。与忠实主体相对的是反动主体，它们知道事件已然发生，留下了痕迹，因此保有焦虑的心理，或者阻挠忠实主体，或者扭曲地解释事件本身，或者寄希望于其他主体。总而言之，它们要与忠实主体相对立，巴迪欧的主体行动对象是忠实主体对后两种主体之间的斗争。蒙昧主体和反动主体最大的区别在于，蒙昧主体利用自己主观创造的大写的身体来否认事件的发生，遮蔽发生的痕迹，蒙昧主体对事件持有恐惧的心理。因此，巴迪欧也把蒙昧主体称为超反动主体。这三种主体是事件发生之后，各自对事件的不同反应，就像法国大革命之后分裂出保皇党、吉伦特派、雅各宾派和热月党，并由这些少数主体充当了历史演变的政治力量。巴迪欧认为主体忠实于 S（♀），从而打造一种全新情势的局面。巴迪欧主体行动的功能是命名与忠实。事件发生之后，主体冒着风险介入并且予以命名，但是这并非创造事件。在巴迪欧看来，事件之后才产生主体。事件之前，用阶级因素或身份因素预定的主体只是存在物而非主体。主体由稀缺的少数人充任。只有那些忠诚于事件并一直追随它的才是主体，以保持长久性。主体的类型是多元的，存在着科学、艺术、政治和爱四种主体类型。现代集合论的代表人物康托尔的科学主体，勋伯格的艺术主体，列宁的政治主体，偶然相遇、坚持到底的爱的主体的共同特征是均忠实于不同事件，并对事件予以重新命名，按照类性延展的方式，开创出一种全新的情势，成为无限真理的有限片段。因此，这也是巴迪欧主体行动的目标。

革命主体是事件发生之后，忠实于事件的真理程序之中的主体。与其说巴迪欧寄希望于革命主体来承担历史使命，还不如说巴迪欧在耐心地等待事件的发生。历史上的大事件发生确实有其突发性与偶然性，但是从整个长远的人类历史来看，这种突发性与偶然性只是其中的一个历史环节，它本身与连续性与必然性形成一体两面。况且寄希望于忠诚于真理性事件的主体，但是正如巴迪欧所言也有不忠诚于真理性事件的主体，这其实背后透露出巴迪欧预设了事件之后一定有主体的立场，无论它是何种性质和类型。但是保证事件发生之后的主体预设实则是"主体形而上学"，显然这种"主体形而上学"缺少对历史情势的政治经济学的分析以及提出与历史情势相应的战略与战术。

　　随着革命进入低谷，拉克劳和墨菲从政治经济学分析退守到意识形态的话语斗争。因此，同样是解构马克思主义的无产阶级主体，拉克劳和墨菲则"看上去"更为激进。后马克思主义者拉克劳和墨菲利用列宁的资本主义体系的薄弱环节的十月革命理论，演绎出所谓的革命的"领导权"。列宁对当时帝国主义的时代做了政治经济学分析。俄国属于帝国主义链条的薄弱环节，这意味着俄国资产阶级临时政府的统治基础薄弱，布尔什维克可以通过组织领导、灌输阶级意识来突破这个环节。列宁的观点遭到了教条主义的马克思主义的批判，他们认为列宁否定了经济基础决定上层建筑的观点，革命只可能发生在发达资本主义国家的数个国家而非俄国一个国家。列宁认为这些人只会搬弄马克思主义的教条，根本不懂得如何去分析俄国的具体情况。也就是说，布尔什维克真正要获得的知识是俄国是否有发生革命的可能性，而非去了解一个公式。即使了解了一个公式，也并不代表我们能解决具体问题。或者说，我们不光要认识问题的普遍性，而是要获取特殊性的知识。俄国之所以特殊，在于它由资本主义政治经济发展的不平衡性所制约。尽管俄国步入资本主义国家行列，但是是由大资产阶级性质的资产阶级临时政府在统治。俄国此时在城市中的统治阶级力量并不强大，而布尔什维克及其领导的工人阶级具有较强的组织性和战斗力。布尔什维克联合一切进步力量来反抗沙皇统治为革命提供了群众基础。当然，列宁并不主张盲目夸大布尔什维克的领导权，将大资产阶级与资产阶级、小资产阶级一同消灭。因此，列宁是分析了当时俄国的经济基础和意识形态情况，才提出了符合俄国国情的科学理论。实践证明，列宁的理论是正确的判断。列宁主义是帝国时代的马克思主义。但是后马克思主义者认为，"从普列汉诺夫、阿克雪里罗德到列宁和托洛茨基，存在着一个积极的、复杂性不断增加的领导权理论"①。而领导权理论完全消解了马克思的本质主义——经济基础与上层建筑的必然性。在拉克劳和墨菲的解读下，十月革命实则是领导权的胜利，它将革命主体从经济基础的必然逻辑中抽离出来。

　　拉克劳和墨菲借鉴了葛兰西的领导权（hegemony）理论（也称霸权理

---

① 恩斯特·拉克劳、查特尔·墨菲：《领导权与社会主义的策略——走向激进民主政治》，尹树广、鉴传今译，黑龙江人民出版社，2003，第54页。

论），但是做了较大改变。葛兰西的领导权理论并不是像列宁的十月革命理论在十月革命的危机时刻才会出现，而是在意大利的资本主义的市民社会普遍出现的文化现象。葛兰西理解的市民社会与马克思不同，他认为市民社会是上层建筑中关注公共事务的民间的或私人的"总和"组织，即作为上层建筑的市民社会。然而，"拉克劳和墨菲认为葛兰西的领导权理论仍然残存着西方马克思主义的本质主义的尾巴，即葛兰西的领导权依然想寻求一个统一的阶级"①。尽管葛兰西的领导权是在市民社会中寻求"同意"的"智识与道德的领导权"，超出了工农阶级联盟的概念，扩展到文化、道德、智识等领域，但是葛兰西并没有排除经济领导权。经济领导权起作用的方式是间接的，由经济领导权决定的在生产关系的两极中占据主导的阶级的基本社会集团方能成为霸权阶级，而且成为霸权阶级的重要条件是凭借占支配地位的意识形态来实现意识形态一致性。葛兰西仍然坚持运用领导权理论来统合经济基础的决定作用和意识形态的自主性的分裂，而这种调和仍然是一种不彻底性的做法。为了实现意识形态的统一性，必须要求基本社会集团将不同的社会集团的意识形态进行接合或链接。意识形态的统一性是在意识形态的斗争性中产生的现象。意识形态的统一性不是先验的规定，而是霸权接合的结果。在拉克劳和墨菲解读下，彻底的偶然性逻辑才能打破马克思主义经济决定论、阶级还原论的必然性逻辑，而后者也是话语斗争的主要对象。

新社会运动中女性、学生、青年、种族等以及其他边缘社会成员的身份形成新的政治主体，这些新的政治主体不能还原为阶级主体。拉克劳、墨菲认为，无论是工人、农民或者新的政治主体只要认同社会主义话语，就能够成为社会的革命主体。政治认同既具有自主性的性质，同时又处在一种身份联盟当中。工人阶级当然也可以在新社会运动中扮演重要角色，工人阶级仍然可以将其物质利益与社会主义相结合，但是"结合"不是本质主义的联系而是一种偶然性的"接合"。在拉克劳、墨菲的视野中，没有先验的革命主体，都是被制造的革命主体。革命主体的位置一直是空位，任何主体在被主体化之前都是残缺的，它们只是暂时填充这个位置，这是偶然的随机的建构。主体在话语实践中是漂浮的能指，而霸权的主体并不

① 恩斯特·拉克劳、查特尔·墨菲：《领导权与社会主义的策略——走向激进民主政治》，尹树广、鉴传今译，黑龙江人民出版社，2003，第 120 页。

固定于哪一个身份群体，一切有赖于他者对话语的建构。霸权溢出了主体的能指，超出了预定所指，这本身是一种意义的剩余。意义的剩余实现了霸权的错位，只有在错位关系中，主体的认同才得以存在。因此，拉克劳、墨菲认为在话语实践中，通过政治革命主体的偶然性的、可变性的、直观性的、开放性的话语连接，形成了话语霸权的逻辑。

工人阶级并非由其经济基础所决定，而是由工人阶级在实际的多元激进民主的政治斗争中的身份所决定。当代社会话语斗争的功能从单一的阶级斗争转化成多元激进民主。资本主义市场经济充斥在社会各个领域，市场经济培育出多种形式的主体，主体与主体之间的社会关系为商品关系所主宰。他们不仅在工厂中的生产受到压迫，而且在社区生活中仍然面临着商品化的困扰。受到福利国家与国家干预思想的影响，他们的私人生活也遭受到越来越密集的监控。大众传媒的发达让人们都能获取相关资讯，人与人之间在获取信息的权利上相比以前更为平等，他们对不平等的敏感度与关注度更高。总之，多元激进民主的多元意味着群体的属性不局限于以传统的阶级来划分类型，而是以性别、种族、地域、行业、兴趣组织以及所属政党等形形色色的社会标签来划分界别，甚至这些界别本身也不具有固定性。激进意味着一方面这些界别是一个自主性的政治实践过程，并没有任何先验的形式予以规定；另一方面这些界别组主要活跃在日常生活领域或微观领域，对传统的政治领域或宏观领域不太关注，也就是说，他们大部分人只是在攸关个人利益的领域进行比较激进的抗争而不推崇"极端"的革命。民主与特权相对，他们的身份以及斗争形式是平等而无特权的，由此，他们反对工人阶级成为多元激进民主的政治斗争的唯一主导阶级。

话语斗争的目的是寻求社会主义的政治认同。拉克劳、墨菲提倡多元激进民主是为了追求"共同善"，即具有差异性与普遍性的政治观。为此，他们批判了哈贝马斯的协商民主理论、罗尔斯的政治自由主义与自由保守主义。多元激进民主观和协商民主理论在主张多元对话上有相似之处，但是前者不认为通过对话能够达成共识，共识只是一种乌托邦的幻想，对话只能获知双方的差异性与斗争性，但是这种差异性与斗争性并非负面的，相反，它能激发政治行动，并为之提供价值观的支撑。罗尔斯的政治自由主义主张个人权利优先于善，政治共同体对于个人来说是手段性的而非目的性的关系，仍然是自由主义。罗尔斯虽然强调了个人权利，但是他对边缘群体的个人权利重视不够，对新社会阶层之间的对抗描述不多。罗尔斯的政治哲学实则是以元道德作为根基，而拉克劳、墨菲认为政治哲学是以政治本体论为重点。因此，拉克劳、墨菲关注道德背后的伦理与政治关系而非某种道德原则。只有在政治本体论中展开对主体的斗争与差异的分析，才能构成政治认同。自由保守主义提倡个人在非政治生活上的自由，反对公民参与政治生活，这实际上是否定了拉克劳、墨菲强调的文化领导权。拉克劳、墨菲认为在开展多元激进民主中获取文化领导权是完全必要的手段，当然，为了防止其中出现集权主义，他们也指出群体内部的合作与对话。拉克劳、墨菲的话语斗争指向了运用社会主义策略来实现新的社会主义的政治认同，这从客观上反映了资本主义的认同危机，但是拉克劳、墨菲的话语实践是国外马克思主义中的右倾机会主义的表现，他们将自由主义引入新左派当中，吸引公众参与到民主运动当中以约束国家权力，以新左翼的自由主义来对抗资本主义，最终实现社会平等。他们的最终目的只是消除社会领域的不平等，而并非一定推翻资本主义制度，但是后者是前者的历史根源，前者是后者的体现。拉克劳、墨菲的社会主义的策略，也仅仅只是策略，根本没有通过革命推翻资本主义制度的战略眼界。

当代西方左翼大谈主体，马克思也谈主体。主体概念已经成为近现代以来最大的神话。主体建立于笛卡尔和康德哲学的基础之上。笛卡尔的"我思"确立了理性主义。笛卡尔的"自我"是认识的中心，其他观念、规范、价值必须在确证自我的存在的基础上才能够存在。自我可以通过经验反思和理性推理成为可靠的知识，但是自我本身是"天赋"的、自明的。由自我原则出发而形成的政治制度则集中表现为个人主义。原子式的个人是建立整个资本主义制度的前提假设，而且建立资本主义制度的目的是维护个人权利。康德的批判哲学则为理性主义划定界限，即理性只能认识现象界，而不能认识物自体。人为自然立法。由自我原则以及个人主义自然而然地导致人类中心主义的结果。人类是自然的主人，自然是人类的奴隶。黑格尔哲学力图以绝对精神来把握现象界与物自体的统一，并将后者视为前者的外化。黑格尔将抽象概念的演绎过程视作具体实在的自生过程。他对实践的理解也有浓厚的客观唯心主义色彩。在黑格尔看来，实践是绝对精神的自我发展的一个环节，是其从异化或对象化后复归到向自身的过程或活动。实践的主体是独立于物质世界的自我意识，客体指向了作为自然和社会本质的客观精神，功能是抽象的精神劳动，目的是复归统一的精神世界，实现人的本质的自我确证。费尔巴哈借助于直观的对象性，实现了所谓的"主语与谓语的颠倒"，但是这种颠倒没有运用唯物辩证法来"颠倒"。

马克思在创立历史唯物主义的时候的确肯定了主体的作用，但是对主体的理解与其他形式的哲学有根本不同。"从前的一切唯物主义（包括费尔巴哈的唯物主义）的主要缺点是：对对象、现实、感性，只是从客体的或者直观的形式去理解，而不是把它们当做感性的人的活动，当做实践去理解，不是从主体方面去理解。"① 马克思在《关于费尔巴哈的提纲》中明确指出了新唯物主义要从主体方面来理解对象、现实、感性。不过，马克思并没有否定旧唯物主义的"唯物性"。也就是说，在唯物的基础上，从主体方面来认识对象、现实与感性。如果抛开世界统一于物质性的前提，而单从主体方面发展出一套主体哲学，这实质是意识形态对主体的建构，那么这显然与马克思的初衷相去甚远。马克思突出的主体是在一定的物质生产活动中，从事感性的物质活动的主体，而非感性对象或唯意志论的主体。"意识在任何时候都只能是被意识到了的存在，而人们的存在就是他们的现实生活过程。"② 也就是说资本主义的社会存在决定了主体及其主体意识的产生。

马克思主义肯定了主体具有认识对象的能力，但是它不仅是对自我意识等主观世界的认识，而且是对具体实在的客观世界的认识。马克思批判了黑格尔的唯心主义的实践观。实践不是绝对精神的自我发展的一个环节，相反，绝对精神是实践的产物。人的自我意识是主体意识，但是成为实践主体仅有主体意识或自我意识并不够，因为自我意识是被抽象的意识形态统治的物质关系在主体上的体现。马克思关注的不是抽象的人，而是现实的、具体的人，不是人成为抽象的自我意识的肉身，而是从事对象性活动的人产生了成为实践的主体的自我意识。自然和社会确实不能成为直观的现象的堆积，两者也并非对立的关系，它们背后的运行是有规律的。黑格尔以辩证法的精神去把握自然和社会的整体性，这远远超出了旧唯物主义的视野，本身值得肯定，但是这种客观精神不具有实在性，而且因自然界和人类社会而存在的客观精神之上的绝对精神，它是由具有能动性的实体所产生出来的。马克思、恩格斯的历史唯物主义的科学性正是以实践活动

---

① 《马克思恩格斯选集》（第 1 卷）（第 3 版），人民出版社，2012，第 133 页。
② 《马克思恩格斯选集》（第 1 卷）（第 3 版），人民出版社，2012，第 152 页。

和实际发展过程来把握现实事物的历史性，而非停留于黑格尔抽象思辨的意识形式上。

黑格尔仅仅承认抽象的精神劳动具有本原的能动性和创造性，它是创造财富的最终源泉和基础，物质劳动是精神劳动借以实现自身的一种方式。马克思认为黑格尔的精神劳动观除了受制于它的唯心主义实践观在劳动上的体现，即在逻辑形式上保持一致性之外更为重要的原因在于他在内容上没有区分劳动的对象化和异化。在马克思看来，劳动有积极方面和消极方面，后者即劳动的异化。而黑格尔将劳动的异化理解成自我意识的展开环节，只不过上升到了精神阶段的原则高度。在黑格尔那里，自我意识作为对象性存在而存在。马克思从根源上否定了黑格尔作为出发点的自我意识，否定了自我意识是对象性存在。自我意识的外化即外化的自我意识。换言之，自我意识的对象不是与之相对的外在世界而是反射自身，正是这种自相矛盾才使得自我意识成为非对象性存在。如果将劳动也理解成非对象性存在，那么我们就可以理解黑格尔为什么要将劳动简化成抽象的精神劳动。这显然是劳动的意识形态。马克思批判了黑格尔的劳动的意识形态，同时也指出了人是对象性存在。也就是说，人当然也可以从事抽象的精神劳动，但是它本身是人的对象化劳动的异化形式。物质劳动产生了精神劳动，精神劳动是物质劳动的能动反映。马克思指出了人是对象性存在，人的实践对象确证了客观对象存在，而且它的存在不以人的意志为转移，马克思所说的"对象性劳动"具有客观性。由此，马克思提出了"对象性劳动"的概念以更为准确理解在工业社会中劳动的对象化关系。人在从事对象化劳动时必然体现出对象性，同样，人的对象性劳动也需要人的对象化。如果两者建立在费尔巴哈人本学的基础上，那么对象化劳动和对象性劳动是难以上升到实践的原则高度的。

马克思主义指出主体最重要的能力是实践。在《关于费尔巴哈的提纲》中马克思指出旧唯物主义者"不是从主体方面去理解"，马克思既肯定了费尔巴哈的唯物主义，那就是他说的感性对象，又否定了他的旧唯物主义，感性对象不是感性活动。财富积累源于人的生产："生命的生产"和"直接生活的生产"。"卑污的犹太人的表现形式"是感性的利己活动，反映的是市民社会及其社会关系。这也描述出人成为主体是因为他的感性活动。"实践活动是人和人类的感性活动，是人以自己的感性的自然（肉体组织），通过感性的中介（物质工具），去改造感性的对象（物质世界）。"① 从历史上来看，人类作为主体的感性活动从根本上是物质生产实践，也是人类的基本实践方式之一。主体的第一能力是实践。《德意志意识形态》在实践的基础上具体提出了物质生产实践的重要性。物质生产实践是推动人类社会与自然界发展的关键力量。物质生产实践既生产了物质产品，也生产了共同劳动、分工、交换、分配、消费等社会关系。社会关系反过来制约物质生产实践的广度与深度。人类的物质生产作用于自然界形成了生产力，作用于人类社会形成了交往关系或生产关系，而后者是由前者所决定。马克思对物质生产实践的理解包括了生产与交往，生产力与生产关系，它们是不可分割的整体。一言以蔽之，物质生产实践生产了物质财富和与之相连的一切社会关系。费尔巴哈从感性的直观去把握这种关系，对费尔巴哈来说，感性的直观对象是自然界。但是一旦指向人类社会，就陷入"半截子的唯物主义"。费尔巴哈的错误不在于他没有理解自然界和人类社会不能统一，而是他诉诸的直观能力无力把握这种统一。马克思肯定了费尔巴哈的从感性的直观来反对黑格尔的理性主义，从主体方面即通过感性对象来理解和认识事物，而不是从客体方面即概念、理性、绝对精神来理解和认识事物。感性直观的对象与黑格尔自我意识的对象是不同的，但是在人类社会领域，为什么费尔巴哈的感性的直观的对象陷入了和唯心主义思想家一样的资本主义社会的陷阱当中？费尔巴哈提出了由具体的个体上升到抽象的类本质，具体的个体即是市民社会中原子式、利己主义的个体。但是费尔巴哈不懂得黑格尔的辩证法，他理解的具体只是形而上学意义上的具体，现实中哪有比思维具体还要具体的事物。也就是说，费尔巴哈理解的具体根本不具体，它只是思维具体的消极反映。马克思批判了费尔巴哈没有把直观的对象转变为感性活动中的对象，马克思意在将唯物主义和辩证法统一起来贯彻到感性活动中去。费尔巴哈用抽象的类本质来规定个人，这恰好是资产阶级政治哲学从霍布斯、洛克、卢梭以来的出发点。马克思用社会关系的总和来规定个人的本质，个人与世界的生产、交往关系成为马克思的在个人的本质方面的立足点，而物质生产实践形成了人与人的交往关系和人与自然的生产关系。也就是说，物质生产实践规定了人的本质。这里不能从命定论中线性地指出从对象性活动发展到物质生产实践是马克思从人本学

① 孙正聿：《辩证法研究》，北京师范大学出版社，2020，第 254 页。

走向政治经济学，从意识形态走向科学，而是说马克思将唯物主义辩证法运用到对象性活动中去，揭示了物质生产实践的性质，即主观见之于客观的对象性活动。主体是物质生产实践生产出来的存在，从事物质生产实践的人成为主体。

物质生产实践包括物质劳动和非物质劳动。受制于第一次工业革命等时代局限，马克思着重研究的是工厂中的物质劳动，但没有忽视非物质劳动。像"总体工人"等中就有劳动者从事现在说的非物质劳动。"只要他们保持着在生产过程中核心的、基础的地位，他们就仍是革命主体。"① 但是历经第二次工业革命、第三次工业革命，资本主义进入都市社会阶段，全球都市中依托于生产者服务业的非物质劳动主导了物质劳动。从事生产者服务业的非物质劳动的人成为全球都市劳动实践的主体。这一主体可以分为两类。本书吸收了哈特与奈格里对诸众的划分的思路，但是并不赞同诸众分属于不同阶级。在他们看来，诸众既非人民，也非阶级，更非国家。"诸众不是人民，即它不是一个依权力的命令而建构的统一体。诸众不是阶级，即它不是由资本主义剥削而产生的统一体。它不是国家，即它不是一个由这些同样的权力建构在意识形态之上针对其他国家的敌人的统一体。他认为，诸众是由一个个个体组成的工作着的集合体并因此具有生产力，它同时也是一种拥有创造性和斗争性的政治主体。"② 简而言之，诸众是非同一性但能联合的主体。他们之所以联合，在于他们受到资本主义各种形式的剥削。他们之所以具有非同一性在于他们不能被整合成一个阶级。此处的问题是，尽管诸众有奇异性，但是他们都依附于提供同类但又不同质的差异化或个性化产品的生产者服务业。生产者服务业最初从制造业内部中分离出来为制造业提供服务，后来它相对对立，甚至成为主导。它能够主导制造业的关键在于它得到了金融资本的支持，同时，生产者服务业的诸众也是受到金融资本的剥削的同类，并属于同一阶级。笔者将全球都市劳动实践的主体分为两大部分，将其收入较低的群体分为四大类：被负债者、被媒体化者、被保护者与被代表者。被负债者指的是在金融化的社会，诸众被各种债务束缚；被媒体化者是指诸众在过剩的信息中无法找到有价值的信息；被保护者指帝国利用战争和监控手段，促使诸众感到人人自危，

① 马尔库塞：《马克思主义、革命与乌托邦》，载《马尔库塞文集》（第6卷），高海青、连杰、陶锋译，人民出版社，2019，第238页。
② 奈格里：《超越帝国》，李琨、陆汉臻译，北京大学出版社，2016，第14页。

不得不寻求他者的安全保护和例外状态；被代表者指代议制民主造成公民被议员或媒体代表无法实现直接民主。像 2011 年纽约"占领华尔街运动"正表现了他们的反抗行动。"被负债债者拒绝还债，而把债务变成了没有债权人的社会联系纽带；被媒体化者在个异性共同一起的互动中获得了真实信息与情感力量；被保护者驱赶走了恐惧而拥有了实质性安全；被代表者拒绝被他人代表而直接进行民主的政治参与。"① 这四大主体性形式构成了"共有者"。收入较高的群体还包括在全球都市中，跨国公司的技术和知识性移民。他们为全球都市的生产者服务业提供了高技术支持和高专业性的人力资本。全球都市的主要行动主体是跨国公司，而跨国公司在世界城市体系中的生产目的之一在于集聚研发力量。一些大专院校、高等学府、科技公司等研发力量能够为全球都市的生产者服务业和金融业提供技术保障与技术创新支持。集聚全球后备人才，吸收优秀移民以提升企业活力。全球都市聚集了大量的全球精英大学与世界五百强企业，这些都是吸引外国留学生和移民的主要因素。他们具有高学历、高技术与高工资。当然，全球都市的虹吸效应也能吸引很多从事为生产者服务业提供基本消费服务的移民，甚至非法移民，他们学历低、技术水平低、收入低。不过，制造业无力负担起全球都市高昂的地租、房租等，不得不迁出，也造成中等收入群体缩减、工资降低。因此这形成了全球都市的社会结构极化现象。随着经济与收入的不稳定，两部分群体可以相互转化，互为"后备军"。像 2008 年金融危机之后，一些高学历、高技术与高工资者无家可归，成为被负债者、被媒体化者、被保护者与被代表者。

三　坚持西方全球都市生产领域的阶级斗争的主线

马克思着重探讨了资本主义社会物质生产方式的规律。资本主义社会存在着生产力与生产关系的普遍性矛盾。处于阶级社会的最高阶段，同时产生了维护资本主义生产方式的国家机器与意识形态，以及与之适应的资本主义私有制。这本身是由物质生产方式的双重关系所决定的。虽然生产方式是与自然界发生关系，但是生产方式却不能随心所欲，生产方式受到社会关系的制约。在资本主义社会，劳动者的生产方式受到分工以及私有制的限制，这为生产资料的占有者的剥削提供了社会条件。因此，马克思

---

① Michael Hardt, Antonio Negri, *Declaration* (Argo Navis Author Servies, 2012) , p. 104.

将生产方式与阶级结合起来符合资本主义社会物质生产的客观实际。资本主义阶段的物质生产过程以阶级矛盾的方式表现出来，并且在根本上只能通过阶级斗争来解决。试图捍卫马克思的革命性的阿尔都塞曾经为我们提供了一条思路，即意识形态国家机器维持了生产关系的再生产，仅仅进行生产或经济斗争而不变革由再生产出来并维护其永恒性的意识形态国家机器，这样的生产或经济斗争只是数量、规模、结构的改变而非性质的改变。因而他提出了意识形态领域的阶级斗争的手段也至关重要，即劳动者在意识形态领域展开对家庭、学校、宗教等意识形态国家机器的阶级斗争，展开对资本主义的生产关系的认同的批判，展开对私人领域的微观控制机制的反抗。总的来说，意识形态国家机器发挥作用的方式是以日常生活的生活方式来潜移默化地支配人。阿尔都塞的思路指出了资产阶级的意识形态入侵劳动者的日常生活领域，从而保证资产阶级的生产关系再生产，这无疑向我们反映了资本主义意识形态的"顽强"。

但是阿尔都塞的再生产理论局限于主体或主体意识的再生产，对马克思的再生产理论做了偏狭的解释。从这个意义上说，后马克思主义的主体斗争实践皆源于此。问题在于生产关系的再生产中主体再生产与劳资关系的再生产是何种关系。前者将主体当作"物"一样的东西再生产出来，主体看似在意识形态领域的阶级斗争具有激进意识，被赋予"主体"地位，但是只是被视作物或物化意识，那么从物和物化意识是不可能延伸出科学的人类自由解放问题的。在唯物史观的指导下，马克思将物或物化意识放在一定的生产关系中来理解。在资本主义条件下，生产关系的核心是以雇佣劳动为特征的劳资关系的再生产，而非物或物化意识的再生产。劳资关系的再生产发生在剩余价值的生产与实现过程当中。一切从有开始，从生产开始。没有剩余价值的生产，就谈不上剩余价值的实现。同时，仅有剩余价值的生产，没有剩余价值的实现，也就不能保证再生产顺利进行。马克思描述的阶级斗争主要是生产领域的阶级斗争，它建立在实践的、人的感性的活动的基础之上，源自实践本身所内含的生产力与生产关系的辩证运动。它既非生产斗争，什么反思的、理论的阶级斗争，也非生产关系的阶级斗争。由资本主义物质生产派生的阶级斗争是变革旧的经济基础和上层建筑主要动力。劳动者非生产领域的阶级斗争事实上并不能独立自主，极易成为资产阶级意识形态建构的对象性存在，因此，即便是非生产领域的阶级斗争也要围绕着生产领域的阶级斗争展开。

马克思主义的贡献在于在唯物史观的指导下发现了剩余价值规律①，但是若仅止于此，仍然是"认识世界"，问题是如何改造资本主义的世界。马克思主义的改造资本主义世界的武器是无产阶级的阶级斗争。当代西方学者将阶级斗争作为是左翼还是右翼的试金石，这是可取的方法之一，而且在很大程度上，马克思主义者的各种正义理论都旨在为这种阶级斗争提供理论支撑。② 但是它未必是坚持马克思主义的基本立场的试金石。齐泽克的阶级斗争批判了拉克劳、墨菲的激进民主（主张多元的、特殊的激进民主，在消除工人阶级本质主义的理解的同时，推崇主体为认同而斗争的文化多元主义）。在齐泽克看来，主体身份仍然无法摆脱意识形态幻象的统治，而主体斗争仍然停留在经验上的相互指摘。传统意识形态研究通常将其与利益和认识论相互联系起来，而齐泽克认为当代意识形态的运作机制还包括幻象。意识形态幻象通过建构崇高客体来制造主体欲望对象的幻觉性，而意识形态幻象本身并非观念作祟，而是资本入侵到人们日常生活领域造成的结果。在资产阶级建构符号秩序过程中，主体以一种歪曲或扭曲的方式满足自己的欲望，并在满足欲望的同时获取自身身份同一性的幻觉。此外，多元主体斗争脱离了普遍性之后，无人再追问斗争背后的阶级因素，而沦为在特定时空背景下的策略和技术分析，并由于性别、种族、宗教、生态等要素在等同链条下延伸出孰先孰后等一系列的细节问题。因此，齐泽克认为拉克劳、墨菲的激进民主不仅不激进，而且不敢明确主张推翻资本主义制度，陷入认同资本主义现实存在的意识形态当中。齐泽克并不否定他们主张的多元斗争形式，但是主张这些多元斗争形式的"纽结点"是反抗资本统治的阶级斗争。

齐泽克借助于列宁主义来理解马克思主义的阶级斗争。当代部分左翼学者在新自由主义的攻击下，纷纷解构马克思主义的阶级斗争思想。但是齐泽克认为我们必须坚持马克思主义的真理性，反对自由主义的阶级斗争。列宁将政治斗争与经济斗争统一于阶级斗争，批判了俄国社会民主党内部的"经济主义"思潮和"恐怖主义"思潮。列宁认为，二者都试图用资产

---

① 恩格斯认为马克思的两大贡献是唯物史观和剩余价值理论，列宁从组成部分将其分成哲学、政治经济学与科学社会主义。无论是作为哲学的唯物史观或者是作为政治经济学的剩余价值理论，均不能忽视科学社会主义的共产主义理论。它们是一个体现为认识世界与改造世界的有机的整体性理论。忽视其中任何一点，都可能成为"半截子的马克思主义"。

② 金里卡：《当代政治哲学》，刘莘译，上海译文出版社，2015，第259页。

阶级的理论领导工人运动，都抛弃了马克思的阶级斗争理论，把革命的行动变为改良主义。二者有着共同的根源——崇拜自发性。① 因此，齐泽克也将单纯主张经济斗争而不进行政治斗争的当代资产阶级右翼称为"经济派"，将那些后现代主义的左翼知识分子沉迷于政治斗争而缺乏经济斗争的智识称为"恐怖派"。在齐泽克看来，"经济派"认可了资本主义的自由民主制度。西方社会看似言论和行动"自由"，但是唯独不能质疑自由主义制度，这是思想的禁区，反而是最大的不自由。西方社会看似是个民主社会，但是经济上的不平等无疑不是抽出了民主社会的内核而独留其一个空架子。齐泽克间接地批判以巴迪欧等人为代表的热衷于纯粹的政治斗争的"恐怖派"。在齐泽克看来，这些左翼人士因忧虑极权主义的出现而主张自发政治，同时又为暴力甚至政治恐怖助声，陷入不顾客观形势的为斗争而斗争的旋涡当中。齐泽克认为列宁准确把握了马克思主义的阶级斗争思想，这是真理的政治，也是科学性与革命性的统一。不过，他声称自己是比拉克劳与墨菲更为彻底的反本质主义者。因此，齐泽克并不认为政治斗争可以还原为经济斗争。

齐泽克将阶级斗争嫁接在拉康主义之上。齐泽克认为列宁是将马克思主义的真理与主体的阶级斗争相结合的典范，这也契合精神分析的唯物论和辩证法。齐泽克理解的阶级斗争的基础并非唯物史观而是拉康的精神分析理论。拉康认为语言和欲望之间总是存在着裂隙，即受制于符号秩序的语言无法言说人的全部欲望，从而存在剩余。它被拉康称为对象 a，对象 a 是欲望的原因。资本主义的意识形态作为一种符号秩序通过缝合的功能能够暂时让无产阶级形成认同，但是对象 a 的存在使得这种认同不仅是暂时的，而且也能够超越它。也就是说，尽管资产阶级通过资本逻辑来控制主体的欲望，但是它只是满足主体欲望的具体对象而非永不满足的对象 a。对象 a 表明意识形态质询失败后形成的快感和死亡趋力，从而表明这里永远存在的对抗性的力量关系。齐泽克认为阶级斗争"并不是赋予所有社会现象以意义的最终能指（所有的社会进程归根到底都是阶级斗争的表现），与此截然相反，它是某种限制，某种纯粹的否定性，某个创伤性限制，它阻止社会意识形态领域的最后集聚。'阶级斗争'只能呈现于其结果之中，呈现于下列事实之中——努力集聚社会领域，努力给社会现象在社会结构中分

---

① 《列宁选集》（第 1 卷）（第 3 版），人民出版社，2012，第 359 页。

配一定的位置，每一次这样的努力，都是注定要失败的"①。齐泽克将阶级
斗争视作社会的内在对抗关系，任何否认和排斥这种对抗关系以及企图通
过政治上层建筑和观念上层建筑把社会变成透明的、整体的、理性的社会
均要以失败告终。无产阶级作为对抗关系的一方无法消除的创伤性内核与
否定性的空无，它作为整个资本主义的对立面代表了与之相对的真实的普
遍性。

　　齐泽克分析了当代资本主义的四种对抗形式。它包括生态危机、知识
产权的私有化、新科技的发展引起的伦理冲突、新的围墙和贫民窟等新隔
离形式。前三种对抗造成人丧失物质环境、精神寄托以及人自身的身体。
齐泽克将这样的人称为"无产阶级"或"无实体的主体"。齐泽克也把第四
种对抗中因新隔离形式而造成的"被排斥者"称作"无产阶级"。这些"被
排斥者"被国境线和贫困线所分割。因为第四种对抗是把被国境线和贫困
线所分割的人群排斥到资本主义的社会之外，具有政治经济的双重考量，
所以齐泽克认为第四种对抗在对抗结构中是处于关键地位。在《意识形态
的崇高客体》中，齐泽克提到"贫民窟是城市的症兆"②。贫民窟居民是
"新无产阶级"的代表。贫民窟居民没有财富负担，不受国家监控，但是当
他们被迫置身于其中，则被剥夺了性别、种族、宗教等社会特征而成为非
结构化的大众，齐泽克认为新无产阶级比马克思意义上的无产阶级更为自
由和更渴望团结。与新无产阶级相对的是"象征阶级"，他们的职业包括全
球都市的经理人、银行家、学者、记者、律师等，他们的工作领域是在虚
拟的象征世界。马克思理解的无产阶级与资产阶级的对立被齐泽克改造为
新无产阶级与"象征阶级"的对立。

　　齐泽克将新无产阶级称为"无实体的主体"，它是因无意识的欲望而产
生的行动主体。它不是笛卡尔的理性主体，也不是后现代主义的非理性的
主体，而是无法为符号秩序所纳入的无意识主体。这反映了资本主义对人
的压抑和宰治已经深入主体抗争的心理结构，特别是潜意识领域，这也拓
展了主体研究的深度。但是永远无法得到满足的欲望的主体看似具有反抗
性，我们无法判断它是反抗欲望还是反抗制造欲望的幻象。如果是前者，
反抗欲望本身会制造更无尽的欲望；如果是后者，即便它找到了制造欲望

---

① 齐泽克：《意识形态的崇高客体》，季广茂译，中央编译出版社，2002，第 224 页。
② 齐泽克：《意识形态的崇高客体》，季广茂译，中央编译出版社，2002，第 96 页。

的幻象的始作俑者是资本，但是它不敢真正消除它，因为它极端需要反抗资本以统合自身，并最终趋向于但不融合于对象 a。那些国境线和贫困线内的"被排斥者"，他们是被迫聚合在特定空间。他们在政治和经济上有相类似的遭遇，但是他们大多数人的目标是从这里走出去，甚至成为那种高高在上当初排斥他们那样的人，而非都市生活解放。即使国家权力看似没有延伸到这个领域，但是国家权力通过秘密组织来操控贫民窟的各方势力，国家情报组织对其网络信息随时监控，国家军队、警察等机构在例外状态下因应介入，都无不证明这种自发的、被动的反抗力量是微小的、易控的。与其他后马克思主义类似，齐泽克也是热衷于解构马克思主义的无产阶级作为革命主体范畴，齐泽克反对拉克劳、墨菲的激进民主，而提倡精神分析视域下的阶级斗争。正如其他学者批评齐泽克那样，"阶级观念在齐泽克的分析中是一根救命稻草，它扮演着反对文化多元主义恶人的好人角色"①。阶级斗争是齐泽克反抗文化多元主义的口号，也仍然与马克思主义的生产领域的阶级斗争存在着实质区别。

全球都市的出现反映了在资本主义所主导的全球城市体系，生产力与生产关系（世界交往方式）发展到资本主义降临迄今为止最高的阶段和水平，但是离马克思、恩格斯所言的"普遍"或"世界历史性的"尚有很远距离。这是否意味着世界无产阶级只能等待"普遍"或"世界历史性的"降临呢，或像第二国际所说的长驱直入共产主义呢？世界历史的使命必须要有无产阶级的担负和参与，否则不可能有世界历史的展开。"革命是历史的火车头。"马克思主义的城市革命取得过成功，中国化的马克思主义的农村革命，不仅取得成功，而且还焕发出新的生机。但是由西方社会都市生活解放倡导的生活解放却处在艰难中前进的状态。这反映出人类区域的"城市历史"汇入全球的"世界历史"长河必须历经漫长的历史过程。但是倘若全球都市生活解放能够联合工厂斗争与国家斗争的进步力量，建立起全球都市生活解放联盟，在坚持无产阶级领导的生产领域的阶级斗争的普遍性的前提下，探索各自都市的特殊性道路。那么这无疑会缩短"城市历史"汇入全球的"世界历史"的阵痛时间。马克思说："按照我们的观点，一切历史冲突都根源于生产力和交往形式之间的矛盾。此外，不一定非要

---

① 巴特勒、拉克劳、齐泽克：《偶然性、霸权和普遍性——关于左派的当代对话》，胡大平等译，江苏人民出版社，2004，第 343～344 页。

等到这种矛盾在某一国家发展到极端尖锐的地步，才导致这个国家内发生冲突。由广泛的国际交往所引起的同工业比较发达的国家的竞争，就足以使工业比较不发达的国家内产生类似的矛盾（例如，英国工业的竞争使德国潜在的无产阶级显露出来了）。"① 世界历史根源于资产阶级在全球范围内推广资本主义生产方式以及与之适应的生活方式，全球都市生活解放通过生产领域的阶级斗争来实现否定资本主义的生产方式的目标，通过追求无产阶级的美好生活来变革资产阶级的生活框架，通过主动融入共产主义世界历史当中，这都无疑会推动发达国家的共产主义运动。尽管障碍重重，但是这一大胆设想必将激发世人对资本主义的超越的想象，为欧洲通向社会主义或共产主义提供一种马克思主义的可能性。因此，走在科学道路上的全球都市生活解放必将促进共产主义运动。

之前都市生活解放者的生活解放路线忽视了全球都市生活解放的生产领域以及规制生活权利生产的政治权力。也就是说，它随着全球都市生活解放的发展，必然要反抗资本主义都市的生产方式，通过获取政治权力来实现社会主义城市的生活权利的目的。如何反抗制约资本主义都市发展的生产方式以获取政治权力呢？这实质上涉及的是改造资本主义世界的问题。当今包括都市生活解放在内的左翼力量对资本主义都市问题似乎都能解释一二，但是一旦涉及让他们组织现实的政治运动的以改造世界城市问题时就无能为力了。应当承认，这个问题确实复杂和棘手。不过，笔者认为我们需要从正确诊断问题的"病根"入手，坚持生产领域的阶级斗争的主线，并尝试从宏观上进行分析。

第一，全球都市生活解放是工厂斗争与国家斗争的结合点。资本主义生产方式最初是在工场手工业中产生并发展的，资本主义国家为了维持资本主义的生产方式的稳固性与永恒性，必然要采用国家强制权力和意识形态国家机器来维护它。因此，全球都市生活解放必须联合工厂斗争与国家斗争的进步力量。工厂斗争是都市生活解放的基础和动力。在全球都市生活解放背景下，传统的制造业的劳资矛盾，在生产者服务业等行业仍然存在。尽管后者一般人力资本与知识资本高度密集，生产的是非物质劳动产品，它的复杂程度要比简单劳动计算起来难度大，但是只要它加入商品交换中来，仍然是可以计量的。不然，商品交换便成为不可能。劳资矛盾在

---

① 《马克思恩格斯选集》（第1卷）（第3版），人民出版社，2012，第196页。

非物质生产领域的深入发展，促使资产阶级不得不推动生产者服务业等行业的发展以转移矛盾，从而获取超额剩余价值。马克思、恩格斯生活的"工业中心—农业外围"工农联盟，演进为全球都市社会的"服务业中心—制造业外围"的劳动者联盟。因此，实现生产者服务业劳动者和制造业劳动者的协调和联合是全球都市生活解放的必然要求。国家斗争是全球都市生活解放的保障和目的。国家的核心问题是政治权力掌握在哪个阶级手里，而与之相对的阶级只能获取政治权利。围绕着政治权力和权利之间的斗争是国家斗争的关键。在全球都市生活解放背景下，资本主义国家不仅要保障工厂中的生产方式的再生产，而且还要保障都市中有助于生产方式再生产的生活的再生产。不过，围绕着生活的再生产的都市毕竟只是国家中的都市，生活权利归根究底由政治权力来支配。集中在全球都市的生产者服务业通过全球层面的布展，能够实现上游工厂剥削中下游工厂，也能够实现一个区域都市剥削另一个区域都市的不平衡地理学，北方国家剥削南方国家的目的。国家权力成为由全球都市组成的全球都市联盟斗争的旨归。全球都市生活解放能够利用信息通信技术与交通运输网络将城市各个工厂中的工人阶级力量聚集于全球都市网络空间中，也能够通过工人阶级在虚拟空间与现实空间的流动性来反抗国家斗争的反思性的调控。全球都市生活解放将成为工厂斗争与国家斗争承上启下、迂回转折的堡垒，并进而形成工厂、都市、国家立体的全球都市生活解放联盟。

第二，全球都市生活解放的特殊性不能游离于都市生活解放的普遍性之外。尽管在全球都市体系中，各个都市节点有不同的特殊性，如种族问题、生态问题、性别问题、宗教问题等，但是各个都市应该将重点放在制约资本主义都市发展的生产方式上。这一普遍性问题是所有都市都面临的深层次问题。当前这一普遍性问题的表现形式是围绕着生产者服务业而形成的网络—等级的生产形式，全球都市通过网络化的形式控制着生产者服务业，特别是金融业来控制其他等级的都市的生产。全球都市通过集聚高端的生产要素来进行生产，提升全要素的生产率，其根本目的仍然在于获取超额利润。因为全球都市通过集聚高端的生产要素来进行生产从而获取超额利润。这就决定了在整个全球都市体系中，出现了全球都市一层一级地剥削其他节点都市，都市再剥削郊区和农村的现象。都市的工人阶级、小资产阶级、知识分子以及新社会阶层也能成为被大资产阶级剥削的对象。换言之，即便小资产者在一个都市节点中成为剥削阶级，但是它在整个全球都市体系当中所处的位置也导致它成为被剥削的阶级。这意味着，在都市社会阶段，阶级联合仍然是可能的并得以实现的政治目标。一个都市并非孤立的原子，而是嵌入全球都市网络的节点，因此，全球都市生活解放之间需要展开合作，形成全球都市生活解放联盟，以反抗生产者服务业而形成的网络—等级的生产形式，且都市中的阶级联合与斗争也要随着全球都市生活解放形势而变化。

第三，全球都市生活解放的组织力量与组织路线发挥着重要作用。全球都市生活解放的组织力量必须为稳定的阶级和政党，寄希望于临时性的社会团体争取生活权利，并不能从整个全球都市体系上有根本改善。因此，从全球都市中建构都市生活解放联盟，并逐渐形成全球都市的政党组织，以此来指挥各个节点都市的都市生活解放。各个都市的政党组织积极联合进步力量来争取都市权力，对中间力量进行团结教育，对落后力量进行批判斗争。另外，从都市生活解放到全球都市生活解放的路线整体上是从都市发出的中心—边缘的都市斗争。中心地带的都市生活解放反抗热情最高，但往往对现实颇感无力。他们认为改变不了制约资本主义都市发展的生产方式，似乎可以改变自身的生活方式。但是这种意识形态无疑是自欺欺人更无疑是萎靡不振的意识形态。它看似在改造世界，但是实际上只是适应资本主义社会发展节奏的"调适性"的实践，并非客观的改造社会的实践，而是资本主义时空约束下的脱离无产阶级的个人行动。批判这种意识形态的根本出路在于消除产生这种意识形态的物质基础而非颠倒、改变几个语词，而物质基础最为薄弱的地方出现在边缘领域。我们可以了解到，在地球的东半球这边存在着从半殖民地半封建社会的最贫困的农村发出的边缘—中心的农村革命路线。这里隐藏着两种斗争路线之争。但是无论是从城市中心还是农村边缘，其中的关键不在于作为现象层面"地方"，而是"地方"是否坚持了生产领域的阶级斗争的普遍立场。

第四，全球都市生活解放关键在于消除资本主义私有制及其分工，并最终重建共产主义社会所有制形式——个人所有制，以个人所有制或共产主义的美好生活来激励全球都市生活解放。个人所有制是马克思在《资本论》中按照否定之否定规律推导出来的结论。在否定之否定阶段，否定对自身的否定性进行了否定，它是以辩证的否定观来看待自己，以及把自己的终点作为下一个肯定阶段的起点。矛盾的斗争性贯穿于肯定—否定—否定之否定这一过程，是推动事物发展的主要力量。在事物的发展过程中，否定之否定是较后而且也是较高的环节，它包含着肯定，同时又有着比肯定更为丰富的内容，真正体现出事物发展的辩证法。它与肯定一切与否定一切有实质区别。事物是自己否定自己、自己完善自己、自己发展自己的动力和过程。马克思说："从资本主义生产方式产生的资本主义占有方式，从而资本主义的私有制，是对个人的、以自己劳动为基础的私有制的第一个否定。但资本主义生产由于自然过程的必然性，造成了对自身的否定。这是否定的否定。这种否定不是重新建立私有制，而是在资本主义时代的成就的基础上，也就是说，在协作和对土地及靠劳动本身生产的生产资料的共同占有的基础上，重新建立个人所有制。"① 后来杜林等人批判马克思所说的"个人所有制"是模糊、混沌的概念，恩格斯反驳了杜林等人的观点。在恩格斯看来，"靠剥夺剥夺者而建立起来的状态，被称为重新建立个人所有制，然而是在土地和靠劳动本身生产的生产资料的社会所有制的基础上重新建立。对任何一个懂德语的人来说，这就是说，社会所有制涉及土地和其他生产资料，个人所有制涉及产品，也就是涉及消费品"②。恩格斯在马克思"个人所有制"的基础上扩充了社会所有制和生产资料，并且将个人所有制与消费资料结合起来。这一扩充引发了学界更多讨论。笔者认为学界争议点在表面上是针对"个人"方面，其实还是在争论"所有制"方面。关于个人方面，马克思早在《德意志意识形态》中就谈到了"现实的个人"，"现实的个人"是在具体的城市或农村环境中进行物质生产活动的个人，与纯粹的自我意识、费尔巴哈的类本质、施蒂纳的唯一者存有根本区别。马克思对个人进行较为明确的规定，即联合起来的、社会的个人。马克思后来对个人做了进一步补充，将德文版中的"重新建立个人所有制"改为法文版跋中的"重新建立劳动者的个人所有制"。我们可以进一步追问的是这些联合起来的、社会的个人或劳动者如何在共产主义社会生产、生活呢？个人所有制并非对资本主义私有制的全盘否定。因为从历史上，资本主义私有制曾经发挥巨大作用，从逻辑上，否定之否定与否定一切的形而上学观点有本质区别。因此，个人所有制是以劳动者的形式自己占有生产资料，并拥有对劳动产品的所有权和分配权。劳动者既是占有生产资料，也占有生活资料。既生产生产资料，也生产生活资料。简而言之，劳动者

① 《马克思恩格斯选集》（第 2 卷），人民出版社，1972，第 267 页。
② 《马克思恩格斯选集》（第 3 卷）（第 3 版），人民出版社，2012，第 509 页。

共同生产即劳动者共同占有，分配消费品的尺度并不依据劳动能力和劳动时间，劳动成为"生活的第一要素"，也就不存在生产上谁剥削谁，生活上谁压迫谁的历史问题。

在马克思、恩格斯视野中，消除了资本主义私有制，也就意味着消除了对劳动者来说是异化的、强制的社会分工。不过，消除了资本主义私有制之后，马克思主张重建劳动者个人的所有制，那么与之相适应的社会分工形式是什么呢？众所周知，资本主义社会的分工是自发的，它本身不是工人在实质平等的基础上自愿决定的结果，而是在发展中形成的不以人的主观意志为转移的客观结果。共产主义社会在继承了资本主义社会大生产的基础上，是如何实行社会分工的呢？这里需要明确的是即便在共产主义社会仍然存在着个人所有制，那么这意味着必然存在与个人所有制相符合的社会分工。因此，我们不能认为共产主义社会已经实现了生产力高度发达、物质产品极大丰富的条件、人的自由而全面发展，共产主义社会就不需要分工了。事实上这是对共产主义社会的误解。马克思、恩格斯认为共产主义社会仍然存在分工，而且认为分工是自觉的。正如共产主义社会仍然需要生产一样。马克思、恩格斯认为共产主义社会的分工是个人按照意愿和兴趣来选择自己的工作部门和职业，而非社会强制分工。"原来，当分工一出现之后，任何人都有自己一定的特殊的活动范围，这个范围是强加于他的，他不能超出这个范围：他是一个猎人、渔夫或牧人，或者是一个批判的批判者，只要他不想失去生活资料，他就始终应该是这样的人。而在共产主义社会里，任何人都没有特殊的活动范围，而是都可以在任何部门内发展，社会调节着整个生产，因而使我有可能随自己的兴趣今天干这事，明天干那事，上午打猎，下午捕鱼，傍晚从事畜牧，晚饭后从事批判，这样就不会使我老是一个猎人、渔夫、牧人或批判者。"[①] 社会成员共同参与并制定共同的生产计划，在此调节下，劳动者随着自己兴趣和意愿的变化选择工作。工作成为劳动者主体性、劳动创造性和工作多元性的统一。只有我们从整体上科学描述共产主义个人所有制及其生活、工作状态，伴随人的解放中的全球都市生活解放的真理将会被更多有识之士接受下来并以此为行动指南。

第五，全球都市生活解放必须具有坚如磐石的恒心和毅力。马克思、

---

① 《马克思恩格斯选集》（第 1 卷）（第 3 版），人民出版社，2012，第 165 页。

恩格斯描述的共产主义社会状态令人向往与追求。他们并没有主张是一国区域共产主义，即农村革命的农村共产主义或城市革命的城市共产主义，而是消除导致城乡对立的私有制的全球共产主义。"交往的任何扩大都会消灭地域性的共产主义。共产主义只有作为占统治地位的各民族'一下子'同时发生的行动，在经验上才是可能的，而这是以生产力的普遍发展和与此相联系的世界交往为前提的。"① 接着，马克思、恩格斯还补充了共产主义与世界历史的关系，"就像共产主义——它的事业——只有作为'世界历史性的'存在才有可能实现一样"②。

我们知道，黑格尔是第一位给予世界历史以逻辑规定的哲学家。在黑格尔看来，世界历史是理性与自由的实现，也是地理大发现以来，世界上各个区域正联系为一个整体的现实。一言以蔽之，所谓世界历史是绝对精神在人类历史领域的转移、演绎与展现。马克思吸取了黑格尔的合理思想，将人类历史看作客观的历史过程而非直观的材料或知性的反思，肯定了人类历史的普遍联系的特征。但是马克思同时质疑了黑格尔的客观主义的唯心史观，世界历史形成的根源到底是世界精神还是什么？马克思认为资本主义大工业以及资本主义生产方式的在全球范围内的推广造成了世界历史。马克思、恩格斯在《德意志意识形态》中指出："各个相互影响的活动范围在这个发展进程中越是扩大，各民族的原始封闭状态由于日益完善的生产方式、交往以及因交往而自然形成的不同民族之间的分工消灭得越是彻底，历史也就越是成为世界历史。"③ 因此，世界历史就是资本主义的空间扩张史。如果更为中性地说，世界历史即全球史。资本主义在全球范围内的扩张的根本目的在于资本增殖，由资本增殖驱动的资本主义的物质生产活动必然造成将世界其他区域联系起来的世界历史。资本主义在全球推广资本主义生产方式的同时，也在培育殖民地的世界历史的精神，即消除隔离、野蛮、原始的文化。但是资本主义的世界历史并非永恒的历史现象，它本身不是世界历史的终结，相反正是要被终结的历史。因此，马克思将世界历史视作培育其最大的历史敌人——共产主义。共产主义不是理想，而是使现实世界革命化的现实运动。拜物教的消除不在于思想批判而在于消除产生这种思想的物质基础。只有消灭了它的物质基础，才能将人类从拜物

---

① 《马克思恩格斯选集》（第1卷）（第3版），人民出版社，2012，第166页。
② 《马克思恩格斯选集》（第1卷）（第3版），人民出版社，2012，第166~167页。
③ 《马克思恩格斯文集》（第1卷），人民出版社，2009，第540~541页。

教关系中真正解放出来。人类只有获得了解放，才能实现真正的世界历史，即"各个人的世界历史性的存在，也就是与世界历史直接相联系的各个人的存在"①。总之，马克思理解的世界历史不仅是资本主义的生产方式的扩张史，更是消灭资本主义制度的共产主义的世界历史。

新航路的开辟打破了各个民族独立发展的历史，揭开了世界历史的序幕；工业革命推动了资本主义世界市场的开拓；资本主义世界市场的开拓反过来推动了交通工具、通信技术的发展，促进了世界人民的交往和联系；资产阶级以及资本主义生产方式曾经起到非常革命、积极的作用。但是直到世界历史发展到某一时间或空间临界点，以资本增殖和雇佣劳动制为核心的资产主义所有制关系终究容纳不了生产力的增长，作为资本主义培育出来的掘墓人——无产阶级，它凭借生产领域的阶级斗争必将实现共产主义。资本主义大工业基础上的世界历史为共产主义现实运动提供了物质和精神基础，为共产主义世界历史创造了条件。资本主义的世界历史的尽头是共产主义。共产主义运动的最终目的是解放全人类，超越了一个农村、城市、民族或国家的共产主义。共产主义运动是对"私有财产即人的自我异化的积极的扬弃"②，摆脱了资本主义在政治、经济、文化、生态、社会等各个方面对人的全面束缚，使得人从以物的依赖性为基础的人的独立性发展到"自由个性"的历史阶段，即每个人的自由而全面的发展阶段。

从革命史可以知道，1871 年巴黎公社革命，20 世纪俄国的三次革命，1918 年到 1923 年的德、匈、捷、波、保等欧洲国家的革命，均以城市工人阶级革命为主。从马克思、恩格斯到列宁均遵循城市革命的路线，斯大林并非将城市视作经济城市，而是视作加以苏联式社会主义改造的政治、军事城市。20 世纪 60 年代以来的都市生活解放也以城市为中心。到了 20 世纪 90 年代，东欧剧变使社会主义遭受重大挫折，社会主义力量也随之陷入低谷。虽然欧洲的社会主义国家政权"改旗易帜"，但是欧洲社会主义力量仍然在寻求新的突破。包括萨森在内的左翼学者，结合都市社会的阶段特征来批判全球资本主义。全球都市正是一个新的切入点，其概念的提出意味着必须用辩证法来看待城市。一个个城市并非一座座孤岛，而是与其他城市相互连接，共同构成世界城市体系。因此，只有在世界城市体系中，

① 《马克思恩格斯选集》（第 1 卷）（第 3 版），人民出版社，2012，第 167 页。
② 《马克思恩格斯文集》（第 1 卷），人民出版社，2009，第 185 页。

我们才能把握单个城市的地位与功能。反之，如果单个城市脱离开整个世界城市体系，必然意味着城市从孤立中走向衰落。全球都市在这个体系中占据着关键节点的位置，能够在很大程度上制约其他城市的经济的功能。因此，社会主义国家掌握全球都市的资本与权力，并进而制约其他城市，或者是将资本主义全球都市转变为社会主义全球都市，也是都市生活解放问题的关键方案。这意味着必须将全球视野引入都市生活解放中去，否则即便一个城市的都市生活解放取得胜利，也容易被资产阶级切断补给线陷入孤立无援的境地。况且很多城市虽然处于世界城市体系的节点上，但是它并非关键节点，对其他城市的影响力不够，不能形成"星星之火可以燎原"的局面。总的来说，从区域城市斗争到全球都市解放，从区域史到全球史，实现全球都市生活解放终将是一个普遍而且必然的过程。尽管它是曲折甚至不确定的，但是总的趋势仍然是"两个必然"，因此在全球都市解放过程中始终只有保有坚如磐石的恒心和毅力，把握历史主动精神，才能实现伟大目标。

第二节　中国马克思主义都市生活解放实践

西方全球都市生活解放只要以坚持马克思主义的唯物史观为指导，必然能够推动共产主义的世界历史，成为世界共产主义运动的重要组成部分。当然，城市史汇入世界史的长河中还有很长一段时间。中国的农村革命不是走城市革命路线，但是坚持了生产领域的阶级斗争的主线，通过农村革命建立了新民主主义国家，掌握了国家政权，然后通过城市接管、斗争、改造、建设、改革与治理等中国马克思主义城市生活实践实现了人民生活从旧社会生活向新社会生活的转变，以及都市生活的物质与精神方面全面提升。中国的农村革命在20世纪共产主义世界历史上发挥着重要作用，推动了全球都市生活解放向前迈进。中国式城市化是都市生活解放的重要推动力，走在超越资本主义都市文明的道路上。"美好生活"不仅是中国，而且也是21世纪全球都市生活解放问题的方案。总之，中国马克思主义都市生活解放在整体上走在科学道路之上，在坚持科学社会主义基本原则的同时保持自身特殊性，在解决国内百姓生活问题的同时给予世界人民解决生活问题的中国方案，因此我们必须继续始终坚持中国的道路自信。

一 20 世纪中国共产党领导的城市生活实践

城市革命对欧洲部分国家的社会主义建立政权起到了关键作用，但是城市革命的路线和经验对处在东方世界的中国革命却行不通。问题不是出在经典马克思主义的城市革命道路上，而是在于中国的特殊国情。特殊国情意味着我们既不能仅仅从城市，也不能仅仅从农村来看问题，而应该从城乡关系的本质来对问题进行分析。城乡关系的本质是由生产关系导致的生产力发展的不平衡空间的关系。资本主义社会的城乡关系的本质是分工或私有制，分工或私有制是关于人与人之间自发协作或所有（独占）生产资料的生产关系。在生产关系的基础上形成了阶级关系，而阶级关系形成了社会关系。城乡关系是阶级关系与社会关系在城市和乡村空间的集中投射或反映。城乡关系的不平衡根源于社会不平衡的生产关系，即城市和农村形成的不平衡的生产关系导致城乡生产力发展不平衡。总之，马克思主义经典作家主要从生产关系来分析城乡关系的不同阶段，提出要通过生产关系的变革来推动城乡关系发展。此判断仍然是真知灼见。生产力与生产关系是统一体，是一对对立统一的矛盾。生产力决定生产关系，生产关系也能促进生产力的发展。也就是说，正是这种城乡关系的不平衡反过来能够实现区域生产力的发展。中国共产党是从发展生产力的角度来理解城乡关系的。城乡关系中的分离、对立与融合是中国共产党在一百多年的发展历程中经历的三个不同阶段，三种关系都是中国的具体实际。中国共产党运用马克思主义的基本原理将三种关系视作发展生产力的重要手段，这实际上蕴藏着城乡关系的辩证法，即在不同阶段，中国共产党不失时机地抓住了发展生产力的重点区位，并与中国革命、建设与改革的具体实际相结合来发展生产力，以实现人自身最基本的生存与发展。实践证明，中国共产党正确理解了城乡关系的本质，发现并运用城乡关系的辩证法，调整生产关系，使其适应生产力的发展实际，进而促进了生产力的发展，这无疑是对马克思主义城乡关系理论的发展，也是马克思主义中国化时代化的伟大飞跃的突出标志。

当时中国的特殊国情之一是城乡关系处于分离的历史阶段。中国农村的自然经济遭到城市的资本主义生产方式的冲击，农村依附于城市，但是农村的自然经济具有较强的生命力，城市的资本主义生产方式并没有消灭它，农村与城市保持着独立性。这种兼具依附性和独立性的城乡关系，可以大致概括城乡分离的过程。1840 年鸦片战争之前，中国农村是传统的自给自足的小农经济，城市工商业发展缓慢。在经济上，城市依附于农村经济，而在政治上，城市承担着军事或政治或宗教的功能，农村反而依附于城市。鸦片战争后，中国进入半殖民地半封建社会。由自然经济维系的"无差别的统一"的城乡关系逐渐解体，这加速了城乡分离的步伐。鸦片战争后出现了开埠城市与内陆城市并立的局面。开埠城市集中了本国买办和外国殖民势力。它能够既利用先进的资本主义生产方式，也利用传统手段剥削农村、农民与农业，导致城乡由分离走向对立。内陆城市也是传统的封建性城市，随着国门被迫打开，资本主义经济的涌入，洋务派开办民用工业，大多数政治性或军事性城市开始转变为工商业城市。工商业城市的空间集聚功能增强，加强了与农村的经济联系。

这两种城市类型与农村之间的关系的共同性使城乡关系呈现城市占据主导的剥削关系，这导致了广大农村地区贫困、破产，大量农民涌入城市，农村成为原料产地，农业依附于工业。因此，"外国帝国主义和本国买办大资产阶级所统治的城市极野蛮地掠夺乡村"①。这也是帝国主义、封建主义、官僚资本主义三座大山在城市剥削农村的一种体现。但当时中国基础设施落后且幅员辽阔，城市的资本主义生产方式的力量难以深入并彻底解体农村自给自足的生产方式。广大农村地区仍然存在着自然经济，这就为农村革命提供了战略空间和纵深腹地。不仅如此，毛泽东还认为"农业生产是我们经济建设工作的第一位"②。农民是无产阶级的天然同盟军。因此，中国共产党从战略高度重视革命时期农村、农业、农民的地位。

在城乡分离的历史阶段，毛泽东以农村为革命中心，建立新民主主义政权，解放农村生产力，满足中国农民乃至全体人民群众的生存需要。毛泽东在提出"农村包围城市"的战略之前，中国共产党也历经很多曲折。早期共产党员在工厂中也发动过工人罢工，但是绝大多数以失败告终；直接夺取南昌等大城市，由于敌我力量悬殊，基本失败；参与孙中山先生改组过的国民革命政府，由于蒋介石等人背叛革命、陈独秀等人的右倾机会主义等错误，通过参政议政的国家斗争形式来影响国家意志进而实现革命也还是宣告失败。总的来说，工厂革命、城市革命、"国家革命"的形式均

---

① 《毛泽东选集》（第 1 卷）（第 2 版），人民出版社，1991，第 336 页。
② 《毛泽东选集》（第 1 卷）（第 2 版），人民出版社，1991，第 131 页。

不符合当时中国的国情。经典马克思主义主张从中心到边缘的革命，而毛泽东主张从边缘到中心的革命，即"不是先占城市后取乡村，而是走相反的道路"①。从政治空间来看，中外统治阶级力量分散在不同的地域，而且彼此力量不均衡，不同地域之间存在着"薄弱的环节"，这为红军积蓄力量提供了契机。从经济空间来看，城乡发展不均衡，土地问题成为农民革命的关键因素，这为党动员农民参加革命提供了物质基础。从军事空间来看，中国地理空间大、地势复杂，山区农村具有天然的屏障，为建立农村革命根据地提供了场所。实践证明，农村充当着组织农民进行军事斗争、抵御反动统治的堡垒。农业成为革命事业的重要基础。中国共产党带领广大农民在生产领域进行阶级斗争，最后夺取了城市（国家）政权。

"农村包围城市"标志着中国共产党人开始独立探索符合本国国情的道路，在革命的自主性上迈出了实质的一步。不过，这里也需要指出来的是，当时的中国是一个传统的农业国家，受制于外国资本主义的工业体系且十分依赖于农业，第三产业在国内生产总值中占据很低的比重。到1936年，工业产值仍仅占工农业总产值的38%，并且这38%的产值中工场手工业就占67%。② 因此，农业是基础，支撑整个国民经济运行的是农业生产。中国共产党动员的"打土豪、分土地"的政治、经济活动是生产领域的阶级斗争在中国的生动体现。"农村包围城市"是一种直观的历史现象，而历史现象背后的实质是中国共产党在生产领域进行阶级斗争，发动农村革命以夺取城市（国家）政权。"农村包围城市"的理论历经大革命时期、土地革命时期、解放战争时期，逐步发展和完善，并最终给中国革命带来了胜利。革命的目的并不是革命，革命只是一种手段。新民主主义革命通过革命手段推翻旧的上层建筑，解放农村生产力，满足中国农民乃至整个人民群众的生存需要。但是"三座大山"对底层人民的压迫与剥削无孔不入，人民只能通过革命手段来推翻不适应经济基础的上层建筑。经济基础的核心是所有制的问题。"土地是农民赖以生存的第一要素，对土地的渴望仍是农民理解、接受、走向革命最直接的利益驱动。"③ 中国共产党在城乡分离阶段

---

① 《毛泽东选集》（第2卷）（第2版），人民出版社，1991，第542页。

② 许涤新、吴承明主编《中国资本主义发展史》（第3卷），人民出版社，1993，第739～744页。

③ 王建朗、黄克武主编《两岸新编中国近代史民国卷》（上），社会科学文献出版社，2016，第316页。

抓住了有利机遇，通过政治、经济、文化、法律等措施来解决农村革命乃至整个革命最为关键的土地的所有制或所有权问题，使农村的生产力得到解放。中国共产党在 1928 年制订《井冈山土地法》，毛泽东在抗日战争时期提出"耕者有其田"，中国共产党在 1947 年颁布《中国土地法大纲》。在不同时期，实行了不同的土地政策，这既抓住了中国革命的根本，同时也保有一定的灵活性，这都激发了农民以及其他人民群众的积极性，为新民主主义革命胜利奠定了群众基础。为了保卫革命果实，广大农民等人民群众纷纷支持和参加革命。新民主主义革命的胜利为建立社会主义城乡关系建立了根本的政治前提。农村革命的目的不止于解放农村生产力，而在于获取城市政权。毛泽东说："革命的最后目的，是夺取作为敌人主要根据地的城市，没有充分的城市工作，就不能达此目的。"[①] 1949 年 3 月，中国共产党召开了西柏坡会议，党的工作重心从农村转移到城市，这预示着"农村包围城市"的理论退出中国历史舞台，西柏坡成为"中国共产党最后一个农村指挥所"。1949 年到 1952 年，国民经济处于恢复时期，城乡关系处于互助时期，并不是对立时期。但是这个时期正好是中国计划从农业国向工业国过渡的时期，这意味着城乡互助的平衡会被打破。虽然新中国成立以来城乡关系的发展演变的目标是实现城乡生产力与生产关系的有机统一，但是每一个时期有不同的侧重，有不同的主要矛盾需要抓。它展现出我国以发展生产力为重点而推动相应的生产关系变革。

从 1953 年到 1976 年，中国的城乡关系处于城乡对立的阶段，它是计划经济下的二元对立，主要是由"看得见的手"造成对立的阶段。过渡时期由于实行"一化三改"的总路线，以及受到苏联等其他因素的制约，中国优先发展重工业与城市。城市和重工业的发展除了依靠自身的积累外，主要依靠农村、农业与农民的支持。受到苏联高度集中的计划经济体制的影响，当时中国在城乡关系上也依靠行政命令来支持城市和重工业的发展。农产品统购统销制度、城乡户籍制度、人民公社制度形成了支持城市发展的经济、政治与社会的制度基础。对农业的改造、征收农业税、工农产品价格"剪刀差"为国家工业化提供了资金。由此，中国确立了计划经济下的城乡二元结构，城市生产力得到了发展。

毛泽东曾明确指出"在城乡关系中，哪一个是中心呢？从有城市的时

---

① 《毛泽东选集》（第 2 卷）（第 2 版），人民出版社，1991，第 636 页。

候起，城市就是中心"①。新中国成立后，中国在一些方面沿袭了苏联模式，如农业集体化、国家工业化，政权成立初期政治权力对城市的军事接管、政治改造和生产建设，实行城乡户籍制度以限制大城市规模等，但是其中也有中国的独创举措。如在"一化三改"阶段，对待富农、私营企业的态度总体上是温和的，避免了像苏联那样造成比较大的社会动荡。此时，城市问题涉及城市各阶层统一战线的政治团结、政治学习、工业生产、税收、物价、学校教育、城市新移民的融合、旧人员思想改造、失业救济、整顿城市风气等。中国共产党人在新民主主义革命时期积累了大量的农村革命、管理、建设经验，但是显然转变农村革命观念，累积城市管理、建设经验需要一定时间。邓小平在西南局城市工作会议上的报告提纲上指出"在管理城市和建设城市的许多重大问题上，我们还只有一些零碎的经验，还没有系统的经验"②。不过，中国共产党很快就积累了大量城市接管、斗争、改造、建设等方面的经验。

在城市接管方面，在军事上占领城市据点，设置城市管理机构，中国共产党全面接管南京国民政府的政府机构。在城市斗争方面，虽然新的城市政权建立起来了，但是城市政权并不稳定，主要是城市中混杂着国民党残余的敌特势力和帝国主义的在华势力，因此，中国共产党动员群众参加镇压反革命运动以巩固城市秩序。在城市改造方面，中国共产党在政治上，支持城市各阶层参与人民代表会议，保障群众的政治权利；在经济上，将消费城市改造成生产城市；在思想上，做好城市资产阶级和知识分子工作，加强城市统一战线；在社会上，禁止城市"黄赌毒"等社会丑陋现象，倡导社会新风气，取缔城市保甲、黑社会、帮会等非法社会组织，解散一些具有封建色彩的组织，改组和接收具有进步意义的慈善机构，设立新的社会主义组织来替代原有的行会、商会、工会、职业团体等。中国共产党遵循的总的原则是将半殖民地半封建的城市改造为社会主义性质的城市，重建社会主义城市的社会基础。这一社会基础体现在由传统的地主、资产阶级领导的社会组织的权力必须要由人民来享有，具体管理任务由政府来承担，城市内部的地域性组织必须覆盖到全国。在基层政权的指导下成立城市居民委员会，它既具有一定自治性，也接受党和政府的领导。在城市建

设方面，吸收了苏联经验。中国也通过社会主义城市规划再造新生活，保障工人阶级或人民群众的生活权利。如在城市兴建工人俱乐部、工人体育场等基础设施，以培养人民社会主义生活习惯；设置纪念碑、历史人物的雕像、烈士陵园等，供人民凭吊追思，保持革命精神与斗志；兴建公共食堂、托儿所与幼儿园等，将妇女从家务劳动中解放出来，增加劳动力。1962 年按照中共中央的决定，周恩来主持召开了第一次全国城市工作会议，后来起草了《关于当前城市工作若干问题的指示》，这次会议主要针对恢复城市生产的问题。1964 年 5 月到 6 月，毛泽东从经济与军事的战略布局出发，提出了三线建设命题。"三线建设在很大程度上改变了旧中国工业布局不平衡的状况，使一大批当时属于顶尖的军工企业、国有企业、科研院所来到西部，为西部地区提供了难得的发展机遇。"① 但是"文革"时期，各大城市纷纷建立起革命军事委员会。

马克思、恩格斯到列宁确实主张城市革命，但是城市革命只是实现目的的手段，其最终目的在于消灭城乡对立的私有制基础。同理，"农村包围城市"也是建立公有制、实现城乡融合的目的的手段。这就意味着从马克思、恩格斯到列宁再到毛泽东在根本目的上是一致的。无论是城市革命还是农村革命，都意在通过获取政治权力而非权利之后消灭城乡对立的私有制基础。

二　中国式城市化是都市生活解放的推动力

1978 年，党中央重新确立了"实践是检验真理的唯一标准"的马克思主义基本原理，在邓小平等领导人的艰苦努力下，开创了中国特色社会主义理论体系，它实现了马克思主义中国化、时代化新的飞跃。在 1978 年 3 月召开的第三次全国城市工作会议上，党中央发布了《关于加强城市建设工作的意见》，这是城市工作的历史转折点，基本决定了后来 40 年左右城市工作的基调。这次会议明确指出城市是我国经济、政治、科学、技术、文化、教育的中心，在社会主义现代化建设中起着主导作用。市政当局要集中力量做好城市的规划、建设和管理，进行城市建设体制改革，等等。由于城市改革的复杂性与农村问题的紧迫性，所以以农村改革作为起点，

① 《中国共产党简史》编写组：《中国共产党简史》，人民出版社、中共党史出版社，2021，第 208 页。

然后将农村改革的经验推广到城市改革中去。城市改革迅速推进，城市开放重点突出。全国刚开始设立了五个经济特区，深圳、珠海、汕头、厦门、海南，它们也是五个对外开放的窗口。① 改革开放正式开启了中国式现代化进程。邓小平在十一届三中全会后指出，"现在搞建设，也要适合中国情况，走出一条中国式的现代化道路"②。这里"适合中国情况"是指不发达的社会主义阶段或社会主义初级阶段。而"中国式"实际上等同于"（有）中国特色"。中国式现代化包括农业现代化、工业化、城市化与信息化。中国式城市化是实现都市生活解放的主要推动力。

第一，1978 年到 2002 年城市和农村生产力均得到较大发展，但是城市生产力的提升幅度远高于农村，城乡处于社会主义市场经济二元对立的状态，这主要是由"看不见的手"造成的对立。一场农村改革拉开了社会改革的序幕。20 世纪 80 年代，中央废除了"一大二公"的人民公社制度，纠正了人民公社的"共产风"等问题，扩大了农村集体自主权。以安徽小岗村为试点，以家庭为生产单位，农村实行了家庭联产承包责任制。中央对农业放松管制并着力开展市场化改革，推进农业商品化生产。到 20 世纪 80年代中期之后，改革农产品的流通体制，发挥市场的调节作用。农产品统购统销制度的政策逐步取消，促进了农产品等要素向城市市场流动。乡镇企业的兴起，增加了就业，推动了农业工业化的进程。户籍制度开始松动，为人口流动、农民进城务工提供了制度基础。以上措施增加了"三农"的活力，提升了农村的生产力，提升了农民的积极性与创造性，但是农民生活仍然只是处于温饱到小康的水平，有些地区还是处于绝对贫困状态。

第二，在城乡对立的历史阶段，中国式城市化以城市改革为中心，极大地推动了城市生产力的发展，同时兼顾通过促进城市的发展来吸纳农村剩余劳动力，促进农村生产力的发展。这为都市生活解放提供了物质基础。城市改革涉及方方面面，要抓住重点领域与关键行业。城市的活力关键在于企业的活力。我国之前的企业主要是实行计划经济体制的国有企业和集体企业，这些企业处于行政机关附属物的地位，缺乏自负盈亏的自主性和独立性，根本不可能成为相对独立的社会主义的市场主体，更不可能具有一定权利和义务的法人地位。因此，改革企业的体制机制的起点在于扩大

---

① 2010 年 5 月，中央新疆工作会议上中央正式批准霍尔果斯、喀什设立经济特区。
② 《邓小平文选》（第 2 卷），人民出版社，1993，第 163 页。

企业自主权，建立起企业经营与效益挂钩的激励制度。党的十四大明确了非公有制企业的地位与作用。城市吸引了农村大量剩余劳动力来企业就业，农村成为城市企业的原料产地与部分销售市场，农村经济越来越从属于城市经济，开始融入社会主义市场经济。国家对农村和城市行政手段干预减少，改革了不利于城乡发展的制度，推行了一些新政策，城乡关系趋于缓和。与此同时，在社会主义市场经济条件下，各种资本要素逐渐集中在城市，城乡发展失衡、差距拉大。就百姓最关心的居民收入来说，1978 年城镇居民人均可支配收入为 343.4 元，农民人均纯收入为 133.6 元，二者收入之比为 2.57∶1；到了 1984 年，城镇居民人均可支配收入与农村居民人均纯收入之比一度缩小为 1.71∶1。① 在社会主义市场经济条件下，城市生产力的提升幅度远高于农村，城乡关系实质上还是生产力的先进与落后的对立关系。在 1978 年 3 月第三次全国城市工作会议召开，明确以城市改革为中心，极大地推动了城市生产力的发展。城市改革从农村改革开始，把农村改革的经验运用到城市，然后再进行城市经济体制改革。② 邓小平推动的城市改革，壮大了城市经济，为支持农村发展提供了物质条件，它设立专门的经济特区，对整个城市进行总体改革，对于其中行之有效的经验还要到全国其他城市推广，以先发城市带动后发城市，实现城市的普遍发展。比如说，设立深圳经济特区，这场城市改革从无到有，促使人口迅速聚集，实现从落后不起眼的小渔村到辐射全国的国际化大都市，从城市落后生产力、落后文化到先进生产力、先进文化，从旧有的束缚社会发展的体制机制到复制推广到全国范围内的社会主义市场经济体制机制的根本改变。因此，从改革的深刻性和对社会的深远影响来说，这完全可以称为一场社会主义现代化的"城市革命"。也就是说，城市改革也是一场"城市革命"。不过，这场"城市革命"的特殊对象是束缚城市生产力发展的生产关系与经济体制机制等诸多方面，"革命"之过程也要更为漫长。

第三，中国式城市化针对城乡对立的问题，也提出了相应的有力政策，这为都市生活解放提供了政策支持。中国城乡经济取得了跨越式发展，但面临着城乡差距大、"三农"问题突出等难题。特别是"三农"问题关系到

---

① 中共中央宣传部理论局：《全面小康热点面对面——理论热点面对面·2016》，学习出版社、人民出版社，2016，第 44 页。
② 《邓小平文选》（第 3 卷），人民出版社，1993，第 255~256 页。

国家的自立、工业的发展、社会的稳定、全国人民的小康、国民经济的现代化。[①] 早在邓小平时期党中央就指出了"工业支援农业，促进农业现代化，是工业的重大任务"[②]。江泽民认为必须纠偏新中国成立以来优先发展工业的战略，将"三农"问题放在经济工作的首位，统筹城乡关系。胡锦涛指出，"在工业化初始阶段，农业支持工业、为工业提供积累是带有普遍性的趋向；但在工业化达到相当程度以后，工业反哺农业、城市支持农村，实现工业与农业、城市与农村协调发展，也是带有普遍性的趋向"[③]。胡锦涛、温家宝主政期间，全面取消农业税，继续将"三农"问题放在经济工作的首位，推动城市、工业支持、反哺"三农"，进一步统筹城乡关系，促进城乡一体化，具体提出了建设社会主义新农村与走中国特色城镇化道路等政策。"改革开放以来，我国农村面貌发生了翻天覆地的变化。但是城乡二元结构没有根本改变，城乡发展差距不断拉大趋势没有根本扭转。根本解决这些问题，必须推进城乡发展一体化。"[④] 2002 年党的十六大报告提出"统筹城乡发展"，"形成城乡经济社会发展一体化新格局"的观点。2007 年，党的十七大报告再次强调形成城乡一体化的新格局的重要性。2012 年，党的十八大报告提出"城乡发展一体化是解决'三农'问题的根本途径"。2013 年，党的十八届三中全会更进一步地提出"形成以工促农、以城带乡、工农互惠、城乡一体的新型工农城乡关系"的论述。总的来说，中国历经统筹城乡发展到城乡经济社会发展一体化的阶段，并为城乡融合发展打下了坚实的基础。

中国当前的城市化率正在以平均每年 1% 的速度推进，在发展过程中也遇到了一些问题。站在大历史观的立场上来看，中国共产党领导的城市化所取得的成就是主流。中国必须坚持走中国式城市化，坚持在发展中解决现实问题，这正是创造人类都市文明新形态的中国试验。城市是经济、政治、文化、生态、社会等方面形成的有机整体。中国作为当今最大的社会主义制度的国家，正引领着 21 世纪马克思主义的发展方向，有责任、有能力也应该走不同性质的都市文明道路。中国当前正在加速推进城市化进程，坚持走中国特色社会主义的新型城镇化道路，大力推动城乡融合与乡村振

① 《江泽民文选》（第 1 卷），人民出版社，2006，第 259 页。
② 《邓小平文选》（第 2 卷），人民出版社，1993，第 46 页。
③ 中共中央文献研究室编《十六大以来重要文献选编》（中），中央文献出版社，2006，第 311 页。
④ 《中共中央关于全面深化改革若干重大问题的决定》，《人民日报》2013 年 11 月 16 日。

兴，这是与资本主义私有制的性质不同的都市文明。这种都市文明包括都市的"五位一体"文明，即经济、政治、精神、生态以及社会文明。换言之，中国走的是中国特色社会主义的都市文明道路。

中国式城市化是都市经济文明之路。都市经济文明，即都市人民的物质生产实践与经济生活的进步。都市具有聚集经济要素的形式与结构，而且还有促进经济发展的功能。但是若为了追逐利润，都市盲目的空间扩张，将引发消费主义，甚至造成浪费现象。都市扩张并不是数量上、规模上"越大越好"，也不是速度上"越快越好"，而是都市的生产与消费的高质量与高效益。习近平新时代中国特色社会主义思想是当前我国各项工作的指导思想，而习近平经济思想中的新发展理念是新时代中国特色社会主义思想的重要组成部分。因此，都市文明建设必须以新发展理念来指导都市空间生产与消费。创新是引领都市发展的第一动力。都市空间生产与消费必须树立创新理念，不断推进都市理论、制度、科技、文化等各方面的创新。协调是都市持续健康发展内在要求。都市空间生产与消费必须树立协调理念，重点促进城乡区域协调发展、工业化与都市化协调发展等。绿色是都市永续发展的必要条件和人民对美好生活追求的重要体现。都市空间生产与消费必须树立绿色发展理念，提倡绿色生产、理性消费，反对铺张浪费。开放是都市繁荣的必由之路。都市空间生产与消费必须树立开放理念，在全球城市竞争中，提高中国都市的生产者服务业的比重，争夺全球都市治理中的话语权。共享是中国特色社会主义的本质要求。都市空间生产与消费必须树立共享发展理念，防范都市的过度资本化，防止都市成为少数人声色犬马的游戏猎场与感官宴会。当然，都市内部还需要大力推进城乡户籍制度改革，促进都市户籍居民和非户籍居民享有公平公正的待遇。比如说，《广东省新型城镇化规划（2021—2035年）》提出了全面放开放宽落户限制的方案。

中国式城市化是都市政治文明之路。都市政治文明，即都市人民的社会政治实践与政治生活的进步。中国特色社会主义政治发展道路是建设中国特色社会主义政治文明，都市政治文明的正确道路，其关键是坚持党的领导、人民当家作主和依法治国的有机统一。都市政治文明必须坚持党的领导。党的领导是都市政治文明建设的根本保证。党的集中统一领导，以党建引领都市政治文明建设，将全生命周期管理理念落实到都市规划、建设与管理的权力三分的都市治理过程中，并将都市治理当作一项系统工程，遵循都市发展规律与都市治理的实践逻辑。规划由党委来进行集中统一领导，确保规划始终是社会主义性质，推进规划由都市规划走向"多规合一"的全域规划、全要素规划的空间规划，注重人民的整体利益。都市建设由党组来协调，注重各方参与、协同推进。都市管理由纪委与监委负责监督，防止都市管理技术为恶，防范都市风险，保障都市安全，注重管理精细化和智慧化的根本目的在于维护居民的整体利益。人民当家作主是都市政治文明建设的根本目的。为了确保人民当家作主，习近平总书记提出了践行以人民为中心的发展思想的全过程人民民主理论。将全过程人民民主理论贯彻到都市政治文明建设中来就要求实现好、维护好、发展好都市居民的生活权利。这种生活权利体现在户籍居民、外来非本地户籍人员都有资格参与居住区的都市治理，也体现在民主选举、民主协商、民主决策、民主管理、民主监督等都市政治生活的全过程。"市民是城市建设、城市发展的主体。要尊重市民对城市发展决策的知情权、参与权、监督权，鼓励企业和市民通过各种方式参与城市建设、管理。"[①] 比如说，将全过程人民民主贯彻到空间规划中，保障人民享有空间规划的知情权、参与权、表达权、监督权。这些显然比资本主义的生活权利要更真实、更丰富。依法治国是党领导人民治理国家的基本方式。都市治理也是国家治理的重要组成部分。新时代的都市治理体系需要像制定国家法律体系那样系统完备、科学规范、运行有效，以法律的形式要求都市治理体系的成熟与稳定，促进都市治理能力的提升。考虑到目前都市问题的复杂性和迫切性，全国人大及其常委会是否需要单独制定"大都市法"或"大城市法"是值得理论界进一步探索的话题。

中国式城市化是都市精神文明之路。都市精神文明，即都市人民在改造世界与认识世界的过程中取得的精神成果总和，它体现了都市人民文化生活的进步。每一个都市都有它自身的文化，都市文化在发展过程中形成的成果是都市精神文明。培育社会主义都市文化，可以从中华优秀传统文化、革命文化和社会主义先进文化三个方面来展开。其一，大力倡导都市文化与中华优秀传统文化相融相通。社会主义的都市文化是现实文化，中华优秀传统文化是传统文化。因此，政府相关部门可以广泛动员，依据所在地的历史传统文化提炼出现实的都市精神，这能够实现传统文化与现实

---

① 中共中央党史和文献研究院编《习近平关于城市工作论述摘编》，中央文献出版社，2023，第151页。

文化更好的结合。比如说，武汉市结合"筚路蓝缕、以启山林"的楚国八百年文化，振臂一呼的"首义精神"，凝练出武汉的城市精神是敢为人先、追求卓越。武汉的城市精神与中华优秀传统文化中的自强不息的精神相互契合、相互融通。其二，大力加强革命文化对都市文化的领导。社会主义的都市文化是市民文化，革命文化是无产阶级或人民群众的文化。坚持马克思主义在意识形态领域的指导地位，就要求都市的市民文化必须接受马克思主义的革命文化的领导。其三，用社会主义先进文化来引导都市文化。社会主义先进文化内容丰富，从其中凝练出了社会主义核心价值观。社会主义核心价值观是中国特色社会主义价值表达，也是我国社会共同的思想道德基础。都市文化的形式和内容也是丰富多样的，有先进文化，当然也有落后、腐朽文化。这就意味着都市文化建设必须坚持社会主义核心价值观的引领作用，防止都市文化的性质变质和方向走偏。

中国式城市化是都市生态文明之路。都市生态文明，即都市的人与自然、人与人、人与社会和谐共生。西方都市生活解放的学者均将目光投向了都市的生产、生活或消费，但是我们也应该知道，生态为生产与生活活动提供服务的潜能和安全屏障。人类创造了都市，但都市也存在于自然界当中，也需要融入大自然当中，并形成都市自身的生态平衡体系。伴随越来越多的人口移居到城市以及城市病的愈加严重，都市的生态环境比以往要更为脆弱。但是传统的都市生态治理，将都市空间视作物理空间，考虑到的是技术和利润的物化空间，没有考虑到都市空间的精神性与社会性，实质是"治标不治本"。因此，新时代都市治理的生态空间是物质、精神与社会三位一体的空间。就物质方面来说，都市是一个生命体、有机体。实现人与自然的和谐共生，就必须依赖于城市化的空间格局所覆盖的资源承载力和环境容量。相对于自然空间，城市空间是人造空间。人造空间是人化的城市，是有边界的空间和有环境容量的空间，这意味着其人口承载力也是有一定限度的。当然，人造空间的规模既取决于当地的资源承载力和环境容量，也取决于经济发展水平。习近平总书记指出："城镇化受自然条件制约，受资源环境承载能力制约，受经济社会发展水平制约。"① 就精神层面来说，都市生态的理想是成为一幅山水画的集体作品，达到"天人合

---

① 中共中央文献研究室编《十八大以来重要文献选编》（上），中央文献出版社，2014，第591页。

一"的境界，人的生产、生活与生态空间相融。都市是城市居民共同创作的集体作品，每个人都在城市山水之间挥洒笔墨。都市空间作为人造空间的一种类型，彰显了人的能动和创造精神，而人的这种精神也是对自然（天道）的一种反映。"天行健，君子以自强不息。"人的精神不仅反映天道，而且应效法自然。都市生态本身就与都市居民的生产与生活融为一体、生生不息。通过如上方式，都市人与人之间可以实现和谐共生。就社会层面来说，都市需要坚持社会历史文脉的独特传承，在空间分布上具有公平性。都市生态是自然的一部分，同时也是人类实践的集体记忆。都市的社会历史文脉是集体记忆的生动表现，它能够形塑地方的文化特性。个人在空间互动中形成地方感、归属感或认同感，从而能够增强家国情怀，坚定文化自信，形成人与社会的和谐共生。总之，都市空间是一个整体。习近平总书记明确指出："城市发展要把握好生产空间、生活空间、生态空间的内在联系，实现生产空间集约高效、生活空间宜居适度、生态空间山清水秀。"① 都市生态治理只有考虑到人的生产、生活与生态的有机统一，才能实现人与自然、人与人、人与社会的和谐共生，才能走出一条都市生态文明之路。

中国式城市化是都市社会文明之路。都市社会文明建设的基本着力点是保障和改善民生与加强生活治理。随着经济社会水平的不断提升，民生的概念将不断深化与拓展。都市百姓生活至少包括以下三个方面：健康的生活方式、适当的生活成本以及赋予的生活权利。不健康的生活方式让都市居民身心受到损害。因此，个人培养健康的生活方式，可以从养成良好的生活习惯开始，可以从运动、饮食、情绪、睡眠、烟酒、体重等维度来把握。强调健康的生活方式并不意味着我们放弃生活本身的鲜活性或创造性。美好生活不是与现实相矛盾的理想生活，而是自己亲手创造出来的现实生活，也只有自己沉浸其中才能感受生活的脉动和音符的跳跃。与工业社会的生产权利相对，人除了具有劳动生产等方面的权利，在此基础上还有生活等方面的权利。生活权利是在资本主义空间生产进程中，人享有在城市里生存权利的基础上形成的有质量、有尊严的一种人权类型。权为民所赋，权为民所用。在城市生活治理方面，保障百姓享有与所处时代和本

---

① 中共中央党史和文献研究院编《十八大以来重要文献选编》（下），中央文献出版社，2018，第88页。

国国情相应的生活权利。从宏观层面，我们可以建立党组领导的城市生活治理协调平台，构建城市大党建工作格局，以党建引领城市生活治理，确保党的政治领导力、思想引领力、群众组织力、社会号召力在治理中得到充分释放。与此同时，完善"一主多元"治理体系。在党建的引领下，"一主"是城市承担行政职能的行政机构。"多元"是城市治理对象的利益攸关方，如生产权益类、生活服务类、生态环境类等专业社会组织。"一主多元"的主体在城市建设协调平台中充分沟通与协商，这能够减少沟通成本与行政阻力，提高各方的工作效率。

从微观层面，城市生活治理的精细化与人性化。城市生活治理要求将物联网、互联网、大数据、云计算、人工智能等现代信息技术运用到治理过程当中。以数据、图片、音视频的形式对城市生活类问题进行精准感知、传输、分类、识别和诊断，实现基层"全天候、全过程、全覆盖"的精细化和智慧化治理。除此之外还需要人性化。因为仅有城市治理能力的精细化，而没有将人民放在最高位置，没有依靠人民，没有实现人民共享，没有接受人民评判，没有得到民心，那么这显然没有达到中国特色社会主义的政治标准。城市生活治理的权力由人民赋予，这要求相关人员要树立人民城市论，人民是城市的主人，城市的发展为了人民，城市的治理依靠人民，保障人民的生活权利。

我国作为社会主义国家，已经建立起来了社会主义制度，应该走也必须走中国式城市化道路。中国式城市化道路的"五位一体"是辩证统一的关系。都市经济文明道路为其他领域的都市文明道路提供了坚实的物质基础，其他领域的都市文明道路为都市经济文明道路提供了精神动力、政治保障、社会条件和生态环境。中国式城市化道路的"五位一体"的根本任务是推动生产关系适应生产力，上层建筑适应经济基础，推进中国特色社会主义的都市的全面发展与进步。中国式城市化道路的"五位一体"是中国特色社会主义"五位一体"总体布局在都市发展的体现。中国坚持走中国式城市化道路，必定能够谱写中国特色社会主义现代化强国中的都市范例新篇章，推动都市生活解放。

三 "美好生活"是 21 世纪都市生活解放运动

党的十九大报告明确指出，我国社会的主要矛盾已经转化为人民日益增长的美好生活需要和不平衡不充分的发展之间的矛盾。① 美好生活既涉及乡村生活、集镇生活、郊区生活，也涉及城市生活。城市生活并不必然是美好生活，美好生活既是对当下中国生活解放的指引，也是 21 世纪全球都市生活解放问题的中国方案。经典马克思主义当初设想的是"消除城乡对立、实现城乡融合"，但是并没有指出要消灭农村或乡村，而是要消除造成乡村贫困、城乡对立的私有制基础。中国已经建立了社会主义初级阶段以公有制为主体的基本经济制度，因此，摆在当前中国的历史任务主要是通过城乡融合来实现美好生活。

通过城乡融合来实现美好生活，首先必须坚持中国共产党的集中统一领导。城乡关系是攸关全国性的重大问题，是中国革命、建设、改革过程中以及新时代处理的重大问题。从中国共产党的百年历史上看，城乡关系表面上是地域关系或社会关系等，但是城乡关系直接关系到革命、建设与改革成功与否，背后反映的是生产力与生产关系的社会基本矛盾，而且是社会基本矛盾中最为基本的矛盾。党的十九大报告指出，"党政军民学，东西南北中，党是领导一切的"②。中国特色社会主义事业的领导核心是中国共产党。城乡关系是社会主义事业极其重要的一部分。中国共产党以城乡融合发展为中国第二个百年的中心任务之一，以实现城市和乡村的生产力平衡发展为目标。不难设想，中国第二个百年奋斗目标仍然要认识并处理好下一个阶段的城乡关系。因此，这都需要党中央的集中统一领导，发挥党中央的统领作用。"领"是指靠前引领各方、指引前进方向。党中央举旗定向、掌舵领航，将实现城乡融合作为党和国家事业的前进方向。习近平提出了构建以国内大循环为主体、国内国际双循环相互促进的新发展格局。城乡区域是国内大循环的重要组成部分，疏通城乡之间的双向循环存在的堵点是当前阶段的重要任务。只有疏通了城乡区域双向循环的堵点，才能继续推进城乡融合事业的前进方向，推进城乡融合和区域协调发展。"统"是指居中统揽全局、形成强大合力。党中央站在全局高度加强对城乡各项工作、各方力量、城乡治理三个方面的统揽，强化城乡各级政府部门的"四个意识"，统筹城乡经济、政治、文化、生态和社会"五位一体"的工作，以"五大发展理念"推动城乡协调发展。党中央领导各类组织和广大

① 《习近平谈治国理政》（第 3 卷），外文出版社，2020，第 9 页。
② 《习近平谈治国理政》（第 3 卷），外文出版社，2020，第 16 页。

党员、干部、群众一体行动来支持城乡融合。

建立城乡融合的体制机制，推动有效市场和有为政府更好结合，以更好地实现美好生活。经济体制机制是生产关系的具体实现形式，能够促进生产力的发展。社会主义市场经济是一种经济体制机制，能够在城乡要素资源配置中起着决定性作用。一是政府需要利用社会主义市场经济规律，实现城乡产业、要素融合。政府运用价格、供求、风险等方面的社会主义市场规律，适当分流城市一些劳动密集型或资源密集型产业到农村，农村利用产业转移的机会，可以发展生态农业、特色农业与都市农业，激活农村内生动力，实现城乡资源自由流动和平等交换。这样能够形成产业优势互补、产业协调的产业体系。城乡之间存在各种要素的不均衡分配，但是要素的流动受到市场经济体制机制的制约，因此，城乡要素融合，需要打破行政壁垒，实现生产要素的双向流动。二是突破城乡二元经济结构。习近平指出：“改革开放以来，我国农村面貌发生了翻天覆地的变化。但是，城乡二元结构没有根本改变，城乡发展差距不断拉大趋势没有根本扭转。”① 城乡对立关系的实质根源于城乡二元经济关系。“从发展经济学的角度，异质的二元经济结构转化为同质的一元经济结构是城乡经济融合的关键。”② 城乡经济融合是城乡融合的关键，抓住城乡经济融合便是抓住了主要矛盾。农村的经济结构是城乡二元经济结构的重中之重。城乡二元经济结构的实质是城乡二元生产关系，其核心是生产资料所有制以及相适应的所有权问题。这就要围绕着农村土地所有制进行改革，建立城乡统一的建设用地市场，保障农民公平分享土地增值收益权。三是加强城乡规划，促进城乡公共服务的一体化。农村的基础设施薄弱、社会保障水平较低、居民受教育水平较低、金融市场发育水平低等，这就要求政府在社会保障资源统筹规划中要考虑到农村实际发展水平，将更多投资向农村倾斜，并吸收大量社会资本来提升农村的公共服务水平，实现城乡公共服务的一体化。城乡融合不是消灭农村的农村城市化，也不是将城市人口“上山下乡”迁移到农村的逆城市化。城乡融合是在城市和乡村各自保持其独立性的基础上，实现城乡之间的资本、技术、劳动等各种生产要素的自由流动、功能互补，

---

① 中共中央党史和文献研究院编《习近平关于“三农”工作论述摘编》，中央文献出版社，2019，第 29 页。
② 张英男、龙花楼、马历、屠爽爽、陈坤秋：《城乡关系研究进展及其对乡村振兴的启示》，《地理研究》2019 年第 3 期，第 583 页。

在公平与共享基础上实现城乡协调和一体化发展。习近平指出当务之急是
要"清除阻碍要素下乡各种障碍，吸引资本、技术、人才等要素更多向乡
村流动，为乡村振兴注入新动能"①。实现城乡融合，并非取消乡村相对的
独立性，而恰恰是在整个浩浩荡荡的城市化、工业化进程中，留住乡愁，
保护传统的农业文明，为整个中华文明的持续性发展做出的当代努力。

　　建立城乡融合的政策体系，推动有效市场和有为政府更好结合，以更
好实现美好生活。党和国家政策体系是上层建筑的内容。当上层建筑能够
适应并服务于经济基础时，上层建筑便能够促进经济基础的发展。经济基
础的发展，也就是生产关系的发展，能够促进生产力的发展。为了实现城
乡融合，习近平总书记提出了人民城市论、城市建设与城市治理、乡村振
兴与精准扶贫、城乡治理体系等一系列的综合政策体系。人民城市论将马
克思主义群众史观与中国传统文化中的民本思想相结合。习近平 2019 年在
上海杨浦首次提出了"人民城市人民建，人民城市为人民"观点。习近平
的人民城市论科学地回答了这个根本问题：人民是城市的主人，城市的发
展为了人民，城市的治理依靠人民。人民城市论坚持了以人民为中心的发
展思想，让人民感受到城市温度，增强了人民的安全感、获得感与幸福感。
城市建设包括"点、线、面、带"四个方面：首都建设和雄安新区的"点"
的建设，"一带一路"的"线"的建设，城市群或圈的"面"的建设，长
江经济带的"带"的建设。新时代的城市治理是党的坚强领导下，实践主
体依据科学与人文治理的实践中介对城市生产、生活与生态的实践客体的
客观的物质活动，实现城市治理共建共治共享。在新中国成立初期，农业
合作社是为了支持工业化。改革开放之时，农村改革是为城市改革铺路。
"四十年前，我们通过农村改革拉开了改革开放大幕。四十年后的今天，我
们应该通过乡村振兴，开启城乡融合发展和现代化建设新局面。"② 新时代
的乡村振兴与精准扶贫并不是具有工具理性，乡村振兴与精准扶贫本身具
有价值理性，即实现自身的自由而全面的发展。这里并非指将农村发展与
城市发展割裂开来，而是说乡村振兴与精准扶贫的主要目的不是实现城市
化，而是以自身为目的。这都突出了乡村发展的自主性、平等性与独特性。
它一方面包括实施了乡村振兴战略，出台了《中华人民共和国乡村振兴促

---

① 中共中央党史和文献研究院编《习近平关于"三农"工作论述摘编》，中央文献出版社，
2019，第 38 页。
② 习近平：《把乡村振兴战略作为新时代"三农"工作总抓手》，《求是》2019 年第 11 期。

进法》，促进了农村农业优先发展，建立健全城乡融合的政策体系。国家政策体系已经从城市、工业向农村、农业的单向扶持，转向了增强农村的自我发展能力，即由"输血"真正向"造血"转变。另一方面它将推进精准扶贫与深化农村户籍、土地制度改革，推进城乡发展一体化和生态文明建设有机融合起来，实现城乡融合的目标。2019 年 12 月，中共中央已经出台了《国家城乡融合发展试验区改革方案》，试点发展 11 个国家城乡融合发展试验区，先实现区域内部的融合，以为更大范围的融合提供经验与支撑。城乡除了经济融合，还有文化、社会、生态等方面的融合，这也是一个较长的过程，需要积极有为和耐心持久地去实现它。城乡治理体系的完善并非表现为零碎的经验总结或个人的"贤人政治"，而必须通过制度体系确立下来，才能形成被持久赋能。新时代的城乡融合的政策体系需要向制定国家法律的形式那样系统完备、科学规范、运行有效，以法律的形式要求城乡融合的政策体系的成熟与稳定，这也反过来促进城乡治理能力的提升。尽管绍兴诸暨枫桥干部群众的"枫桥经验"侧重于处理人民内部矛盾，但是它从地方立法层面将"枫桥经验"提升为适用于整个绍兴市的情况，[①] 不仅如此，地方性的"枫桥经验"已经写入党的二十大报告之中，这必将具有全国性的示范效应，对促进整个城乡治理体系的完善具有重要的借鉴意义。

乡村有优美的自然风光，城市有鳞次栉比的高楼大厦，这是人类生态文明的成就。如前文所述，城乡融合不是消灭农村的农村城市化，也不是将城市人口"上山下乡"迁移到农村的逆城市化。城乡融合是在城市和乡村各自保持其独立性的基础上，实现了城乡之间的资本、技术、劳动等各种生产要素的自由流动。总而言之，消除极端贫困、实现城乡融合，并非取消乡村相对的独立性，而恰恰是在浩浩荡荡的城市化、工业化进程中，留住乡愁，保护传统的农业文明，为整个中华文明的持续性发展做出的当代努力。中国即便将来发展到了中等发达国家，甚至发达国家水平，步入现代文明社会，乡村文明仍然是不可或缺的组成部分，乡村生活仍然是人们多样性选择的生活方式之一。马克思、恩格斯描述过共产主义社会的职业，而这种职业本身既带有城市文明色彩，也有乡村文明的气息。"而在共产主义社会里，任何人都没有特殊的活动范围，而是都可以在任何部门内

---

① 《绍兴市"枫桥经验"传承发展条例》，《绍兴日报》2022 年 10 月 12 日。

发展，社会调节着整个生产，因而使我有可能随自己的兴趣今天干这事，明天干那事，上午打猎，下午捕鱼，傍晚从事畜牧，晚饭后从事批判，这样就不会使我老是一个猎人、渔夫、牧人或批判者。"[1]

以列斐伏尔为代表的都市生活解放的日常生活革命，针对 20 世纪 60 年代以来西方社会出现的都市生活问题，希望通过激发日常生活的鲜活性或创造性，超越机械的都市日常生活，但是这个理论难以落实落地、惠及世界人民。所谓的都市日常生活革命至多是都市日常生活的"文学革命"或"审美革命"。都市居民在日常生活中面临的不仅仅是"诗意和远方"，而是切身的生存与发展问题。朝向美好的都市日常生活需要以马克思主义而不是以列斐伏尔所言的都市乌托邦为关键引领。

"中国应当对于人类有较大的贡献"[2]，在东方社会，以习近平为代表的中国的 21 世纪的马克思主义者站在无产阶级或人民群众的立场上提出了美好生活的方案，这为中国解决现实问题，即消除绝对贫困问题。绝对贫困转化为相对贫困、小康甚至富裕，这本身摆脱了贫困的再生产，为美好生活奠定了基础。这也是中华民族几千年历史上首次整体消除绝对贫困现象，对中华民族以及发展中国家都具有振奋人心的激励意义。更为关键的是美好生活的方案正一步步地在世界范围内落实落地，惠及全球。习近平提出了美好生活的中国方案对世界人民福祉的实现具有普遍性的意义。美好生活不是"等、靠、要"来的，而是在敢于斗争中实现的。为此，习近平提出了"人类命运共同体"理念和"一带一路"倡议及其配套机制。

美好生活需要依靠中国价值来引领。"人类命运共同体"的理念既吸收了亚里士多德"政治共同体"、滕尼斯"共同体与社会"、卢梭的"政治—社会共同体"、马克思"自由人联合体"、罗伯特·基欧汉的"共同利益"观点，也吸收了中国"以和为贵""大同世界""天下一家"的传统思想。这个"融通中外"的新概念、新范畴、新表述具有世界眼光，超越了以邻为壑的西方中心主义，继承了世界其他民族与中华民族的先进思想。"人类命运共同体"的理念要求：政治上互相协商、经济上共建共享、文化上交流互鉴、社会上合作共赢、生态上绿色低碳。它是"资本主义向社会主义过渡"的大时代的产物，避免了像二战后美苏全面冲突的两极格局的出现。

---

[1] 《马克思恩格斯选集》（第 1 卷）（第 3 版），人民出版社，2012，第 165 页。
[2] 《毛泽东文集》（第 7 卷），人民出版社，1999，第 157 页。

它促进了中国特色社会主义道路行稳致远，推动了当前世界沿着一个健康的轨道前进，推进共产主义世界历史在摆脱曲折命运中进一步发展。

美好生活需要依靠中国政策来推动。"一带一路"倡议正是在正确的义利观的指导下，兼顾国家利益与国际责任的重大举措。中国作为负责任的大国，主动积极承担国际责任，但以"共同而有区别的责任"为原则，以承担国际责任并不以损害国家利益为前提。一方面，通过"一带一路"倡议，促进国家、企业、个人"走出去"，将自己的资本投资到更多的领域，商品推广到更广阔的国际市场，为中国梦的实现开拓战略空间。另一方面，通过"一带一路"倡议，中国的资本与技术与当地的劳动力、土地等相结合，将极大地促进当地经济的发展，创造就业机会。"一带一路"倡议反映了中国坚持正确的义利观，强调义字在先但不损害自身的核心利益，义利相互结合的辩证统一关系，这符合中国人追求合作共赢的价值观，与西方少数国家的零和博弈的策略有本质上的区别。中国倡导正确的义利观既符合中国的国家利益，也照顾与促进其他国家利益的发展。通过"一带一路"倡议，中国能够真正参与全球治理，积累丰富的全球治理经验。

美好生活需要依靠严格方案执行来实现。政策需要严格执行才能真正发挥效用，它将"一带一路"倡议与改革全球治理体制机制结合起来。当前全球治理组织有由 7 个发达国家组成的 G7 集团、以 5 个新兴国家为成员组成的金砖国家共同体等，除此之外 G20 的成立从一定程度上改变了西方国家单边主义治理的治理格局，重塑了由西方国家和非西方国家合作治理的治理体系，它将是现在及其未来发达国家和新兴市场国家之间重要的沟通平台。全球治理需要吸纳金砖国家以及国际非政府组织的多元力量的参与。在改造国际政治经济旧秩序的过程中，难以避免国家利益、意识形态与价值观的冲突或摩擦。因此，中国需要更为权变的改革方式。其一，引入多元国家参与，创新治理平台。其二，大力发出中国声音，支持其他国家的正义行动，壮大世界正义力量。在维护以联合国为核心，坚持联合国宪章宗旨和原则基础上，中国需要联合相关国家或组织，如中非命运共同体、中国－拉共体论坛组织。其三，提高全球治理的议题设置能力，提升中国在国际规则制定中的话语权。全球治理面临着复杂多变的问题，但是现实中只有少数问题才能成为国际政策议程，而且这些国际政策议程容易为少数发达国家所把控。因此，中国提升全球治理的议题设置能力，能够在一定程度上纠偏不公正的现象，赢得国际社会的尊重和认可。其四，积

极向国际社会供给新的制度标准，成立解决全球治理问题的专业机构。如
2023 年 2 月 16 日，在中共中央的大力支持下，国际调解院筹备办公室在香
港成立。改革旧的国际政治经济制度牵涉的国家利益复杂，改革阻力较大。
因此，中国可以迂回地向国际社会提供新的制度的公共产品，让国际社会
做出理性选择，必要的时候可以成立全球治理问题的专业性机构，对全球
治理的前期、中期、后期进行评估，以更好地维护全球最大多数人民的根
本利益。

总而言之，中国正步入以追求美好生活为重要特征的新时代。同时，
习近平提出的美好生活的中国方案对世界人民福祉的实现具有普遍性的意
义。新时代的中国在科学研判自己在世界历史进程中的地位的基础上，传
达出了推动构建人类命运共同体的价值理念，实施了"一带一路"倡议，
推进了共产主义的世界历史进程，从而发挥了领头羊的作用。美好生活是
"和而不同"，具有实质差异性，实现美好生活的伟大目标依靠的是全世界
各民族的共商共建共享的共同力量，并逐步落实落地以惠及全球。依此来
看，美好生活就不仅仅是一种理念了，而是已经成为都市生活解放的现实
运动。

结 论

1968 年法国"五月风暴"是个分水岭，产生在 20 世纪 20 年代的西方马克思主义转向了后马克思主义为主的社会思潮。如果说 20 世纪 20 年代的西方马克思主义是对十月革命社会主义胜利而欧洲匈牙利、意大利等革命失败的反思。本书在这个意义上是对"五月风暴"到东欧剧变这段革命失败后"路在何方"的反思以及未来展望。不过，与早期马克思主义将失败原因归咎于阶级意识的丧失不同，本书认为失败的根本原因是对马克思主义的基本原理"创新"有余，而"守正"不足。后马克思主义人物众多，视角多样，新意迭出，但中心线索是它与 20 世纪其他现代西方哲学社会科学相"接合"而非"结合"，在不反对马克思主义的情况下，解构马克思主义的基本原理。一言以蔽之，它在马克思主义发展史上走了一条没有"守正"基础上的"创新"之路。

本书发现西方社会 20 世纪 60 年代以来存在着一种与生态主义运动、女性主义运动等交叉但有自己的研究领域的社会政治实践——生活主义运动，也可称其为生活主义的马克思主义。由于它主要发生在都市，本书在国内学界第一次将其概括为都市生活主义的马克思主义，并简化为都市生活解放。都市生活解放无疑证实了上述部分观点。都市生活解放将马克思主义与都市生活"结合"起来，实现了"实践创新"，但是在哲学和政治经济学方面，从根本上违背了马克思主义的基本原理。然而，马克思主义"危中有机"，如果都市生活解放能够积极反思历史经验，坚持马克思主义的基本原理，投身科学的实践，它必然能够推动共产主义的世界历史，成为世界共产主义运动的重要组成部分。当然，城市史汇入世界史的长河中还有很长一段时间。

20 世纪 60 年代出现的地方都市生活解放并非凭空产生的新社会运动，而是直接源于都市社会阶段生活问题的恶化。这些问题在农业社会或工业社会并非不存在，但是它在都市社会却成为都市居民在满足了一定物质基础之后追求美好生活中面临的主要问题。它主要涵盖了三大方面：异化的生活方式、高昂的生活成本以及受损的生活权利。异化的生活方式让都市居民陷入主流或边缘生活被操控的状态，而高昂的生活成本让都市居民过着看似体面、实则艰辛的日子，受损的生活权利则让都市居民成为城市的匆匆过客。从人类无数历史事件来看，"哪里有压迫，哪里就有反抗"。反抗可滞但终将至。当生活压迫成为都市居民面临的突出问题后，都市生活解放学者提出了人道主义与科学主义的两种思路来解决。前者的共同特征是持有主观唯心主义的立场，分别从都市的中心与边缘实施都市革命与空间斗争，以实现都市生活方式的革命。后者认为前者仅仅对资本主义的现象界进行批判，仅仅诉诸道德和伦理，看不到制约资本主义的生活方式是生产方式，看不到生产资本主义中心与边缘结构的也是资本主义的生产与再生产关系。前者立足于城市中心生活方式的批判，立足于边缘群体的生活方式的利益诉求，一言以蔽之，立足于都市生活解放的意识形态。后者共同的特征是持有形而上学立场，没有将都市生活解放的意识形态与科学统一起来，通过流通领域的城市革命和消费领域的城市社会运动来实现都市居民生活成本的降低。尽管都市生活解放的意识形态与科学两条路径以获取生活权利为目的，但是并不以变革资本主义的生产方式，推翻维持资本主义的生产与再生产的政治权力为目的。

都市生活解放的意识形态与科学路径存在着较大对立性，使得都市生活解放内部存在着两种话语体系，但是他们都是以获取生活权利为目的，而生活权利背后反映的是利益关系，这也是都市生活解放意识形态与科学路径的同一性所在。但是两者在主体、对象、功能方面则具有对立的看法。都市生活解放意识形态与科学路径的同一性与对立性，是都市生活解放意识形态与科学路径的理论实践，而其基础可以直接追溯到阿尔都塞的理论实践。本书不仅集中批判了阿尔都塞的理论实践，而且也围绕都市生活解放的意识形态和科学的理论实践的具体内容而展开批判。

都市生活解放路径上形成了意识形态和科学的路径之争，源于西方马克思主义内部的理论实践，即以列斐伏尔为代表的人道主义与阿尔都塞的科学主义之间的"理论上的阶级斗争"。都市生活解放的意识形态和科学路径的分立正是建立在阿尔都塞的理论实践基础之上，而都市生活解放的理论实践同样忽视了生产实践的决定作用。尽管都市生活解放的理论实践也是基于一定的社会现实，即主要包括都市社会、空间生产以及生活问题等三个方面。但是它的性质仍然是前历史唯物主义理论。总之，都市生活解放者的共同点是忽视了城市的物质生产，脱离了马克思主义生产领域的阶级斗争实践，不以夺取资产阶级城市政治权力，获取社会主义城市的生活权利为目的，从理论上违背了经典马克思主义的核心要义，在现实中也并没有出现像法国巴黎公社与俄国彼得堡的十月革命的政权，并落入"不知往何处去"的困境中去。因为都市生活解放缺少了从物质生产实践出发这一基础，其性质上与马克思主义的阶级斗争存有根本差异。所以都市生活解放的理论实践归根究底是一种解释都市社会现象的理论，并非马克思主义所主张的改造世界（都市社会）的实践。当然，西方马克思主义主张理论介入政治但不直接参与政治的理论实践，而都市生活解放力图直接参与社区政治、获取生活权利但不从事改造现实的阶级实践，两者在实质上是相同的。都市生活解放背后持有着前历史唯物主义思想。因此，本书立足于马克思主义的生产领域的阶级斗争的立场，从空间生产、生活权利、都市斗争三个方面予以具体批判。

资本主义空间生产标志着资本主义从工业社会进入都市社会，这只是表明资本主义社会呈现都市社会的阶段性特征，没有改变资本主义社会的根本性质。哈维、卡斯特等都市生活解放者均提出了"空间生产"的关键范畴。尽管从字面上有"生产"二字，但是实际上主要指向了流通、消费、分配等广义的生产关系范畴而非将其与生产辩证联系起来，这并没有对资本主义生产方式本身产生实质影响。空间生产只是资本主义私有制的自我调整，没有改变资本主义的私有制的性质，更没有改变资本主义生产方式。尽管资本主义已然和马克思生活的时代发生了很大变化，从自由资本主义到垄断资本主义，再到现在描述的"金融帝国主义"等，但是资本主义的私有制性质没有发生根本改变。都市生活解放的科学路径并没有将首要的斗争矛头指向资本主义私有制，而是陷入改良主义和空间拜物教陷阱之中。生活权利的获得源于国家公共权力确定的社会成员在日常生活中获取自身利益的资格，本质上是社会利益分配关系。生活权利的发展源于资本增殖逻辑导致城市现代性的问题的被动回应。如果不能驾驭资本的增殖逻辑，不能触及生产权利话语的资本主义生产方式，那么生活权利将会蜕变为资本主义的自我调适的功能反应，反而将进一步实质加剧劳资不平等的关系。生活权利的获取与发展的前提是掌握国家公共权力，驾驭资本逻辑，实现社会主义生活权利。都市生活解放的主体是新社会阶层或边缘群体及其跨阶级的联盟。尽管他们具有激进性，甚至革命性，但是他们各自为政，易被分而治之。而马克思主义主张阶级斗争的主体是城市无产阶级及其联合体。都市生活解放的客体突出了城市和非生产的重要性，而马克思主义的斗争领域从工厂到城市再到国家，覆盖到社会生产总过程，后者比前者更为全面和深刻。总之，都市生活解放的主体、客体存在着革命性和科学性的问题。因此，都市生活解放的科学方式是无产阶级先锋党领导的总斗争。

都市生活解放路径忽视了马克思主义的生产实践，弱化甚至放弃了生产领域的阶级斗争的立场。在整体上陷入唯意志主义、机会主义、悲观主义的境地以及整体性的低谷情势。一言以蔽之，它停留在前历史唯物主义的阶段，没有坚持历史唯物主义的基本原理。因此，都市生活解放要想从颓势中走出来，必须"守正"马克思主义的都市生活解放，对当前城市的物质生产实践展开政治经济学分析，分析都市社会的主要矛盾，抓住生产领域的阶级斗争的关键问题。同时，也要抛弃"刻舟求剑"思维，结合20世纪90年代至今的全球都市的形势而"创新"。地方照亮了全球。都市生活解放的空间尺度已然从地方扩展到全球了。都市生活解放的空间尺度源于人类的实践活动范围及移动速度。都市空间生产的一体化以及都市处于快速移动的全球城市网络中，意味着全球都市空间生产的争夺日益白热化，决定了都市生活解放的必然结果是走向西方全球都市的生活解放的都市政治本体论。"新马克思主义把城市政治视为全球资本主义力量和本地需求之间的权力斗争，这是一种绝对垂直、等级森严的政治本体论。"[①] 纽约、伦敦和东京等西方全球都市的小圈子，引领着世界城市生活发展走向。本书认为西方全球都市的生活解放的科学道路是坚持历史唯物主义的基本原理，分析其社会主要矛盾，寻找生产实践的主体而非返回到"主体形而上学"，坚持生产领域的阶级斗争的主线而非其他形式的斗争。

生产者服务业是全球都市的经济基础，竖立其上的是都市帝国的上层建筑，纽约、伦敦和东京组成的小圈子的全球都市权力控制着全球化进程。全球都市的主要矛盾即生产者服务业中金融垄断资本家与劳动者和世界城市体系中劳动者的阶级矛盾。当代包括都市生活解放学者在内的左翼思想

---

① 布德罗：《全球城市政治：国家的非正规化》，杨春丽译，江苏凤凰教育出版社，2019，第57页。

家的共同之处也在于他们所主张的斗争主体是去无产阶级的主体。马克思意义上的主体是在一定的物质生产活动中，从事感性的物质活动的主体。因此，全球都市的生活解放需要回到历史唯物主义上来，寻找全球都市劳动实践的主体。物质生产实践包括物质劳动和非物质劳动。受时代局限，马克思着重研究的是工厂中的物质劳动。但是资本主义进入都市社会，全球都市中依托于生产者服务业的非物质劳动主导了物质劳动。从事生产者服务业的非物质劳动的人成为全球都市劳动实践的主体。这一主体可以分为两类。笔者将全球都市劳动实践的主体分为两大部分，其中收入较低的群体分为四大类：被负债者、被媒体化者、被保护者与被代表者。收入较高的群体还包括全球都市中跨国公司的技术和知识性移民。他们为全球都市的生产者服务业提供了高技术和高专业性的人力资本。马克思主义生产领域的阶级斗争是建立在实践的或人的感性的活动的基础之上的，是源自实践本身所内含的生产力与生产关系的辩证运动。它既非生产斗争，非反思的、理论的阶级斗争，也非生产关系的阶级斗争。由资本主义物质生产派生的阶级斗争是变革旧的经济基础和上层建筑的主要动力。劳动者非生产领域的阶级斗争事实上并不能独立自主，极易成为资产阶级意识形态建构的对象性存在，因此，即便是非生产领域的阶级斗争也要围绕着生产领域的阶级斗争展开。全球都市生活解放是工厂斗争与国家斗争的结合点。全球都市生活解放的特殊性不能游离于都市生活解放的普遍性之外，其组织力量与组织路线发挥着重要作用，必须具有坚如磐石的恒心和毅力。

另外，城市革命对欧洲部分国家的社会主义建立政权起到了关键作用，但是城市革命的路线和经验对处在东方世界的中国革命却行不通。问题不是出在经典马克思主义的城市革命道路上面，而是忽视了中国的特殊国情。特殊国情意味着我们既不能仅仅从城市，也不能仅仅从农村来看问题，而应该从城乡关系的本质来分析。城乡关系的本质是由生产关系导致的生产力发展的不平衡空间的关系。但是中国农村革命的特殊性并不违背马克思主义的普遍性真理。20 世纪建立了社会主义政权的中国以及中国马克思主义的城市生活实践，在共产主义世界历史上发挥着重要作用，为推动都市生活解放向前迈进了重要一步。中国式城市化是生活解放的重要推动力，走在超越资本主义都市文明的道路上。"美好生活"是 21 世纪全球都市生活解放问题的中国方案。总之，中国马克思主义都市生活解放在整体上是走在科学道路之上的，是实现共产主义的必然要求。共产主义是科学的理论学说，也是现实的运动，还是共产党人追求的最高理想。最终实现它还有漫长的路要走，共产党人的初心一直不变，使命一直在肩。最高理想的实现需要我们以"愚公移山"的精神，一步步地科学践行，路就在脚下。如果我们一直走在正确的路上，最高理想终将会实现！

参考文献

（一）中文著作类

阿德里安·富兰克林：《城市生活》，何文郁译，江苏教育出版社，2013。

阿尔都塞、巴里巴尔：《读〈资本论〉》，李其庆、冯文光译，中央编译出版社，2008。

阿尔都塞：《保卫马克思》，顾良译，商务印书馆，2010。

阿尔都塞：《来日方长：阿尔都塞自传》，蔡鸿滨译，上海人民出版社，2013。

阿尔都塞：《论再生产》，吴子枫译，西北大学出版社，2019。

阿尔都塞：《政治与历史：从马基雅维利到马克思（1955—1972年高等师范学校讲义）》，吴子枫译，西北大学出版社，2018。

阿图塞：《列宁和哲学》，杜章智译，远流出版事业股份有限公司，1990。

埃比尼泽·霍华德：《明日的田园城市》，金经元译，商务印书馆，2000。

艾拉·卡茨纳尔逊：《马克思主义与城市》，王爱松译，江苏教育出版社，2013。

艾伦·布朗：《城市的想象性结构》，李建盛译，北京师范大学出版社，2022。

艾伦·哈丁、泰尔加·布劳克兰德：《城市理论：对21世纪权力、城市和城市主义的批判性介绍》，王岩译，社会科学文献出版社，2016。

艾伦·斯科特：《浮现的世界：21世纪的城市与区域》，王周杨译，江苏凤凰教育出版社，2017。

爱德华·雷尔夫：《地方与无地方》，刘苏、相欣奕译，商务印书馆，2021。

爱德华·苏贾：《后现代地理学——重申批判社会理论中的空间》，王文斌译，商务印书馆，2004。

爱德华·苏贾：《寻求空间正义》，高春花、强乃社等译，社会科学文献出版社，2016，第64页。

爱德华·索亚：《第三空间——去往洛杉矶和其他真实和想象地方的旅程》，陆扬等译，上海教育出版社，2005。

爱德华·索亚：《后大都市——城市和区域的批判性研究》，李钧译，上海教育出版社，2006。

安德烈耶夫等：《古代世界的城邦》，张竹明等译，华东师范大学出版社，2011。

安东尼·奥罗姆：《政治社会学导论》（第4版），张华青、何俊志、孙嘉明译，上海人民出版社，2014。

安杰伊·齐埃利涅茨：《空间和社会理论》，邢冬梅译，苏州大学出版社，2018。

《巴黎公社公报集》（第1集），李平沤、狄玉明译，商务印书馆，2013。

包亚明主编《现代性与空间的生产》，上海教育出版社，2003。

彼得·桑德斯：《城市政治：社会学角度之阐释》，夏家驷、时汶译，商务印书馆，2021。

彼得·桑德斯：《社会理论与空间问题》，郭秋来译，江苏凤凰教育出版社，2018。

彼得·泰勒等：《世界城市网络：一项全球层面的城市分析》，刘行健、李凌月译，江苏凤凰教育出版社，2018。

布德罗：《全球城市政治：国家的非正规化》，杨春丽译，江苏凤凰教育出版社，2019。

布克哈特：《希腊人和希腊文明》，王大庆译，上海人民出版社，2008。

布罗代尔：《资本主义论丛》，顾良、张慧君译，中央编译出版社，1997。

陈寿：《三国志》卷36《蜀书六》，上海古籍出版社，2002。

陈学明、张双利、马拥军、罗骞等：《二十世纪西方马克思主义哲学》，人民出版社，2012。

陈越编《哲学与政治：阿尔都塞读本》，吉林人民出版社，2003。

陈子展：《诗经直解》，复旦大学出版社，2015。

《辞海》，上海辞书出版社，1979。

达里尔·格雷泽、戴维·沃克尔主编《20世纪的马克思主义——全球导论》，王立胜译，江苏人民出版社，2010。

达罗·谢克特：《从马克思至今的左派史》，魏南海译，重庆出版社，2021。

大卫·哈维：《跟大卫·哈维读〈资本论〉》（第二卷），谢富胜、李连波等译，上海译文出版社，2016。

大卫·哈维：《后现代的状况——对文化变迁之缘起的探究》，阎嘉译，商务印书馆，2013。

大卫·哈维：《资本之谜：人人需要知道的资本主义真相》，陈静译，电子工业出版社，2011。

戴维·古德菲尔德主编《美国城市史百科全书》，陈恒、李文硕、曹升生等译，上海三联书店，2018。

丹尼尔·约瑟夫·蒙蒂、迈克尔·伊恩·博雷尔、林恩·C.麦格雷戈：《城市的人和地方：城市、市郊和城镇的社会学》，杨春丽译，江苏凤凰教育出版社，2017。

德雷克·格利高里、约翰·厄里编《社会关系与空间结构》，谢礼圣、吕增奎等译，北京师范大学出版社，2011。

《邓小平文选》（第1、2、3卷），人民出版社，1993。

迪尔：《后现代都市状况》，李小科等译，上海教育出版社，2004。

多琳·马西：《空间、地方与性别》，毛彩凤、袁久红、丁乙译，首都师范大学出版社，2018。

多斯：《解构主义史（修订版）》，季广茂译，金城出版社，2012。

恩斯特·拉克劳、查特尔·墨菲：《领导权与社会主义的策略——走向激进民主政治》，尹树广、鉴传今译，黑龙江人民出版社，2003。

范纯仁：《薛氏乐安庄园亭记》，载曾枣庄、刘琳《全宋文》第71册卷1555，上海辞书出版社，2006。

冯雷：《理解空间：20世纪空间观念的激变》，中央编译出版社，2017。

冯仕政：《西方社会运动理论研究》，中国人民大学出版社，2013。

复旦大学哲学系现代西方哲学研究室编译《西方学者论〈1844年经济学—哲学手稿〉》，复旦大学出版社，1983。

高放：《社会主义运动：从理论到实践的转变（1848—1917）》，北京师范大学出版社，2018。

高鉴国：《新马克思主义城市理论》，商务印书馆，2006。

高佩义：《中外城市化比较研究》，南开大学出版社，2004。

格拉夫梅耶尔：《城市社会学》，徐伟民译，天津人民出版社，2005。

哈特、奈格里：《大同世界》，王行坤译，中国人民大学出版社，2015。

哈特、奈格里：《帝国——全球化的政治秩序》，杨建国、范一亭译，江苏人民出版社，2003。

哈维：《巴黎城记：现代性之都的诞生》，黄煜文译，广西师范大学出版社，2010。

哈维：《叛逆的城市——从城市权利到城市革命》，叶齐茂、倪晓辉译，商务印书馆，2014。

哈维：《希望的空间》，胡大平译，南京大学出版社，2006。

哈维：《正义、自然和差异地理学》，胡大平译，上海人民出版社，2015。

哈维：《资本的城市化：资本主义城市化的历史与理论研究》，董慧译，苏州大学出版社，2017。

哈维：《资本的空间》，王志弘、王玥民译，群学出版有限公司，2010。

哈维：《资本的限度》，张寅译，中信出版集团，2017。

哈维：《资本社会的 17 个矛盾》，许瑞宋译，中信出版社，2016。

海德格尔：《演讲与论文集》，孙周兴译，生活·读书·新知三联书店，2005。

《韩非子集解》，王先慎撰，中华书局，2010。

贺来：《辩证法的生存论基础：马克思辩证法的当代阐释（修订本）》，北京师范大学出版社，2021。

赫曦滢：《马克思主义视阈中的城市批判与当代价值》，社会科学文献出版社，2017。

黑格尔：《精神现象学》（下卷），贺麟、王玖兴译，商务印书馆，1997。

户坂润：《马克思主义意识形态论》，郭莉译，长春出版社，2021。

黄洋：《古代希腊政治与社会初探》，北京大学出版社，2014。

《简明不列颠百科全书》（第 2 卷），中国大百科全书出版社，1985。

《江泽民文选》（第 1 卷），人民出版社，2006。

杰弗斯：《古希腊－罗马文明：历史和背景》，谢芬芬译，华东师范大学出版社，2013。

杰克·戈德斯通主编《国家、政党与社会运动》，章延杰译，上海世纪出版集团，2015。

金里卡：《当代政治哲学》，刘莘译，上海译文出版社，2015。

卡尔·曼海姆：《意识形态与乌托邦》，黎鸣译，商务印书馆，2000。

卡斯特、殷斯：《对话卡斯特》，徐培嘉译，社会科学文献出版社，2015。

卡斯特主编《网络社会——跨文化的视角》，周凯译，社会科学文献出版社，2009。

凯文·林奇：《城市意象》，方益萍、何晓军译，华夏出版社，2017。

柯布西耶：《明日之城市》，李浩译，中国建筑工业出版社，2009。

莱斯莉·阿德金斯、罗伊·阿德金斯：《探寻古希腊文明》，张强译，商务印书馆，2010。

理查德·佛罗里达：《新城市危机：不平等与正在消失的中产阶级》，吴楠译，中信出版集团，2019。

列斐伏尔：《都市革命》，刘怀玉等译，首都师范大学出版社，2018。

列斐伏尔：《空间的生产》，刘怀玉等译，商务印书馆，2021。

列斐伏尔：《空间与政治》（第二版），李春译，上海人民出版社，2015。

列斐伏尔：《马克思的社会学》，谢永康、毛林林译，北京师范大学出版社，2013。

列斐伏尔：《日常生活批判》（第一卷），叶齐茂、倪晓晖译，社会科学文献出版社，2018。

《列宁全集》（第30卷）（第2版），人民出版化，1985。

《列宁全集》（第6卷）（第2版）（增订版），人民出版社，2013。

《列宁选集》（第1卷）（第3版），人民出版社，2012。

《列宁选集》（第2卷）（第3版），人民出版社，2012。

《列宁选集》（第2卷）（第2版），人民出版社，1972。

刘怀玉：《历史唯物主义的空间化问题》，江苏人民出版社，2022。

刘怀玉：《现代性的平庸与神奇：列斐伏尔日常生活批判哲学的文本学解读》，北京师范大学出版社，2018。

刘丽：《大卫·哈维的思想原像——空间批判与地理学想象》，人民出版社，2018。

刘易斯·芒福德：《城市发展史：起源、演变与前景》，宋俊岭、宋一然译，上海三联书店，2018。

鲁宝：《空间生产的知识：列斐伏尔晚期思想研究》，北京师范大学出版社，2021。

陆梅林、程代熙：《异化问题》（下），文化艺术出版社，1986。

罗伯·希尔兹：《空间问题：文化拓扑学和社会空间化》，谢文娟、张顺生译，江苏凤凰教育出版社，2017。

罗尔斯：《正义论》，何怀宏、何包钢、廖申白译，中国社会科学出版社，2009。

马尔库塞：《马克思主义、革命与乌托邦》，载《马尔库塞文集》（第6卷），高海青、连杰、陶锋译，人民出版社，2019。

马克·波斯特：《战后法国的存在主义马克思主义：从萨特到阿尔都塞》，张金鹏、陈硕译，南京大学出版社，2015。

马克·戈特迪纳：《城市空间的社会生产》（第二版），任晖译，江苏凤凰教育出版社，2014。

马克·戈特迪纳、莱斯利·巴德：《城市研究核心概念》，邵文实译，江苏教育出版社，2013。

马克·戈特迪纳、雷·哈奇森：《新城市社会学》（第三版），黄怡译，上海译文出版社，2011。

《马克思恩格斯全集》（第44卷）（第2版），人民出版社，2001。

《马克思恩格斯全集》（第46卷）（第2版），人民出版社，2003。

《马克思恩格斯全集》（第31卷）（第2版），人民出版社，1998。

《马克思恩格斯全集》（第30卷）（第2版），人民出版社，1995。

《马克思恩格斯全集》（第21卷），人民出版社，1965。

《马克思恩格斯全集》（第25卷），人民出版社，1974。

《马克思恩格斯全集》（第39卷），人民出版社，1974。

《马克思恩格斯全集》（第2卷），人民出版社，1957。

《马克思恩格斯文集》（第1、2、3、5、7、8、10卷），人民出版社，2009。

《马克思恩格斯选集》（第1、2、3、4卷）（第3版），人民出版社，2012。

马克斯·韦伯：《城市：非正当性支配》，闫克文译，江苏凤凰教育出版社，2017。

麦克莱伦：《马克思以后的马克思主义》（第3版），李智译，中国人民大学出版社，2017。

《毛泽东文集》（第6、7卷），人民出版社，1999。

《毛泽东选集》（第1、2卷）（第2版），人民出版社，1991。

奈格里：《超越帝国》，李琨、陆汉臻译，北京大学出版社，2016。

牛顿：《自然哲学的数学原理》，赵振江译，商务印书馆，2006。

牛俊伟：《城市中的问题与问题中的城市——卡斯特〈城市问题：马克思主义的视角〉研究》，社会科学文献出版社，2015。

帕克、伯吉斯、麦肯齐：《城市社会学——芝加哥学派城市研究》，宋俊岭、郑也夫译，商务印书馆，2012。

佩里·安德森：《当代西方马克思主义》，余文烈译，东方出版社，1989。

皮雷纳：《中世纪的城市（经济和社会史评论）》，陈国樑译，商务印书馆，2006。

普列汉诺夫：《论一元论历史观的发展问题》，王荫庭译，商务印书馆，2012。

齐泽克：《意识形态的崇高客体》，季广茂译，中央编译出版社，2002。

钱厚诚：《辩证的乌托邦理想——大卫·哈维空间理论的文本解读》，中国社会科学出版社，2016。

强乃社：《论都市社会》，首都师范大学出版社，2016。

乔尔·科特金：《全球城市史》，王旭等译，社会科学文献出版社，2006。

《十三经注疏》下，《孟子注疏》卷12，《告子章句》下，上海古籍出版社，1997。

丝奇雅·萨森：《全球城市：纽约 伦敦 东京》，周振华等译，上海社会科学院出版社，2005。

《斯大林全集》（第13卷），人民出版社，1956。

《斯大林选集》（下），人民出版社，1979。

斯蒂芬·迈尔斯：《消费空间》，孙民乐译，江苏教育出版社，2013。

《苏联共产党和苏联政府经济问题决议汇编（1929—1940）》（第 2 卷），中国人民大学出版社，1987。

孙逊、杨剑龙主编《阅读城市：作为一种生活方式的都市生活》，赵宝海、魏霞译，上海三联书店，2007。

孙正聿：《辩证法研究》，北京师范大学出版社，2020。

汤普逊：《中世纪经济社会史》（下册），耿淡如译，商务印书馆，1997。

唐纳德·萨松：《欧洲社会主义百年史：二十世纪的西欧左翼》（上册），姜辉、于海青、庞晓明译，社会科学文献出版社、重庆出版社，2017。

唐旭昌：《大卫·哈维城市空间思想研究》，人民出版社，2015。

王建朗、黄克武主编《两岸新编中国近代史民国卷》（上），社会科学文献出版社，2016。

王雨辰：《阿尔都塞的马克思主义理论研究》，中国人民大学出版社，2018。

乌戈·罗西：《城市与全球资本主义》，国荣译，江苏凤凰教育出版社，2020。

吴宁：《日常生活批判——列斐伏尔哲学思想研究》，人民出版社，2007。

吴晓明：《形而上学的没落——马克思与费尔巴哈关系的当代解读》，人民出版社，2006。

西蒙·帕克：《城市理论与城市经验：遇见城市》，何本国译，江苏凤凰教育出版社，2019。

《习近平谈治国理政》（第 2、3 卷），外文出版社，2020。

肖特：《城市秩序：城市、文化与权力导论》（第 2 版），郑娟、梁捷译，上海人民出版社，2015。

徐崇温：《怎样认识"西方马克思主义"》，重庆出版社，2012。

徐松辑《宋会要辑稿》第 183 册，《兵》23，《买马》下，中华书局，1957。

许涤新、吴承明主编《中国资本主义发展史》（第 3 卷），人民出版社，1993。

许慎：《说文解字注》（第 2 版），段玉裁注，上海古籍出版社，1988。

亚里士多德：《政治学》，颜一、秦典华译，中国人民大学出版社，2003。

姚尚建：《城市政治：正义的供给与权利的捍卫》，北京大学出版社，2015。

于斯曼主编《法国哲学史》，冯俊、郑鸣译，商务印书馆，2015。

俞吾金：《意识形态论（修订版）》，人民出版社，2009。

约翰·马修斯、文森特·帕里罗：《城市社会学：城市与城市生活》（第6版），姚伟、王佳等译，中国人民大学出版社，2016。

约翰内斯·哈斯布鲁克：《古希腊贸易与政治》，陈思伟译，商务印书馆，2019。

约翰斯顿：《哲学与人文地理学》，蔡运龙、江涛译，商务印书馆，2014，第217页。

詹明信：《晚期资本主义的文化逻辑》，陈清侨等译，生活·读书·新知三联书店，1997。

张佳：《大卫·哈维的历史—地理唯物主义理论研究》，人民出版社，2014。

张京祥编《西方城市规划思想史纲》，东南大学出版社，2005。

张亮、孙乐强等：《21世纪国外马克思主义哲学若干重大问题研究》，人民出版社，2020。

张笑夷：《列斐伏尔的空间批判理论研究》，社会科学文献出版社，2014。

张一兵、胡大平：《西方马克思主义哲学的历史逻辑》，南京大学出版社，2003。

张一兵主编《当代国外马克思主义哲学思潮》（上、下卷），江苏人民出版社，2012。

章太炎：《太炎文录初编文录》卷2，《丙午与钺光汉书》，上海人民出版社，2014。

中共中央党史和文献研究院编《十六大以来重要文献选编》（中），中央文献出版社，2006。

中共中央党史和文献研究院编《习近平关于城市工作论述摘编》，中央文献出版社，2023。

中共中央党史和文献研究院编《习近平关于"三农"工作论述摘编》，

中央文献出版社，2019。

中共中央文献研究室编《十八大以来重要文献选编》（上），中央文献
出版社，2014。

中共中央文献研究室编《十八大以来重要文献选编》（下），中央文献
出版社，2018。

中共中央宣传部理论局：《全面小康热点面对面——理论热点面对面·
2016》，学习出版社、人民出版社，2016。

《中国共产党简史》编写组：《中国共产党简史》，人民出版社、中共党
史出版社，2021。

周一星：《城市地理学》，商务印书馆，2013。

《周易正义》卷8《系辞》下，《十三经注疏》，上海古籍出版
社，1997。

（二）中文期刊、报纸类

艾士薇：《阿兰巴迪欧论主体化和主体进程》，《湖北大学学报》（哲学
社会科学版）2017年第4期。

陈忠：《城市权利：全球视野与中国问题——基于城市哲学与城市批评
史的研究视角》，《中国社会科学》2014年第1期。

陈忠、索亚：《空间与城市正义：理论张力和现实可能》，《苏州大学学
报》（哲学社会科学版）2012年第1期。

大卫·哈维、王行坤：《解释世界还是改造世界——评哈特、奈格里的
〈大同世界〉》，《上海文化》2016年第2期。

戴维·哈维、周宪、何成洲、尹晓煌：《空间转向、空间修复与全球化
进程中的中国》，《学术研究》2016年第8期。

邓杰：《斯大林和苏联限制大城市规模的缘起》，《党政研究》2018年
第1期。

高嘉懿、沈志华：《思维的惯性和改革的开启——中苏分裂下的法国共
产党》，《上海行政学院学报》2016年第2期。

赫曦滢：《马克思主义城市研究的"范式"与解释学重构——人文主义
与结构主义城市理论的比较研究》，《海南大学学报》（人文社会科学版）
2017年第2期。

胡大平：《都市马克思主义导论》，《东南大学学报》（哲学社会科学

版）2016 年第 3 期。

蓝江：《从主体理论 1.0 到主体理论 3.0——巴迪欧的主体理论概述》，《国外理论动态》2016 年第 3 期。

刘庆林、白洁：《日本都市圈理论及对我国的启示》，《山东社会科学》2005 年 12 期。

刘勇：《都市马克思主义意识形态领域的空间斗争——以列斐伏尔、爱德华·索亚为线索》，《福建论坛》（人文社会科学版）2019 年第 3 期。

刘勇：《曼纽尔·卡斯特城市社会运动理论探析——基于空间政治经济学批判的视角》，《理论月刊》2023 年第 4 期。

刘勇、王平：《索亚对吉登斯时空理论的三重批判》，《马克思主义与现实》2016 年第 5 期。

刘勇：《西方社会的都市性及其启示》，《武汉大学学报》（哲学社会科学版）2022 年第 5 期。

马燕坤、肖金成：《都市区、都市圈与城市群的概念界定及其比较分析》，《经济与管理》2020 年第 1 期。

《绍兴市"枫桥经验"传承发展条例》，《绍兴日报》2022 年 10 月 12 日。

宋奇光编译《哈贝马斯谈如何对右翼民粹主义釜底抽薪》，《文汇报》2016 年 12 月 9 日。

王志刚：《曼纽尔·卡斯特的结构主义马克思主义城市理论》，《马克思主义与现实》2014 年第 6 期。

王志弘：《都市社会运动的显性文化转向？1990 年代迄今的台北经验》，《台湾大学建筑与城乡研究学报》2010 年第 16 期。

温权：《发达资本主义社会的集体消费危机与国家干预限度——曼纽尔·卡斯特的马克思主义城市政治经济学批判》，《国外理论动态》2018 年第 10 期。

习近平：《把乡村振兴战略作为新时代"三农"工作总抓手》，《求是》2019 年第 11 期。

徐滨：《工业革命时期英国工人的实际工资》，《世界历史》2011 年第 6 期。

张英男、龙花楼、马历、屠爽爽、陈坤秋：《城乡关系研究进展及其对乡村振兴的启示》，《地理研究》2019 年第 3 期。

赵继珂、贺飞：《冷战初期美国对法国的心理战研究——以 PSBD－14c 的制订与实施为例》，《史学集刊》2015 年第 2 期。

赵玉兰：《恩格斯为什么在〈资本论〉第二卷中创造"流通资本"一词?》，《哲学研究》2015 年第 1 期。

《中共中央关于全面深化改革若干重大问题的决定》，《人民日报》2013 年 11 月 16 日。

（三）外文著作类

Andrzej Zieleniec, *Space and Social Theory* (Sage Publications, 2007).

Andy Merrifield, *Henri Lefebvre: A Critical Introduction* (Routledge, 2006).

Andy Merrifield, *Metromarxism: A Marxist Tale of the City* (Routledge, 2002).

Barney Warf, Santa Aris (eds.), *The Spatial Turn: Interdisciplinary Perspectives* (Routledge, 2009).

Bruce B. Janz (ed.), *Place, Space and Hermeneutics* (Springer International Publishing AG, 2017).

Bruno Bosteels, *Theory of the Subject* (Continuum, 2013).

N. Castree, D. Gregory (eds.), *David Harvey: A Critical Reader* (Blackwell Publishing, 2006).

David Harvey, *Social Justice and the City* (Johns Hopkins University Press, 1973).

David McLellan, *The Thought of Karl Marx* (Macmillan Publishing, 1980).

Derek Gregory, *Geographical Imagination* (Blackwell Publishers, 1994).

Francesco Biagi, *Henri Lefebvre's Critical Theory of Space* (Palgrave Macmillan, 2020).

George Ritzer (ed.), *The Blackwell Encyclopedia of Sociology* (Blackwell, 2007).

George Ritzer, Jeffrey Stepnisky (eds.), *The Wiley－Blackwell Companion to Major Social Theorists* (Wiley－Blackwell, 2011).

G. Pickvance (ed.), *Urban Sociology: Critical Essays* (Tavistock Publications, 1976).

Gregory Elliott, *Althusser: The Detour of Theory* (Brill, 2006).

Henri Lefebvre, *Au－Delà Du Structuralisme* (Éditions Anthropos, 1971).

Henri Lefebvre, *De L'État* (Uge, 1976).

Henri Lefebvre, *Everyday Life in the Modern World*, trans. by Sacha Rabinovitch (Routledge, 1984).

Henri Lefebvre, *The Production of Space*, trans. by Donald Nicholson – Smith (Blackwell Publishing, 1991).

Henri Lefebvre, *The Survival of Capitalism: Reproduction of the Relations of Production*, trans. by Frank Bryant (Allison and Busby, 1976).

Henri Lefebvre, *Writings on Cities*, trans. by E. Kofman , E. Lebas (Blackwell, 1996).

Ida Susser (ed.), *The Castells Reader on Cities and Social Theory* (Blackwell Publishers, 2002).

Kieran McKeown, *Marxist Political Economy and Marxist Urban Sociology* (Palgrave Macmillan, 1987).

Louis Althusser, *Philosophy of the Encounter: Later Writings*, 1978 – 87 (Verso, 2006).

Manuel Castells, *City, Class and Power*, trans. by Elizabeth Lebas (The Macmillan Press Ltd. , 1978).

Manuel Castells, *The City and The Grassroots: A Cross – Cultural Theory of Urban Social Movements* (Edward Arnold Ltd, 1983).

Manuel Castells, *The Urban Question: A Marxist Approach, Alan Sheridan*, trans. by Alan Sheridan (Edward Arnod, 1977).

Margit Mayer, Catharina Thörn, Håkan Thörn (eds.), *Urban Uprisings: Challenging Neoliberal Urbanism in Europe* (Macmillan Publishers Ltd. , 2016).

Mike Crang, Nigel Thrift (eds.), *Thinking Space* (Routledge, 2000).

Peter Hall, *The World Cities* (Mc Graw – Hill Book Company, 1966).

Rob Shields, *Lefebvre, Love and Struggle: Spatial Dialectics* (Routledge, 1999).

Stuart Elden, *Understanding Henri Lefebvre: Theory and the Possible* (Continuum, 2004).

Stuart Lowe, *Urban Social Movements: The City After Castells* (Macmillan, 1986).

Łukasz Stanek, *Henri Lefebvre on Space: Architecture, Urban Research, and the*

Production of Theory (University of Minnesota Press, 2011).

（四） 外文期刊类

Chris Pickvance, "From Urban Social Movements to Urban Movements: A Review and Introduction to a Symposium on Urban Movements, "*International Journal of Urban & Regional Research* 27 (2003).

David J. Madden, "City Becoming World: Nancy, Lefebvre and the Global – Urban Imagination, "*Environment and Planning D: Society and Space* 30 (2012).

David MacGregor, "Day For Night: Marxism in France, "*Canadian Journal of Political and Social Theory/Revue canadienne de theorie politique et sociale* 8 (1984).

Edward Soja, "Beyond Postmetropolis, "*Urban Geography* 32 (2011).

Ida Susser, "Global Visions and Grassroots Movements: An Anthropological Perspective, "*International Journal of Urban & Regional Research* 30 (2006).

Imogen Tyler, " Classificatory Struggles: Class, Culture and Inequality in Neoliberal Times, "*Sociological Review* 63 (2015).

John Friedmann, "The World City Hypothesis, "*Development and Change* 17 (1986).

Manuel Castells, "A Sociology of Power: My Intellectual Journey, " *Annual Review of Sociology* 42 (2016).

P. Marcuse, "From Critical Urban Theory to the Right to the City, " *City* 13 (2009).

M. Purcell, "Excavating Lefebvre: The Right to the City and Its Urban Politics of the Inhabitant, "*Geojournal* 58 (2002).

M. Purcell, "Possible worlds: Henri Lefebvre and the Right to the City, "*Journal of Urban Affairs* 36 (2014).

Stale Holgersen, "On Spatial Planning and Marxism: Looking Back, Going Forward, " *Antipode* 52 (2020).

Stuart Elden, "Some Are Born Posthumously: The French Afterlife of Henri Lefebvre, "*Historical Materialism* 14 (2006).

后　记

　　确到了一个真正结束的时候，它既是这篇博士学位论文的"结束"，也是我整个求学生涯的结束。我似乎也期待了许多年。

　　求学以来，身边很多人都没有料想到我来复旦大学读博，估计是他们断断续续地见证了我学习生涯大部分阶段的成绩只是"中等"或"中等偏上"，"末等生"的板凳也间歇坐过。读书的过程一波几折，可学习是我一直喜欢的事情，不懂就要问，愿意打破砂锅问到底。

　　待到硕士阶段，成绩好一些，自认为是成绩的主人而非奴隶，保持前茅。2017 年 3 月硕士毕业之后，在沪尚无固定居所的一段时间，我暂时寄居在学长叶帅在浦东的租房中备考，同时也在市区一家国企实习。我笃定了这次考不上博士，就绝对不会重来一次再沾学术，而去踏实上班，稳当过日子。后来，考博面试如上次曲折，但它相对公平公正。我有幸被录取为复旦大学哲学学院的博士生。这种体验感与获得感至今确实让人难以忘记。

　　我之前是哲学的业余爱好者，现在它竟变成了我的专业，必须要到对"不可言说"的东西条分缕析，并写成十万字以上的毕业论文。暑假"跟风"学车，不懂车但会开车。开学后，我发现同学们的哲学素养水平很高，不知所云，老师们的课堂知识很密集，我如坐针毡，但心甘情愿在"针尖上跳舞"。此外，还要给本科大一新生答疑解惑，主要是一些"哲学导论"课程中的问题，这些助教经历让我在课内外时间补习到很多知识，也听到了精彩的故事。从以前晚上十一点休息推迟到十二点。

　　博士二年级上完所有要求课程之后，我开始了完全自主学习与博士论文相关的课程。我听了经济学院孟捷老师给硕士生上的一个学期的政治经济学课，做了比较详细的笔记。后来也选听了他在邯郸路对面五教还是六教给博士生上的"高级政治经济学"，但因不知黑板上数理推论所云，就果断放弃了。也听了我们学院的鲁老师几个学期的《资本论》及其手稿的相关课程，从朦胧到清晰再到朦胧。也选听了我们学院留法王老师关于阿尔都塞的相关课程……我从这些课程中获得了很多启发。听课之余，受到南京大学哲学系刘怀玉老师的邀请，我有幸参加了首次"重访列斐伏尔"的学术会议。其间认识了很多与我博士论文相关领域的专家学者以及同辈群体。现为浙江大学青年教师的王嘉牵线搭桥，精通法语，后到法国做交换生，翻译了列斐伏尔批判阿尔都塞的那部分文献，这对我来说如"雪中送炭"，为我博士学位论文的第四章第一节理论部分提供了比较充实的材料。当时我从直觉上认为从西方马克思主义到都市生活解放这部分内容肯定存在理论勾连，当我看到这段材料之后，更加确证了我的想法。博士学位论文的话题仍然延续了硕士阶段的就开始的研究话题，但研究视野和方法是博士阶段思考的结果。从这个意义上说，不存在所谓"认识论的断裂"。

博士学位论文从开题到现在的正式成稿，中间反反复复。刚开始我认为这个一直研究的课题在两年之内是完全可以做出来的，后来才发现其别有洞天。运用历史唯物主义来分析都市生活解放，并且展望未来的发展趋势，这本身就要求自己需将经典理论与学术前沿相结合。这里面的难度比我当初设想的要大。为此，我调整心态，每天在理科图书馆或学院资料室定时定量地写作。其间，每天都能遇到西边坐着的同一个人，从不言语，直到再也见不到她。在写作过程中，出现了几个重要的节点。我的课题与复旦大学马哲传统有异，但是大方向得到了老师们的肯定。因此，我没有改变研究方向。中期的时候，我把研究话题缩小为"都市生活解放"，在学术界率先给它下了一个较为清晰的定义。预答辩的时候，邹老师、王老师、冯老师以及吴老师给出了很多中肯的建议。我的导师郑老师提出了文章需要注重衔接、过渡等较多建议。于是，我将上述大部分意见都吸收进来。

除了感谢上面提到的人外，最后还要感谢一些人。我特别要感谢吴猛老师在预答辩后两次亲身指导。第一次是预答辩后，吴老师对我的结构框架提出要更为清晰的建议，我按照他的建议在疫情期间作了修改和完善；第二次是我五月来校后进行的，这次吴老师的建议涉及文章的一些根本性和重大性的问题，我想这个可能要到工作后再修改了。同级同学周清云给出了我很多关于优化"文章形式"的建议。我和同级西哲、中哲专业学生成立的（新）"学术自救会"里的同学对我的博士论文提出了很多中肯建议。硕士、博士期间，复旦大学马克思主义学院李健老师对我的学术发展一直较为关心。她的平和、从容是我一直想学习的优秀品质。还有感谢我之前的工作单位，在岛上、在港口、在海上，我见到了课本之外的真实社会的一面，也看到了工人阶级力量的强大，这可能也是我在博士学位论文中持有坚定的工人阶级立场的"实践原因"。还要感谢读博后期，曾经在我生命中短暂出现的那个不想错过的人，在偌大的都市森林中，我们之间不抵草丛流沙急逝的涌动。

无论如何，博士论文的完成，标志着我学生生涯的结束，教师志业的开始。这是一段难忘的三年时光。亚里士多德说："求知是人的本性。"学海无涯，求知者在学上应永不满足！博士毕业之后，在中山大学阅读以及教书的过程中，我仍然从概念提炼、逻辑框架以及论证力度对此书尽力做了完善，其间也在湖北两家杂志社发表了两篇与此相关的论文，投中了与此话题相关的教育部青年基金项目。博士学位论文终于修改完毕，我也想对自己的读书、科研以及教学进行反思与总结。

我从硕士开始研究相关话题，沿空间哲学—都市空间政治经济学—都市空间的科学社会主义思路延展开来。整个过程有得有失，不足道也。立足当下，也面向未来，我也有些新的思考，来中山大学三年多，读书、科研、教学与生活成为主色调。读书的目的性与非目的性需要皆而有之。在一个"不发表就出局"的读书环境中，读书的目的性是为了发表论文与专著，但是读书的偶然心得与乐趣可能失去，因此，读书也需要无目的性，在平时有空的时间看"无用之书"，写有趣之事。科研方向上，我打算调整一下方向，与之前研究方向"一别两宽、各生欢喜"。在博士学位论文中，我已经触及不擅长但又不得不碰的政治经济学。政治经济学的研究让我对马克思青年时期从哲学过渡到政治经济学批判，具有更深的体悟。但是在阅读马克思主义的过程中，看到了自身的局限性。我打算在本书出版之后，重点研究马克思主义整体理论中的哲学部分，特别是"两个结合"的部分。在教学方面，我打算将教学与科研结合起来，避免两者割裂，以集中精力去攻克教学与科研方面遇到的难题。在生活方面，也历经庸俗或孤独的人和事，于人生无须赋予它太多意义，于博士学位论文修改并无多大裨益，但也应该反求诸己，继续向前，不迷失自我，自作主宰，做自然的丰腴生灵。

最后要感谢中山大学马克思主义学院老师们的支持，也感谢社会科学文献出版社政法与传媒分社社长曹老师的指导以及编辑吕老师的认真校对等工作。

2024 年正好是中山大学建校 100 周年，借此机会，希望以此拙著向中大百年华诞献礼！最后，感谢 2022 年度教育部人文社会科学研究青年基金项目（22YJC710041）与"中山大学引进人才基本启动费"的大力资助。

分别写于复旦大学邯郸校区北苑学术公寓、

中山大学广州校区南校园西区

2020 年 5 月、2023 年 8 月

图书在版编目（CIP）数据

　　都市生活解放研究 / 刘勇著 . --北京：社会科学
文献出版社，2023.8
　　ISBN 978 - 7 - 5228 - 2090 - 3

　　Ⅰ.①都⋯　Ⅱ.①刘⋯　Ⅲ.①社会生活 - 研究　Ⅳ.
①C913.3

　　中国国家版本馆 CIP 数据核字（2023）第 125438 号

都市生活解放研究

著　　者 / 刘　勇

出 版 人 / 冀祥德
组稿编辑 / 曹义恒
责任编辑 / 吕霞云
文稿编辑 / 尚莉丽
责任印制 / 王京美

出　　版 / 社会科学文献出版社　（010）59367126
　　　　　　地址：北京市北三环中路甲 29 号院华龙大厦　邮编：100029
　　　　　　网址：www.ssap.com.cn
发　　行 / 社会科学文献出版社　（010）59367028
印　　装 / 三河市龙林印务有限公司

规　　格 / 开　本：787mm × 1092mm　1/16
　　　　　　印　张：20.75　字　数：351 千字
版　　次 / 2023 年 8 月第 1 版　2023 年 8 月第 1 次印刷
书　　号 / ISBN 978 - 7 - 5228 - 2090 - 3
定　　价 / 138.00 元

读者服务电话：4008918866